자연과 인간의 100가지 이야기

김동규 지음

교육과학사

읽어두기

나이가 미수米壽에 가까워지면 마음이 앞서가고 몸은 뒤따르지 못 한다. 그러나 세월은 시속 90km처럼 지나간다. 엊그제 보였던 친구들도 안 보이기 시작한다. '너도가고♪나도가야지♪'이다.

2004년 퇴직하고 고향에 내려와 바다와 산과 들과 같이 한지 20년이 되고 있다. 평생을 교단에서 학생들을 가르쳤으나 이제는 자연으로부터 배우는 학생으로 되어 있다. 자연은 말이 없지만 지혜의 함성으로 가득하다. 인간은 말이 많지만 허공에 흩날리는 가화假花이다.

이 책은 텃밭에서 일하면서 틈틈이 쓴 수상록이다. 다양한 주제를 다양한 시각에서 해석한 것이지만 역시 낡은 주제와 시각의 글이 많을 것이다. 그러나 공자의 말대로 온고이지신溫故而知新이 학문과 우리의 삶의 진리이다.

본문에서 주제와 관련된 이론이나 학자들이 자주 인용된 것은 부족한 필자의 견해를 보충해 주기 위함이다. 문장의 오자나 오류는 지적 되는대로 수정 보완하겠다. 무엇보다 1차 교정을 저자보다 잘해준 편집부에 감사한다. 끝으로 본문의 원고가 완성된 단계에서 전문을 해킹Ransomweare 당하여 심신이 좌절되었으나 마지막의 용기로 다시 쓰면서 극복하였다.

2022.12.25

차 례

1부 자연의 섭리

001. 이 세상에 기이하고 신비한 현상과 생명체들

우리들이 살고 있는 이 지구상에는 매우 신기하고 기이한 자연 현상과 생명체가 많이 있다. 기이奇異하다는 말은 인간들의 눈에는 이해하기가 어려운 이상하다는 것이고 신기神奇하다는 것은 인간의 지식으로는 이해하기 어렵고 상상력을 초월하여 신비스럽게까지 느껴진다는 것이다. 현대 과학문명은 1969년 미국이 아폴로 11호로 달나라에까지 갔다 오고 심지어 머나먼 천왕성까지 우주탐사선을 보내고 있음에도 우리들이 살고 있는 지구와 주변에 살고 있는 생태계의 생명체도 잘 모르고 있는 것들이 많다. 기이하고 신비한 지구상의 생명체는 고등생명체보다는 하등생명체에서 많이 발견되고 있다.

물곰Tardigrada이라는 완보동물이 있다. 이것은 몸길이가 겨우 0.1mm부터 1mm에 불과한 미세동물로 생식기나 배설기 그리고 신경계는 있으나 호흡기와 순환기관이 없는 수생생물이다. 그런데 영상 151도의 끓는 물속에서도 살아남고 반대로 영하 −273도의 절대온도 극한에서도 생존하는 놀라운 능력을 가지고 있다. 생태학자들의 연구보고서에 의하면 물곰은 무려 5억 3,000년 전부터 생존하면서 그동안 5번에 걸친 지구동물의 대멸종 가운데서도 살아남은 신비스런 미세동물이며 1,000배에 달하는 방사선에도 견디자

2007년 무인 우주선에 싣고 가서 10일간을 머물러도 아무런 변화 없이 생존하여 미생물 연구자들도 놀라게 한 엄청난 생명력을 가진 대표적인 기이한 동물의 하나로 지구상의 생명체 가운데서 가장 놀라운 생명력을 지닌 존재이며 870만 종에 이르는 동물 가운데서도 유일한 미스터리의 생명체다.

또한 46종에 달하는 해마의 경우는 수컷이 암컷의 알을 받아 자신의 뱃속에서 길러 출산하는 신기한 해양생물이다. 그리고 생명체 가운데서 식물 이외에는 반드시 입으로 먹고 소화해야 에너지를 얻어 살아가는 것이 상식인데도 바다달팽이의 일종인 '엘리지아Elysia 클로로티카'라는 눈과 입과 2개의 더듬이 뿔도 있는 생명체는 모양은 나뭇잎처럼 생겼으나 먹는 것이 없어도 식물처럼 광합성으로 영양소를 만들어 살아갈 수 있다. 그리고 해양생물 학자들의 연구에 의하면 모든 생물은 반드시 뇌가 하나인데도 바닷물 속에 사는 문어는 머리에 중심뇌가 있고 8개의 다리에도 뇌가 있으며 지능지수도 매우 높다고 한다. 그리고 자신은 뼈가 하나도 없음에도 딱딱한 각질의 게만 잡아먹는 아이러니를 보게 된다.

그리고 거미Spider는 무려 48,690종류가 있는데 그들의 생존방식도 그 종류만큼 무수하다. 그런데 나무와 나무 사이에 거미줄을 치는 경우 전문가들의 공통된 대답은 밤에 바람을 이용한다는 것이다. 그러나 밤새 바람 한 점 없는데도 거의 10여 미터 이상 떨어진 나뭇가지들 사이에 줄이 연결되어 있다는 것은 불가사의하며 또한 눈으로 볼 수 없는 뒷다리로 거미줄을 서로 이어 붙이는데도 이음새의 간격이 정확히 일정하다는 것도 놀라울 뿐이다. 그리고 거미줄 340g만 있으면 지구를 한 바퀴 돌 수 있다든지 같은 굵기의 거미줄과 철근의 강도는 같다는 실험결과도 놀라운 뿐이다.

지구상에 3만 종의 거미 중에는 물거미는 물속에 거미줄을 치고 피라미를 잡는 거미도 있음을 본다. 또한 땅속 30cm 깊이에 굴을 파고 사는 개코원숭이거미, 교미 후에 수컷을 잡아먹는 검은과부거미, 위험에 처하면 몸을 공처럼 만들어 모래언덕을 굴러 내려가는 사막의 황금바퀴거미 등등이 있고 중력을 거스르고 거꾸로 매달려서 잠도 자고 새끼도 낳는 박쥐라든지 자신은 뼈가 하나도 없음에도 딱딱한 껍질의 게만 잡아먹고 사는 문어 등등 신기하고 불가사의한 동식물들이 지구 생태계의 곳곳에 무수하다.

이러한 신기한 현상은 식물군에도 있다. 미국 하와이섬에서 많이 자라는 불꽃백합이라는 식물은 땅속 아래서 몇 년이고 잠자고 있다가 산불로 지상의 모든 풀과 수목이 타면서 열기가 땅속으로 스며들어 뜨거워지면 갑자기 지상으로 올라와 움이 트면서 빨간 나리꽃과 같은 꽃을 피운다. 그리고 열대우림에 자생하는 야생 난초의 하나는 꽃술 모양이 말벌의 암컷과 닮았을 뿐만 아니라 색깔과 냄새까지도 같아서 수벌을 유혹하여 꽃가루받이를 하는 영리한 생존비결을 지니고 있고 무화과는 꽃도 안 피고 열매가 먼저 달리는가 하면 모든 식물들은 예외 없이 광합성으로 성장하는데 광합성을 하지 않고 균류菌類에 기생하면서 영양분을 빼앗아 살아가는 식물도 있다.

일본 오키나와 이시가카섬石担島에서 발견된 보라색의 식물이다. 이 식물은 지금까지 무려 500여 종이 발견되고 있다. 그리고 남미대륙의 안데스산맥에 자생하는 선인장의 한 종류는 50~60년간 살면서 죽는 해에 한 번만 개화한다고 한다.

생태계의 자연법칙은 '약육강식'이다. 이른바 먹이사슬의 꼭대기에는 인간이 있고 동물과 식물의 순서이다. 그런데도 식물이 동물을 포식하는 신기한 역선택 현상이 있다. 식물이면서 동물을 잡아 영양소로 삼는 식물 중 대표적인 것이 파리지옥끈끈이주걱과 네펜데스 등이다. 이것들은 주로 남방의 열대우림에서 자란다. 먹이사슬의 별종으로 신기할 뿐이다. 또한 보르네오섬에서 자라는 네펜다스푸디카라는 식물은 산지나무두더지까지 잡아서 소화시키는 것으로 놀라운 먹이사슬의 역현상을 보여주는가 하면 사라세니아라는 수중에 꽃을 피우는 식물은 올챙이도 잡아먹는다는 관찰보고서도 있다. 또한 동종의 파충류이면서도 황소개구리는 천적이면서 먹이사슬의 위에 있는 뱀을 잡아먹어 역선택 현상을 보여주고 있다. 이러한 기현상은 아직도 미발견된 것이 많을 것으로 식물학자들은 보고 있다. 놀랍고 기이한 자연현상의 모습이다.

지구상에는 인간과 함께 수많은 동식물과 미생물들이 공존하고 있다. 그런데 80억에 이르는 인간의 총 무게보다도 박테리아류와 같은 미생물의 총 무게가 1,200배나 무겁다는 사실과 개미의 총 무게가 인류의 무게에 버금간다는 사실도 놀라울 뿐이다. 생물 총류의 82%는 식물이고 동물은 0.4%이며 인간은 0.001%에 불과하다.

또한 생명력의 신기함을 보여주는 것들 중 하나는 쇠파리의 경우이다. 쇠파리가 파리채에 잡혀서 죽게 되는 경우 아직 미숙한데도 순간적으로 뱃속의 알을 전부 밖으로 쏟아내는 것을 실제로 본

바가 있다. 자손번식의 강인함을 엿볼 수 있다. 이러한 현상은 인간과 같은 고등동물의 경우에도 나타나는 자연법칙이다. 대형지진이나 천재지변이 발생하면 여성들의 임신율이 갑자기 증가한다는 연구보고가 그렇다.

자연의 물리현상을 거슬러서 상식을 뒤집는 불가사의한 것들도 많다. 남미의 베네수엘라 북서부에 위치한 마라카이 호수는 세계에서도 가장 번개가 잦은 곳인데 여기서는 번개가 아래서 위로 치는가 하면 하와이의 어느 섬에서는 밤하늘에 무지개가 생기는 현상도 볼 수 있다. 오늘날 과학기술의 발달로 달뿐만이 아니고 몇 광년이나 떨어진 아득한 행성까지 인공위성을 보내는 기술수준이지만 막상 우리 곁에 있는 미세동물들이나 코로나 바이러스의 변이과정도 잘 모르고 있다. 지구상의 곤충의 종류는 대략 300만 종에 달하는데 지금까지 알려진 것은 겨우 80만에 불과하다는 것도 놀라운 사실이다.

이처럼 신기하고 불가사의한 현상은 인간의 문명세계에서도 볼 수 있다. 하나의 예로 영국의 작가 D. 태멋은 2004년 뛰어난 암기력으로 끝없이 이어지는 무리수인 원주율π의 숫자를 5시간 동안 2만 5천 5143까지 정확하게 말했고, 인도의 N. B. 프라카시는 8억 6946만 곱하기 73을 단 26초 만에 계산하였다. 그리고 머리를 다친 후에 갑자기 전혀 모르는 외국어를 유창하게 말하는 경우와 자폐증이나 뇌기능 장애아들 가운데서도 이러한 천재성을 보여주는데 이것을 서번트 증후군Savant syndrome이라고 한다.

이러한 것들은 비단 수학영역만이 아닌 음악, 미술, 공학의 분야에서도 나타나고 있는 불가사의한 현상이다. 그리고 영국의 〈네이처〉지의 편집자인 D. 데이비드는 뇌에 전기자극을 통해 머리가 갑자기 좋아진다는 실험보고서를 내놓기도 했다.

그리고 캐나다의 동부해안에 서식하는 찌르레기 새의 한 종류는 크낙새처럼 나무에 구멍을 파고 사는데 다른 날짐승들과는 달리 교미할 때 인간들처럼 서로 마주 보고 한다. 인간 말고는 그렇게 하는 동물은 거의 없다. 이와 같은 몇 가지 사례로도 우리가 살고 있는 지구상에는 인간의 상상력을 뛰어넘는 신비스럽고 놀라운 것들이 아직도 미발견된 채로 무수하다고 보아야만 할 것이다.

이처럼 자연계의 다양한 신비하고 기이한 현상을 인간들의 사고세계에서도 볼 수 있다. 하나의 예로서 미국에 있는 '평평한 지구 국제 콘퍼런스(FEIC)'라는 단체다. 소속회원들은 지금도 지구는 평면으로 되어 있다고 주장하면서 모인 그룹이다. 어느 조사연구에 의하면 미국인의 2%, 브라질 인구의 7%가 FEIC의 회원에 소속되어 있다는 것이다. 그리고 에이즈(HIV)는 바이러스에 의하여 발병하는 것이 아니고 영양실조가 그 원인이라고 엉뚱한 주장을 하기도 한다. 아프리카의 빈곤국에서 많이 발생하는 것을 보아도 자신들의 주장이 맞는다는 것이다. 이러한 기이한 생각에 빠지는 사람들의 가정은 평범하고 교육수준도 결코 낮지 않다고 한다.

'예외 없는 규칙은 없다.'는 말처럼 우리들이 살고 있는 지구상에는 상식을 벗어난 다양한 형태의 사실들이 공존하고 있음을 알게 된다. 아직도 지구 생태계 가운데는 이처럼 신비하고 기이한 현상의 동식물들이 많다는 것이 동식물학자들의 보고이다.

그리고 우리들이 잘 모르고 있거나 알아도 경이로운 것들이 많다. 개요하면 다음과 같은 것들이다.

- ㅁ전 세계의 바닷물에는 금이 무려 1천만 톤이나 함유되어 있다고 한다. 값으로 따지면 대략 60조 달러의 가치가 된다. 그러나 금의 원자들은 14억 평방km 분량의 바닷물 속에 완전히 무질서한 상태로 흩어져 있어 이것들을 한군데에 모아 금의 원자만을 추출하는 데 드는 비용이 60조 달러보다 많이 들어 누구도 손을 못 댄다는 것이다.
- ㅁ곰팡이 균은 인간에게 유용하면서도 병원체로도 작용하는 양면성의 대상이다. 공기 중에는 항상 무수한 곰팡이의 포자가 떠다닌다. 심지어 1만 미터 상공에도 있는가 하면 심해나 화산의 화구에도 존재하는 것이 곰팡이라고 한다.
- ㅁ폴란드 수학자 B. 타르스키는 1개의 공을 무한개로 분할했다가 그 조각들을 다시 주워 모으면 같은 크기의 공 2개를 만들 수 있다는 '바나흐 타르스키의 정리'를 제시했다. 이것을 바나흐 타르스키의 패러독스라고도 한다. 상식적으로는 이해하기 어려운 불가사의에 속한다.
- ㅁ지구상의 개미의 수는 약 1,000조에 달하는데 그 무게는 인류의 체중보다 무겁다고 한다. 원래 작은 것이 모이면 무서운 법이다.
- ㅁ우리 몸속의 혈관의 전체 길이는 약 10만 km로 4만 km인 지구를 두 바퀴 반을 돌 수 있다는 계산이다. 선뜻 수긍하기가 어

려운 사실이다.

ㅁ산호초 사이에 사는 물고기 흰동가리는 무리 중에서 암컷이 죽으면 수컷 가운데서 가장 강한 놈이 암컷으로 변한다고 한다. 반대로 모두 암컷으로 태어나지만 성장과정에서 일부가 수컷으로 성전환하는 물고기도 있다. 블루레드놀래기이다. 유전자를 스스로 바꾸는 기능을 가진 기이한 현상이다.

ㅁ가령 지구를 한 바퀴 감고 있는 끈을 1m 더 높게 하여 지구 둘레를 감는다면 얼마나 더 긴 끈이 필요할까? 정답은 불가사의하게도 겨우 6m 28cm이다. 쉽게 수긍되지 않을 것이다.

ㅁ중앙아시아에 위치한 카자흐스탄의 동북쪽 우스튜르트고원의 광활한 사막에는 '공의 계곡Valley of Balls'이 있다. 그곳에는 공룡알과 같은 거대한 둥근 암석이 무수하게 널려 있다. 신비한 것들이다.

ㅁ이스라엘 텔아비브대학 식물학 교수인 L. 하다니의 관찰보고에 의하면 달맞이꽃은 벌의 날갯짓 소리가 들리면 꽃술의 당분농도를 갑자기 높인다는 것이다. 식물의 청각작용을 뜻한다. 촉각에 대한 반응작용을 하는 종류는 많으나 청각의 경우는 드물다.

002. 장수의 몇 가지 기본조건들

인간의 자연수명은 원래 125살이라고 한다. 그런데 현대인들의 대부분은 각종의 스트레스와 인공식료품, 공기오염, 수질오염 등의 삶의 환경에 의하여 점차 수명이 줄어들어 100살을 넘기기가 어렵다. 이러한 가운데서도 장수의 기본조건에 의한 삶은 수명연장에 많은 영향을 주는 조건으로 알려져 있는 것들이 있다.

첫째는 식수(食水)이다. 물은 모든 생명체의 기본요인이다. 그래서 우주탐험의 행성에서 물이 있는지 없는지를 가장 중요하게 보는 것이다. 사실 지구도 인체도 70%가 수분이다. 이러한 물이 건강에도 기본적으로 결정적인 역할을 한다. 높은 산속의 바위틈에서 나오는 광천수가 식수로서는 으뜸이지만 현대인들은 오수를 정화제로 처리한 수돗물이나 생수를 사서 마시고 있다. 대도시의 각 가정으로 배달되는 생수라는 것도 이름만 생수일 뿐 천연수와는 다른 이미 죽은 물이다.

둘째는 신선한 공기이다. 산속이나 해변의 맑은 공기가 커다란 장수요인이지만 세계인구의 대부분이 대도시의 집단주거로 인하여 각종 공해로 오염된 공기 속에서 살아가고 있다. 특히 한반도는 세계적인 매연배출의 중심국인 중국과 인접해 있어 각종 질병을 유발하는 오염된 공기(미세먼지)를 호흡해야만 하는 환경조건에 살고 있다. 우리의 옛 선조들은 매우 총명하고 기품이 높았던 것도 맑은 공기와 자연수 그리고 기가 살아있는 음식을 취했기 때문이라고 본다. 다만 단명한 것은 의료수준이 열악했다는 것뿐이다.

셋째는 본인의 낙천적인 성격이다. 성격이 조급하거나 초조해하는 것은 생명단축에 커다란 영향을 준다. 무사태평한 성격과 수명장단은 상관성이 매우 높다는 연구보고서도 많다. 성질이 급하고 역정을 잘내는 사람은 비교적 수명이 짧다는 것이다. 이것은 바다나 강에 사는 물고기를 보면 쉽게 알 수 있다. 덩치가 작은 것일수록 잡히면 파닥거리다가 금방 죽는다. 따라서 인간도 무슨 일이 있어도 느긋하게 세월아 네월아 하고 유유자적하는 성품이 좋다. 타고난 성격을 고치기는 어렵지만 노력하면 가능할 것이다.

다음으로는 건강수칙 4가지와 10개의 법칙이 있다. 4가지의 수칙으로는,

(1) **생명식(生命食)이다.**

가능한 한 살아있는 것으로 먹으면 좋다는 뜻인데 생선이나 야채도 싱싱한 것을 먹으면 좋다. 그러나 현대인들은 조미료나 패스트푸드(마트의 상품들)에 길들여져 있어 장수조건과는 거리가 먼 식생활 환경이다.

(2) **전체식(全體食)이다.**

무엇이든지 통째로 먹어야 되는데, 가령 생선이라도 대가리까지 통째로 먹어야 한다. 어두육미魚頭肉尾라는 말이 있듯이 실제로

제일 맛있고 영양가가 높은 부위가 생선 대가리고 육류는 꼬리부분인 것이다.

(3) 계절식(季節食)이다.

사철에 따라 생산되는 것을 먹는 것이 좋은데도 오늘날은 재배기술의 발달로 제철도 아닌 겨울에 수박을 먹을 수 있지만 그것은 비싸기만 할 뿐 몸에는 아무런 도움도 안 된다.

(4) 토산식(土産食)이다.

가능한 한 자기가 태어나고 자란 곳에서 생산되는 농산물이 좋다는 것으로 향토의 특산품이다. 이른바 신토불이身土不二라는 말처럼 몸과 태어난 땅이 하나이기 때문이다.

다음은 10가지의 생활태도와 건강수칙이다.

(1) 소육다채(小肉多菜)

육식을 줄이고 야채를 많이 먹으라는 것으로 오늘날 식문화가 서구화되면서 과다한 육식에 의존하는 것은 좋지 않다는 말이다.

(2) 소당다과(小糖多果)

가능한 한 설탕을 피하고 모든 과일에는 당분이 많이 함유되어 있으므로 과일로 대신하면 좋다는 뜻이다.

(3) 소염다초(小鹽多醋)

짠 소금을 적게 먹고 신 음식을 많이 먹어라.

(4) **소식다작(小食多嚼)**

조금 적게 먹고 잘 씹어서 먹어라. 급히 먹으면 그만큼 위에 부담을 주기 때문이다. 적어도 20번은 씹어야 된다.

(5) **소번다면(小煩多眠)**

고민되는 일이 있어도 잊고 잠을 많이 취하라. 대한민국 고민을 혼자 맡아서 하는 사람이 더러 있다. (스트레스가 건강의 적이다.)

(6) **소노다소(小努多笑)**

성냄을 참고 많이 웃어라.

(7) **소의다욕(小衣多浴)**

옷은 가볍게 입고 목욕을 자주 하라.

(8) **소언다행(小言多行)**

말을 적게 하고 묵묵히 실천하라.

(9) **소욕다시(小欲多施)**

과욕을 하지 말고 많이 베풀어라. 특히 노욕은 단명이다.

(10) **소차다보(小車多步)**

웬만한 거리는 걸어가고 자동차를 타지 말라. 현대인들의 자동차 생활습관에 대한 경고이다.

동물 가운데는 학과 거북이 장수의 동물로 알려져 있다. 실제로는 그렇지 않으나 장수동물로 학은 천년을 살고 거북은 만년을 산다는 말인데 천학만구千鶴萬龜라는 글씨의 족자를 집안에 걸어두고 있는 것을 더러 볼 수 있다. 근거를 연구한 동물생태학자들의 보고에 의하면 그 동물들은 정시정량定時定量의 섭생을 가지고 있다는 것이다. 제때에 일정량의 섭취규칙이다. 그러나 현대 인간들의 식사시간은 불규칙적이고 식사량도 들쭉날쭉이 예사이다.

세계의 장수촌으로는 러시아의 카프카스 지방과 중국의 티베트 고원 지대의 위글족, 일본의 오키나와섬 주민들이 대표적인데 평균수명이 보통 120세 전후라고 알려져 있다. (최근 보고에 의하면 오키나와 주민들도 미군기지의 영향으로 육식문화에 길들어 비만과 과체중이 장수에 영향을 끼치고 있다고 함.) 그리고 중동지역에 위치한 불가리아의 장수촌인 스몰리얀인들은 100세가 넘는 할머니들이 수두룩한데 그들은 계속 움직이고 남을 돕고 싶다는 생각과 늘 감사하는 마음가짐을 가졌다고 한다. 그 동네 의사인 A. 크리스토브는 스트레스를 마음에 담지 말라는 조언을 강조하고 있다. 그리고 최근 일본 NHK방송에서 조사 연구한 바에 따르면 독서를 장수의 중요조건의 하나로 들고 있다. 일반적으로 문명국의 주민들이 원주민들보다 장수하는 것은 영양섭취나 각종 의료기술의 영향도 있겠지만 독서와 활발한 두뇌활동의 원인도 크다는 것이다. 또한 파키스탄의 북쪽 산악지대에 거주하는 소수민족인 훈자마을도 장수촌으로 알려져 있는데 그들은 눈 녹은 맑은 물과 깨끗한 공기와 자연식, 스트레스가 없는 인간관계로 장수조건을 모두 갖추고 있기 때문이다.

우리나라에서는 100세를 넘기고도 건강하게 활동하고 있는 김형석 교수가 건강의 요건으로, 낙천적인 성격, 몰입할 수 있는 취미나 운동, 규칙적인 생활태도, 명예욕이나 물욕을 버리고, 사회봉사 정신과 활동, 꾸준한 독서의 습관, 자연식, 무리하지 말 것이라는 8가지 생활준칙을 밝히기도 했다. 모두 공통된 것을 말하고 있다.

그런데 우리들 인간이 적어도 지금까지의 능력으로는 절대적으로 모르는 것은 3가지이다. 자신이 '언제, 어디서, 어떻게 죽는다.'는 것이다. 출생순간의 날숨은 운명순간의 들숨으로 일생을 끝맺는다. 우리의 일생역정은 바닥에 누워 있다가 일어서고 걷고 달리고 비행기로 하늘도 날고 심지어 우주로켓으로 지구권 밖에까지 벗어나지만 결국 땅과 가까운 곳으로 되돌아와서 땅속에 묻히는 것이다. 그래서 노인들에게는 맨발로 흙길을 걸어 대지의 소리도 듣고 자연과 저승과의 호흡을 맞추는 것이 좋을지 모른다.

오늘날 음식문화와 의학의 발달로 평균수명이 급속하게 늘어나서 장수하는 인구비율이 높아졌지만 무병장수(無病長壽)가 아닌 유병장수有病長壽는 아무런 의미가 없다고 본다. 한때 '9988234'라는 멋진 유행어처럼 아흔아홉살(99)까지 팔팔(88)하게 살다가 이틀(2) 아프고 사흘(3)만에 죽는다(4)는 말처럼 된다면 최고최선의 일생일 것이다.

003. 길섶의 잡초로부터 배우는 삶의 지혜

농어촌에서 농사를 짓고 살다 보면 자연으로부터 배우는 것이 많다. 말을 하는 인간으로부터 배우는 것보다 말 없는 자연으로부터의 배움이 더 크고 깊다. 그중 하나가 잡초로부터이다. 나는 그동안 평생을 교단에서 학생들을 가르치는 선생이었으나 20년 전부터는 말 없는 잡초들로부터 세상의 이치를 깨닫고 배우고 있는 학생이다.

지구상의 생명체 가운데서 생명력이 가장 강하고 끈질긴 것은 길섶이나 논밭에 자라는 각종 잡초들인 듯하다. 그 생명력은 인간과 동물과는 비교도 안 된다. 먹이사슬의 최하위이기에 더욱 그렇다. 아마 조물주가 식물은 위험을 피해서 제 마음대로 이리저리 움직일 수도 없는 대신에 강인한 생명력을 부여한 듯하다. 콘크리트의 벽 틈새에서도 자라나고 산불로 흔적 없이 사라져도 다시 움을 틔운다. 놀라운 생명력이다. 고등동물일수록 복원력이 약하지만 하등동물일수록 비례적으로 생명의 재생력이 강하다. 자연의 묘한 조화의 법칙이다.

사실 여름철 시골의 농부들은 잡초와의 전쟁이다. 깨끗하게 뿌리채 뽑히고 불태워져도 조금 지나면 다시 흙 속에 숨어있던 다른 씨앗에서 새싹이 돋아나는 생명력이다. 성질 급한 농부들은 맹독

성 제초제를 뿌리지만 다음 해에는 서서히 되살아나는 잡초도 있다. 그들의 처절한 생명력에는 미안함과 경외감까지 느낀다.

가령 텃밭에서 잡초를 뿌리채로 뽑아도 그 수많은 잔뿌리 가운데서 한 개라도 흙에 닿아 있으면 전체가 파랗게 살아있다. 놀라운 생명력이다. 이것을 하청호 시인은 '잡초 뽑기'라는 제목의 시로 절묘하게 나타내고 있다.

잡초 뽑기

풀을 뽑는다
뿌리가 흙을 움켜쥐고 있다.
흙 또한
뿌리를 움켜쥐고 있다.
뽑히지 않으려고 푸들거리는 풀
호미 날이 칼 빛으로 빛난다.
풀은 작은 씨앗 몇 개를
몰래
구덩이에 던져 놓는다.

하청호, 1986

잡초는 이처럼 강인한 생명력으로 농부들로부터 짓밟히고 제초제라는 맹독성독극물을 바가지로 둘러쓰지만 세월이 가면 말없이 다시 일어선다. 그리고 농작물은 농부들이 온갖 정성으로 키우면서 물도 주고 퇴비도 주면서 돌보지만 병충에 약하여 쉽게 시들어버리기도 한다. 그러나 잡초는 짓밟히고 뽑히고 낫으로 목을 쳐도 말없이 당하고만 있다가 농부가 잠자는 밤에 슬며시 일어나면서 또 되살아나서 자란다.

이러한 자연현상이 우리들에게 주는 지혜는 많다. 가령 자녀를 키울 때 잡초처럼 비바람과 서리도 맞게 하면서 키워야 훗날 경쟁사회에서 다시 일어서는 생존력이 생긴다는 교훈이다. '젊을 때 고생은 돈 주고 사서라도 해야 한다.'는 말과 같다. 온실에서 자란 아이들은 부모라는 온실이 사라지면 대번에 시들고 만다. 재벌 2세들의 대부분의 자녀들이 비바람 속에 일군 부모의 가업을 잇지 못하고 망하는 사례를 우리는 흔히 본다. 현명한 창업자는 자녀에게 가업을 성공적으로 물려주기 위해 자식을 정문 수위부터 시작하여 CEO가 되도록 한다. 일본의 대기업 중에는 이런 사례가 많다.

그런데 집안이 가난하여 일찍부터 세상풍파에 내던져진 자녀들이 풍족한 가정의 부모 밑에서 곱게 자란 자식들보다 부모에 대한 효심이 더 많은 것을 쉽게 본다. 부모가 무능하여 자기가 고생한다는 원망보다 부모의 고생한 심정을 더 일찍이 체험하고 이해하기 때문이다.

1970년대 급속한 경제성장으로 서울에는 시골서 상경하여 열악한 작업환경에서 밤낮없이 열심히 일하면서 월급을 모아 동생들 학비도 만들고 부모의 용돈도 보낸 농어촌 처녀들이 있는가 하면 수입이 많다는 유혹 때문에 자존심을 팔아가면서 요정에서 궂은일을 하던 아가씨들도 시골 부모의 생일에는 돈이나 선물을 꼭 보내는 것을 보았다. 그러나 객지에 나간 부잣집 아들들은 부모에게 용돈을 더 주라고 재촉하는 일이 많지만 공장에서 고생하는 그들은 부모에게 돈을 보냈던 것이다. 아마 자신이 몸소 낯선 객지에서 온갖 서러움을 당하고 보니 시골 어머니의 고생도 알게 되기 때문일 것이다. 온갖 사람들의 발길에 짓밟히면서도 다시 되살아나는 잡초처럼 그들의 생활력도 세파에서 남다르게 자라났던 것이다. 잡초가 우리들 인간에게 말없이 보여주는 삶의 지혜인 것이다.

004. 영원한 논쟁-창조론이냐 진화론이냐?

지구상의 모든 생명체는 유일신 하나님이 창조한 피조물이라는 기독교의 창조론과 모든 생물은 자연선택과 적자생존이라는 원리에 근거한다는 진화론으로 갈라져 왔다. 이것은 21세기 최첨단 과학문명의 시대에서도 그치지 않는 논쟁의 하나이다. 발달된 현대과학으로도 아직 인류의 기원에 대한 명확한 사실을 규명하지 못하고 있어 진화론의 무신론자들이 창조론자들의 주장에 대한 완벽한 대응을 못 하고 있는 가운데 창조론자들은 지적 설계론이나 창조적 진화론이라는 새로운 이론으로 보강하면서 진화론과의 대립을 계속하고 있다.

창조론자들은 인간은 정신세계와 물질세계, 즉 마음과 몸으로 이루어져 있는 가운데 정신세계인 영혼을 중심으로 한 영역을 중시한다면 진화론자들은 발생학적인 관점에서 육신을 중심으로 연구하는 학문이라고 본다. 종교와 과학의 근원적인 차이이다.

이러한 가운데 창조론의 일각에서는 '창조적 진화론'과 '지적 설계론'이라는 새로운 이론도 대두되고 있다. 창조적 진화론은 생명체의 기원은 신의 창조에 의하지만 진화과정에서 자연의 개입을 인정하는 것이며 이것은 다시 자연은 매우 복잡하고 정교하여 다윈의 진화론으로는 충분한 설명이 불가능하므로 창조자가 개입하여 설계한 것이 맞는다는 이른바 지적 설계론으로 발전되었다. 대표자는 미국 버클리대학의 필립 E. 존슨 교수다. 그는 〈심판대의 다윈: 지적설계논쟁〉이라는 저서에서 진화론이 과학적으로 인정되려면 보다 명백한 반증을 제시해야 한다고 주장하였다. 또한 시카고대학 제리 A. 코인은 '생물은 지적 설계에 의해 생산된 형질들과 자연선택에 의해 진화한 형질들의 혼합물이다.'라는 중립적인 견해를 표방하고 있다.

한편 진화론의 주창자였던 J. 웰스는 〈나는 왜 두 번째 박사학위를 받으러 갔는가?〉라는 글에서, '통일교의 문선명 교주가 평생을 마르크스주의를 논파하는 일을 했듯이 나는 평생을 다윈주의를 논파하는 일에 바쳐야겠다는 확신을 얻었다.'고 말하면서 통일신학에 근거한 창조론자로 변신한 경우도 있다. 이처럼 창조론자와 진화론자들 간에 끊임없는 대립이 이어지자 미국에서는 2005년에 펜실베이니아 중부 지방법원이 도버지역 학군에서 일어난 찬반논쟁에 대한 소송판결로 진화론과 창조론을 동시에 가르치라는 결론을 내리기도 했다.

창조론 비판의 대표주자인 R. 도킨스는 1976년 〈이기적인 유전자〉와 2000년에 출간된 〈만들어진 신〉이라는 저서에서 재미있는 비유로 창조론의 부당성을 설명하고 있다. 그는 '보잉 747과 고물 야적장'이라는 타이틀로 다음과 같은 글을 쓰고 있다.

"신이 존재하지 않음이 거의 확실하다는 것을 보여주는 통계적 증명을 나는 '궁극적인 보잉 747'이라고 부른다. 그 명칭은 F. 호일의 '보잉 747과 고물 야적장'이라는 재미있는 상상에서 유래한다. 호일은 생명이 지구에 출현할 확률은 고물 야적장에서 야적장을 휩쓰는 태풍이 운 좋게 보잉 747을 조립해낼 확률과 별다를 바 없다고 말했다." 따라서 창조론자들의 '지적 설계론'은 비개연성을 개연성으로 전제하고 성립되는 오류라고 본 것이다.

그리고 도킨스는 13세기 토마스 아퀴나스가 신(창조자)의 존재 증명으로 내세운 3가지의 논증, 즉 신의 부동한 원동자, 신의 원인 없는 원인자, 신의 우주론적 원인자론도 논리적인 오류라고 반박하고 있다.

이러한 도킨스의 〈만들어진 신〉에 대하여 옥스퍼드 대학 A. 맥그라스와 런던대학 종교심리학 교수 J. 맥그라스 부부 교수의 〈도킨스의 망상, 신이 외면한 진리〉라는 공동저서에서 도킨스의 주장에 정면으로 반박하고 있다. 맥그라스 부부는, 유신론자들이 신의 존재증명을 확실하게 못하고 있음을 역설한 도킨스에게 무신론자들 역시 신의 부재를 명확하게 설명 못 하고 있다고 역공하고 있다. 이것은 진리에 접근하는 방식에서 '믿으면 안다.'라는 신앙의 태도와 '알아야 믿는다.'는 과학적인 태도의 차이에서 생기는 결과라고 하겠다.

그리고 맥그라스가 도킨스에게 '신에 대한 믿음은 비이성적임에도 불구하고 수많은 세상 사람들이 몰입하는지에 대한 명쾌한 답변을 못 하고 있다.'고 공격하자, 도킨스는 '그것은 전염성이 있는 바이러스에 감염되는 것과 같은 것이고, 감염을 통해 전체 인구에 퍼진다.'고 반격했다. 전체적인 맥락에서 본다면 맥그라스의 도킨스에 대한 반증은 다소 감정적인 공격으로 보인다.

한편, 제3의 위치에서 〈자연종교에 관한 대화〉라는 책을 쓴 D. 흄은 신의 존재를 믿을 수 있는 어떤 뚜렷한 근거, 말하자면 어떤 과학적 근거가 있는지를 고찰하면서 '자연종교'라는 새로운 영역을 제시했다. 그는 자연종교는 신비한 경험을 통한 계시나 그 밖의 과학의 외적 수단을 통해 확신에 이르는 방법에 의존하는 전통종교가 아닌 것으로, 가령 뉴턴의 중력이론이나 평면기하학처럼 증거와 논증에 의해 충분히 이해가 가능한 것이라고 보았다.

이와 같은 다양한 논쟁은 종교가 기본적으로 갖고 있는 사고체계와 과학이 갖고 있는 사고구조가 서로 다른 것에서 연유하는 것이므로 합의점을 찾기가 어렵다고 본다. 또한 이것은 눈에 안 보이는 정신적인 것으로 미래를 중시하는 관념론과 눈에 보이는 물질적인 현실만을 추구하는 경험론과의 편차에서 생기는 것이므로 결국 창조론이냐 진화론이냐의 논쟁은 영원히 지속될 듯하다.

005. 대자연의 위대함과 인간의 왜소함

무한한 우주공간으로까지 갈 것도 없이 우리들이 살고 있는 지구를 보더라도 대자연의 위대함과 경외감은 누구나 느끼게 된다. 자연의 웅장함을 대하면 우리들 인간은 극히 왜소하고 미물처럼 보인다. 우리가 1만 미터의 높이로 나는 국제선 비행기를 타고 가면서 아래를 내려다보면 지상의 인간들은 땅에 기어가는 한 마리의 개미를 바라보는 것처럼 느껴질 것이다.

더 나아가 만일 아폴로 우주선을 타고 달나라에 가서 지구를 본다면 지구의 크기는 달의 4배 정도의 크기로 보인다. 지구상의 어떠한 생명체도 보이지 않으며 다만 푸른색으로 둘러싸인 커다란 공일 뿐이다. 이와 같이 지구상에서 인간은 대자연 생태계의 한갓 미물에 불과함에도 만물의 지배자로 군림하면서 서로 싸우고 살인까지 하는 것이다. 식물이나 동물들은 동족끼리 다투기는 하지만 죽이는 경우는 드물다. 유일하게 인간만이 서로 싸우고 집단살인까지 한다.

자연의 위대함에 비하여 인간의 왜소함을 실감하게 만드는 것은 우리들이 살고 있는 지구상에도 많다. 미국 그랜드 캐니언의 웅장한 대협곡, 세계에서 가장 크다는 요세미티 국립공원에 있는 거대한 암벽바위의 위용, 남미의 이과수 폭포 등 무수하다. 이러한 대자연과 마주하면 세상의 온갖 잡념으로 일희일비하면서 살아가는 인간들이 얼마나 나약하고 왜소한가를 느끼게 된다. 해마다 미 대륙을 휩쓸고 지나가는 토네이도나 허리케인은 순식간에 마을 전체를 초토화시킨다. 이것은 대자연의 위력에 대한 경외감이 아니라 불안과 공포감인 것이다.

이러한 관점은 노자에서도 나타나고 있다. 그는 '천지불인이만물이추구天地不人以萬物以芻狗', 즉 '땅은 짐승(추구: 짚으로 만든 솟대용 강아지)을 위하여 풀을 만들지 않았다.'라는 것으로 자연의 모든 것들은 자신을 위하여 존재할 뿐 누구를 위해 있는 것이 아니라고 했다. 그리고 노나라의 왕필王弼은 노자의 대표적인 주석서에서 '천지임자연 무위무조 만물자상치리 고불인야天地任自然 無爲無造 萬物自相治理 故不仁也'라는 말로 '만물은 스스로 운행할 뿐이므로 누구를 위해서 존재하는 것이 아니다.'라고 했다. 다시 말해 인간중심주의적인 자연생태관을 비판했던 것이다.

이러한 대자연을 인간들은 자기중심적으로 만물을 보게 되면 자연은 불인不仁하므로 인간의 몸과 마음은 피폐해지면서 스스로 멸망의 길을 걷게 된다. 최근 들어 미세한 지구온난화임에도 계절의 특징이 교란되면서 한여름의 폭염과 집중폭우, 홍수가 아니면 가뭄과 대형 산불 등으로 인간의 문명질서를 파괴하고 있으며 또한 2001년부터 세계를 휩쓴 코로나 바이러스19는 인류의 문명패턴을 근본적으로 바꾸면서 이른바 문화패턴의 패러다임시프트를 강요하고 있다. 대자연의 순리를 거역하는 인간들의 오만이 얼마나 연약한가를 보여주는 것이다.

지구의 대자연이 안고 있는 모든 생명체들은 서로가 눈에 안 보이는 공존의 끈으로 이어져 있다. 그런데도 인간은 그들과는 다른 독립된 개체라고 인식하고 분리하면서부터 생태계의 교란이 시작되는 것이다. 가령 나비나 벌이 각종 오염으로 사라지면 식물이 열매를 맺지 못하고 그것은 곧 식량부족으로 나타나면서 인간들도 굶어 죽게 되는 연쇄적인 결론에 이른다는 것을 우리들은 간과하고 있다. 연결고리 하나가 끊어지면 전체의 고리가 끊어지는 논리와 같다. 인류절멸을 자초하는 파국에 직면하는 미래를 막기 위해서는 대자연의 위대함에 인간은 극히 왜소함을 알고 각성해야 할 때이다.

006. '작은 것이 아름답다.'는 21세기 인류문명의 키워드이다.

〈작은 것이 아름답다Small is Beautiful〉. 이것은 1973년 독일의 불교경제학자 E. F. 슈마허가 펴낸 지구환경 문제에 관한 저서명이다. 그는 그의 저서에서 인도의 M. 간디의 소박한 삶과 미국의 자연주의 환경론자 H. D. 소로의 삶을 언급하면서 최대이윤과 최대소비를 추구하는 현대자본주의의 반자연적인 가치관을 비판하고 있다. 이러한 관점의 슈마허는 기독교의 인간관과는 달리 불교에서의 자연관은 인간중심주의가 아닌 만물평등사상에 기초하고 있어 크고 많은 것을 추구하는 서구 자본주의적 경제패턴과는 달리 작고 적은 것을 지향하는 것이 친환경적이며 지속 가능한 경제발전이라고 주장했다. 즉, 생산체제를 소규모로 다양화하는 경제구조와 함께 도시와 농촌을 균형개발로 전환하여 '소량생산, 소량소비 문화'로 바꾸어야만 된다는 주장이다.

실제로 자본주의의 기본인 자유시장경제는 대량생산 대량소비로 이어지면서 생산자들은 소비자들로 하여금 대량소비를 부추기기 위하여 소비자들의 심리를 교묘하게 이용하고 있다. 모든 방송매체는 소비를 부추기는 홍보(P. R.)로 가득하다. 문자 그대로 피(P)를 흘리면서 알(R)리는 대량소비자극 사회에 현대인들은 살고 있다. 그런가 하면 실제로는 10,000원임에도 9,900원으로 가격표를 매겨 구매동기를 심리적으로 자극한다든지 유통기한에 가까운 상품을 바겐세일이라는 이름의 상품으로 내놓기도 하고 콜라 2병을 묶어서 조금 싸게 팔기도 한다. 소비자는 1개만 필요한데도 2개 묶음이 조금 싸게 팔고 있어 그대로 구입하다 보면 소비자는 충동구매로 과음하게 되고 생산자는 더 많이 팔게 되는 결과로 이어지면서 대량생산이 지속되는 구조이다. 사회는 점점 '많고 큰 것이 아름답다.'로 변하게 된다.

이처럼 자본주의 경제사회의 생산자들은 대량생산에 따른 대량공급을 위하여 각종 매체를 통하여 피(P)를 흘리면서 알(R)리다 보니 소비자는 상품선전술에 마취되어 충동구매까지 생겨나면서 대량소비문화의 반자연적인 가치관을 만들고 있다고 환경론자들은 비판하고 있다. 이러한 자본주의 시장경제의 생리는 자연자원의 착취로 이어진다는 관점이다.

다시 말해 현대사회는 기계문명의 발달로 대규모의 생산체계가 가능해지면서 크고 많은 것의 소유가 가능해지고 있으나 이것은 생태계의 파괴로 이어져 반자연적이라고 보는 관점이다. 이에는 서구 기독교의 창세기에서 말하는 인간 중심의 만물지배 사상에서도 나타나는 것으로, J. 카모디는 1983년에 출판한 〈생태계와 종교〉라는 저서에서 기독교인들에게 '너의 이웃을 사랑하듯이 자연을 사랑하라.'고 했는가 하면 1967년 A. 레오폴드는 〈토지윤리〉라는 책에서 인간의 토지에 대한 과도한 혹사를 비판하는 글도 남기고 있다.

20세기만 해도 미국은 무엇이든 크고 'No.1'만을 추구하고 최고 가치로 삼아왔다. 땅도 넓고 경제와 국방력도 세계 제일이므로 미국인들은 스스로 세계 일등국민으로 여겼던 것이다. 그들은 넘쳐나는 상품으로 풍족한 소비생활을 하는 한편 정부는 풍요한 재원으로 세계의 두뇌들을 유치하여 경제와 문화의 최강국으로 만들었다. 그리하여 미국은 건국 200년 만에 세계경제와 첨단과학의 선진국으로 바뀌었고 세계의 경찰국가로까지 발전했던 것이다.

그러나 자연의 섭리와 역사는 이처럼 거대한 힘이 한곳에만 머무르거나 집중되는 것을 허용하지 않는다. 인류사의 주류가 19세기 유럽대륙에서 아메리카대륙으로, 다시 아시아대륙 시대로 이동하고 있다고 주장하는 역사학자들이 등장하였다. 미국의 미래학자 H. 칸 박사는 인류의 미래사는 미소 간의 핵무기에 대한 처리방식에서 크게 영향을 받을 것이라고 예견하면서 미국과 러시아와 같은 거대국가의 주류도 점차 환태평양의 소형국가 중심으로 바뀔 것이라고 보았다.

실제로 지상의 동물 가운데서 다람쥐와 같은 동물의 일부를 제외하고는 인간만이 유달리 재물과 재화를 과도하게 축적하는 본능을 가지고 있다. 원시시대의 인간들과 오늘날의 소수부족인들 가운데는 그날그날에 필요한 만큼의 식량만 확보할 뿐 내일을 위해 대량으로 보관하지 않는다. 현대인들의 이러한 과도한 예비저축의 욕구 때문에 대량생산이 이루어지고 그것은 곧 과잉소비문화로 이어지면서 각종의 질병과 생태계 파괴를 유발하고 있는 것이다.

세계의 수많은 대도시의 수많은 가정에서 매일 쏟아내는 엄청난 분량의 음식물 쓰레기와 공장의 폐수는 수질오염, 토양오염, 공기오염뿐만이 아니고 환경호르몬으로 인한 생태계의 동식물 번식 질서까지 교란시키고 있는 것이다. 실제로 이와 같은 현상의 주범을 만드는 것은 인구가 밀집되어 있는 대도시화가 큰 역할을 하고 있다. 가령 가랑비(농어촌 마을)는 하루 종일 내려도 홍수가 생기지 않지만 소낙비(대도시 아파트군)는 두어 시간만 한곳에 쏟아 부어도 수재가 발생하는 것과 같다.

M. 북친과 같은 일단의 생태사회주의적 환경론자들은 이러한 자본주의사회의 생산과 소비형태가 반환경적이라고 비판하는 편에 서서 사회주의적인 계획경제론을 지지하고 있다. 실제로 오늘날 선진국 국민들의 대부분은 과소비의 일원이 되고 있다. 이것은 풍요사회의 일상이라고 하지만 자연의 섭리에는 특혜가 없다. 빈곤병도 있지만 부유병도 있다. 실제로 굶어서 죽는 사람보다 과식하여 병들어 죽는 사람도 많다.

E. F. 슈마허가 그의 저서에서 우리들에게 주는 메시지는 미래학자 허만 칸과 같은 거대담론보다는 소비자들의 일상생활에서 추구해야 할 것은 이른바 '소확행'이어야 한다는 현실담론이다. 이것이 지속 가능한 인류의 미래가치라고 보았다. 결국 절약생활이 건전한 소비문화의 길이라는 것이다.

절약은 공급부족에서 생기는 것이기도 하지만 결코 그러한 것만은 아니다. 옛날 우리 선조들은 절약정신이 매우 뛰어났다. 부잣집에서도 시집온 며느리가 밥을 지으면서 쌀알을 조금이라도 흘리면 시어머니가 야단을 쳤다. 친정집의 가정교육을 알아보는 근거가 되기도 했다. 풍요의 시대에 사는 우리들이 한번쯤 숙고해 보아야 한다. 특히 신세대인 풍요세대들이다. 과유불급(過猶不及)이라는 말이 있다. '지나침은 미치지 못함과 같다.'라는 뜻으로 우리 사회에도 너무 먹지 못하여 병이 생기는 것보다 너무 많이 먹어서 병이 생기는 경우가 많다. 체중감량을 위한 다양한 매체선전이 바로 하나의 증거이다.

그래서 크고 많은 것 보다 작고 적은 것이 더 자연친화적이고 아름다운 것으로 생각하는 것이 지속가능한 미래의 가치관인 것이다.

007. 미의 극치는 단순함에 있다.

기본적으로 인공미는 복잡하다면 자연미는 단순하다. 이러한 현상은 미술이나 음악, 문학, 건축 등에서도 그대로 나타나고 있다. 그동안 인류문화는 확산적인 가공미의 길을 걸어왔으나 이제는 수렴적인 자연미로 바뀌고 있다. 인류문명은 그동안 단순에서 복잡으로 점점 발전하다가 이제는 복잡에서 단순화의 경향을 보여주고 있다.

가령 미술에서도 색채의 여왕이라고 부르는 르누아르의 다채색에서 피카소에 이르면 단색을 선호했던 것이다. 음악에서도 심포니오케스트라와 같은 다중음률이 주류를 이루어 왔으나 근년 들어 솔로 악기로 연주하는 선율에 심취하는 청취자들이 불어나고 있다. 문학에서도 복잡한 플롯보다는 독백의 스토리로 변모하고 있으며 장편보다는 한 편의 시가 내면의 울림을 크게 하고 있다. 그 어떤 애정소설도 김소월의 '진달래꽃'의 시 한 줄보다 더 많은 감동을 주지 못할 것이다.

건축에서도 중세와 근대건축의 다양한 조형미에서 점점 단순미를 선호하는 경향을 보여주고 있다. 심지어 꽃꽂이에서도 이 꽃 저 꽃, 붉고 희고 노랑 등의 콤비네이션 연출에서 소나무가지 하나로 연출하는 경향이며 다茶문화에서도 그동안은 차완茶碗을 최고급 도자기로 사용했으나 점점 소박해지면서 막사발의 질그릇을 선호하고 있다. 고급요리 문화에서도 일류 셰프들은 레시피를 단순화하면서 온갖 조미료 대신에 소금 간 하나로 제일 맛있는 음식을 만들 수 있다는 것이다. H. D. 소로가 '예술의 최고 조건은 자연스러움(Artlessness)'이라고 한 말도 복잡한 인공미가 아닌 단순한 자연미를 뜻하는 것이라 하겠다.

성경에서는 '태초에 빛이 있었다.'고 했다. 빛은 곧 말씀이다. 이러한 하나의 말씀이 세상의 온갖 만물을 창조하였고 인지가 발달함과 동시에 말이 점점 분화되면서 인간의 사고방식도 확산적 사고의 길을 걸어왔다. 이것을 우리들은 문화의 다양성 또는 문화발전으로 규정하지만 아쉽게도 인간의 본성은 점점 언어의 확산과 비례하여 허언虛言과 함께 타락의 길로 들어서면서 그동안 지구상에는 온갖 부패와 부정, 전쟁으로까지 나타났던 것이다.

이러한 타락의 인류문명도 이제 임계점에 가까워지면서 수렴적인 축소의 길로 접어들기 시작할 것이라고 본다. 그 언젠가는 다양성이 단순성으로 전환하기 시작하면 태초의 말씀 하나로 축소되면서 인간의 선한 본성은 점점 되살아날 것이다. 이제 인류문화가치는 점점 단순함의 아름다움을 의식하면서 그 가치를 지향하려는 변곡점에 가까워지고 있다고 본다. 이것이 인간성의 회복인 것이다.

불교에서도 선禪은 말이 없다. 사람도 내공이 깊으면 말수가 적다. 말이 많을수록 허위와 허구가 숨어 있다. 자연도 말이 없다. 그러나 극히 단순함에도 온갖 생명의 기원을 내포하고 있다. 영국의 극작가 셰익스피어는 〈햄릿〉 제2막 제4장에서 '간결함이야말로 지혜의 핵심이다.'라는 대사를 하고 있다. 간결은 곧 단순함인 것이다.

단순함–미의 본질이다. 그리고 인간성의 원형이다. 선과 미의 원천이다. 그래서 복잡하고 인위적인 인류문화의 인공미와는 달리 자연은 언제 보아도 단순하다. 경지에 이른 예술가들은 나무 한그루 풀 한 포기에서 진리와 미와 선을 찾는다. 나무 한 그루 풀 한 포기가 전부를 가지고 있기 때문이다. 그리고 대부분의 여행자들은 세계여행에서도 유럽과 같은 복잡한 인공미의 극치를 찾아가지만 한 번 가면 두 번은 잘 안 간다. 그러나 아프리카나 남미의 오지는 다시 찾아간다. 인공미는 생명이 없지만 자연미는 살아있기 때문이다. 실제로 인공미의 절정은 미국의 라스베이거스의 야경인 휘황찬란한 네온사인이나 두바이의 마천루 빌딩에도 있지만 그것도 한 번으로 족할 뿐이다.

그러나 장엄한 그랜드캐니언이나 히말라야산맥의 설원은 다시 가보고 싶어 한다. 생명과 생명의 교감이 가능하기 때문이기도 하다. 인간의 손이 많이 갈수록 자연의 순수 미는 줄어든다. 미의 극치는 단순함에 있기 때문이다.

008. 작은 것이 이긴다.

중세와 근대사에서는 무엇이든지 거대하고 많은 것을 추구하면서 가치관의 기준으로 삼았다. 그것은 끊임없는 영토의 확장을 위한 전쟁에서부터 근대산업혁명에서의 생산양식과 문화형태에서도 '크고 많은 것이 아름답다.(Big is beautiful)'였다. 그러나 현대와 미래는 '작고 적은 것이 아름답다.(Small is beautiful)'는 것으로 점차 가치기준이 이동하고 있고 이동할 것이다. '작은 것이 아름답다.'는 말은 불교철학자이며 생태론자인 F. 슈마허의 저서명이기는 하지만 미래사회가 나아가야 할 새로운 가치관을 제시하고 있는 것이다. 실제로 현대의 전자문명사회에서는 작은 것이 아름답고 좋다는 것으로 상품의 가치기준이 점점 이동하고 있다.

기업에서도 대형구조에서 자잘한 중소기업으로 분화하는 이른바 강소기업형태가 지속 가능한 경영방식으로 대두되고 있으며 실제로 오늘날 세계불황 속에서도 꾸준히 성장하고 있는 대만의 경우 오래전부터 자잘한 중소기업의 경영방식을 선택해 왔던 것이다. 이러한 가치기준의 변화는 학문세계에서도 지금까지의 거대담론보다는 보다 구체적인 소논문으로 작고 깊게 연구하는 추세이고 주민생활에서의 이른바 '소확행小確幸'이라는 유행어도 그렇다.

세계적인 기업가인 빌 게이츠는 최근 〈팬데믹을 대비하는 법〉

이라는 책에서 지금까지 수많은 전쟁에서 사망한 사람보다도 앞으로는 눈에 보이지 않는 조그마한 바이러스에 의한 전염병으로 인류가 사라져 갈 것이라고 보았다. 실제로 1346년에 발생한 페스트(흑사병)는 유럽인구의 1/3에 달하는 숫자를 죽음으로 내몰았고 1918년에는 스페인독감으로 5,000만 명이 쓰러졌으며 다시 50년이 지난 1968년의 홍콩독감으로는 100만 명이 사망하였고 역시 50년이 지난 2020년에는 미세한 바이러스에 의한 코로나19의 호흡기질환이 발생하였다. 각종의 특효약이 개발되고 있지만 병원균도 변이를 거듭하면서 인류의 미래를 불안하게 만들고 있다. 신화적인 이야기지만 약자인 조그마한 다윗이 거대한 골리앗을 제압했다. 그리고 세계를 제패한 정치가들의 대부분은 체구가 조그마한 사람들이 많았다. 나폴레옹이나 히틀러, 등소평, 박정희 대통령 등이 대표적인 일부 사례이다. 이들 모두가 거대한 역사를 움직인 사람들이다.

자연생태계서 덩치 큰 코끼리도 조그마한 새앙쥐를 제일 무서워한다. 코로 들어가면 숨이 막혀 죽을 줄 알기 때문이다.

009. 반려동물애호가들은 동물을 좋아할 뿐 사랑하는 것은 아니다.

반려동물애호 현상은 일찍부터 서구사회에서부터 시작된 대중문화의 하나였다. 그런데 근년부터는 우리나라에서도 반려동물 애호가들이 급속하게 늘어나고 있다. 2020년 기준의 통계조사에 의하면 한국의 반려동물 애호가의 인구는 무려 1,500만 명에 이르고 가구의 숫자도 312만에 달하고 있다는 것이다. 그에 따른 시장규모도 6조 원으로 추정하고 있다. 대도시는 물론 웬만한 농어촌에도 반려동물 전용상품가게와 병원도 있으며 서울시의 일부 자치구에서는 반려동물전용 놀이터 조성과 함께 동물복지위원회를 만들어 활동한다는 계획에까지 발전하고 있다. 이러한 추세는 지방의 군단위로까지 유행병처럼 확대되면서 전국적으로 일반화되고 있다. 농어촌에 노인전문 병원은 없어도 동물병원은 있다. 심지어 폐교위기에까지 처한 경북 봉화군의 어느 산골학교가 반려동물전문 학교로 바꾸자 입시경쟁률이 3배나 급등하는 현상을 보여주고 있다는 현실이다. 잘못된 문화조류의 하나라고 본다.

그러면 이처럼 급성장하는 애완동물의 추세는 무엇을 의미하는가? 원래 인간은 사람과 사람의 접촉과 교류가 정상적인 것이다. 그런데 사회가 농경사회를 벗어나 산업사회로 들어서면서 서구적인 핵가족화와 단독주거의 1인생활화가 급증하면서 자기중심주의적인 사고가 발달되었고 이것은 곧 사회적 고독감을 고조시키면서 반려동물로 그 공백을 메꾸려고 하는 심리에서 생겨난 변칙문화라고 하겠다. 사람과 사람의 교통communication 대신 동물을 그 자리에 메꾼 것이다. 서구의 개인주의적 사고와 핵가족화가 우리들보다 앞선 일본사회가 반려동물 문화에서 앞선 것도 이러한 이유이다.

그러나 이러한 반려동물로 소외감을 해소하려는 것은 하나의 변칙일 뿐 근원적인 해결책은 아니다. 인간은 아리스토텔레스가 말했듯이 사회적 동물이며 그것은 인간의 기본적인 본능이다. 사람이 사람을 만나고 접촉할 때만이 가장 큰 충족감을 갖는 것이다. 동물과의 교통은 사람과의 교통과는 그 만족도가 질적으로 다르다. 유명한 저서 〈역사의 종말〉로 널리 알려진 F. 후쿠야마 교수는 인류사의 근원을 '인지욕구(타인으로부터 인정을 받고 싶은 욕구로 사회적인 명예욕과 같은 욕망)'라고 규정하면서 그 욕구의 만족도는 동물보다는 인간, 노예보다는 자유인으로부터의 인정이 더 높은 만족감을 느낀다고 했다. 따라서 애완동물로부터의 인정보다 사람으로부터의 인정이 더 많은 만족감을 느끼게 되는데 그것이 어렵기 때문에 대체물로 나타난 것이 반려동물인 것이다.

인간이나 동물들의 사교성을 유전학적인 이론으로 설명하는 학자도 있다. 1961년 뉴질랜드 의사였던 P. 윌리엄스가 유전자분석에서 발견한 인자로서 이것을 그는 '윌리엄스 증후군'이라고 했다. 인간이나 개에게 발달되어 있다는 것이다. 그래서 예부터 애완동물로는 개(강아지)였던 것이다.

이러한 관점에서 보통 어린이들의 경우 누구보다 반려동물을 좋아한다. 그들의 눈에는 주변의 성인들은 자신의 체력으로는 다루기가 벅차기 때문에 마음대로 다룰 수 있는 애완동물에 집중하게 되지만 독립된 인격체인 성인의 경우는 다르다. 하나의 사례로 시집가기 전까지는 강아지를 밤낮 껴안고 부모형제보다 더 정을 쏟던 처녀가 어느 날 결혼을 하고 예쁜 자녀를 낳게 되면 그러한 태도는 점점 자녀 쪽으로 이동하면서 애완견을 멀리하기 시작하였다. 동물보다는 사람과의 접촉이 더 좋고 만족도가 높기 때문이다.

사실 애완동물 애호가들은 동물을 좋아Like할 뿐 사랑Love하는 것은 아니다. 좋아하는 것과 사랑하는 것은 차원이 다르다. 따라서 동물을 진정으로 좋아한다면 한정된 공간에 가두고 키우기보다는 자연으로 돌려보내야 한다. 동물들이 말을 못 해서 그렇지 자연 속에서 야생으로 마음대로 지내는 것을 더 좋아하기 때문이다. 그들은 티끌 하나 없이 깨끗한 아파트 마룻바닥에 있는 것보다는 흙과 자갈과 풀과 숲이 있는 자연환경을 더 그리워하고 있을 것이다. 반려동물이 집 밖으로 데리고 산보를 나갈 때 제일 좋아하는 것을 보아도 알 수 있다. 그들의 본능과 가깝기 때문이다. 반려동물을 자신의 취향에 따라 마음대로 고르고 바꿀 수 있는 반지나 귀걸이, 브로치, 목도리처럼 생각해서는 안 된다.

그러면 혹자는 맛있는 사료도 주고 추위에는 방한복도 입혀주며 아프면 동물병원에도 데려가 돌보는 것이 더 행복한 것이 아니냐고 말할지 모르나 그것은 동물의 본능과 섭리를 모르고 하는 말이다. 그러면 '주인만 보면 꼬리를 흔들고 반기는 반응은 무엇인가?'라고 말할지 모르지만 그것은 자신들의 생사여탈이 주인 손에 있음을 알고 반응하는 생존을 위한 일종의 애교이며 아부일 뿐이다. 일찍이 매월당 김시습金時習은 그의 〈매월당집〉에서 '만물을 사랑하는 최선의 길은 각기 타고난 본성을 이루어주는 데 있다.'고 했다. 정곡을 찌르는 말이다.

애완동물의 문화는 개인주의가 우리들보다 먼저 발달한 서구나 미국 사회에서 시작되었지만 이제는 강아지나 새, 고양이와 같은 소형동물들이 아닌 닭이나 돼지, 염소, 토끼, 구렁이, 개미핥기 등등, 심지어 악어나 송아지와 같은 대형동물도 집 안에서 키우는 것으로 변모하고 있다. 일종의 변태적인 기호이다. 일본은 고양이, 중국은 새, 한국은 강아지가 주류인 데 반하여 그들은 이러한 평범한 것에는 싫증을 느끼면서 색다른 동물들로 자기만족과 존재감을 찾고 있는 듯하다. 그런데 최근에는 반려동물의 종주국이었던 미국인들이 집 안에서 마당이나 소형 우리에 애완동물을 사육하다가 방사하거나 병들거나 다친 것들을 데려다가 치료하고 자연으로 보내는 경향이 많아지고 있다. 매우 바람직한 변화이다. 여행차 2011년 7월 남미 페루의 우르밤바라는 산속의 마을에 도착하여 어느 식당에서 늦은 식사를 하게 되었는데 야생의 사슴이 식당 안까지 들어와서 걸어 다니자 주인이 밖으로 밀어내는 것을 보았다. 그래도 그것은 인간과 자연의 공존으로 애완동물 문화와는 다른 차원이었다.

미국의 프리스턴대학 생명윤리학자 P. 싱어 교수는 1996년에 발간한 〈동물의 권리〉라는 저서에서, 인류문명사는 중세의 신으로부터의 인간해방, 미국의 흑인해방, 현대의 여성해방운동으로 이어져 왔듯이 지금부터는 인간으로부터의 동물해방론을 역설하였다. 또한 영국의 서섹스대학 철학과 교수인 P. 코벳 교수도 '자유, 평등, 우애라는 위대한 원칙은 이제 동물의 생명에까지 확대적용할 필요가 있다. 동물의 노예제를 인간의 노예제와 함께 과거로 묻어버려야 한다.'고 주장하였다. 노자의 도덕경에 나오는 무위자연사상이요 비틀스의 노랫말 'Let it be.'라고 하겠다. 반려동물문화를 비판하는 관점이다.

인간은 극히 이기적이며 자기중심적이며 생존경쟁이라는 본능에서 강자가 약자를 지배하려는 지배욕을 무의식에 지니고 있다. 만일 애완동물이 자기를 잘 따르지 않고 제 마음대로 한다거나 반항하면 아마 십중팔구는 학대하거나 버릴 것이다. 반려동물에 쏟는 정성과 비용만큼 고향의 부모나 가난한 이웃 또는 아프리카 난민을 도운다면 아마 틀림없이 더 큰 보람과 성취감을 얻을 줄 안다. 대상의 깊이와 넓이가 다르기 때문이다.

우리나라의 경우 반려동물애호가들의 대부분은 반려동물 관리에 대한 기본적인 상식을 경시하여 인명사고까지 일으키고 있다. 또한 반려동물이 늙고 병들면 남몰래 버리기도 한다. 그래도 이러한 유기견이나 고양이를 데려다 돌보는 사람도 있어 다행이다. 이들이야말로 동물을 좋아하는 사람이 아니고 사랑하는 사람이다. 가내에서의 반려동물 문화에 대한 것은 부정적이지만 그렇지 않은 예외는 있다. 정신박약이나 지체부자유자와 같은 경우이다. 반려동물이 그들의 정신치료나 신체결함을 보충하는 데 커다란 역할을 해주기 때문이다.

참고로 필자가 13년 전에 신문지상에 쓴 칼럼을 인용하면,

"서울시는 과천 서울대공원에 애완동물 전용화장장 건립을 추진할 것이라고 밝혔다. 사실 인간과 애완동물의 관계는 중세시대의 귀족사회 중심으로부터 오늘날의 일반가정에 이르기까지 그 역사는 매우 길며 대상동물도 다양화되었다. 그런데 애완동물 사육의 심리적인 근원은 애착의 대상물을 추구하는 인간의 본능과 함께 한편으로는 지배욕구의 발로에 있다. 이러한 기본욕구가 불만족이거나 차단되었을 때 대리만족의 형태로 나타난 것이 애완동물 문화의 발달이다.

농경사회의 대가족 구조와는 달리 산업사회의 핵가족화는 인간관계가 기계적인 개인주의로 발전되면서 인간성의 상실과 소외감을 고조시켰다. 다시 말해 사람이 애착의 대상을 사람으로 해야만 최고의 만족감을 가질 수 있는데도 그렇지 못할 때 애완동물로 대상이 바뀌게 된다는 것이다.

한편 인간은 가능하면 자신이 마음대로 명령하고 지배할 수 있는 대상을 추구하려는 강한 본능을 갖고 있다. 그래서 그 대상이 일반인간과 같이 자유의지를 지닌 것이면 것일수록 그 만족도가 크지만 그런 대상을 현실적으로 쉽게 찾기가 어려운 경우 차선책으로 동물을 선택하는 것이 애완동물 사육문화이다.

따라서 인간이 애완동물을 기르는 것은 어디까지나 이기적인 자기만족감일 뿐 결코 동물 그 자체를 위한 것은 아닌 셈이다. 동물이 가장 바라고 행복해하는 것은 자기들이 타고난 본능 그대로 자연생태계 안에서 살아가는 것이다. 그러면 애완동물 애호가들 중에는 병들어 죽어가는 것을 돌보거나 맹수로부터 보호하고 추운 겨울에 옷도 입혀주고 맛있는 사료를 먹여주는 것이 얼마나 다행이냐고 반문할지

모르지만, 병들어 죽고 잡혀 먹히고 추위에 견뎌내면서 살아가는 그 자체가 대자연의 섭리이고 그에 순응하는 것이 바로 동물들에게는 동물다운 참된 삶이다. 티끌 하나 없는 아파트 마룻바닥보다 벌레가 기어 다니는 맨땅에 뒹구는 것이 그들에게는 더 행복한 것이다.

사회의 인간관계가 불건전할수록 그에 비례하여 애완동물 애호가에 따른 병원이나 전문용품, 사료점이 번성하게 된다. 미국이나 일본이 그렇고 우리나라도 뒤를 따르고 있는 듯하다. 인류사에서 근대문명은 신으로부터의 인간해방을 추구했듯이 현대는 애완동물들은 인간으로부터 해방을 말없이 호소하고 있을 것이다. 1979년 근본주의 생태론자 P. 싱어는 '동물해방론'을 역설했다. 여하튼 애완동물 애호가들은 자신이 동물을 좋아(like)할 뿐 결코 사랑(love)하는 사람은 아니라는 것을 알아야만 할 것이다. 결국 애완동물들은 눈에는 안 보이는 인간의 욕망충족 때문에 감옥 속에서 살고 있기 때문이다."

(조선일보, 2009. 12. 12)

1990년대의 언제인가 국내신문에, 영국의 어느 돈 많은 부자 할머니가 미국 여행을 가는데 애완견과 동반하기 위해 여객기를 전세 내어 갔다는 기사를 읽은 적이 있다. 얼마나 천박한 부르주아의 일면인가? 아마 세계에서 야생동물을 가장 보호하고 진정으로 살피는 나라는 뉴질랜드일 것이다. 조류임에도 날지도 못하여 천적인 고양이나 담비를 만나면 가만히 있기만 하는 카카포가 멸종위기에 처하자 동물보호단체가 인공부화에 성공하여 자연으로 돌려보내는 행사에 대통령까지 참석하여 기리는 국가이다. 카카포 Kakapo는 키위Kiwi 새와 함께 뉴질랜드의 국조이다.

역사적으로 볼 때 애완동물의 역사는 서양이 동양보다 훨씬 앞서 있고 취미도 야생동물 사냥이 전통적이어서 동양보다는 반생명사상이었지만 20세기에 들어 환경운동단체가 활발하게 생겨났다. 시에라 클럽, 그린피스, 열대우림 행동네트워크와 같은 세계적인 조직과 수많은 활동가들이 참여하고 있다. 평생을 아프리카에서 동물보호 활동을 한 제인 구달과 같은 할머니가 있는가 하면 다친 야생동물을 치료하여 자연에 방생시키는 NGO도 많다. 애완동물 병원보다는 야생동물 병원이 많다. 이처럼 미국이나 영국에서는 다친 동물을 데려다가 치료하여 살려 보내는 사람들이 많다면 동양에서는 건강한 동물을 잡아다가 사고팔거나 병들면 갖다 버린다. 동양에서 오히려 반환경적인 태도를 보여주고 있다. 중국에서는 야생조나 온갖 동물들을 잡아다가 상거래를 하고 동남아에서는 코끼리나 원숭이들을 상품화하기 위해 우리에 가두고 학대하고 있다. 잘못된 서구문화의 동양문화화이다. 그러나 이제는 동물학대를 자행하는 동양의 현실과는 달리 오히려 반자연주의의 전통문화였던 미국과 영국, 독일과 같은 나라들에서 수많은 자연주의 환경단체와 동물보호협회가 활발하게 활동하고 있다. 잘못된 수많은 반려동물 애호가들이여! 비록 사람들이 당신을 외면하더라도 그 자리에 다른 생명으로 채우지 말라.

010. 동서양의 시간과 공간의 차이가 만든 재미있는 문화현상들

현대인류가 수천 년간 동일한 지구상에서 같이 살아왔으나 밤낮의 시간과 동서남북 간의 공간적인 차이로 인하여 상반된 인지구조와 문화차이가 형성되어 있음을 보게 된다. 한쪽이 일어날 때 다른 쪽은 잠자리에 들고 한편이 겨울이면 다른 편은 여름이라는 자연환경은 긴 세월을 거치면서 점점 상반되거나 이질적인 가치관과 문화현상을 만들었던 것이다. 몇 가지의 예를 들어보면 서로가 정반대로 나타나는 경우가 많다.

① 가장 대표적인 것이 이름의 순서이다. 동양은 성명이지만 서양은 명성이다. 홍(성)길동(이름)을 길동(이름)홍(성)으로 쓴다. Robert(이름) Kennedy(성)인 것이다.

② 편지의 겉봉투에 쓰는 주소의 순서가 반대이다.
서양, (6330) 126th St SW Mukilteo, WA 98275, U. S. A.
한국, (52386) 경남 남해군 남면 남면로 240-11

③ 전통적으로 동양의 집 주거형태는 마당이 본채 앞쪽에 있다면 미국의 경우는 집 뒤에 있다.

④ 우리는 '신사 숙녀 여러분'이지만 서양은 '숙녀 신사 여러분'이다. 'Lady First'이다.

⑤ 일반적으로 우리는 약을 복용할 때 '식후 30분'이지만 서양에서는 '식전 30분'의 경우가 많다.

⑥ 우리는 아침에 뜨는 해를 보려고 해맞이를 하지만 서양에서는 지는 해를 보려고 석양맞이를 한다.

⑦ 취미생활에서도 서양에서는 사냥과 같은 눈에 보이는 것을 목표로 하나 동양에서는 눈에 보이지 않는 물속의 고기를 잡는 낚시를 좋아한다.

⑧ 그림에서도 동양은 고요한 산수화나 정물화가 발달돼 있으나 서양에서는 움직이는 동물이나 거센 바다의 파도 같은 역동적인 화제畵題가 많다.

⑨ 우리는 아기를 등에 업고 다니는 것이 상식이지만 서양은 가슴 앞에 안고 다닌다.(일찍부터 서구화된 일본 여성들도 앞가슴에 아기를 안고 다닌다.) 우리의 신세대들도 서구풍으로 변하고 있다. 그러나 아이의 안전문제 면에서는 서양보다 동양의 풍습이 타당하다고 본다. 외부의 위험요인을 어머니의 몸으로 먼저 막을 수가 있기 때문이다.

⑩ 동양사회의 혈연주의나 집단감성주의에 대하여 서양의 개인주의나 합리주의가 낳은 것으로 생기는 상반된 문화현상 중 재미있는 한 가지는, 서양의 경우 어떤 여성이 외출하여 거리에 나갔을 때 자기와 비슷한 복장을 한 여성들이 많이 보이면 집으로 되돌아와서 다른 옷으로 갈아입고 나간다면, 우리는 반대로 아무도 자기 옷과 같은 것을 입고 있지 않으면 집에 되돌아와서 그들과 비슷한 복장을 하고 나간다는

것이다. 그리고 서구에서의 My school을 우리는 나의 학교가 아닌 '우리 학교'라고 말하고 쓴다.

⑪ 방위각에 대한 순서도 동양은 동서남북이지만 서양은 북서남동이다. 'North-West South-East'

⑫ 손가락으로 사람을 부를 때 우리는 손바닥을 아래로 펴고 손가락을 앞뒤로 움직이지만 서양은 손바닥을 위로 하고 손가락을 전후로 움직인다.

⑬ 경양식 레스토랑에서는 전식appetizer으로 보통 크림수프가 나온다. 수프를 떠먹을 때 우리는 숟가락질을 밖에서 안으로 한다면 서양인은 안에서 밖으로 한다. 그리고 이러한 반대현상은 마당에 비질을 할 때도 그렇다. 우리는 빗자루를 쥐고 쓰레기를 밖으로 밀어내지만 서양은 안쪽으로 끌어들인다.

⑭ 확인된 것은 아니지만 화장실에서의 배변순서도 우리는 소변이 나오고 대변인 데 비하여 서양인은 반대라고 한다.

⑮ 두 사람 간의 대화에서도 동양은 '예'라고 하는데 서양은 '아니'라고 한다. 가령 '너 지금 가진 돈이 없느냐?'라고 물었을 때 실제로 돈이 없을 경우, 우리는 '예'라고 하지만 서양에서는 '아니'라고 한다.

⑯ 서양의 카드(트럼프 그림)는 인물 중심이지만 동양의 카드(화투)는 사계절의 자연화로 그려졌다. 동動과 정靜 중심의 사고방법 차이에서이다.

⑰ 서양에서는 의사가 환자를 진료할 때, 눈에 보이는 피(血)

검사를 중시하지만 동양의 한의사는 눈에 보이지 않는 맥(氣)을 중시한다.

⑱ 여성이 나체로 있을 때 갑자기 남에게 들키면 동양의 여성은 손으로 재빨리 음부를 가리지만 서양 여성들은 젖가슴부터 가린다.

⑲ 동양의 전설이나 문학작품은 눈에 안 보이는 귀신을 주제로 하지만 서양에서는 가시적인 드라큘라나 괴물을 등장시킨다. 영화도 그렇다.

⑳ 서양에서는 누구에게나 You라고 호칭해도 좋으나 동양에서는 상하에 따라 호칭이 다양하다. 인간관계에서 서양의 좌우 평등사상과 동양의 상하 위계사상이 중심이 된 사고의 결과이다. 이런 것들 이외에도 무수한 현상이 있다.

인간의 성격과 태도는 선천적인 요인에 의하여 영향을 받기도 하지만 이처럼 환경적인 조건에 의하여서도 크게 달라지는 것이다. 중국인들이 목소리가 크고 행동이 느긋해 보이는 것도 국토가 너무나 크고 광활하여 큰 소리로 불러야만 들렸던 지리적인 조건에서 생긴 문화유산이다. 일종의 밈meme 현상이라고 본다. 이와 관련하여 한 가지 더 재미있는 것으로는 보통 중국인들은 길을 가다 소나기를 만나도 급히 뛰어가지 않는다는 것이다. 왜냐하면 워낙 땅이 넓고 비를 피할 집들이 몇 십 리씩이나 떨어져 드문드문 있으므로 뛰어가나 천천히 걸어가나 비에 옷을 적시기는 마찬가지라는 판단에서 생겨난 태도이다. 이처럼 동서양의 자연지리적인 차이가 거주인들의 사고와 가치관의 차이를 생성하고 이것은 곧 문화적인 차이를 조성하여 지구상에는 수많은 문화권이 존재하게 되었다고 본다.

동서양만큼의 먼 거리는 아니지만 중국-한반도-일본의 공간 차이에서도 문화의 격차가 생겨난다. 예를 들면, 음식문화의 경우 중국은 주로 기름기가 많은 탁하고 튀겨서 먹는 무거운 음식이라면 일본은 깨끗하고 산뜻한 가벼운 사시미(刺身: 생선회)이며 한국은 중국과 일본의 중간쯤의 요리이다. 그리고 붓글씨에서도 중국에서는 서법書法이라고 하여 격식을, 한국은 서예書藝라고 하여 중간의 부드러움을, 일본은 서도書道라고 하여 다도茶道와 같은 부드러운 어감을 나타내고 있다. 사용하는 붓도 일본은 예봉銳鋒이고 한국과 중국은 주로 중봉中鋒으로 되어있다.

그러나 서구의 근대 산업혁명 이후 국가 간의 빈번한 무역에 의한 문물교류와 함께 21세기 현대의 발달된 정보기술에 의한 활발한 문화교류로 각국의 고유문명의 특색이 점차 동질화되고 있지만 수천 년을 이어온 고유의 문화특성의 뿌리는 그대로 남아 있는 것을 보게 된다. 자연환경 조건이 문화차이로 나타난 현상인 것이다.

011. 물의 성질과 기능이 인간에게 주는 삶의 지혜는 어떤 것들이 있는가?

물은 H_2O라는 화학분자로 극히 단순하게 구성된 액체이다. 그러나 이것은 태양의 빛과 함께 지구상의 만물을 생성하는 최소요건이다. 이러한 물은 인간의 생명을 지탱하게 하는 기능일 뿐만이 아니고 우리들의 삶을 지혜롭게 하는 데도 많은 시사점을 던져주고 있다.

기원전 6세기 그리스의 철학자 탈레스도 물을 만물의 근원이라고 규정했으며 동양에서는 무위자연설無爲自然說로 잘 알려진 노자老子가 '도덕경(제8장)'에서 상선약수上善若水라는 말로 물의 다양한 가치를 아주 명료하게 요약하고 있다. '최상의 좋음上善은 물水과 같다若'는 뜻이다. 또한 물水은 도道에 가깝다고 하면서 이유극강以柔克剛, 즉 물은 무엇보다 부드러우면서도 무엇보다 딱딱하여 돌도 깨뜨릴 수 있다고 했다. 다만 도가 무無라면 물은 유有라고 하면서 다음과 같은 8가지의 덕목을 밝히고 있다.

① 부쟁不爭이다. 서로 부딪히면서도 다툼이 없다.

② 겸손이다. 항상 낮은 것에 머문다.

③ 조화롭다. 자기를 버리고 남의 모양대로 적응한다. 모를 만

들지 않는다.

④ 수평을 취한다. 항상 기울임이 없고 평등하다.

⑤ 정화작용이다. 더러운 모든 것을 깨끗하게 한다.

⑥ 내유내강이다. 낙숫물도 바위를 뚫는다.

⑦ 온갖 생명의 근원이다. 인체 70%가 수분이며 심지어 오이는 95%가 수분이다.

⑧ 만물을 포용한다. 세상의 좋은 것이나 나쁜 것들도 모두 받아들인다.

그리고 T. 슈웽크는 그의 저서 〈물 그리고 생명의 요소〉에서, '물은 자기 자신의 생명을 버리고 다른 생명의 근원이 된다. 자신의 리듬을 버리고 다른 곳에서는 새로운 리듬의 원조가 된다. 물질적인 불변성을 버리고 물리적 변화의 매체가 된다. 자신의 모양을 버리고 모든 만물의 모양을 이루게 한다.'라는 4가지로서 자기 희생의 표본이라고 해석하고 있어 중국 노자의 사상을 그대로 답습하고 있다.

실제로 우리가 살아가는 데 가장 기본적인 요건이 공기와 더불어 물 그리고 영양소이다. 공기로 호흡을 못 하면 몇 분도 버틸 수 없으며 물을 마시지 못하면 며칠 만에 실신하고 음식을 못 먹으면 한 달을 넘기기가 어려울 것이다. 이처럼 공기와 물은 생명유지에 필수조건인데도 예사로 생각하게 되는 것은 공공재로서 무한하기 때문일 것이다.

그동안 우리들은 오랫동안 공기나 물과 같은 공공재를 너무나 예사로 생각해 왔다. 필요하면 언제든지 마음대로 손쉽게 자유로이 취할 수 있었기 때문이다. 그러나 오늘날에는 생태계 파괴로 물이 오염되어 물도 돈을 주고 사서 먹어야 하며 공기도 오염되어, 일본에서는 한때 산속의 신선한 공기를 공기풍선에 담아 대도시의 고급병실에 입원한 환자들에게 유료로 공급하는 영업도 있었다. 우리들 스스로가 저지른 오만의 결과이며 인류가 서서히 멸망해 가는 전조인 것이다.

식수오염의 주범은 음식물 쓰레기로 인한 수질오염과 연간 1,200만 톤의 플라스틱류의 폐기물이 바다로 버려지는 것들이다. 물은 일류에게 생명의 근원으로 우리들에게 좋은 것만을 주지만 물을 물 쓰듯이 함부로 대하면 물 때문에 언젠가는 인류멸종의 대재앙을 자초할 수도 있을 것이다. '물은 배를 띄우기도 하지만 배를 전복시키기도 한다.'는 중국 황제 당태종의 말처럼 인류생명의 은인이지만 동시에 인류멸망의 원인이다. 그리고 '돈을 물 쓰듯이 한다.'는 말이 있지만 이제는 '물을 돈 쓰듯이 해야 한다.'는 시대가 되고 말았다. 물만 있으면 생명은 있다는 확신으로 미국을 위시한 선진국들의 정부와 과학자들은 엄청난 비용을 들여 우주탐사선을 만들어 머나먼 우주공간으로 우주선을 보내고 있다.

012. 조물주가 제일 마지막으로 만든 것일수록 아름답다.

성경의 창세기에서는 하나님이 천지창조를 한 다음에 맨 먼저 빛과 어둠을 나누고 물(땅)과 궁창(하늘)을 나눈 다음에 드디어 다섯째 날부터 생명체를 창조하였다고 되어 있다. 온갖 식물과 조류, 어류, 곤충, 동물 등을 지으시고 마지막으로 하나님은 자기 형상, 곧 하나님의 형상대로 인간을 창조하시되 남자와 여자를 만들고 인간에게만 이른바 3대 축복을 주었다고 기록하면서 '보시기에 심히 좋았더라'(창세기, 1:31)고 기록하고 있다.

따라서 제일 마지막으로 인간이 탄생한 것이다. 그런데 지구상의 수없는 피조물 가운데서 보다 늦게 만든 것일수록 완벽하고 아름답게 만들었던 것이다. 그래서 다 같은 인간도 남자보다는 여자가 더 나중에 만들어진 피조물이기 때문에 미의 극치는 남자보다는 여자에게 있다. 이처럼 창조주의 축복을 제일 많이 받아 가장 아름답게 만들어지고 은총을 가장 많이 받은 피조물이 여자임에도 불구하고 창조주를 제일 먼저 배반하고 타락한 것도 여자이다. 아이러닉한 현상이다. 그런데 인간의 경우는 그렇지만 동물의 경우는 대부분이 암컷보다 수컷이 더 아름다우므로 아마 수컷을 나중에 만들지 않았는가 싶다. 날짐승 종류들은 특히 그렇다.

실제로 자연경관의 아름다움이나 인공적인 어떠한 예술작품일지라도 여성(육체미)의 아름다움에는 미치지 못한다. 여자의 젖가슴의 부드러움과 히프의 곡선미는 감촉과 미의 극치인 것이다. 이러한 곡선미를 중국의 임어당은 '이 세상 살아있는 모든 것은 곡선으로 돼 있다.'고 했고 건축예술의 대가인 A. 가우디는 '직선은 인간에, 곡선은 신에 속해있다.'는 말도 남겼다.

창조주가 지구상에 존재하는 수십억 개의 만물을 만들 때 극히 단순한 단세포 미생물로부터 복잡한 고등동물에 이르기까지 그 모양을 만들면서 눈을 옆으로 또는 위로도 붙여보고 입을 크게 또는 작게도 해보고 다리를 2개로부터 4개나 8개로 심지어 100개(지네)로도 붙여 보았고 코를 위로, 밑으로, 옆으로도 요리조리 시험해보는 수많은 시행과정에서 마지막으로 완성된 것이 인간이며 그래도 미흡한 것을 다시 한 번 수정한 최종의 피조물이 여자라고 본다.

따라서 여체는 만물이 지닌 미의 결정판이고 종합세트인 것이다. 그러나 이처럼 창조주로부터 제일 많은 사랑을 받았는데도 불구하고 제일 먼저 타락한 피조물이 되면서 인간의 비극은 시작되었는지 모르겠다. 그래서인지 선현先賢들의 말씀중에는 남자가 스무살까지 여자를 조심하면 출세한다고 했고 일개의 여자가 나라까지 기울게 한다는 경국지색傾國之色이라는 말도 있다. 여자의 아름다움이 잘못돼 타락으로 독물毒物로 변해서이다. 장미꽃의 가시인 것이다.

일반적으로 극미極美세계 추구를 필생의 목표로 삼고 살아가는 문화예술인들은 거의가 여자의 사랑과 모습을 주제主題와 소재素材로 삼는다. 작가들은 남녀 간의 애정문제를 주제主題로, 화가나 조각가들은 여체의 아름다움을 화재畵材로 삼고 있다. 여성의 누드화나 조각품은 관람자들에게 항상 신선한 감동을 주고 문학작품에서는 남녀 간의 사랑으로 독자들에게 늘 새로운 감흥을 느끼도록 자극하고 있기 때문이다. 그러나 작가가 남녀 간의 애정을 자극적인 육체관계로 그리기 시작하면 그 작가는 붓을 놓아야 할 때이다.

시각미의 근원은 곡선이고 곡선의 절정은 여체이다. 서양미술사에서는 고대 로마 그리스신화에서부터 중세 종교화에 이르기까지 여체의 아름다움을 화제의 중심으로 삼고 있다. 그것은 보티첼리의 '비너스 탄생', 존 윌리엄의 '인어', 다나에의 '금붕어' 등 그리고 피카소의 입체주의 작품인 '아비뇽의 처녀들'도 그렇고 쿠르베의 '세상의 기원'은 아예 여성의 성기를 사실적으로 묘사하면서 이러한 제목을 붙이고 있다.

그래서인지 작가나 화가와 같은 예술인들은 실제로 여자관계가 복잡하다. 스페인의 세계적인 화가 P. 피카소는 심지어 7명의 여인과 관계하였다. 그는 한 여인을 새로 사귈 때마다 나의 화풍은 새로워진다고 했다. 그래서 그의 그림 숫자만큼 숨은 여인도 많았을지도 모른다. 그는 여체에 대한 탐욕이 아니라 여체의 다름에 그림의 새로운 모티브를 발견하는 데 만족한다고 말했으나 언행의 일치가 아니었다고 본다.

이러한 현상은 동양문화에서도 그대로 나타나고 있다. 남녀칠세부동석男女七歲不同席이라는 전통윤리관에서 성윤리가 엄격했던 동양에서는 주로 정물화나 산수화가 주류를 이루어 왔지만 야담野談이나 풍속화에서는 동양 작가들도 예외는 아니었다. 중국의 고금소총古今笑叢과 같은 고전야화古典夜話나 인도의 성 관련 경전인 〈카마슈트라〉라는 화보집과 동북부에 위치한 바라나시Varanasi에 있는 성곽에는 남녀 간의 성행위가 리얼하게 조각되어 있다. 가이드의 설명으로는 당시 부족 간의 전쟁으로 병사가 많이 죽어 병력이 부족해지자 성적 자극으로 부녀자들의 출산율을 높이려는 목적에서였다고 했다. 일본의 경우는 우키요에浮世畵라는 풍속화가 매우 노골적으로 여체를 그리고 있다. 조선조의 신윤복과 김홍도의 화풍은 그래도 은근미가 있어 역시 동방예의지국임을 나타내고 있다.

문화예술인들이 여체탐구를 무엇보다 중시하는 것은 창조주의 마지막 작품인 여자에게 만물의 최고미가 압축되어 숨어있기 때문이다. 그러나 이러한 아름다움을 예술적인 순수미로 보지 않고 감각적인 성적인 육체미로 볼 때는 그 차원이 달라지게 된다. 그래서 창조주는 여자를 너무 가까이하면 타서 죽고 멀리하면 얼어 죽게 만들었던 것이다.

그런데 조물주의 이러한 법칙에도 예외가 있다. 일반적으로 조류鳥類의 경우는 암컷보다 수컷이 더 아름답다. 대표적이라면 꿩의 장끼(수컷)와 까투리(암컷)이다. 그리고 번식기의 새소리도 주로 수컷이 더 요란하고 아름답다. 호주 블루마운틴에 사는 금조나 요정굴뚝새는 수놈이 아름다운 노래를 부른다. 노래의 명수 카나리아는 무려 250개의 다른 노래를 한다고 하니 놀라울 뿐이다. 모두 인간과는 다르게 수컷이 더 아름답다.

013. 지구상의 행복과 불행의 총량은 일정하다.

총량總量이란 어떤 대상의 질과 양의 전체를 말하는 것이다. 행복과 불행은 조건에 따라 변하는 변수이지만 그 총량은 항상 일정한 상수常數를 유지한다. 다시 말해 행불행은 조건에 따라 +와 −로 변하는 변수이지만 총량은 불변한다는 말이다. 가령 상수가 100이라면 A가 80이면 B는 20이 되고 그 반대도 성립하는 것이 수학적인 논리이다. 이러한 논리가 인간사회의 불행과 행운에도 동일하게 적용된다고 보는 관점이다.

하나의 쉬운 예를 들면, 오늘날 발달된 기계문명으로 부산서 서울까지 자동차나 기차, 비행기로 몇 시간 안에 쉽고 편하게 이동한다면, 짚신 신고 자갈길과 산마루를 한 달간 걸어서 서울까지 갔던 옛날에 비하여 행복(+)지수는 매우 높다. 그러나 걸어서 가는 경우에는 고생(−)은 많지만 불의의 교통사고로 죽을 확률이 자동차나 비행기에 비하여 매우 낮다(+)는 것이다. 그래서 한쪽의 불행은 다른 쪽의 행복으로 충족되면서 행불행의 총량은 항상 일정한 상수로 된다. 그래서 나의 불행이 너의 행복이고 너의 불행이 나의 행복일 뿐 너도 행복 나도 행복, 너도 불행 나도 불행의 경우는 존재하기 어렵다. 가능할지라도 순간적일 뿐이다.

지금 이 순간에 지구상의 어느 곳에서는 일생을 마무리하고 세상을 등지는 사람이 있는가 하면 바로 그 순간에 어느 곳에서는 새 생명이 태어나는 것이다. 물리적으로 등가인 것이다. 너무 많이 먹어 죽는 사람이 있는가 하면 너무 못 먹어서 죽는 사람도 있다. 총량의 상수는 변함이 없다. 중국의 사상가 장자莊子는 이러한 것을 천지의 조화라고 보면서 한쪽의 쇠퇴는 다른 쪽의 성행으로 나타나면서 전체는 변함이 없다고 보았다. 이것을 물리학에서는 에너지의 변동은 장소의 이동일 뿐 전체적인 총량은 불변한다는 열역학 제1법칙으로 설명하고 있다.

이러한 것은 돈의 흐름에서도 쉽게 이해가 된다. 일정량의 화폐총액이 물이 흐르듯이 이쪽으로 기울면 이익이 되고 다른 쪽으로 기울면 손해를 보는 것과 같다. 그러나 화폐총량은 변함이 없는 상수인 것이다. 어떤 사람이 돈을 벌면 어떤 사람은 그만큼 돈을 잃게 된다. 자본주의의 기본인 자유시장의 작동원리이다.

그런데 모두가 이익이 되고 행복해지는 평등사회 실현이 가능하다고 주장하는 사상이 공산주의 이데올로기인 것이다. 공산주의 이데올로기는 100이라는 행복총량을 10사람에게 10개씩 분배하는 것이 평등과 공정사회라는 논리이지만 이러한 산술적 평등은 일정한 단계에 이르면 생산력이 저하되면서 총량이 줄어들어 10개였던 분배량이 9개, 8개, 7개로 감소된다. 노동자들의 능력에 따른 배분이 아니기 때문이다. 그래도 자유자본주의 시장경제하에서는 경제성장에 따라 총량이 불어나면서 분배량이 10개에서 11개, 12개……로 증가되고 노동자들의 능력에 따른 부의 축적이 가능하지만 공산주의 경제체제에서는 점점 낮아지는 성취동기유발로 생산력이 점점 감소되어 분배량이 10개가 9개, 8개로 줄어들게 된다. 그래서 자본주의가 공산주의보다 우월하다는 결론이다. 공산주의는 모두가 가난해지는 빈곤의 평등사회가 되기 쉽지만 자본주의는 모두가 부유해질 수 있는 가능성이 있다.

이러한 관점에서는 '너의 불행이 나의 행복'이라는 원리가 적용되는 듯하지만, 행복(+)의 총량이 불행(−)의 총량보다 점점 증가하는 사회가 된다면 영국의 공리주의 사상가인 J. 벤담이 주장한 '최대 다수의 최대 행복'의 사회가 구현되는 것이다.

014. 어린 생명은 모두가 예쁘고 아름답다.

왜 그럴까? 자기 욕심이 전혀 없기 때문이다. 마루 바닥을 기어 다니다가 사람을 쳐다보고 방긋 웃는 아기의 모습은 말할 것도 없고 어미 닭 뒤를 조르르 따르는 병아리들, 눈도 아직 안 뜬 채 모여 있는 갓 태어난 새끼 강아지들, 어미 오리 뒤를 일렬로 줄을 지어 달려가는 오리 새끼들, 집채만 한 거구의 어미 뒤를 열심히 뒤따르는 아기 코끼리 등등, 생명을 가진 모든 것들의 어린 새끼들은 다 같이 예쁘고 아름답다. 심지어 누구나 징그럽게 여기는 뱀의 새끼도 갓 부화한 것은 앙증맞게 보인다. 돼지를 보고 예쁘다고 말하는 사람은 없지만 새끼 돼지는 누구나 예쁘고 귀엽다고 느낄 것이다.

새해 아침에 솟아오르는 해처럼 아기의 잇몸에 돋아나는 젖니의 신선함은 누구나 신기하고 아름답게 느낀다. 지구상의 어린 생명체는 모두 그렇다. 이어령은 〈생명이 자본이다〉라는 저서에서 생명 그 자체가 자본이고 보물이라고 했다. 모든 생명체가 어릴수록 아름답게 보이는 것은 세속의 잡다한 것들에 물들지 않고 때 묻지 않았으며 무엇보다 자기 욕심이 없기 때문이다. 어린애들이 아름다운 꽃을 보아도 아름답다는 반응을 하지 않는 것은 자신이 꽃보다 더 예쁘기 때문이다.

그러나 자라면서 세속에 물들고 자기 욕심이 생기고 환경에 따라 자기 표정이 생겨나면 점점 마음과 몸에 주름이 생기고 얼굴도 변한다. 이처럼 세속의 온갖 잡념과 욕심으로 살아가는 보통 사람들에 비하여 그래도 산속의 절간에서 항상 자연과 함께 숨 쉬고 살아가는 수행 스님들의 얼굴은 늙었지만 항상 어린애처럼 고운 것도 이러한 이치에서이다. 그리고 번잡한 도시에서 살거나 직업이 상인이나 정치인과 같은 경우는 농부나 연예인들의 표정보다 험하고 아름답지 못하다. 직업이 만든 결과이다. 남자 40이면 자기 얼굴에 책임을 지라는 말도 세월의 온갖 풍파에 찌든 욕심이 얼굴의 표정에 그대로 나타나기 때문이다.

015. 인체를 무한히 확대하면 지구가 되고 지구를 무한히 축소하면 인체가 된다.

사람의 몸과 지구의 구조는 근본적으로 동일하다. 이것은 지구는 살아 있다는 '지구유기체설'을 주장한 영국의 대기과학자 J. E. 러브록의 '가이아 가설Gaia Hypothesis'에서 나온 말이다. 그는 '지구는 마치 생물조직체와 같이 인체의 오장육부에 해당하는 핵심기관을 가지며…… 호흡과 생성소멸의 기능을 가진다.'고 했다. 박노해는 그의 〈걷는 독서〉에서 '몸은 모음이다. 온 우주가 모아진 것이 내 한 몸이다.'라는 말로 대자연과 인체의 합일성을 언어의 발음으로 잘 표현하고 있기도 하다. 건축학, 기하학, 해부학, 미술, 조각, 시인으로도 유명한 이태리의 천재 B. 미켈란젤로도 '자연은 대우주이고 인체는 소우주와 같다.'고 했다.

	(광물)	(식물)	(동물)	(인간)
				창조성
			本能(食性)	·
		生命(自律性)	·	·
性相	物 · 化의 작용성	·	·	·
形相	원자 · 분자	·	·	·
		세포 · 구조 · 조직 · 형태	·	·
			감각기관	·
				영혼

(도표) 존재자의 성상, 형상의 계층적 구조
(자료) 통일사상요강, 통일사상연구원, 1983, 서울.

도표는, 무기체인 광물과 유기체인 인체의 구성원리는 기본적으로는 동일하여 자연과 인간의 유기성과 일체성을 나타낸 것이다. 다만 식물–동물–인간으로 진화할 때는 새로운 기능을 하나씩 더 가질 뿐임을 나타내고 있다. 따라서 인체는 광물적인 요소와 식물적인 요소, 동물적인 요소를 모두 내포하고 있음을 보게 된다. 이것은 신토불이身土不二라든지 물아일체物我一體라는 말과도 같은 맥락인 것이다. 실제로 인간은 흙에서 태어나 흙으로 돌아간다는 것도 그렇다. 도표는 〈통일신학〉에서 만물과 인간의 관계를 설명하는 것으로 J. E. 러브록의 '지구유기체설'과도 연결된다.

다시 말해, 만물은 성상性相과 형상形狀으로, 즉 맘과 몸으로 구성되어 있는데 이것은 무기물인 토양이나 유기물인 인간도 기본성분은 동일하다고 본 것이다. 다만 식물에서 동물, 동물에서 인간으로 변화과정에서 새로운 기능이 하나씩 첨가될 뿐이고 기본요소는 그대로 내포하고 있음을 볼 수 있다. 인간이 만물의 영장이라는 것도 동식물에게는 없는 창조성과 영혼을 가지고 있기 때문이다.

실제로 지구 표면의 나무와 잡초는 인체의 머리털과 같고 표토는 살갗이며 살과 근육은 토양과 산줄기이며 핏줄은 지하수이고 뼈는 암반이고 용암은 골수와 같다. 그리고 지구가 5대양 6대주로 구성되어 있다면 인체는 5장6부로 이루어져 있다는 근사한 설명도 있다. 그래서 인체는 우주의 구조와 함께 운행의 리듬도 동일하다. 이러한 우주 리듬과 인체의 부조화가 곧 각종의 질환인 것이다. 이것은 마치 라디오의 주파수가 방송국의 주파수와 다를 때는 소음이지만 합치되면 맑은 음악이 나오는 것과 같다.

이러한 대자연과 생명체의 공진성共振性: Resonance은 달과의 관계에서도 볼 수 있다. 여성의 생리주기가 달의 공전주기와 같은 28일간이며 바다거북은 보름달 밤에 맞추어 모래톱으로 올라와서 산란을 한다. 더욱 신기한 것은 범죄심리학자들의 연구에 의하면 가정폭력이나 범죄가 음력 보름 전후에 자주 발생한다는 보고이다. 그리고 지구상에는 70%의 물이 있다면 인체도 70%의 수분으로 이루어져 있다는 사실도 공진의 기본조건인 것이다.

그리고 재미있는 것은 지구상의 수십억 명에 달하는 인간의 얼굴 표정을 보면 인구의 수만큼이나 그 특징과 느낌이 다르며 수많은 동물의 인상과 유사하다는 것이다. 원숭이, 염소, 고양이, 돼지, 소, 말, 쥐, 여우, 늑대, 사마귀 등등의 야생동물의 이미지를 느끼게 하는가 하면 인자한 부처님 상이나 음침한 마귀 상, 험악한 악마 상도 있다. 또한 성격이나 행동특성도 묵직한 코끼리, 경망한 촉새 등등의 동물행동을 연상시키는 것을 보게 된다. 조물주가 수많은 시행착오를 거친 끝에 마지막으로 인간을 만들다 보니 인간의 얼굴에 만물의 이미지가 조금씩 깃들게 했는지도 모르겠다. 이처럼 인간의 얼굴이나 분위기를 각종 동물들과 연결시켜 보는 것을 관상학에서는 물형론物形論과 물상론物像論이라고 한다.

실제로 인체에서 그 사람의 모든 성격과 특징은 얼굴에 모여 있다. 그리고 미인의 기준도 눈, 코, 입의 귀의 모양과 얼굴의 균형에 따라 결정되는데 이러한 순서가 미인 기준의 순서로 황금비율로 구성되어 있다. 코로나로 한때 모두가 마스크로 입과 코를 가리고 눈과 이마만 보일 때, 눈매만 예쁘면 모두가 미인처럼 보이는 것을 보아도 눈이 미인 조건의 첫째임을 알게 되며 지구 생명체의 핵심도 눈의 모양으로 나타난다. 문자 그대로 물아일체物我一體인 것이다.

016. 생명주의 사상에서 본다면 병원균의 생명체도 존중해야 하는가?

조금 극단적인 가설이지만 논리상으로는 생명지상주의 사상의 관점에서는 아무리 미물이라도 하나의 생명체이므로 존중해야 마땅한 것이다. 불교가 이와 제일 가까운 경지에 이르고 있다. 불교의 오계五戒에서 제일 먼저 나오는 것이 불살생不殺生이다. 그리고 금강경에는 모든 만물은 모두 불성을 지니고 있다는 뜻의 일체중생실유불성一切衆生悉有佛性이라는 말이 있다. 이것은 땅에 기어 다니는 개미도 함부로 죽여서는 안 된다고 하여 스님들은 마당을 걸어도 조심스럽게 걷는다. 그들의 후생後生이 사람으로 태어날 수도 있기 때문이다. 그러나 신라시대 화랑도의 세속오계에서는 살생유택殺生有擇이다. 죽이되 가려서 죽이라는 말이다. 아마 화랑도들의 교육훈련에 사냥술이 있어서일 것이다.

그러나 기독교에서는 살생보다는 살인으로 국한되고 있다. 출애굽기에서나 마태복음에서는 '살인을 하지 말라.'는 계명이 반복해서 나오고 있지만 중세 기독교사에서는 이슬람교도와의 십자군 100년 전쟁과정에서 수많은 이교도들이 하나님의 이름으로 죽임을 당했다. 기독교의 창세기에서는 하나님이 피조물 가운데서 유독 인간에게만 3대 축복을 주면서 '만물을 지배하라.'고 했기에 면

죄부를 받은 셈일지도 모르나 야생의 동물들처럼 약육강식의 '정글의 법칙'이어서는 안 될 것이다.

오늘날 생명존중사상은 문명사회보다는 산속에서 원시생활을 하는 세계의 소수민족에게서 볼 수 있다. 그들은 비록 야생동물을 사냥하여 살아가기는 하지만 자신들과 동물 그리고 대자연의 나무 한 그루라도 반드시 산의 정령에게 고하고 죽이고 베어서 가져온다. 러시아의 극동지방인 아무르 강가에서 순록을 길들여 같이 살고 있는 소수민족은 호랑이를 그들의 지킴이로 여기면서 사냥을 하지 않는가 하면 사슴이나 노루를 잡더라도 반드시 숲의 정령에게 제물을 바친다. 그들에게는 '사냥꾼(인간)들은 사냥꾼(동물)들을 존경한다.'는 철학이 있다. 자신들의 생명을 동물의 생명과 동일시하는 뜻이다.

그리고 인간중심주의적인 생태관의 잘못을 지적한 것으로 최근에 번역 소개된 〈모기가 우리한테 해 준 게 뭔데?〉라는 재미있는 제목의 책이 있다. 독일의 경제학자로 '복합환경학'이라는 새로운 연구분야를 제창한 H. 오버한스베르크와 P. 피셔의 공저로, 책의 내용 중에는 아주 작은 꽃을 피우는 카카오는 초콜릿의 주요한 원료인데 역시 3mm에 불과한 좀모기들만이 수분을 하고 있다는 사실을 밝히고 있다. 미세한 생태계의 그물망이 인간의 생존에도 연결되는 것임을 시사하는 것이다. 죽여서는 안 된다는 그들의 생명주의 사상을 말하고 있다.

1976년 〈동물해방론〉을 역설한 P. 싱어, 〈동물의 권리와 인간의 착각〉의 T. 레건과 같은 생명주의자들은 불교의 자연관에 서

있으며 심지어 1977년 환경론자 A. 레오폴드는 〈토지윤리〉라는 저서에서 인간에 의한 과도한 토지땅의 착취를 고발하고 있기도 하다.

이러한 관점에서 생명주의자들은 오늘날 인류의 생태계를 교란하고 있는 코로나19의 바이러스에 대한 관점은 어떠해야 하는가의 문제는 하나의 딜레마이다. 인간과 세균의 싸움은 골리앗과 다윗의 싸움 같지만 다윗은 반복되는 자기복제로 골리앗인 인간들과 맞서고 있다. 머나먼 우주공간에까지 인공위성을 보내는 기술을 가진 인간이 맨눈으로는 보이지도 않는 바이러스, 균과의 싸움에서 허덕이고 있는 셈이다. 한때 지구상에 유행한 에이즈도 실제로는 일부 변태성욕자들에 대한 에이즈의 무서운 경고였던 것이다.

결국 창조주가 만물을 만든 것은 모두가 존재이유가 있다는 것이라고 보는 생명주의 사상가들은 각종의 병원체의 생명도 보호받아야 함에도 인간들은 자신의 생명을 위협하는 병원균은 죽여야 한다는 주장은 인간중심주의사상Anthropocentrism에서 비롯되는 것이다. 그러나 그들이 말하는 생명사상은 인간생명에 한정되는 것으로 진정한 생명주의사상과는 거리가 있어 자가당착적인 논리인 것이다. 다만 그들의 출구라면 기독교의 창세기에 나오는 3대축복론일 것이다. 그러나 그것이 과연 절대불변의 진리인가라는 문제는 미해결의 영역일 뿐이다.

017. 자연과 인간은 자기조직화의 기능을 가지고 있다.

자기조직화自己組織化, Auto-poiesis라는 개념은 생태학자 W. 마다라나가 제기한 것으로 사회와 자연의 질서는 인위적인 것이 아니라 자연의 시스템으로서 사회구조나 인체도 자생력을 가진다는 것이다. 한편 W. 마다라나는 이것을 '자생력의 상호작용성'이라는 개념으로 설명하고 있다. 다시 말해 생태계에서 오염된 물질이나 자연 파괴로 손상된 부분은 인위적인 치료가 아니라도 자체의 복원력으로 회복된다는 것이다. 하나의 예로 대형 산불로 숲이 잿더미로 변해도 점차 원상태로 회복되면서 식물이 재생된다. 이것은 마치 도마뱀이 꼬리가 잘려나가도 새로운 꼬리가 생겨나는 것과 같다는 것이다. 이러한 현상은 고등동물보다 하등동물에 가까울수록 자기조직화의 기능이 발달되어 있다고 했다.

인간의 경우는 DNA의 차이로 도마뱀과 같은 복원력은 불가하다. 그러나 벨기에의 물리학자이며 화학자인 I. 프리고진은 이것을 보편성이 아닌 특수성으로 규정하면서 인간생태계에도 설명할 수 있다고 보면서 그것을 산일구조론散逸構造論으로 이론화하고 있다. 그는 곰팡이의 실험으로 예를 들고 있다. 점균류인 곰팡이의 일부가 영양분이 모자라면 서로 신호를 보내 수만 마리가 한데 모여 응집하여 회생한 다음에는 다시 흩어져 단세포형태로 변한다는 것이다. 인체의 경우, 추운 지방에 사는 민족은 체구와 키가 크고 더운 지방의 인종들은 키와 체구가 작다. 이유는 추운 지방의 경우는 태양열을 더 많이 받기 위하여 표면적이 커지는 반면 남방민족의 작은 체구는 더위를 피하기 위하여 면적이 작아진다는 것이다. 이것은 C. 다윈이 개념한 자연선택과 연관되는 현상이기도 하다. 그러나 미생물과는 달리 자체복원력이 없는 인간의 경우도 유사현상은 나타난다고 보았다. 가령 시력을 잃으면 시력의 에너지가 촉각과 청각으로 이동되면서 부족한 시각을 보충한다고 보았다. 맹인들이 비상한 청각과 촉각의 힘을 보여주는 것도 하나의 자기조직화의 현상이라고 설명하고 있다.

그리고 인간사회에서 보통 부인이 뚱뚱하면 남편은 홀쭉한 사람과 만나고 부인이 키가 크면 남편은 키가 작고 남편이 미남이면 부인은 보통인 관계로 짝이 맺어지면서 전체적인 균형을 자동적으로 맞추게 되어 있다는 것이다. 동물계에서도 밤 사냥을 하는 동물은 보통 눈이 크지만 눈이 작은 경우는 귀나 코가 발달되어 상호보충과 조화가 이루어지도록 생태계 질서가 구조화되어간다고 설명하고 있다. 이처럼 동물과 인간의 생태계에서도 비슷한 현상을 볼 수 있는 것으로 지구 전체적인 생태계가 스스로 자기조직화로 복원되고 조화와 균형을 이룬다고 하겠다.

이와 같은 자기조직화의 관점에서는 자연생태계의 흐트러진 상태는 인공적인 수정노력이 없어도 자기복원력으로 회복되는 잠재력이 갖추어져 있다는 것이다. 실제로 다친 동물들 가운데는 아무

것도 먹지 않고 수풀 속에 숨어서 며칠이고 지내는 것을 볼 수 있고 인간도 인공적인 치료과정이 없이 자연치유되는 사례가 많다. 감기가 하나의 예이다. 자연치유의 자기조직화의 현상이다. 경남 거제도에서 〈순리원〉을 운영하고 있는 옥미조 소장의 순리치유의 철학도 자기조직화의 원리와 맞닿아 있다고 본다.

이처럼 지구상의 만물은 '자기조직화'의 유전인자를 보유하고 있는데도 인간문명의 간섭으로 생태계의 교란이 이루어지면서 자기조직화의 복원력이 상실되고 있다고 본다.

018. 상반적인 것은 곧 상보적이다.

자연과 인간의 생태환경에서 상호 대립적인 것은 실제로는 상보적인 것이다. 즉 극과 극의 관계는 상반적이라기보다 상보적이라는 것이다. 논리적으로는 모순적인 관계지만 자연과 인간사회에서는 다르게 적용되는 것이다. 헤겔이 말하는 변증법적인 발전법칙도 이와 연결된다. 그는 자연현상이나 인간사회의 발전법칙은 반드시 하나의 존재正가 다른 존재反와의 대립관계를 거쳐 합合으로 나아간다는 관점에서 세계사도 이른바 정신변증법적인 발전사관이라는 역사법칙에 의한다고 주장했다. 마르크스는 헤겔의 정신사관을 유물사관으로 대체시킨 것에 불과한 것이다.

쉽게 비유하자면 슬픔이 있어야 기쁨이 있고, 밝음이 있으면 어둠이 있고, 남자가 있어야 여자가 있고, 전기의 +가 있으면 −가 있는 것처럼 모든 사회현상과 자연현상에서는 정과 반이 상호의존관계로 존재하고 있다는 것이다. 정과 반이 상호결합하면 전기는 불빛이 되고 남녀는 아이가 된다는 논리이다.

그런데 마르크스의 변증법칙에서의 오류는 정과 반의 관계를 대립모순으로만 파악했다는 점이다. 대립과 모순이 아니라 상보적인 관계이기 때문이다. 자연과 사회질서의 관계에서는 극과 극의 대립물이 하나의 상호조화로 생명이 탄생하는 원리로 나타난다.

가령 지구상에 현존하는 가장 거대한 동물인 흰긴수염고래는 몸무게가 무려 160톤이나 되는데도 그들의 먹이는 작은 크릴새우이다. 거구의 코끼리가 제일 겁내는 것이 조그마한 생쥐라든지, 기쁨의 절정에 눈물이 나오고 슬픔의 절정에는 웃음이 나온다든지, 강한 대나무가 연한 버들가지보다 쉽게 꺾이는 것들은, 노자가 '도덕경'에서 '부드러움은 딱딱한 것을 이기고 약함은 강함을 이긴다.'고 말한 것과도 상통한다. 그리고 생명을 대번에 빼앗는 극약인 청산가리나 비상砒霜이 생명을 구하는 약으로도 쓰이며 한방에서 강심제나 이뇨제로 쓰이고 있는 부자附子는 약도 되고 독도 되는 양면성을 동시에 지니고 있다. 정과 반의 공존으로 약독동원藥毒同源이다.

그리고 어둠이 짙을수록 빛은 밝게 빛나듯이 빛(정)과 어둠(반)은 대립이면서도 결국은 상호공존(합)하는 관계이다. 이러한 아이러니컬한 현상은 자연계와 인간의 심리와 사회현상에도 많이 존재하고 있다. 상호대립관계가 결국 상호조화의 관계로 작용하는 원리이다. 마르크스가 이러한 사회와 자연현상을 경시했거나 무시하고 오로지 상호 대립과 모순으로만 사물을 파악한 데서 그의 오류가 생겼던 것이다.

인간의 삶과 죽음이라는 관계에서도 마찬가지이다. 우리들은 흰색을 더 희게 보이려면 대립되는 검은색 바탕 위에 놓으면 되듯이 삶의 의미를 더 강조하려면 죽음과 대비시키면 된다. 이러한 원리를 무신론적 실존주의자들은 학교교육에도 연결시키고 있다. 학교의 교육과정에 죽음에 관련된 내용과 학습방법을 도입하여야 된다고 했다. 가령 학생들에게 장례식장을 견학시키거나 심지어 시체를 만져보게 함으로써 삶과 죽음의 의미를 더 선명하게 터득하게 하여 현재의 중요함을 깨닫게 한다고 말한 것은 올바른 관점이다.

근년에 성인교육과정의 프로그램 중에는, 자신의 유언장이나 부고장 쓰기 또는 자신의 사망을 가정하여 실제로 송장 관 안에 들어가 누워보기...... 등을 통하여 삶의 의미를 새롭게 느끼게 하는데 커다란 효과를 갖게 된다는 것이다. 그래서 죽음과 삶도 상반적이 아닌 상보적이라는 것이다. 이것은 흰색(삶)을 더 희게 보이도록 하려면 검은색(죽음)과 대비시키면 더 희게 보인다는 논리이다. 이러한 것들이 상반적인 것들은 상보적인 것이며 대립관계가 아닌 공존관계라는 뜻이다.

019. 인간은 자연에 가까워질수록 자유로워진다.

전통적인 동양의 인간관은 자연합일사상인 물아일체物我一體의 관점에서 인간을 만물의 일부로 파악했지만 서구의 인간관은 자연과 독립된 대립물로 인식하였다. 이처럼 조화와 대립이라는 상반적인 인식과 가치관의 역사는 오늘날 매우 다른 문화를 낳는 결과를 이루게 되었다. 자연을 안으로 포용한 것과 밖으로 밀어내어 대상화시킨 차이이다.

실제로 서양문화의 뿌리는 그리스도교와 과학정신에 있다. 기원전 5세기경에 그리스의 문화가 주로 성경의 구약에 의존하는 유대교와 그리고 이슬람교의 정신과 융합되면서 발전된 것이 헤브라이즘이라면 그 이후 동방진출로 새로운 세계관을 접하면서 헤브라이즘과는 다른 인문과학적인 가치관이 대두되면서 헬레니즘으로 나타났고 그것은 서구 근대사의 두 줄기의 정신사를 이루었던 것이다.

그러나 중세 이후부터 개신교가 세력을 확대하면서 개신교는 가톨릭과 함께 서구문명의 주류를 형성하였다. 따라서 구약과 신약의 교리에 따라 만물의 중심에 인간을 주체로 설정하고 만물을 대상으로 객관화하는 인간중심주의적인 가치관을 형성하는 역사가 이루어지게 되었던 것이다.

이에 대하여 인도나 중국의 가치관은 자연 중심의 철학과 종교에 근거했고 세계관은 인간과 자연의 일체를 근본으로 인식하는 문화와 역사가 주류를 이루는 전통을 그대로 유지해 왔던 것이다. 그래서 서구인들은 동양인의 자연을 숭배하는 전통문화에서 비롯된 산신제山神祭나 동제洞祭 등을 미개한 야만인들의 풍습으로 여겼던 것이다.

그런데 아이러니컬하게도 현대에 접어들자 서구의 과학문명의 발달에 따른 빈번한 상호교류와 정보기술의 편리함을 접한 동양사회의 가치관이 오히려 서구화로 변하고 있는 반면 서구에서는 동양의 자연주의적인 인생관과 공동체적인 가치관을 높이 평가하는 추세를 보여주고 있다. 이것은 동양의 전통적인 자연합일의 인간관 그리고 불교전통의 생명주의, 도교의 자연주의, 노장사상적인 자연관을 그들이 새롭게 인식하게 되었고 개인의 행복도 자연과의 대립과 개척정신에 있기보다는 공존과 공생의 합자연주의에 있음을 발견하기 시작하였기 때문이다. 이것을 독일의 사회학자 F. 퇴니에스는 서구의 개인주의적 가치관인 '이익사회Gesellschaft'와 동양의 집단주의적인 가치관인 '공동사회Gemeinschaft'로 구분하여 설명하고 있다.

비근한 예로 국내에 거주하는 서양인들에게 한국이 왜 좋으냐고 하면 대부분이 자신들에게 많은 관심을 가져주기 때문이라고 했다. 단순한 호기심이 아닌 유대감이라는 것이다. 이것은 개인주의적 가치관에 한계를 느끼면서 집단주의적인 감성사회를 선호하기 때문이라고 본다. 그러나 점점 동양의 서구화, 서양의 동양화로 이러한 구분이 사라지고 있지만 이것은 지구가족, 지구촌이라는 역사조류에 매우 긍정적으로 작용할 것으로 본다.

이러한 동양적인 자연관의 우수함을 일찍이 깨달은 서구의 사상가나 교육학자도 있다. 프랑스의 J. J. 루소는 1762년에 출간된 그의 유명한 저서 〈에밀〉에서 '자연으로 돌아가라.'는 말로 종래의 서구적인 교육관이었던 '인간개조론'을 떠나 '도덕적인 자유인의 양성'이 교육목표와 교육방법의 원칙임을 역설했다. 또한 교육학의 아버지라고 부르는 스위스의 J. H. 페스탈로치도 '합자연의 원리'가 교육의 중심방법론임을 강조했던 것이다.

오늘날 미국에서는 자연생태계의 동식물의 보호활동과 이론가들이 매우 많다. 근본주의생태학자 A. 네스, 지구유기체설인 가이아Gaia 이론의 주창자 J. E. 러브록, 생태윤리학의 J. 페스모어 등의 다양한 분야의 자연주의생태학자들과 세계적으로 네트워크를 가지고 있는 그린피스를 위시해 시에라 클럽, 야생동물보호협회 등 수많은 NGO가 결성되어 자연보호활동을 수행하고 있다. 심지어 L. 레오폴드는 그의 〈토지윤리〉라는 저서에서 현대 자연의 난 개발과 농업의 과대경작은 토지에 대한 인간의 착취로 보고 우리들은 절제와 제약이 필요한 때라고 역설하고 있다. 그리고 1972년부터 정치계에서도 본격화된 녹색당은 뉴질랜드로부터 호주, 독일, 벨기에, 프랑스, 영국, 스웨덴, 캐나다 등등 선진국에서부터 결성되었고 한국도 1989년 12월 8일에 〈대한녹색당〉의 이름으로 결성된 역사가 있다.

지금까지의 서구적인 과학문명은 인간에게 필요 이상의 편리함만을 추구하다 보니 자연과의 교감에서 얻을 수 있는 안온함과 자유로움은 점점 축소되고 단절되고 있음을 서구인들은 점점 깨닫기 시작한 것이다. 유유자적이라는 해방감과 자유로움은 기계문명사회에서는 구할 수 없기 때문이다. 기계의 노예화를 경고하는 것이기도 하다. 인간의 노력을 최소화하는 기계만능주의적인 현대의 물질문명은 육체적인 안일함을 가져오는 것만큼 정신적인 삭막함을 느끼게 함으로서 점차 인간성을 상실하는 것이다. 이것은 영국의 세계적인 배우 찰리 채플린이 주연으로 출연한 1989년 작 '모던 타임스'에서 리얼하게 풍자하고 있다.

자연과 인공의 관계는 마치 손으로 쓴 연애편지와 스마트폰 메일로 쓴 연애편지와 같다고 본다. 현대의 동서양 문화는 점점 자연으로부터 멀어져 가고 있다. 인간의 자유로움과 여유로움은 기계문명과의 접촉과 이용으로 생겨나는 편리함과 여유로움과는 그 질과 차원이 다른 것이다. 진정한 자유로움은 자연이 품고 있기 때문이다. 서구의 동양화, 동양의 서구화의 경향을 우리는 다시한번 생각하면서 중간지점에서 결합하는 것이 이상적일지도 모른다.

020. 인류문명의 대부분은 발명보다는 발견일 뿐이다.

오늘날 발달된 물질문명의 대부분은 인간이 새롭게 발명한 것보다는 이미 존재하고 있는 자연계의 현상에서 그 원리를 찾아 발견한 것으로 이루어져 있다. 즉 순수한 인간의 두뇌로부터 이루어지기보다는 생태계의 자연현상의 관찰에서 모방하게 되었다는 이야기이다. 이것을 생체모방Biomimetics라는 새로운 용어로 표기하고 있다.

가령 포크레인은 홍학의 부리구조와 기능에서 힌트를 얻었고 최초의 비행기를 제작하여 실험한 라이트 형제도 하늘을 나는 독수리의 날갯짓을 보고 그대로 실험했고 오늘날 비행기의 착륙원리도 날짐승들의 착지형태에서, 옷감에 쓰이는 찍찍이도 스위스의 G. 메스트랄이 사냥 중에 옷에 들러붙어 잘 떨어지지 않는 야생풀 도꼬마리에서, 헬리콥터의 프로펠러도 낙하하는 단풍나무 씨앗의 원리에서, 방수제품도 물방울이 그냥 굴러 떨어지는 연잎의 관찰에서 착안하였다. 갯가 바위에 들러붙어 여간해서 떨어지지 않는 따개비의 성분분석을 통하여 공업용 접착 강력접착제를 제조하거나 90도의 미끄러운 벽면에도 기어오르는 도마뱀의 발바닥 구조와 원리를 연구 모방하여 건설현장에서 대형유리를 옮길 때 이용하는 압축기를 만들고 문어의 빨판을 응용해 수중작업용 장갑을 제조하기도 한다. 호주의 멜버른 시의회 제2청사의 건물이나 짐바브웨의 〈이스트 게이트 센터〉 건물은 통풍이 뛰어난 흰개미집의 구조를 관찰 모방한 것이며, 건축가 빅 미스는 이것을 '생체모방'이라고 말했다. 이러한 사례는 모든 분야에 걸쳐 무한하고 다양하다.

최근 들어 국내에서도 과학자들에 의한 자연모방으로 각종 신기술을 연구 개발하고 있다. 특히 해양생물의 특성을 원용한 것으로는, 농게의 겹눈구조를 모방한 360도 카메라 렌즈의 연구, 홍합의 강인한 접착성분에서 수술용 봉합사를 만드는 연구 등이 있다.

한편 미국의 천체물리학자 M. 마리오는 〈신은 수학자인가?〉라는 책에서 '수학자는 수학적 지식을 발견할 뿐 만들어내지는 않는다.'고 단언하면서 '신은 언제나 기하학을 이용한다.'는 말을 하고 있다.

심지어 서양미술의 거장 피카소는 '예술작품은 창작이 아니라 발견일 뿐이다.'라고 했는가 하면 프랑스의 계몽사상가 F. M. A. 볼테르는 '독창성이란 사려 깊은 모방일 뿐이다.'라고 단언했다. 사실 발명이라는 것도 이미 대자연 속에 있는 것을 발견한다는 것이므로 발견이라는 영어의 discover도 숨어있는 것cover을 '벗겨dis-낸다.'의 뜻으로 표기한다.

그러나 오늘날 첨단기술 가운데는 반드시 그 원리가 이미 있는 것을 발견하지 않는 것들도 있다. 주로 전기전자제품이라고 하겠다. 순수한 인간이 발명품인 것이다. 대자연 속의 동식물들의 생태계에서 인간이 관찰을 통하여 원리를 발견하고 응용한 결과가 현대과학문명의 기본임을 알게 된다. 아직까지는 인간의 두뇌가 조물주의 수준까지는 안 되고 있는 듯하다.

021. 세상에서 가장 순수하고 아름다운 기쁨은 어떤 것들인가?

우리가 태어나서 죽을 때까지 일생 동안 살아가는 과정에서 다양한 어려움과 슬픔도 있고 즐거움과 기쁨도 있다. 그런데 즐거움과 기쁨 가운데서도 크고 작은 것도 있겠으나 이 세상에서 가장 크고 순수하고 아름다운 기쁨은 어떤 것일까? 사람에 따라서 서로 다를 수 있을 것이다. 고급 레스토랑에서 맛있는 음식을 먹거나 청혼한 아가씨로부터 결혼하겠다는 승낙을 받거나 운동선수가 올림픽에서 금메달을 따거나 가난하게 살다가 로또복권에 당첨되거나 자녀가 원하는 대학에 합격하거나 장사를 하다가 부자가 되거나 앓던 병이 낫거나 처음으로 손자손녀를 안아 보거나...... 등등 그 대상과 이유는 무수하다.

그러나 이러한 것들과는 차원이 다른 최상의 기쁨은 많지 않다고 본다. 마루의 바닥을 기어 다니던 아이가 어느 날 제 힘으로 일어서면서 생애 처음으로 두 발로 첫걸음을 시작할 때, 아이의 얼굴 표정은 세상의 어느 것보다도 기쁨으로 충만하게 되는 것을 보게 된다. 아이로서는 스스로 일어서서 두 발로 걸어간다는 것이 얼마나 신기하고 기쁜지 모르기 때문이다. 그때부터 아이는 하루 종일 온 집 안을 뛰어다니면서 웃음을 터트린다. 이것을 보는 부모의 마음도 같다.

그리고 너댓 살이 되면 하루 종일 밖에서 또래들과 어울려 다니면서 어두워질 때까지 배고픔도 모르고 놀이에 빠져있을 때가 아이로서는 또한 최고의 기쁨을 느낀다. 자아도취이며 삼매경인 것이다. 신체발달과정에서 단계별로 나타나는 성장에너지가 모두 그곳에 집중되어 있기 때문이다.

이러한 기쁨은 지적인 발견이나 발명의 순간에도 나타난다. 하나의 예가 고대 그리스의 수학자요 물리학자인 아르키메데스의 유명한 '유레카Eureka'라는 외침과 같은 것이다. 이 말은 감탄사로서 '바로 이거야!'라는 뜻이다. 그리스의 왕이 기술자를 시켜 순금으로 왕관을 만들게 되었는데 과연 진짜 순금으로 된 것인지를 알 길이 없어 당시 유명한 물리학자였던 아르키메데스에게 알아보라는 명령을 하달했다. 아무리 궁리해도 알 수 있는 방법을 몰라 고심하던 중 어느 날 목욕탕에 들어갔을 때 넘쳐나는 물을 보고 문득 깨닫고 너무 기뻐 옷을 벗은 채 길가로 뛰어 나오면서 '유레카!'라고 외쳤다는 일화이다. 이것은 지적인 최고의 환희이다.

유레카는 아르키메데스뿐만이 아니고 누구에게나 있을 수 있는 것이다. 심포니오케스트라의 단원들이 연주에 매몰되어 무아지경에 빠져 있다가 연주가 끝났을 때 청중들로부터 우뢰와 같은 박수 소리를 들었을 때도 그렇다. 뉴욕 카네기 홀에서 바흐의 '무반주 전6곡'을 끝낸 연주자가 기자인터뷰에서, '내가 무대 위에서 연주할 때 청중들의 집중력을 느끼는 순간 그 기분은 정말 기가 막힙니다.'라고 하면서 '바흐 음악을 하다 보면 미술처럼 그 색채가 보입니다.'라는 말에서도 가장 아름다운 기쁨을 보게 된다. 그리고 여름 동안 뙤약볕 아래서 땀을 흘리고 가을이 되어 황금빛 벼논을 바라보는 농부에게서도 볼 수 있는 것이다. 이러한 기쁨이 이 세상에서 가장 순수하고 아름다운 것이다. 이런 것들과 함께 인간의 본능적이고 원초적인 기쁨은 부모가 자신을 꼭 빼닮은 자식을 바라보는 것이며 또한 자기의 가업을 이어받아 열심히 일하는 자녀의 뒷모습을 바라볼 때 깊은 희열을 느낄 것이다. 이러한 것들 이외에도 많은 경우가 삶의 현장에 있다.

그리고 대자연의 아름다움을 볼 때의 환희도 크다. 1996년 1월 인도를 거쳐 네팔공화국을 갔을 때였다. 카트만두에서 하룻밤을 묵고 새벽에 일어나 버스로 1시간쯤 구불구불한 산등성이를 올라서자 갑자기 눈앞에 병풍처럼 펼쳐지는 설원의 파노라마-히말라야산맥이었다. 오른편으로 아스라이 보이는 에베레스트 정상에서 마나슬루 정상으로 이어지는 산맥의 설원이 평풍처럼 펼치어져 있었다. 산정의 전망대에서 한눈에 바라다보이는 장대한 히말라야산맥은 숨을 멈추게 했다. 그 감동과 기쁨은 지금도 뇌리에 선명하게 남아있다. 페루의 공중도시 마추픽추의 입구에서 내려다보았던 감동과는 또 다른 차원이었다. 이처럼 자신을 몰아지경으로 만드는 대자연의 기쁨은 가장 순수하고 아름다운 것이라고 본다.

022. 세계사는 선(線)의 발견으로 타락했고 원(圓)의 발견으로 진보했다.

직선直線이란 기하학적인 개념으로는 임의의 두 점 간에 가장 짧은 거리로 정의되지만 이것이 인류문명사회에서는 다양한 의미로 나타난다. 원래 조물주에게는 직선이라는 개념이 없었다. 생명을 가진 모든 것들은 곡선으로 이루어져 있다. 직선이나 정사각형과 같은 생명체는 없다. 자연계의 만물은 직선운동보다도 원형운동에서 생명이 탄생한다. 지구 자체가 원형이며 자전과 공전으로 만물을 안고 원형운동을 하고 있기 때문이다. 우주의 원리이다.

그런데 인간이 직선을 만들어 사용했을 때부터 비극의 역사는 시작되었다. 원시공동체 사회에는 선이 없었다. 하나가 모두였고 모두가 하나인 둥근 울타리 안의 사회였다. 그들은 집도 네모가 아닌 원형으로 지었다. 지금도 현대인들이 선으로 이루어진 사각형의 건물을 기본으로 하고 있지만 고대 인류의 건축기본은 원형이다. 아프리카의 사막에 사는 대부분의 원주민들은 예외 없이 둥근 울타리 안에 둥근 흙집에 살고 있다.

그런데 인류역사에서 직선이 생기기 시작하자 이것과 저것, 너와 나의 사이를 가르면서 경계가 되고 선(線)을 선분(線分)이라고 말하듯이 한 개가 두 개로 나누어지면서 구별과 차별을 만들었던 것이다. 동양의 여러 나라들과 유럽의 대륙만 해도 국경선이 산맥을 따라 곡선으로 자연스럽게 되어 있으나 남북미와 아프리카는 끝없는 직선으로 그어져 있다. 특히 미국과 캐나다의 국경선은 자로 재듯이 일직선으로 곧게 그어져 있다.

그리고 선은 인간의 소유욕을 자극하면서 내 것과 네 것의 기준이 되었고 그것은 알력과 갈등, 분쟁을 만들어 집단과 국가 간에서는 싸움과 전쟁으로까지 발전되었다. 어떻게 보면 인류사는 이러한 선과의 싸움으로 점철되어 왔다고 볼 수 있다. 1969년 미국의 인공위성 아폴로 11호가 달에 착륙하자 우주인 N. 암스트롱은 '여기에는 선이 없다.'고 했다.

그러나 지상에 사는 인간이나 동물들 사이에는 선이 많다. 이러한 선의 전쟁은 인간만이 아니고 동물세계에서도 철저하다. 이른바 텃세인 것이다. 야생동물 가운데서 날아다니다가 내려앉아 먹이를 먹는 날짐승은 자신만의 공간에 민감하지 않으나 사자나 호랑이와 같은 맹수에 가까울수록 사냥하는 경계선이 확실하며 텃세가 엄청나다. 사자나 호랑이와 같은 맹수들은 자기 영역을 조금이라도 침범하면 민감하게 반응한다. 광대한 정글에도 눈에 보이지 않는 선이 그어져 있는 것이다. 동물들은 자기 영역에 들어오면 침입자와 결사적으로 싸우지만 인간은 짐승들처럼 무조건 싸우지는 않고 관련 법규에 의하여 합리적으로 수용하거나 배척한다. 그러나 영토의 침범에는 동물처럼 변하면서 전쟁도 불사하게 된다.

이러한 현상은 동물보다는 인간이 더 엄격하다고 본다. 가령 사적 공간인 개인주택에 무단침입하면 아주 민감하게 반응한다. 그래서 법이 발달되어 있는 서구문화권에서는 주거침입죄를 매우 엄격한 중죄로 다루고 있다.

우리나라 농어촌의 경우는 아직도 전통적인 농경사회의 풍습이 잔존하여 서구적인 주거침입죄와 같은 인식은 희박하다. 비록 농토는 1970년대 새마을운동의 하나로 이루어진 농토개선사업에서 곡선이 직선으로 많이 바뀌기는 했으나 주거생활공간에는 아직도 곡선이 많다. 그렇지만 농어촌의 곡선의 미덕도 서로가 잘 아는 관계에서일 뿐 모르는 외지인의 경우는 동물적인 감각의 수준에 가깝다. 이것은 최근 들어 대도시에서 농어촌으로 귀농귀어歸農歸漁하는 인구가 점점 늘어나면서 생기는 외지인들과 마을 토박이들의 갈등현상에서 나타나고 있다. 선조 대대로 살아오는 토박이들로서는 어느 날 갑자기 마을에 집을 짓고 모르는 사람이 살기 시작하기 때문이다.

선은 서양문화의 중심이라면 원은 동양문화의 기본이다. 하나의 예로 서구(특히 미국)의 도로는 대부분이 바둑판처럼 직선으로 되어 있으며 중도에 산이 막으면 터널을 뚫어 그대로 직선을 살려서 달리지만 동양에서는 산허리와 골짜기를 따라 구불구불 꼬부랑길이나 산마루를 넘는 고갯길로 만들어져 있다. 조선후기 장만의 시조 '풍파에 놀란 사공 배 팔아 말을 사니, 구절양장이 물도곤 어려왜라, 이 후란 배도 말고 말도 말고 밭갈기만 하리라.'에서도 꾸불꾸불한 산골길의 어려움을 절묘하게 나타내고 있다. 구절양장九折羊腸이란 꼬불꼬불하게 얽혀있는 산길이 양의 창자와 같다는 것을 비유한 표현이다.

그런데 근년에 들어서는 동양사회에서도 이러한 산골길도 다리와 굴을 파고 아스팔트까지 깔아 꼬부랑길을 직선화하고 있다. 이것은 자연미의 인공화로 편리라는 인간중심주의적인 생태파괴적인 가치문명의 하나이다. 인명살상의 대형 교통사고는 꼬부랑길에서보다 직선의 고속도로에서 많이 발생한다. 문자 그대로 '5분 빨리 가려다 50년 빨리 간다.'이다. 곡선이 생명과 친화적이라는 뜻이기도 하다.

이와는 달리 원圓은 폐쇄된 공간이기는 하지만 너와 나, 이것과 저것과 같은 분리개념이라기보다는 나와 너의 사이에 구분선이 없는 공존과 공생을 의미하는 상징성이 있다. 두 개의 평행선은 서로 만나지 못하고 남남으로 끝없이 달리지만 원은 서로 꼬리를 물고 순환한다. 그리고 시간은 직선이고 곡선은 공간이다. 직선은 배타적이지만 곡선은 포용적이다. 선線은 구분, 차별, 대립, 배척이라면 원圓은 수용, 평등, 화합의 상징이며 인류문화의 기본 요소라고 하겠다. 한국 원불교의 정신은 이러한 곡선의 정신과 이어져 있다고 본다.

한편 곡선으로 이루어진 원의 개념은 수학의 0과 같다. 이것은 인도에서 처음으로 시작하였고 그것은 선불교의 무無와 공空이라는 사상으로도 연결되었다. 또한 이것은 인류문명사에서 획기적인 발명품으로 평가하는 수레바퀴로 이어졌다. 인류문명의 기원을 고대 메소포타미아를 중심으로 번성한 수메르Sumer 문명이라고 보는 학자들 가운데는 약 5천 년 전에 수레바퀴가 그곳에서 등장했다고 주장하고 있다.

실제로 원圓의 인식에서 수레바퀴의 착상이 생겨났고 그것은 바퀴의 대량생산과 함께 근대산업혁명의 견인차 역할을 했다는 해석은 가능하다고 본다. 사실 오늘날의 모든 기계문명에서도 둥근 바퀴의 기능과 역할은 운반수단만이 아니고 다양한 분야에서 얼마나 지대했는가는 말할 필요도 없을 것이다. 원은 시작과 끝이 없지만 선은 끝이 있다. 원만圓滿하고 원숙圓熟하고 원활圓滑함이 인류 평화세계의 Key-word이다.

023. 대도시의 집단주거환경이 범죄발생과 생태파괴의 온상이다.

생명을 가진 지구상의 모든 것들은 개체와 함께 동종 집단만의 일정한 생활전용공간을 가지려고 한다. 곤충 가운데는 개미군단과 벌들이 집단적 응집력이 매우 강하여 텃세방어에 결사적으로 싸우는 군대개미도 있다. 비교적 하등동물의 경우는 개체보다도 일정한 집단생활을 이루어 군집세력권을 갖는다. 텃세disregarding와 세력권territory, 생활경계선life-boundary의 개념은 다소 다르지만 서로 비슷한 내용이다. 이와 같은 뜻으로 이어령 교수는 동물들이 갖는 생활공간에 대한 애착을 가리켜 일본에는 나와바리なわばり라는 적합한 단어가 있다. 영어사전에도 없는 토포필리아topophilia라는 조어를 쓰고 있다.

인간도 원래 동물처럼 군집성을 가지고 있으나 점차 발달된 무기를 개인적으로도 소지하기 시작하면서 독자적으로도 자체방어가 가능해지자 이제는 개별적인 독립성과 자유를 희구하게 된 것이다. 그래서 현대인들은 집단적인 세력권보다는 개별적인 세력권을 더 추구하게 되었다. 옛날에는 영토확장전이 주류였지만 현대전은 종교나 이데올로기 전쟁과 같은 것으로 변한 것도 전체에서 개인이나 집단으로, 물질에서 정신문제로 변한 것이다.

광활한 하늘을 날아다니는 조류들은 텃세가 거의 없다. 그러나 인간과 같은 고등동물일수록 한정된 생활공간에 정착하기 시작하면서 세력권에 민감하여 인류전쟁사의 대부분이 이러한 세력권 침탈에 대한 방어와 확장을 위한 것이었다. 근대 서구강국들의 식민지 쟁탈전이 그러한 것이다. 전쟁은 집단적 세력권 방어와 확장의 표현이다.

아리스토텔레스의 정의처럼 '인간은 사회적인 동물'이지만 동시에 독립적이고 개별적인 생활공간에 매우 민감한 동물이다. 가정이라는 한정된 생활공간에서도 개별적인 전용공간을 가지려고 한다. 이러한 관계에서 대도시의 과밀인구와 주거환경은 세력권의 상호충돌로 눈에 보이지 않는 긴장과 스트레스를 유발하는 조건을 갖추고 있는 것이다. 이것은 곧 정서불안과 공격적인 성격으로 발전되면서 사이코패스와 같은 각종 변태적인 범죄행위를 만들게 된다. 인구밀도를 감안하더라도 정신이상자나 범죄자가 농어촌보다도 대도시가 훨씬 많은 것을 보아도 알 수 있다. 물론 도시의 각종의 자극적인 환경요인도 원인이지만 과밀인구에 의하여 상호 간에 겹치고 충돌하는 생활권에서 생기는 것이다.

1964년 일본은 도쿄 올림픽을 계기로 국내경제가 급속도로 성장하면서 풍요의 사회를 이루었다. 농어촌의 인구가 대도시로 몰려들면서 도시의 인구가 급증하자 인구과밀에서 나타나는 특이한 사회범죄가 발생하기 시작했다. 달리는 출퇴근 만원 지하철 안에서 갑자기 칼을 꺼내 앞에 서있는 사람을 찌르고는 태연히 그 자리에 앉아 있거나 토오리마とおり魔라는 범죄로 어두한 골목길에

숨어 있다가 지나가는 사람에게 다가가서 아무 말도 없이 칼로 난자하는 범죄도 한때 유행병처럼 자주 일어났다. 범죄자들의 동기는 뚜렷하지 않았다. 그리고 그 무렵에는 미국 뉴욕에서도 지하철과 학교에서도 불특정 다수의 승객이나 학생들을 총으로 난사하여 살해하는 사회범죄가 빈발했고 미국은 지금도 그러한 총기사고가 계속되고 있다. 이러한 이른바 묻지 마 범죄는 근년 들어 서울에서도 한때 나타나기도 했다. 일정한 공간에 인구밀집으로 좁아지는 자기 세력권에서 생기는 것으로 일종의 분노조절장애 현상의 하나이다.

또한 대도시는 전깃불로 밤낮이 없다 보니 밤하늘에 별이 없고 사계절도 없다. 또한 개울물 소리와 바람 소리, 새소리, 풀벌레 소리 대신에 각종 소음만 있다. 콘크리트와 아스팔트로 흙도 없다. 대신에 오염된 공기와 자동차와 사람 소리만 가득하다. 정서안정에 필요한 것은 없고 정서불안 요인만을 가지고 있어서 주변 환경에 민감한 성격의 소유자들은 정신적인 질환에 감염되기 쉽고 심하면 각종 비행과 범죄로 발전되는 것이다.

범죄심리학자들은 이런 유형의 범죄자를 사이코패스라고 간단히 진단하고 있을 뿐, 그 근원에 대한 설명은 부족하다. 번잡하고 자극적인 도시환경과 과밀한 인구환경으로 인하여 생기는 스트레스와 욕구불만이 주요 원인인 것이다. 한적한 농어촌의 쾌적한 생활공간에서는 전혀 볼 수 없는 것을 보아도 알 수 있다. 이러한 현상은 남태평양에 분포되어 있는 미크로네시아, 폴리네시아, 멜라네시아의 그림 같은 섬들의 자연환경 속에 사는 원주민들에게는 상상하기 어려운 것으로 선진국들의 인구밀집의 대도시만이 보여주는 병리현상인 것이다. 독일 사회학자 F. 퇴니에스가 분류한 전통적인 농어촌의 게마인샤프트공동사회와 현대도시의 게젤샤프트이익사회에 의한 병리현상과도 연결되는 것이라고 본다.

024. 냄비 문화와 가마솥 문화론

서로 문화특성을 비유한 말이다. 문화의 깊이와 무게의 차이를 말한다. 외부의 새로운 문화자극에 즉각 반응하고 금방 소멸하는 것이 냄비문화라면 별다른 동요가 없이 서서히 반응하고 지속하는 것을 비유하는 것이 가마솥 문화이다. 문화선진국과 문화후진국의 바로미터이기도 하다. 재미있는 예를 하나 든다면, 프랑스와 같은 문화선진국의 여자들은 외출하여 길거리에 나갔을 때 자기의 옷과 같은 옷을 입은 여자들이 많이 보이면 다시 집에 들어가서 다른 옷으로 갈아입고 나간다면 1970년대의 한국의 경우는 자기의 옷이 별나 보이면 집에 들어와서 유행하는 옷으로 바꾸어 입고 나갔던 때가 있었다. 전자가 가마솥문화 현상이라면 후자는 냄비문화이다. 냄비문화는 개성은 없고 집단만 있다. 그래서 프랑스는 세계적인 유행의 메카이지만 정작 자국의 고객보다는 외국의 고객을 겨냥한다. 옷은 프랑스가 만들고 소비는 한국이 한다는 말까지 생겨나기도 했다. 막상 프랑스 부인들은 구찌 핸드백을 들고 다니는 것을 쉽게 볼 수 없다고 한다.

냄비의 물은 쉽게 끓는가 하면 쉽게 식는 것처럼 문화의 부피와 깊이가 얕으면 쉽게 수용하면서 동시에 쉽게 버리는 속성을 지니고 있다. 그러나 가마솥의 물은 서서히 끓고 서서히 식는 것처럼 외부의 자극에 완만한 반응을 한다. 역사적으로 보아도 우리나라는 오랜 문화전통을 가졌음에도 가마솥 문화를 갖지 못한 것은 잦은 외침으로 독자적인 뿌리를 오랫동안 지속적으로 배양하지 못해서이다. 뿌리가 얕고 약하면 쉽게 흔들리는 것이다.

용비어천가 제2장에서의 '뿌리 깊은 나무는 바람에 아니 뮐세. 꽃 좋고 열매 맺나니, 샘이 깊은 물은 가뭄에 아니 그칠세, 내를 이루어 바다에 이르나니.'라는 고시조처럼 개인이나 국가도 내공이 깊고 전통이 쌓이면 가마솥처럼 천천히 끓고 천천히 식는다. 실제로 우리나라의 역사가 일본에 비하여 훨씬 유구함에도 불구하고 냄비문화에 가까운 것은, 잦은 전란으로 전통문화의 단절과 훼손이 많았기 때문이다. 일본은 외침이 거의 없는 역사에서 민초들이 전통문화를 지속해 왔다. 도심 속의 조그마한 구멍가게도 대대로 이어가는 지속성을 보여주고 있다. 뿌리가 깊다.

50년 전에 일본 유학 시절에 자주 이용했던 캠퍼스 앞 골목에 있던 문방구나 식당들이 지금까지 그대로 그 자리에 있었다. 젊었던 주인 아주머니가 할머니로 변한 것 말고는 그대로였다. 그런데 김동길 교수는 어느 강연에서 일본은 아버지의 직업을 아들이 계승하는 것을 전통으로 여기지만 한국은 오히려 반대로 아버지가 아들에게 가정을 떠나 더 나은 직업을 갖도록 바라는 풍습이 있음을 긍정적으로 평가하기도 했다. 보는 기준이 달랐을 뿐이다.

이러한 문화전통의 현상은 정치문화에서도 그대로 나타난다. 일본 정치는 총리 중심의 내각중심제라서 국회의원 선거는 자주 하지만 각종 제도나 법률은 여간해서 바꾸지 않는다. 우리나라처럼 대통령이 바뀌면 많은 것들이 쉽게 바뀌고 없어지기도 하지만 일본은 한번 바꾸려면 오랫동안의 토론과 협의를 거쳐야 되고 일단 바뀌면 여간해서는 다시 바꾸는 것은 어렵다. 특히 학교교육에 관한 제도나 법령이 그렇다. 문자 그대로 백년지대계인 것이다. 정권은 고사하고 장관이 바뀌어도 교육정책이 변하고 새로운 시행령을 만드는 우리와는 다르다. 솥뚜껑문화와 냄비문화에서인 것이다.

실제로 세계적인 유행문화와 상품을 만드는 프랑스에서도 정작 자기들은 새로운 상품을 쓰지 않고 한국의 의류시장에 먼저 시제품을 내놓는 경우도 많다고 한다. 한국이 유행에 민감하기 때문이다. 그리고 쉽게 물이 끓는 냄비문화의 풍토에서는 시제품의 검증이 쉬워서이다. 중국도 오랜 전통문화와 대륙의 기질 때문에 솥뚜껑문화에 속하는 부류이다. 가령 여름철에 갑자기 소나기가 쏟아질 경우 중국인들은 뛰어가지 않는다. 워낙 국토가 광활하기 때문에 뛰어가거나 천천히 가도 옷이 젖는 것은 같기에 그렇다. 지리적인 환경조건이 성격과 태도를 결정하는 예라고 하겠다. 그리고 냄비문화의 속성과 가마솥문화의 속성은 식습관으로도 연결되고 있다. 우리네는 나이에 관계없이 식당에서 거의가 10분 전후로 식사를 끝내고 밖으로 나온다. 유럽, 특히 프랑스의 경우는 거의 2시간이나 식탁에 앉아서 먹다가 이야기하고 이야기하다가 먹고 한다. 그래서 우리나라에서는 손님만 많으면 단기간에 돈을 많이 벌 수 있는 업종이 식당이다. 빨리 먹고 빨리 나가기 때문에 좁은 공간에서도 고객을 많이 받을 수 있기 때문이다. 이러한 우리의 식문화특성을 1960년대에 '인민군이 뒤따라오는데 빨리 먹고 빨리 떠나야 한다.'는 말의 우스개도 있었다. 1950년대 6.25 피난민 시절에는 실제로 그랬다. 한편 군대문화가 그렇게 만들었다. 1960년대까지만 해도 전방의 보병 소총소대에서는 배식이 끝나고 먹기 시작하면 '0.5초 이내에 식사를 끝내고 완전무장하여 연병장에 집합한다.'는 선임하사관의 고함 소리를 들으면서 졸병들은 허겁지겁 식사를 해야만 했던 것이다. 냄비문화 형성의 주요 원인의 하나이다. 이에 대하여 중국에서는 삼야삼찬三夜三餐이라는 말이 있다. 삼 일 밤 삼 일 낮 동안을 잠도 안 자고 음식을 이어서 먹는 코스이다. 앞에 먹은 음식을 소화시키는 요리가 뒤에 나오는 메뉴로 짜여 있다는 것이다. 사실인지는 모르겠으나 가마솥 문화의 전형이라 하겠다.

이러한 특성은 문학과 예술에서도 그대로 보여준다. 〈삼국지〉를 비롯해서 중국의 대하소설, 긴 호흡의 대로망은 한반도의 환경조건에서는 태어나기 어렵다. 그나마 박경리의 〈토지〉가 나오기도 했지만 앞으로는 어려울 것이다. 이것은 중국이나 러시아와 같은 대륙은 버스나 기차를 타고도 며칠을 가는 광활한 공간이지만 한반도는 어디든지 일일 생활권에 불과하다는 것도 하나의 이유이다. 공간의 크기가 곧 사고의 크기이며 이러한 환경에서는 느긋한 여유로운 심성과 문화가 생성될 수 없다는 것이다.

더구나 오늘날의 현대문명은 보다 빠르고 편리한 것만을 추구하는 가치관으로 바뀌면서 장편보다는 단편이 주류를 이루게 되어 우리의 냄비문화는 쉽게 바뀌지 않을 것이다. 특히 요즘 소위 MZ세대가 보여주는 언어의 단축현상에서도 잘 나타나고 있다. 그러나 이와 같은 냄비문화가 1970년대 경제적인 고속성장의 밑바탕으로 작용하여 세계사에 유례없는 고속경제발전과 선진국 대열에 단시간에 올라서는 기적의 나라로 만든 긍정적인 측면도 있다.

실제로는 우리의 전통적인 국민정서는 '은근과 끈기'였다. 잦은 외침에도 쉽게 꺾이지 않았던 민족정기는 끈기였다. 국화國花인 무궁화도 무려 3개월 동안이나 피고 지는 매우 드문 끈기의 꽃이다. 가마솥문화의 일면인 것이다. 다만 이러한 전통문화 정신이 현대사에 이르러 1970~80년대의 고속성장과 함께 냄비문화의 환경조건으로 바뀌었을 뿐이다.

025. 인간들은 왜 죽음을 불사하고 제일 높은 산, 제일 깊은 바다에 가려고 하는가?

인간은 왜 가만히 있지를 못하고 죽을 수도 있는 일임에도 불구하고 모르는 것을 알 때까지 계속 도전하는가? 이것을 우리들은 단순히 호기심이라고 하지만 인간의 타고난 본성으로 탐구욕과 성취욕이기도 하다. 탐구욕은 곧 호기심에서 생겨난다. 인간은 본능적으로 모르는 것을 두고는 늘 불안감을 느끼면서 그것을 알 때까지 추구하려는 습성이 있다. 이것이 바로 학문이고 지식탐구의 원동력이기도 하다. 어두운 곳이 있으면 불을 켜 보려고 하고 미지의 대상이 있으면 그것을 알 때까지 계속 연구하고 확인해야만 안심한다. 이것이 인류문명발달의 기폭제이기도 하다.

그리고 세계각지를 여행하기를 좋아하는 사람도 아름다운 풍광을 보려는 목적도 있지만 자신이 모르는 먼 나라의 사람들은 어떻게 살고 있는가에 대한 호기심도 있는 것이다. 미국의 신대륙을 발견한 콜럼버스, 지구가 둥글다는 것을 알기 위해 세계일주를 시도한 마젤란, 인도항로를 개척한 포르투갈의 바스코 다가마도 미지의 땅에 대한 호기심으로 죽음의 공포를 느끼면서도 먼 항해를 시작했던 것이다. 이러한 호기심은 밖으로는 지구뿐만이 아닌 우주탐험이라는 이름으로 외연을 넓히고 있으며 안으로는 만물창조의 근원을 추적하는 이른바 신의 창조설이냐, 아니면 자연선택의 진화설이냐? 같은 것으로 논쟁을 이어가고 있다.

그러면 왜 이러한 본성이 유독 인간에게만 있을까? 기독교에서는 창조주가 만물 가운데서도 인간에게만 유일하게 하나님의 간섭을 배제한 자유의지를 부여했다고 한다. 이러한 자유의지가 곧 여타 피조물들과 달리 인간만이 가지고 있는 유일한 창조능력이다. 이러한 인간의 고유한 창조성은 상상력과 호기심을 필수전제 조건으로 한다. 그래서 인간의 본능은 가만히 있지를 못하고 새로운 사실을 알고 나면 다시 다른 사실을 추구하여 왔다. 탐구욕이며 성취욕이기도 하다. 이러한 것들이 쌓인 것이 인류문화이며 인류사인 것이다.

학자들은 새로운 이론을, 탐험가들은 새로운 도전을, 운동선수들은 신기록을, 작가나 예술가들은 새로운 작품을, 과학자들은 새로운 발견과 발명을 성취하기 위하여 끊임없이 연구하고 도전한다. 심지어 불가사의한 사후세계나 신의 존재증명까지 도전하고 있다. 인간은 자신의 미래와 모르는 것에 대한 불안을 잠재의식 속에 늘 지니고 있기 때문에 대상을 확인할 때까지 끊임없이 도전하고 연구하는 것이다. 모르는 것에 대한 호기심과 탐구욕은 인간의 특성이며 본성이다. 모르면 불안하기 때문에 기어이 알려고 한다. 일종의 신체적, 심리적인 안전욕구이기도 하다.

그리하여 알피니스트들은 아무도 가보지 못한 지구의 최고봉 에베레스트 정상을 목표로 죽음을 각오하고 도전하여 정상에 오르고 있으며 해저 탐사대는 지구 최저의 심연까지 도전하는 것은 성공했을 때의 느끼는 그 성취감을 체험하기 전에는 아무도 모르는 최상의 만족감인 동시에 한편으로는 가만히 그대로 두기에는 항상 불안한 까닭이기도 하다. 이러한 호기심과 도전욕구는 이제 지구 밖으로까지 확산되면서 우주개발 프로젝트가 미국을 위시하여 선진국 과학자들의 주요 관심사가 되고 있다. 이와 같은 인간의 무한도전욕은 AI에 의한 제2의 인간을 만들기도 하고 창조주의 본질 해명에까지 도전하자 하나님은 인간창조를 후회하고 있을지도 모르겠다.

그러나 이와 같은 인간의 무한도전 욕구도 사후세계의 해명에는 한계를 갖게 된다. 모든 사고와 판단력이 정지하기 때문에 절대적인 한계에 부딪힌다. 주요 종교들의 경전에서는 사후세계에 대해 다양하게 언급되고 있지만 모두가 가정예언으로 이루어져 있을 뿐이다. 증명되지 않은 추리논리에 근거하고 있기 때문에 하나의 신념일 뿐이고 학문적인 진리는 아니라고 본다.

죽음의 두려움보다 강한 인간의 호기심과 탐구욕이 세계 최고봉에까지 도전하려는 동기와 용기를 만들고 제일 깊은 심연의 바다 바닥까지 가려고 만드는가 하면 이제는 무한한 우주공간의 영역으로도 그 대상을 확장시키고 있다. 사실 우리들은 항상 지구에서 밖으로만 보고 인식하지만 달에서 지구를 바라보는 인식의 전환은 경험하기가 매우 어렵다. 지구상의 최고봉에서 대지를 내려다본다든지 지구의 최저인 심연에서 해상을 올려다보려는 욕구에서 죽음을 무릅쓰고 도전하게 된다고 본다. 이것들은 인간이 살아있는 한 멈출 수 없는 인간 특유의 욕구이며 특성이다. 초인사상과 허무주의 그리고 사신론死神論으로 유명한 독일의 시인이자 철학자인 니체는 '위험하게 사는 것만큼 아름다운 것은 없다.'고도 했다. 그리고 서울대 박찬국 교수도 '편안함만을 바라는 사람에게는 행복은 오지 않는다.'는 말로 인간의 도전의식과 모험의 중요성을 밝히고 있다.

특히 고대인들은 높은 제단을 쌓아 높은 곳에 갈수록 절대자에 가깝게 되면서 절대자로부터 축복을 받을 수 있다고 보았고 낮은 곳에 가까워질수록 지옥에 가까워진다고 믿었다. 그래서 고대인들은 제단을 될수록 높게 쌓았다. 하늘은 천당, 땅속은 지옥으로 여겼기 때문이다. 이러한 종교적인 신념과는 달리 현대인들은 본능적인 호기심과 도전정신으로 더 높고 더 깊은 미지의 세계를 추구하는 것이다. 그러나 여기에도 하나의 한계가 있다. 그것은 사후세계에 대한 것이다. 그래서 누구도 선뜻나서서 도전하는 사람이 없다. 죽어야 하니까.

2부 인간의 본성

026. '절대'라는 말은 절대로 안 쓰는 게 좋다.

우리는 대화 중에 '절대'라는 말을 자주 그리고 쉽게 쓰는데 알고 보면 자가당착에 빠지기 쉽고 자신의 신용도를 훼손하기도 쉬운 말이다. '그것은 절대로 나쁘다거나 앞으로는 절대로 안 하겠다, 너는 절대로 그것은 못 한다.' 등등의 말처럼 일상생활에서나 주변 친구들과의 대화에서도 자주 쓰는 사람이 있는데 별로 바람직하지 못한 표현이다. 특히 사람의 대화에서는 더욱 그렇다. 틀림없이 스스로 자가당착에 빠진다. 사신론자인 니체는 '절대'라는 말은 '자기확신'이라는 믿음에서 나온다. 그러나 자기확신은 거짓말보다 위험한 진리의 적이다.라고 하면서 M. 루터나 루소, 생시몽, 마르크스를 비롯해서 광적인 신앙인들이 그렇다고 규정하고 있다.

그리고 한 사람에 대한 평가는 그의 관에 못을 박고 난 후에야 가능한 것이다. 극히 드문 경우이지만 생전에 악인惡人이 사후에 선인善人이 되고 생전에 선인이 사후에는 악인으로 평가되는 사례가 많기 때문이다.

하나의 실예로 평생을 재래시장에서 장사하면서 짠돌이 할머니, 욕쟁이 할머니라고 손가락질받던 할머니를 주변 사람들은 '저 할망구는 죽어서 절대로 천당 가기는 틀렸다.'라고 수군거렸는데,

1990년대 말, 노쇠해진 그녀가 죽음에 가까워지자 어느 날 갑자기 몇 억의 저금통장을 지방의 C대학에 장학기금으로 기부했다는 신문기사를 보고 모두들 놀랐던 일도 있다.

이와 같은 비슷한 사례는 종종 있는가 하면 이와 반대되는 경우도 있다. 동네서도 친구들 간에서도 직장에서도 친절하고 얌전하고 부지런하다고 소문난 청년이 어느 날 갑자기 사기와 공금 횡령죄로 구속되는 것을 보고 사람들은 절대로 그럴 사람이 아니라고 생각했던 것과 같다.

따라서 '나는 절대로 그런 짓을 안 한다거나 그 사람은 절대로 그럴 사람이 아니다.'와 같은 표현은 신중해야 할 것이다. '버린 자식이 효자 노릇 한다.'거나 '굽은 소나무가 선산을 지킨다.'는 옛말도 있듯이 사람의 앞날은 알 수 없는 것이기 때문이다. 인간은 절대로 내일을 모르기 때문이다. 그러나 이러한 예는 가뭄에 콩 나듯하는 일이고 대부분은 현재의 싹수가 미래를 가늠하게 된다.

이 세상의 자연계 물리법칙이나 인간사회의 모든 현상에서도 절대의 개념이 점점 상대적 개념으로 변화하고 있다. 결정적인 사례가 아인슈타인의 상대성이론이다. 그동안 믿고 있던 절대시간과 절대공간의 개념이 상대시간과 상대공간으로 바뀌었다. 60분의 1시간, 1m의 길이는 지상에서의 시간과 길이일 뿐이고 만일 빛광선의 속도로 움직이면 길이와 시간은 점점 줄어들다가 결국 길이는 0m, 시간은 정지한다는 것이다. 이러한 관점은 독일의 이론물리학자 W. K. 하이젠베르크가 양자역학에서 밝힌 '불확정성의 원리'인 것과도 상관되는 것이다. 그의 이론은, 입자의 위치와 운동량의 관계에서 동시에 고정된 값을 측정할 수 없다는 내용으로 절대치가 불가한 상대성을 뜻한다는 것이다.

이러한 물리학의 이론에서도 볼 수 있는 입자의 위치와 운동(파동)의 관계처럼 인간사회의 악과 선의 관계도 절대적이 아니고 상대적이라는 것이다. 즉 시간과 공간에 의하여 악과 선은 교차하는 가변성을 지니고 있으므로 절대로 절대라는 말을 쉽게 사용해서는 안 된다는 교훈을 얻을 수 있다. 더구나 개개인의 미래는 예측할 수 없는 불확정의 가변요인을 많이 지니고 있으므로 절대 선인과 절대 악인이라는 평가는 할 수 없다. 다만 '그는 절대로 죽을 것이다.'라는 말 이외에는 절대는 절대로 사용해서는 안 된다고 본다.

027. 과연 사후세계는 있는가?

아마 이것만큼 대답하기 어려운 질문이 없을 것이다. 앞으로 아무리 인지人智와 과학문명이 발달해도 이것만은 절대적으로 해명할 수 없을 것이다. 고대부터 수많은 사상가와 과학자들도 죽음 이후의 세계에 대한 정의를 하지 못하고 있다. 그러나 각종의 종교인들이나 무속인 그리고 일부 예언가들이 사후세계에 대한 설명을 하고 있으나 그저 종교와 신앙의 교리에 의한 신념일 뿐이다.

대부분의 종교 신앙에는 사후세계에 대한 교리가 있다. 그러나 현대과학문명에 의한 사고태도를 가진 학자들은 신학적인 종교이론을 불가지적인 것으로 보면서 연구대상의 역외로 유보하고 있다. 현대지성사의 대표적인 학자였던 이어령 교수는 죽음을 앞두고 말한 〈이어령의 마지막 수업〉에서도 기독교적인 사후의 영혼세계에 대한 언급은 구체적으로 하고 있지 않다. 그가 말년에 딸의 죽음을 계기로 기독교에 귀의하기는 했으나 평생을 지켜온 논리적인 지성의 끈을 놓지 않았던 것이다. 다만 지성에서 영성으로의 변화만을 보여주었을 뿐이다.

그런데 사후세계를 체험하고 소생했다는 사람들이 쓴, 즉 임사체험자들의 다양한 서적들이 오래전부터 시중에 다양한 내용으로 나오기도 했지만, 모든 저자들은 완전히 죽은 것도 아니고 죽음의 문턱까지는 갔을 뿐이다. 왜냐하면 완전히 죽었다면 다시 살아 돌아올 수가 없기 때문이다. 죽었다는 것은 몸의 모든 기능과 사고력이 완전히 멈추고 이 세상의 모든 것들과의 관계가 영구히 단절된 상태이다. 대부분의 신학에서는 인간은 육체와 정신으로 이루어져 있으며 죽음은 육체적인 변화일 뿐 정신魂은 시체로부터 이탈하여 다시 환생한다는 견해이다. 특히 불교의 윤회설이 대표적이다. 실제로 불교의 윤회설, 즉 다시 태어난다는 믿음은 죽음의 공포로부터 다소 위안을 받으려는 심리적인 이유이기도 하다. 그러나 아직까지는 신앙적인 믿음의 수준에 머물러 있을 뿐 아무런 증명은 없다고 하겠다.

또한 기독교인들이 믿고 있는 예수의 부활도 성서상의 기록일 뿐이며 아무런 구체적인 증거를 가지고 있지 않다. 전지전능한 하나님의 아들이라 우리들과는 다르기에 인간의 인식능력으로는 이해 불가한 초월자의 권능이라고 단정한다면 논쟁은 불가능하다. 신의 존재증명이 선행되지 않고는 사후세계에 대한 논의는 우리의 인식능력의 한계를 벗어나고 있는 것으로 매우 어려운 문제이다. 그리고 불교에서도 사후세계를 전제하면서 구체적인 이론을 제시하고 있으나 역시 기독교와 같은 관념론의 영역에 머물고 있다. 알고 믿는 과학과 믿고 아는 신학은 다르다. 그래서 사후세계의 문제는 누구도 단언하기 어려운 미지의 세계로 남아 있다. 이러한 논쟁에서 일부 신앙인들은, 당신의 부모가 엄연히 시골에 계시는데도 지금 눈에 안 보인다고 없다고 할 수 있느냐는 논리로 반박을 하는 경우도 있으나 그러한 가정은 맞지 않는다고 본다. 시

곧 어머니의 실제 확인은 시각이 아닌 것으로도 얼마든지 가능하지만 사후세계의 존재유무는 인간의 오감이나 사유능력으로는 적어도 지금까지는 불가능하기 때문이다.

중국의 공자는 어느 날 그의 제자가 죽음에 관하여 묻자 '삶도 아직 다 모르는데 죽음을 어찌 알겠느냐.'고 했다는 말로 사후세계에 대한 불가지론을 폈다. 장자는 그의 아내가 죽자 동이를 두드리면서 노래를 불렀고 제자가 사연을 묻자 '죽음이란 사계절이 바뀌듯이 자연적인 현상인데 슬퍼할 것이 무엇이냐!'고 하여 죽음을 순리의 하나로 보면서 사후세계를 설명하고 있다. 그러면 사후세계는 과연 존재하는가에 대해 정답은 종교의 신의 존재 여부와 같이, 있다는 사람에게는 '있고' 없다고 생각하는 사람에게는 '없다'일 뿐이다. 언제인가 인지人智가 고도로 발달되어 증명할 수 있을 때까지는 정답은 없다고 본다.

028. 미의 극치는 자살과 연결된다.

인간은 물질적인 동기에 못지않게 정신적인 계기로 자살하는 경우도 많다. 경제적인 생활고나 사회적인 인간관계 그리고 불명예스런 사건으로 자살을 택하는 경우가 아니라 여기서는 순수한 정신적인 동기를 의미한다. 전자는 현실적이고 물질적인 것이라면후자는 그 동기가 어떤 물질이나 사회적인 조건이 전제되지 않는 것으로 그것은 질적으로 다른 차원이다. 가령 실연으로 자살을 하는 것도 있으나 그것은 자살동기가 비물질적인 것이기는 하지만 후자의 범주에는 들어갈 수 없다. 오로지 실존적인 고뇌의 자살만이 진정한 자살이라고 전제하면서 그 원리를 생각해 보자. 이러한 자살은 작가나 예술가들의 자살에서 쉽게 찾을 수 있다.

전자의 경우가 조건적이고 수동적이라면 후자는 무조건적이고 능동적인 것이다. 작가나 예술가들의 죽음이 그렇다. 대표적인 것은 1968년 노벨문학 수상자였던 일본의 가와바타 야스나리川端康成의 가스자살이라든지, 소설 〈인간실격〉으로 유명한 일본작가 다자이 오사무太宰治도 39살 나이에 자살하였고 헤밍웨이의 엽총자살(그는 〈노인과 바다〉를 쓴 남미의 코히마르에 오랫동안 살았다. 길가에 핀 빠알간 꽃과 석양의 금빛으로 물든 파아란 바닷가에 있다.) 그리고 미술계의 작가로서는 항상 서민들의 가난한 삶의 모습을 화제畵題

로 삼았던 V. 고흐의 경우이다. 물론 그는 J. P. 고갱과 다툰 끝에 그의 오른쪽 귀를 자르고 결국 권총자살을 하였다는 점에서는 자살의 순수성이 결여된다. 또한 러시아 출신의 미국인 현대추상미술가 M. 로스코도 자살로 생을 끝냈다.

우리들에게 뮤지컬로 잘 알려진 '사의 찬미'에서 천재 극작가 이우진과 소프라노 윤심덕이 1926년 대한해협에서 바다로 몸을 던진 경우도 있다. 이루지 못할 사랑을 죽음으로 영원히 같이하려는 것이다. 정사情死이다. 물론 이들의 자살은 순수한 작가정신과 같은 동기에서라기보다 주어진 여건에 의한 조건적인 자살이긴 하지만 절망의 끝에서 자살로 영원한 사랑을 택한 경우이다.

그러나 염세주의적인 고뇌로 자살하는 것도 작가들이나 예술가들의 자살과는 조금은 다르다. 그런데 일반적으로 작가나 예술가들은 창작의 한계점에서 자살로 요절하는 경우가 많지만 지식인들은 여간해서 자살을 안 하고 장수를 한다. 이유는 이것저것 많이 알고 생각이 많아 자살을 택하기가 어렵기 때문이다. 실존적 자살은 오로지 순수한 정신세계의 한계에서 죽음으로 한계를 극복하려는 적극적인 행위인 것이다.

필자가 자살의 문턱까지는 갔으나 용기부족으로 그치고 만 이야기가 하나 있다. 그러니까 1998년, 어느 종교단체의 주관으로 전국의 대학교수들로 구성된 일단의 그룹이 미국 알래스카의 남동쪽에 위치한 코디액Kodiak이라는 섬에 가서 바다낚시를 했을 때이다. 보트로 30분쯤 베링해협에 나가서 광어Halibut를 잡는 일이었다. 해 질 무렵 귀항하는데 수평선으로 넘어가는 태양이 만드는 석양의 햇빛이 새파란 해면에 반사되면서 무지개의 색깔로 비치는 그 색상이 얼마나 아름다운지 나는 순간적으로 숨이 막히면서 몰아의 지경에 빠졌다. 미의 극치였다. 나는 그 순간 바다로 뛰어들어 그 아름다움과 영원히 함께하고 싶은 강렬한 충격에 휩싸였다. 그것은 자살만이 가능하다는 것을 느끼면서 자살하고 싶은 충동이 강렬했으나 실천하려는 용기와 현실 사이에서 결국 나는 용기가 실천으로 이어지지 못하고 현실로 돌아오는 나약함으로 끝났던 경험이다. 그러나 예술가들은 이러한 순간을 자살로 극한 미와 함께하는 영원을 추구했던 것이다. 환희의 절정인 것이다. 이것은 성적인 절정감이나 정사情死와 같은 것과는 다른 차원이다.

이러한 자연미의 극치는 세계의 곳곳에 무수하다. 남미 볼리비아의 우유니 소금사막에서 볼 수 있는 석양의 하늘 빛, 남미 이과수 폭포의 웅장함, 호주대륙의 중심부에 위치한 울루루의 사암언덕에 비치는 일출의 황홀경, 쿠바 해안에서 보는 카리브해의 파아란 수평선, 아프리카 콩고의 비룽가산맥, 인공위성에서 바라본 지구의 신비감 등등 수없이 많다. 결코 인공미에서는 찾을 수 없는 자연미의 극치이다. 이러한 대자연의 신비감과 경외감을 자신의 죽음으로 영원히 물아일체의 경지에 이르려고 하는 것이 예술인들이 갖는 최고의 희열이다. 이스라엘의 잠언에는 '영원히 살기 위해 죽는다.(Masada! Never again.)'는 말이 있다. 미의 극치를 영구화하는 길은 자살뿐이라는 의미와도 연결되는 뜻이다.

오스트리아의 작곡가 G. 말러는 그의 유명한 '교향곡' 제5악장을 끝내면서, '나는 죽음으로서 영원히 살리라.'고 했다. 자신이 음악의 극락極樂의 경지에 가까이 있음을 느끼고 죽음만이 그 경지를 영원히 지속할 수 있다고 보았기 때문이다. 그리고 미국의 전기자동차 CEO로부터 민간우주선개발까지의 첨단사업에 몰두하고 있는 세계적인 부호인 일론 머스크는 그동안의 숱한 고난의 과정에서도 오로지 일에만 몰두하면서 얻은 결론으로 '지옥같이 일하라.'는 말을 했다. 그는 노동의 극단에서도 미의 극치를 보았던 것이다. 미의 극치에서의 자살은 인간의 가장 완벽한 자유의지의 경지에서 영원을 추구하려는 것으로서 자신의 내면적인 최고의 만족을 얻는 유일한 길인 것이다.

029. 지혜롭고 의미심장한 다양한 명언들

- 매일 날씨가 좋으면 사막이 된다. (미국, 오그만디노)
- 지켜보는 가마솥은 더 늦게 끓는다. (사니조아)
- 부자에게는 자식이 없고 상속인만 있다. (격언)
- 겁쟁이는 죽기 전에 여러 번 죽는다. (셰익스피어)
- 바보는 결심만 한다. (성경)
- 굽은 나무가 선산(先山)을 지킨다. (격언)
- 결점이 없는 사람은 계곡이 없는 산과 같다. (격언)
- 정(情)을 베는 칼은 없다. (속담)
- 바다는 비에 젖지 않는다. (속담)
- 노인이 쓰러지는 것은 도서관 하나가 불타 없어지는 것과 같다. (격언)
- 공짜 치즈는 항상 쥐덫 위에 있다. (격언)
- 공짜 점심은 없다. (M. 프리드먼)
- 낯선 이에게도 친절하라. 그는 변장한 천사일지도 모른다. (톨스토이)
- 현명한 자는 남이 자신을 칭찬하거나 비난하여도 무관심하다. (격언)
- 현명한 사람은 근거 없는 칭찬에 냉담하지만 어리석은 사람은 좋아한다. (격언)
- 젊어서 땀 흘리지 않으면 늙어서 피를 흘린다. (격언)
- 눈물에 젖은 빵을 먹어보지 않고는 인생이 무엇이라고 말하지 말라. (괴테)

- 머리가 나쁘면 손발은 바쁘다. (격언)
- 데이트에서는 왜 식사를 하는가? 식욕은 성욕의 길목이기 때문이다. (필자)
- 빛이 있는 곳에는 반드시 어둠도 있다. (격언)
- 한국서 배달업이 급성장한 까닭은? 배달민족이기 때문이다. (속담)
- 평생 의사생활에 한 번도 환자와 말을 해 본 적이 없다. 그들은 소아과와 호스피스 전문의들이기 때문이다. (속담)
- 늙어 갈수록 욕심을 하나씩 버려야 한다. 욕심이 자신의 몸무게보다 무거우면 반드시 쓰러진다. (격언)
- 바쁜 꿀벌은 슬퍼할 시간이 없다. (우화)
- 빨리 가고 싶다면 혼자 가라. 그러나 멀리 가고 싶다면 함께 가라. (인디언 속담)
- 악으로 악을 무찌른 자리에는 악이 남는다. (빌렘 신부)
- 악은 먼저 치고 빼앗아 오지만 선은 맞고 되찾아 온다. 악한 일은 가르치거나 배우지 않아도 잘 하지만 선한 일은 백과사전으로 배워도 잘 못한다. (문선명 목사)
- 만국의 노동자들이여 단결하라. 잃을 것은 쇠사슬이요 얻을 것은 자유다. (마르크스, 공산당 선언문)
- 현세도 모르는데 죽은 후를 어떻게 알겠느냐? (공자)
- 하나의 종교만 아는 사람은 아무 종교도 모른다. (M. 뮐러)
- 학문은 날마다 쌓아 가는 것이고 도는 날마다 없애 가는 것이다. (노자, 도덕경)
- 그리스도인 두 사람이 기차를 타고 가는데 한 사람이 샌드위치를 꺼내 혼자서만 먹고 있자 앞자리의 친구가 나는 요즘 "'내 이웃을 네 몸같이 사랑하라'를 곰곰이 생각합니다."라고 말하자 "그래요 저는 '남의 것을 탐하지 말라.'는 구절을 좋아합니다."라고 말했다. (잠언)

ㅁ군자는 잘못을 자기에게서 찾고 소인은 남에게서 찾는다. (공자, 논어 위령공 편)

ㅁ사랑의 힘은 인간을 짐승으로 만들기도 하고 짐승을 인간으로 만들기도 한다. (셰익스피어)

ㅁ무릎을 꿇은 것은 한 사람(독일 총리, 빌리브란트)이었지만 일어선 것은 독일 전체였다. (언론의 기사)

ㅁ어려움은 함께 나누기 쉽지만 부귀는 함께 누리기가 힘들다. (중국 속담)

ㅁ정치인은 아기귀저귀와 같다. 자주 갈지 않으면 더러워진다. (M. 트웨인)

ㅁ평화를 원한다면 전쟁을 준비하라. (로마, 격언)

ㅁ가난은 본인의 스승이자 은인이다. (대통령 박정희)

ㅁ콩깍지를 태워서 콩을 삶는다. (삼국지)

ㅁ서울은 나를 너무 몰라주어 외롭고 시골은 너무 알아주어 귀찮다. (서울대 정범모 교수)

ㅁ두 개의 눈과 귀로 들은 것을 한 개의 입으로만 말하라. (김수한 추기경)

ㅁ진정한 자서전은 자신의 수치스러웠던 과거를 밝힌 경우에만 신뢰할 수 있다. (조지 오웰)

ㅁ세계사의 비극은 남성주의에서 시작되고 여성중심주의 역사에서 끝난다. (티베트 달라이라마)

ㅁ가장 참다운 지성인은 정치를 가장 멀리하는 사람이다. (플라톤)

ㅁ여자와 돈은 같다. 쫓아가면 도망가고 도망가면 따라온다. (저자)

ㅁ세월과 함께 잊히지 않는 슬픔은 없고 죽음과 함께 끝나지 않는 고통은 없다. (속담)

ㅁ정치인과 지식인의 삶은 본래 이질적이다. 한쪽은 현재에 살고 한쪽은 미래에 살기 때문이다. (필자)

ㅁ경제는 정치인이 잠자는 밤에 성장한다. (숭실대 류동길)

□주인이 되기 위해 정치인은 하인처럼 보이려고 애쓴다. (프랑스 드골 대통령)

□행복은 행복을 구하려 애쓰는 마음을 비우는 것이다. (공자)

□국가가 타락할수록 각종 법률들이 수없이 늘어난다. (타키투스)

□사람을 웃겨야 한다니 얼마나 슬픈 직업인가! (찰리 채플린)

□어머니가 나를 개자식이라 부르는 것이 얼마나 아이러니한 일인지, 어머니는 전혀 깨닫지 못하셨다. (잭 니콜슨)

□예술의 최고 조건은 자연스러움이다. (H. D. 소로)

□영국인은 혼자서라도 질서정연하게 줄을 잘 선다. (조지 마이크스)

□가장 많이 고쳐진 원고일수록 가장 틀린 게 많다. (F. 베이컨)

□명성에 대해 비판적인 글을 쓰는 사람조차도 글을 잘 썼다는 명성을 얻고 싶어 한다. (B. 파스칼)

□글을 쓰면서 지우는 지우개도 한곳에 있는 것이 연필이다. (이어령)

□나에게는 원고지 한 장만큼의 공간의 자유라도 주면 된다. (이어령)

□아직도 모르는 게 많다는 즐거움. (이어령)

□영혼은 아이들과 함께 있으면 치유된다. (도스토옙스키)

□아폴로 달 착륙계획은 그것이 쉽기 때문이 아니라 어렵기 때문에 하는 것이다. (J. F. 케네디)

□생각이 많아지면 용기는 줄어든다. (E. A. 롬멜 장군)

□절대 권력은 절대로 망한다. (영국 법철학자, J. A. 액턴)

□자꾸 돈 돈 하다가 돈다. (필자)

□5분 빨리 가려다가 50년 빨리 간다. (과속금지 캠페인)

□위인은 죽어서도 살지만 범인은 살아서도 죽는다. (필자)

□가난한 사람들에게 한 가지 위안이 되는 것은 부족한 게 많아서 상상할 것도 많다는 것이다. (〈빨강머리 앤〉에서)

□신을 수 없는 아이의 신을 사는 어머니의 마음. (8개의 단어로 독

자를 울릴 수 있는 말은? 기자의 질문에 대한 헤밍웨이의 대답)

- ㅁ나는 사람들에게 절대 충고를 하지 말라고 늘 충고를 한다. (P. G. 우드하우스)
- ㅁ모나코는 음흉한 사람들의 양지이다. (어느 작가)
- ㅁ나는 인생의 이치를 몸으로 배운 사람이다. (정주영)
- ㅁ나눔만이 나뉨을 막을 수 있다. (시인, 박노해)
- ㅁ재능은 성공의 필요조건이지 충분조건은 아니다. (작가, 노정태)
- ㅁ남을 웃기려면 자기는 속으로 울어야 한다. 피에로처럼. (필자)
- ㅁ남의 불행이 나의 행복이 돼서는 안 된다. (김형석 교수)
- ㅁ고생을 모르면 행복도 모른다. (김형석 교수)
- ㅁ90세 이전에는 늙었다고 생각하지 말라. (김형석 교수)
- ㅁ책과의 데이트는 그녀와의 데이트보다 좋다. (도올 김용옥)
- ㅁ의학은 사람을 살리는 기술, 군사학은 사람을 죽이는 기술이다. (격언)
- ㅁ목숨을 거는 것에 의해서만 자유를 얻을 수 있다. (헤겔, 정신현상학)
- ㅁ종교가 지구상에서 추방될 때 우리는 평화 속에서 살 수 있다. (R. 도킨스)
- ㅁ제일 가난한 사람이란 더 가지려는 사람이다. (격언)
- ㅁ있을 때는 모르고 없어지면 알게 되는 것이 부부다. (필자)
- ㅁ1년 내내 해 뜨기 전에 일어날 수 있다면 어찌 부자가 못 되리! (M. 글래드웰)
- ㅁ칼의 상처는 치료되지만 말의 상처는 치료가 안 된다. (격언)
- ㅁ다투는 여인과 함께 큰 집에서 사는 것보다 움막에서 혼자 사는 것이 나으니라. (성경/잠언서)
- ㅁ슬픔은 나눌수록 작아지고 기쁨은 나눌수록 커진다. (잠언)
- ㅁ매사에 감사하는 마음의 분량이 행복의 분량이다. (탈무드)
- ㅁ수포자의 문제는 대입의 문제가 만든다. (필즈상 수상자 허준이)

ㅁ늙은이야, 지금은 가져오지 않은 것을 생각하고 있을 때가 아니야, 지금 있는 것으로 무엇을 할 수 있는지를 생각해봐야 돼. (영화 〈노인과 바다〉 대사 중에서)

ㅁ하나님이 모든 곳에 갈 수 없어서 어머니를 만들었다. (잠언)

ㅁ침묵은 금이다. 따라서 농아들은 금덩어리이다. (필자)

ㅁ우리를 슬프게 하는 것들, 댓돌 위에 가지런히 놓여 있는 고준희 양의 신발. (필자)

ㅁ거짓말로 남을 속일 때, 그는 자신을 옭아맬 거미줄을 짜고 있는 것이다. (필자)

ㅁ영국 신사의 3가지 조건, 3가지의 신문구독, 1년에 2번의 해외여행, 시 1편의 암송. (영국 속담)

ㅁ읽을 책만 많이 주면 독방감옥이 제일 좋다. (잠언)

ㅁ스스로 깨끗한 자로 여기면서 오히려 그 더러운 것을 씻지 아니하는 무리가 있느니라. (성경, 잠언서, 30:12)

ㅁ얼굴의 화장은 쉽게 지워지지만 마음의 화장은 오래간다. (필자)

ㅁ진정한 세계평화를 구현하려면 적대국 젊은이들끼리 결혼시키면 된다. (문선명 목사)

ㅁ종교는 연약한 인간들이 만들어 낸 허구. (니체)

ㅁ밥 한 알이 지구보다 더 크다. (문선명 목사)

ㅁ싸울 때 목청을 높이는 것은 서로의 거리가 몸보다 마음이 멀기 때문이다. (정목 스님)

030. 남녀 간 애정의 의미와 야누스적인 얼굴들

사실 '사랑'이라는 말만큼 다양하게 쓰이는 단어는 없을 것이다. 그리스 철학자 소크라테스는 사랑을 아름다움을 추구하는 것이라고 보았고 그의 제자 플라톤은 〈향연〉에서 이데아에 이르는 정신적인 것으로 보았다. 그래서 육체가 아닌 정신적인 사랑을 '플라토닉 러브Platonic Love'라고 한다. 그 뒤를 이은 아리스토텔레스도 그의 〈니코마코스 윤리학〉에서 사랑을 '상대방에 대한 좋은 관심'으로 정의하면서 이것을 필리아Philia라는 말로 표현했다. 한편 기독교의 성서에서는 사랑을 하나님의 인류애로 보면서 아가페Agape라는 말로 나타냈다. 진정한 사랑은 자신을 버리고 남과 하나가 되면 네 이웃을 내 몸같이 사랑(레 19:18)하게 되고 너희 원수와 너를 핍박하는 자까지 사랑(마 5:44)하는 것이라고 보았다. 그래서 '믿음, 소망, 사랑 중에서 사랑이 제일이다.'(고전 13:13)라고 규정하고 있다.

이러한 기독교의 사랑과는 달리 불교에서의 사랑은 자비慈悲의 개념과 비슷하지만 그것마저도 하나의 대상에 마음을 모으는 집착이므로 부정적으로 인식하게 된다. 여러 가지 가운데서 하나만을 사랑하지 않기 위해서는 무아無我의 경지에 반드시 이르러야만 한다는 전제조건이 따른다. 따라서 자비는 보편적이고 전체적인 사랑인 것이다. 이러한 관점은 불교나 기독교가 같다고 본다.

여기서는 불교나 기독교에서의 사랑이 아닌 남녀 간의 육체와 정신의 세속적인 사랑, 즉 에로스Eros에 대한 것을 중심으로 이야기하겠다.

남녀 간의 사랑을 국어사전에서는 '마음에 드는 이성을 몹시 따르고 그리워하는 일'이라고 나와 있다. 실제로 사랑은 일종의 '바람'인 것이다. 시골처녀가 '봄바람이 났다.'라거나 '바람 피운다.' 또는 '바람둥이'라는 말이 그렇듯이 이성과의 교제를 바람으로 보았다. 여기서의 바람은 부는 바람風인지 무엇을 그리는 바람希求인지는 모르겠으나 식물도 수술이 꽃가루를 바람에 실려 보내고 동물은 암컷이 암내를 바람에 실려 보내 수컷들을 불러 모으는 것이다. 그래서 봄에는 반드시 봄바람이 불도록 자연의 이치가 되어있는 것이다. 바람은 우리들 눈에는 안 보이지만 분명히 나뭇가지를 흔들고 집을 넘어뜨리는 폭풍으로까지 발전한다. 이처럼 남녀 간의 보이지 않는 사랑의 힘도 마음과 몸을 흔들고 죽음(정사)에까지 이르게 하기도 한다.

일본의 경우 〈일본어대사전〉에 보면 사랑을 '고이戀'라고 쓴다. 이 글자는 마음속에 있는 말을 실로 묶어 전한다는 뜻이다. '사랑에는 상하차별이 없다.' '사랑에 빠지면 성인聖人도 잘못된다.' '사랑에 빠지면 이성도 잃는다.'라는 예문을 달고 있다. 영어사전에서는 'Love'라는 단어가 정신과 육체적인 사랑으로 널리 쓰이고 있는데 성교를 'Love affair' 'Love making'으로 표현하고 심지어 성교의 속된 어휘인 'Fuck'이라는 것을 욕으로도 자주 쓰고 있다. 그리고 사랑에 관한 예문으로 '사랑은 장님을 만든다.' '사랑은 죽음처럼 강하다. 사랑은 세상을 움직인다.' 등으로 나열되고 있다. 중국의 경우, 공자의 논어에서는 사랑을 '愛'로 표기하면서 대상을 '함부로 하지 않는 것이다.'라고 설명하고 있다. 즉 사랑은 대상을 아낀다는 의미도 있다고 본 것이다. 한자의 글자로는 '마음속의 벗'이다. 그러나 사랑을 '남녀상열지사男女相悅之事'라고 하여 성교의 육체적인 감각으로 표현하기도 했다.

그런데 필자의 견해로는 사랑이라는 말은 한자로 사랑思郞에서 연유된다고 본다. 시집간 아녀자가 외출한 남편의 의미인 랑郞을 생각하고思 그리는 것이라고 설명할 수 있다. 지어미가 지아비를 그리는 마음이다. 이어령 교수는 〈흙 속에 저 바람 속에〉라는 저서에서, 생각하는 것이 곧 사랑이요, 사랑하는 것이 곧 생각이라고 볼 수 있다고 하면서 서양인들의 사랑은 불타는 장작불과 같다면 동양인들의 사랑은 겨울밤 화롯불과 같은 은은한 사랑이라고 비유하고 있다. 그리고 우리의 감각기관에서의 사랑의 표현강도는 '예쁘다'는 시각보다는 '사랑한다.'는 말로 하는 청각, 이것보다는 '껴안아주는' 촉각이 더 강렬한 전달인 것이다.

이러한 사랑에도 그 종류가 무수하게 많다. 슬픈 사랑, 애틋한 사랑, 미운 사랑, 미친 사랑, 눈먼 사랑, 괴로운 사랑, 얄미운 사랑, 역겨운 사랑, 아름다운 사랑, 그리운 사랑, 옛사랑, 풋사랑 등등으로 무수하다. 다음의 글은 슬프고 안타깝고 애틋한 사랑에 대한 하나의 사례이다.

1975년, 필자가 뉴욕 컬럼비아 대학에 다니면서, 뉴욕 맨해튼의

센트럴공원 근처에 있는 오래된 아파트에서 친구와 함께 페인트 작업의 알바를 하고 있을 때였다. 매일 오후 3시경이면 중년의 여인이 외출복을 곱게 입고 아파트 현관에 나와 정문 로비의 의자에 앉아 아무 말도 없이 한참동안 현관문만을 멍하니 바라보고 있다가 자기 방으로 들어가는 것이었다. 아파트 관리원의 말인즉 어느 날 애인과 로비에서 3시에 만나기로 약속을 했는데 그 남자는 오는 도중에 교통사고로 죽고 말았다고 한다. 그 이후로 그 여인은 애인이 꼭 올 것이라고 믿으면서 날마다 같은 시간에 그 자리에 앉아서 죽은 애인을 기다리게 되었다는 것이다. 슬프고 애처로운 사랑이다.

생명체는 모두 종족번식이라는 강력한 본능을 가지고 있기 때문에 남자와 여자, 수컷과 암컷은 서로가 강렬한 관심을 갖게 된다. 그 힘은 엄청나기에 서양말에 '사랑은 세상을 움직인다.'는 말이 있다. '죽도록 사랑한다.'는 말처럼 사랑의 힘은 죽음도 불사하는 초능력을 지닌다. 종종 뉴스에서 연인관계로 있던 여자가 어느 날 남자에게 절교를 선언하면 그녀를 사랑한 만큼의 힘이 증오로 돌변하면서 살인도 불사하는 비극적인 사건을 자주 보게 된다. 남자로서는 자신의 전부를 바친 것을 여자가 거절하고 무시하는 것이기 때문이다. 어떻게 보면 여자가 남자를 먼저 죽인 셈이다. 이처럼 사랑은 생명의 활력소임과 동시에 죽음의 원천으로 동전의 앞뒤처럼 항상 같이 있다고 하겠다. 야누스의 얼굴이다.

그런데 이러한 남녀 간의 사랑을 표현하는 방식에서도 동서양이 매우 다르다. 성에 관한 서양문화는 보다 적극적이고 직접적이라면 동양의 성표현은 소극적이고 은근하며 간접적이다. 가령 미국에서는 남편이 부인에게 3일 동안 한 번도 'I love you'라고 하지 않으면 부인은 남편이 자기에게 애정이 식었다고 생각하면서 의심을 하지만 동양 문화권에서는 남편이 날마다 아내에게 그렇게 하면 오히려 저 사람이 이상하다고 여기면서 쥐약을 먹었는가 하고 의심을 하게 된다. 종종 TV 프로그램에서 농어촌 노부부 인터뷰를 하다가 PD가 할아버지를 보고 할머니에게 '당신을 사랑해'라고 한번 말해보라고 하면 대부분의 남자들은 결혼하고 한 번도 그런 말을 해 본적이 없어 매우 쑥스러워하는 것을 쉽게 볼 수 있다. 그런데 서양에서는 파티에서 남자가 여자에게 'You are sexy'라고 말하면 최대의 칭찬으로 여기면서 매우 좋아하지만 만일 동양에서는 그랬다가는 잘못하면 뺨을 맞을지도 모를 것이다.

이처럼 남녀 간의 애정문제는 항상 새롭고 강력한 힘을 지니고 있어 세상의 모든 작가들은 거의가 자신의 작품에서 남녀 간의 애정문제를 주제로 다루는 것이 다반사이고 화가는 여체를 화제로, 가수들은 남녀 간의 사랑노래가 대부분이다. 구약성서의 '아가서'도 사랑의 노랫말이다. 인류문화사의 오래된 보편적인 공통주제인 것이다. 또한 사랑은 마르지 않는 숲속의 샘물처럼 항상 신선하고 우리들에게 새로움을 주는 활력소이기 때문에 인류문화사의 원동력이 되고 있다고 본다. 자연의 섭리이다.

031. 우리의 아름다운 토속어를 살려 내자.

오늘날 우리나라에서 사용하고 있는 전국의 지명(地名)은 일제시대의 유산과 더불어 행정편의에 의하여 대부분 재래의 지명을 버리고 새로운 것으로 바꾸어 사용하고 있다. 그러나 오랫동안 선조들이 붙인 토속적인 지명이 훨씬 좋다고 본다. 가령 대전시大田市를 '한밭시'라고 한다든지 광주光州를 '빛고을시'로 부르는 것이 훨씬 역사성과 정감이 있다. 이러한 옛 지명으로는 시, 군, 구, 동, 리로 내려갈수록 더 정감 있고 그곳만의 유서遺緖를 찾을 수 있는 지명이 많다.

필자가 살고 있는 경남 남해군 내의 지명만도 그렇다. 개략해 본다면, 경남 남해군은 10개의 면으로 이루어져 있다. 남해군의 향토사학자이며 교육자인 김우영의 〈동명 유래집〉에서 몇 가지의 예를 인용하면, 남해읍의 신기리新基里는 '새터모'로, 야촌野村을 '들사부랑'으로, 입현리笠峴里를 '갓고개'로, 광포리廣浦里를 '너웃개'로, 곡내리谷內里를 '골안마을'로, 삼동면의 두모리豆毛里를 '드므개'로, 전도리錢島里를 '돈섬'(엣날 이곳에 염전이 있어 돈이 많았음)으로, 금천리錦川里를 '노루목'으로, 이동면의 고모리顧母里를 '꼬막개'로 미조면의 가인포리加仁浦里를 '개린개'로, 남면의 홍현리虹峴里를 '무지개언덕마을'로, 선구리仙區里를 '베기미'로, 임포리荏圃里를 '깨골'로,

덕월리德月里를 '더우개'로, 죽전리竹田里를 '대밭마을'로, 서면에서는 금곡리金谷里를 '쇳골'로, 장항리獐項里는 '노루목'으로, 회룡리回龍里는 '도룡굴'로, 정포리井浦里는 '우물개'로, 도산리稻山里는 '게재'로, 오곡리梧谷里는 '오실'로, 포상리浦上里는 '개뫼'로, 설천면에서는 비란리非鸞里는 '비린내'로(이곳은 임진왜란 때 쌓은 대국산성이라는 성벽이 마을 뒷산에 있다.), 금음리金音里는 '쇠음산리'(일제시대 발굴한 금광이 있다.)로, 남양리南陽里는 '당산모'로, 동흥리東興里는 '마파늘'로, 창선면에서는 상신리上新里를 '통새미'로, 냉천리冷泉里를 '찬새미'로, 수산리水山里는 '물뫼리'로 오랫동안 옛날부터 불러 왔다고 쓰여있다. 이 얼마나 좋은가. 삼국시대에는 경기도 파주坡州를 '술이홀'이라고 불렀는데 그 의미를 찾아 살려도 역사가 되살아날 것이다. 마을 이름만 들어도 역사와 특징을 짐작할 수 있지 않은가! 그래서 시, 군, 면의 명칭은 그대로 두더라도 동명은 반드시 역사적이고 지리적인 유래가 숨어있으므로 발굴복원한다면 앞으로 세계적으로 특이한 문화유산이 될 것이다.

외국의 경우도 지명을 역사성과 지리적인 특징과 연결시켜 작명하였음을 알 수 있다. 따라서 그 마을 이름만 들어도 그 지역의 유래와 특성을 알게 된다. 가령, 미국의 경우는 이민자들이 떠나온 모국의 지명이 많다. 그래서 지명만 보면 이곳의 최초 정착민들이 어느 나라에서 왔음을 대번에 알 수 있다. 전국적으로 역사나 전설을 함축한 지명은 매우 많을 것이다.

우리의 선조들은 선견지명이 높아서인지 수백 년의 후를 예견한 듯 여겨지는 지명도 상당하다. 가령, 충북 청주국제공항 근방의 지명 중에는 비상리飛上里와 비하리飛下里가 있다. 지금은 청주국제공항이 들어서서 비행기가 뜨고 내린다. 그리고 일제시대에 일본인들은 지명에 쇠 금金 자가 들어가는 지역을 찾아서 금광을 개발했다고 한다. 온溫 자가 붙은 지명의 대부분에서는 온천이 있다. 충남의 온양온천이다.

'가장 토속적인 것이 가장 세계적인 것이다.'라는 말이 있지 않은가. 외래어를 많이 쓴다고 해서 국격이 높아지는 것은 결코 아니다. 사대주의적인 후진국의 유치한 발상이다.

이러한 관점에서는 현재 북한의 언어정책만은 남한보다 우수하다. 그들은 1960년대부터 전국의 지명이나 학술용어도 토속어로 바꾸고 한자말도 조선어로 풀어 쓴다든지 외래어도 가능한 한글로 바꾸어 쓴다는 기본원칙을 지키면서 사용하고 있다. 통일 이후에 적어도 언어정책만은 북한의 기준에 준하여 개선하는 것이 옳다고 본다. 그러나 외래어나 한자어를 무리하게 토속어로 바꾼 것도 많다. 가령, 축구의 코너킥을 '모서리차기'로 멸균을 '균 깡그리 죽이기' 등으로 한 것은 좀 어색한 국어화의 사례이기도 하다.

현재 북한의 탈북자들이 남한 적응에 매우 어려워하는 것 중 하나는 서울의 각종 가게 이름이나 회사 이름들, 특히 아파트의 명칭이 거의 영어식 글자와 발음으로 표기되어 있어 이해하기가 어렵다는 것이라는 조사연구도 있다. 영어식의 표기라야만 세련되고 가치가 더 있어 보인다는 관점이야말로 잘못된 사대주의사상의 하나인 것이다. 문화후진국에서 흔히 생기는 현상이다.

032. 착하고 똑똑한 아이로 키우는 부모의 지혜

시대적인 가치관과 주어진 가정환경에 따라 달라지겠지만 세상의 부모들은 자녀의 사회적인 성공을 누구나 가장 바랄 것이다. 그런데 여기서는 비교적 공통적으로 적용할 수 있는 육아법을 중심으로 이야기를 한다면, 똑똑한 아이는 다소 유전적인 지능에 의하지만 착한 아이는 부모의 가정교육에서 후천적으로 형성된다는 것이다.

(착한 아이로 키우는 가정교육)

1) 냉엄하면서도 인자한 부모가 되라.

보통 아버지는 엄하고 어머니는 인자하게 아이들을 대하지만 어릴 때부터 엄하되 일정한 기준이 있어야 하고 자상하되 정도가 있어야 한다. 무조건 나무라고 무조건 감싸는 것은 안 된다. 그래서 자신의 기분에 따라 똑같은 잘못에 대한 체벌이 다르면 자녀의 심리적인 불안감이 점점 커지고 이중인격자로 성장하기 쉽다. 일반적으로 어머니는 자녀교육에서 잔소리를 많이 하지만 지나친 간섭은 피하고 오히려 부모가 더 괴로워하는 모습을 보여주면 자녀는 몇 대의 회초리보다 더 강렬한 자극을 받아 스스로 반성을 하게 마련이다. 우리나라 속담에 '귀한 자녀일수록 매로 키워라.'라는 말이나 유대인의 '오른손으로 아이를 벌주면 왼손으로는 안아주라.'라는 말처럼 사랑 일변도가 아닌 엄한 규칙도 반드시 필요한 것이다. 문제아는 문제부모가 만든다. 이것을 일본에서는 모원병母原病이나 부원병父原病이라는 용어로 표현하고 있다.

2) 어릴 때부터 근면성과 자립심을 갖도록 하라.

발달심리학적으로 볼 때 근면성은 청소년기에 결정된다. 보통 어린 시절을 도시보다는 농어촌, 부잣집보다는 가난한 집, 외아들 가정보다는 다자녀 가정에서 자란 아이들이 부지런하다. 심부름을 많이 시켰기 때문이다. 그러나 오늘날은 핵가족화와 경제적인 풍요화로 이러한 규칙이 잘 맞지도 않지만 자녀를 어릴 때(적어도 초등학교까지)는 무엇이든지 스스로 하게 하고 심부름을 많이 시키도록 해야 한다. 부지런함은 성공의 열쇠이고 커다란 자산이다.

적어도 초등학교 고학년의 나이부터는 자기 방의 청소나 잠자리는 스스로 하게 하는 것이 좋다. 이러한 측면에서 오늘날 초등학교 교실청소를 외부용역으로 바꾼 방침은 매우 잘못된 것이다. 1960년대까지만 해도 초등학교 아동들에게 교실청소를 시켰다. 좋은 교육법이다. 이러한 근면성을 지금도 커다란 미덕으로 여기고 있는 대표적인 나라가 이웃 일본이다. 일본에서는 가장 모욕적인 말의 하나가 '게으른 놈'이다. 원래 우리 국민성도 아주 부지런하고 끈기 있는 전통을 지녀왔다. 그런데 핵가족화로 부모의 자녀에 대한 자세가 모든 것을 다 해주는 것이 더 많은 사랑인 듯이 여기는 문화로 바뀌고 말았다. 부모가 자식을 무덤까지 데리고 갈 수는 없음을 알아야 할 것이다.

'일하지 않는 자는 먹지도 말라.'거나 '노동이야말로 인간의 본질'이라고 말한 것은 마르크스의 매니페스토Manifesto였지만 공산권 국가들이 하나같이 빈곤과 저성장으로 몰락한 것은 참으로 아이러니한 현상이라 하겠다. 그런데 영국의 철학자 B. 러셀은 〈게으름에 대한 찬양〉이라는 글에서 게으른 유한계급이 아니었으면 결코 물질문명은 발달되지 않았을 것이라는 다소 생경한 이론을 주장하기도 했다. 유한계급의 한가한 넋두리와 같다.

그런데 우리의 현실은 부모들의 자녀교육에서 서양의 부모들보다 자녀의 자립심에 대한 인식이 매우 약하다. 어릴 때부터 경제관념 교육이 매우 중요하다. 소위 캥거루족의 원인은 부모에게 있다. 서양의 속담에 '공짜 점심은 없다.'는 말이 있듯이 용돈을 주더라도 반드시 어떤 조건이 있어야 한다. 아버지 구두를 닦아야 된다든지 심부름을 한다든지 등등의 조건이다. 이러한 관점에서 유치원의 무료급식제도나 노인들의 지하철 무료승차제도에도 문제가 있다. 1,000원 낼 것을 적어도 100원으로 하는 것이 공정사회이다. 일본의 경우는 학교급식에서도 가정형편에 따라 1,000원 낼 것을 100원이라도 내도록 하고 있다. 노인 무료 지하철도 극빈자가 아닌 이상 100원이라도 내면서 타게 하는 제도가 타당한 것이다.

3) 강하고 용기 있는 아이로 키워라.

사회생활에서 성공과 실패의 원인 가운데 가장 중요한 것은 인내심의 유무이다. 세상을 다 이겨도 자신을 이기기는 매우 어렵다는 말이 있다. 모든 것은 결국 자신과의 싸움이라는 말이 있다. 한자의 인忍 자는 칼刀을 심장心에 꽂는 아픔과 같다는 것처럼 어렵다는 뜻이다. 인내심은 어릴 때부터 좌절하고 도전하는 습관에서 생겨난다. 그래서 등산이나 낚시터에 자녀를 데리고 가는 것도 한 방법이다. 올라가고 또 올라가도 저만치 보이는 정상을 향해 걸어야 하는 등산, 한여름 저수지의 뙤약볕 아래서 수면 위에 떠있는 빨간 찌만 바라보고 안 보이는 물고기를 기다리는 낚시는 인내심을 키우는 데 커다란 도움이 된다. 대부분의 아이들은 물고기가 잘 잡히지 않으면 이곳저곳을 자주 이동하면서 낚시를 하는 경향이 있는데 한곳에 앉아서 집중하게 해야 한다.

우리가 일생을 살아가는 길에는 평지보다는 가파른 언덕길이 많다. 이때 자녀가 역경을 헤쳐 나가려는 자세와 용기는 어린 시절 부모의 태도를 보고 배운다. 그리고 유대인들은 자녀가 입학이나 졸업 또는 시험에 합격했을 때 축하와 함께 일부러 역경과제를 만들어 극복하도록 시험한다. 이러한 풍습을 '역경교육'이라고 하면서 매우 중시하고 있다. 이스라엘의 남다른 자녀교육이 오늘날 강소국을 만든 것이다.

실제로 우리나라에도 북한의 경우, 1930년대, 이른바 김일성이 어린 나이로 만주 팔도구에서 평양 만경대 언덕 아래의 집까지 17

일 동안 걸어와서 외삼촌 강돈욱이 운영하는 학교에 들어갔다는 것을 근거로 한 '배움의 천리 길'이라는 교육과정이 있다. 이것을 기념하기 위하여 1974년 3월부터 매년 중고대학생들을 양강도 포평에서 평양까지 17일 동안 도보행군을 시키는 교육과정이 있다. 결코 부정적인 것이라고 볼 수 없다. 이러한 시련을 통하여 인내심 그리고 몸과 마음을 성숙시키고 협동심을 배양하기 때문이다. 한국에서도 중고등과정에서 매년 여름방학이나 겨울방학을 이용하여 산행과 함께 산속이나 해변에서 고된 캠핑생활을 시키는 교육과정을 도입하면 좋다고 본다. 신라의 화랑도 교육도 그랬다. 루소가 '건전한 신체에 건전한 마음'이라고 했다. 강한 의지와 용기는 허약한 몸에 머리만 큰 것에서보다는 튼튼한 신체에서 생겨나기 때문이다.

또한 초등학교 고학년부터 중2 학생을 상대로 여름방학을 이용하여 10여 일 정도 대도시와 농어촌 간의 생활체험을 갖도록 대도시 학생들은 시골의 농어촌으로, 농어촌 학생들은 대도시의 가정으로 일정 기간 교환하여 홈스테이를 하는 제도를 도입한다면 학생들의 정서함양에도 커다란 도움이 될 것이다.

4) 자존감과 의리가 강한 아이로 키워라.

우리의 삶에서 자존감은 고상한 품격과 인격을 갖게 하는 요건이고 의리는 사회생활에서의 기본적인 가치이다. 자존감은 스스로 자신의 능력으로 자신의 품위와 품격을 지키는 것이라면 의리는 타인과의 관계에서 남과의 약속을 또는 사회적인 규칙을 자기이익에 따라 결정하지 않고 공정하게 지키는 것이라고 본다. 오래된 친한 친구라고 잘못을 감싸주거나 공익에 반하는 결정임에도 도와주는 것은 참다운 의리라고는 할 수 없다. 대상의 친소와 관계없이 불의에 저항하는 것이 공정과 정의이며 참다운 의리인 것이다. 이러한 경향은 합리적 개인주의가 발달된 서구 문명권보다는 동양적인 집단주의 문명권에서 요구되는 덕목인 것이다. 자존감도 원숙한 지성이나 남을 인정하고 배려하는 심리가 결여되면 이기적인 허세나 고집으로 변한다.

대비되는 자존감의 사례를 든다면, 적은 월급이지만 날마다 공장에서 일하는 아가씨와 하룻밤에도 많은 팁을 받고 술집에서 손님의 비위를 맞추면서 일하는 아가씨의 경우, 전자는 자신의 자존심을 고된 노동으로 지키고 있다면 후자는 자존심을 팔아 돈을 버는 것이라고 본다. 우리가 전자를 후자보다 존중하는 이유도 자존심의 여부에 있다. 자기가 자기를 경시하는데 남이 자기를 중시하기를 기대할 수가 없기 때문이다. 부모는 이러한 자존심과 의리를 어린 자녀교육에서부터 기르게 해야 훗날 그가 성공적인 사회인으로 성장할 것이다.

5) 한 가지의 악기나 운동을 잘하는 아이로 키워라.

공부만 잘하는 자녀만으로 키우지 말고 소질에 따라 스포츠나 예술 부문에도 남다른 기능을 갖도록 해야 한다. 자녀가 몰입하는 분야를 관찰하여 운동이나 예능적인 특기를 갖도록 도와주는 것이다. 학문은 일이지만 예술은 놀이이다. 한 가지 특기를 가지는 것은 자녀가 성장하여 사회생활을 할 때 매우 중요하다. 일반적으로 서구인들은 반드시 하나의 운동에 특기를 가지고 있다. 가정과 학교의 교육과정에서 배운 결과이다. 적어도 한 가지의 특기를 가진 사람은 삶을 보다 풍요롭게 살 수 있는 것이다.

6) 하루에 한 번씩 꼭 껴안아 주어라.

아이는 밥을 먹고 자라는 것이 아니라 어머니의 사랑을 먹고 자란다. 어린이들은 어머니의 그늘만 있으면 산에서 나무가 저절로 자라듯이 별다른 보살핌이 없어도 잘 자란다. 말없이 하루에 한 번씩 꼭 껴안아만 주어도 된다. 그런데 우리나라도 주부들의 사회진출이 증가하면서 아이들이 빈집에 들어오는 경우가 많아지고 있다. 아이들의 정서발달에는 매우 좋지 않다. 적어도 초등학교 아동의 나이까지는 그렇다.

가정형편이 어려워 직장에 나가야만 되는 부득이한 경우가 아니면 아이가 학교에 갔다가 엄마라고 부르면서 집에 들어올 때 집안에 어머니가 있는 경우와 없는 경우는 전혀 다르다. 이른바 '열쇠 소년(Key-boy)'이 정서불안의 원인인 것이다.

그리고 귀한 자식이라고 값비싼 보약을 먹일 필요는 없다. 인삼과 같은 보약은 오히려 어린이들에게는 부작용으로 두뇌발달에 악영향을 주어 바보가 되는 경우가 많다. 가장 활발한 신체발달에 과잉영양소는 약보다 독으로 작용하기 때문이다. 하루 한 번씩 어머니가 아이를 품 안에 껴안아 주는 것이 최상의 보약이다.

7) 정직한 아이로 키워라.

'정직이 최선이다.'라는 격언이 있듯이 삶의 덕목과 인성 가운데서도 정직이 무엇보다 중요한 것이다. 온갖 도덕률이 있지만 정직성이 인품을 평가하는 데 제일 중요한 잣대임을 뜻한다. 이러한 정직성은 발달심리학적으로 볼 때 유아기나 청소년기에 결정적으로 형성된다. 1980년대까지만 해도 대부분의 초등학교 교실 전면의 흑판 위에는 **'정직-근면-성실'** 등으로 쓴 급훈級訓을 액자에 넣어 걸어 두었다. 학교에 따라서는 운동장가의 화단 가운데 커다란 암석에 교훈으로 새겨져 있었다. 그리고 이 시기에 자녀에게는 부모의 가치관(도덕성)이 매우 중요하다. 자녀에게 그대로 반영되기 때문이다. 부모가 절도범이면 자녀도 절도범이 된다.

그런데 1945년경 해방 직후와 1950년대의 전쟁으로 가난하여 모두가 배고픈 시절에는 아이들이 학교에서 수업을 끝내고 집에 가는 길가에 참외밭이나 수박밭이 있으면 주인 몰래 한두 개 훔쳐 따먹기도 했다. 밭주인에게 들켜도 적당히 눈감아 주었다. 얼마나 먹고 싶으면 그럴까 하고 생각했기 때문이다. 부모가 그런 일을 알아도 그냥 넘어갔다. 시골 농어촌의 풍습이었다. 이것은 분명히 부정직한 태도인데도 용서하다 보니 아이들은 예사로운 일로 여기면서 정직성이 마비되면서 훗날 사회생활에서도 부정부패에 둔감

해졌고 별로 양심의 가책을 느끼지 않게 되는 성격으로 나타났던 것이다. 이러한 성장환경에서 자라난 기성세대는 '바늘도둑이 소도둑 된다.'는 속담처럼 변하면서 부정부패를 예사로 여기는 심성을 보여주는 사례가 많았다.

이러한 관점에서 정직성은 선악을 구별하는 판단력이 미숙한 아동기에 부모가 제일 강조해야 할 가정교육의 하나이다. 도둑질하는 아버지가 자식보고 정직하라고 말해서는 안 되는 것처럼 부모의 솔선수범이 자녀의 도덕성의 형성에 결정적이다. 문제부모가 문제아를 낳는다는 것은 자연의 법칙과 같은 진리인 것이다. 선진국 문화국민인가 후진국 미개국민인가의 평가기준을 그 국가 경제수준으로만 판단할 수 없는 것도 이러한 사회적 도덕성이 기본이기 때문이다.

8) 어린 자녀에게도 존댓말을 해라.

요즘 신세대 부모들은 부부간은 물론 자녀들에게도 서로 존댓말로 대하는 가정이 많으나 구세대 부모들일수록 존댓말은 고사하고 명령조나 하대하는 말투가 일반적이었다. 선대 부모로부터 그렇게 듣고 배웠기에 그대로 자식들에게도 그렇게 한다.

사실 '아이들은 부모의 거울이다.'라는 말이 있다. 자녀들의 태도나 버릇을 보면 그 집 부모가 보인다는 것으로 어릴 때는 모든 것을 부모를 기준으로 삼고 모방하면서 배우고 자라기 때문이다. 그래서 '문제아 뒤에는 반드시 문제부모가 있다.'는 말은 맞는 말이다. 가령 도둑의 아버지가 아들보고는 도둑질을 하면 안 된다고 아무리 말해도 소용없는 것과 같은 이치이다. 옛날에는 며느리를 고를 때 당사자에 앞서 처녀의 가정교육과 특히 어머니 성품을 더 중시하고 살펴보았다.

이러한 관점에서 부부간에도 서로 존댓말을 하면 자연히 자녀들도 그대로 따라 하게 마련이므로 자녀교육에 대단히 효과적인 방법이다. 예부터 사람에 대한 평가를 신언서판身言書判을 기준으로 삼아 왔다. 몸가짐과 말씨 그리고 글씨이다. 그러나 오늘날은 손으로 글을 쓰는 기회가 거의 없어지고 P. C.나 핸드폰과 같은 전자기기를 사용하기 때문에 명필이나 악필을 구분할 수 없게 되었지만 1960년대까지만 해도 모든 서류가 자필이어서 판별할 수가 있었다. 그래서 초등학교 국어시간은 말하기, 듣기보다 쓰기를 중시하였고 붓글씨를 쓰는 '습자習字'라는 독립된 교과목도 있었다. 또한 말씨는 바로 그 사람의 품격을 나타내므로 사회생활을 하는데 대단히 중요하다. '말 한마디로 천냥 빚을 갚는다.'는 옛말은 말의 중요성을 의미한다.

비교적 존칭어가 발달되어 있지 않은 서양과는 달리 우리는 다양한 존칭어가 있다. You and I이거나 Mr. Mrs. Sir. 정도로 아들이 아버지를 You라고 불러도 좋고 대통령에게도 You라고 해도 좋다. 우리는 님, 씨, 각하라는 말과 전하, 폐하라는 옛말도 있다. 그런데도 부부나 자녀 간에 존칭어를 사용하는 경우가 별로 없다. 오히려 욕설문화는 서구에 비하여 우리가 매우 많다. 이놈저놈, 이 자식 저 자식, 개새끼, XX새끼 등등이 그렇다. 그러나 가정에서 부부나 자녀 간에도 존칭어를 사용하는 것이 자녀의 인격형성에 아주 중요하다. 신언서판身言書判(몸가짐, 말씨, 글씨에 의한 평가)이라고 했듯이 사람의 인격을 판단할 때 말씨가 주요 기준인 것이다. 부부간이나 어린 자녀들에게도 존칭어를 쓰는 집안은 품위와 격조가 다르다. 이런 집안에서 자란 아이는 사회생활에서도 성공할 수 있는 커다란 요건을 갖추게 된다.

(똑똑한 아이로 키우는 가정교육)

부모라면 누구나 자신의 자녀를 착하고 똑똑한 아이로 키우고 싶은 바람이 있을 것이다. 그러나 똑똑하려면 타고난 지능이 다소 있어야 하지만 착한 아이는 부모의 가정교육에 따라 좌우된다. 하지만 지능문제도 생후 가정환경의 조건에 따라 얼마든지 개발할 수 있는 잠재력을 가지고 있다는 연구보고서도 있다.

1) 생선을 많이 먹여라.

인간의 두뇌발달은 유아기에 집중적으로 나타나므로 어릴 때부터 인공적인 보약보다는 천연의 생선 종류를 먹이는 것이 매우 중요하다. 두뇌발달에 주요 역할을 하는 성분이 생선에 많이 함유되어 있기 때문이다. 인간의 두뇌는 초등학교 때까지 집중적으로 성장하며 성장의 기본영양소는 칼슘이다. 자연칼슘은 생선이나 모유에 많이 함유되어 있다. 생선에서도 칼슘은 주로 뼈 속에 많이 있으므로 생선뼈를 버리지 말고 기름에 튀겨 가루로 만들어 이유식에 타서 먹이면 된다. 요즘의 분유는 인공사료에 의하여 자란 소의 젖이어서 별로 좋지 않다는 연구보고는 수없이 많다.

필자가 1960년대 말, 시골 벽지의 초등학교에서 3년간 교편생활을 할 때의 경험이다. 이상하게도 우등생이 한 부락의 아이들에만 집중적으로 많았다. 당시는 새 학기를 맞아 새 학급을 맡으면 가정방문이라는 제도가 있었다. 우등생이 많은 동네를 가보니 논밭이 거의 없는 바닷가 어촌이었다. 식량이 모자라 주식이 거의 바다의 어패류나 생선이어서 자녀들은 어릴 때부터 자연히 생선을 많이 먹어 두뇌발달에 커다란 영향을 주었다고 보았다. 따라서 주부들은 자녀의 성장기에 생선요리를 많이 먹게 하는 것이 매우 중요하다고 본다.

일반적으로 예체능 분야의 지능은 선천적인 유전요인이 결정적이지만 지적인 분야는 후천적 환경요인이 크다고 본다. 자녀에게 가장 좋은 부모의 모습은 어머니가 독서하는 모습을 보여주는 것이다. 유대인들의 부모는 반드시 잠자리 곁에서 이른바 그들의 '탈무드'를 읽어주는 전통이 있다. 노벨수상자를 가장 많이 배출하고 세계적인 석학들 가운데서도 유대인 출신이 많은 것도 그들의 유아교육에 근원이 있다고 본다.

2) 자녀의 방에 한국과 세계지도나 지구본과 함께 천체망원경을 두어라.

머리가 좋은 아이들은 어릴 때부터 지도를 보는 습관을 가지게 하면 공간적 사고발달에 도움이 되고 천체망원경은 원대한 꿈을 갖게 한다. 미국의 가정에는 거의가 거실에 천체망원경이 놓여 있음을 보게 된다. 한편 백지도를 보여주고 도시의 위치나 여행한 장소를 그려보게 하는 것도 좋다. 그리고 여행도 시골의 농어촌이나 산으로 데리고 다니면서 견학하는 경험이 도심의 놀이터 공간보다 훨씬 좋다. 주거환경도 아파트 시멘트 주택보다는 교외의 단독주택이 좋은 이유도 여기에 있다. 프랑스의 유명한 교육사상가 J. 루소도 그의 〈에밀〉이라는 저서에서 최상의 자녀교육방법은 '자연으로 돌아가라.'는 명제라고 했다. 자연과의 접촉에서 자녀의 지능발달은 가속되기 때문이다. 아동기는 지적 능력보다 정서적인 능력이 매우 발달하는 시기이다.

인류사의 주류에는 오히려 학벌이 없거나 변방의 인물이 많다. 공부만 강요하여 전교 1등을 바라는 부모보다는 어릴 때부터 종종 자녀와 함께 박물관이나 미술관, 음악회 그리고 유명한 명사의 강연장에 데리고 가는 부모가 더 현명하다. 비록 자녀가 어려운 강연 내용을 알아듣지 못할지라도 그 분위기에서 배우는 것이 많기 때문이다.

3) 최선의 공부 방법은 스스로 하는 것이다.

공부라면 으레 학교 선생님이나 과외교사가 가르치는 것으로 보지만 최선의 공부는 스스로 한다는 것을 알도록 유도하는 부모가 최선의 부모이다. 사실 공부만큼 하기 싫은 것도 없고 공부만큼 쉽고 재미있는 것도 없다. 자녀는 어느 쪽인지 부모가 판단해야 한다. 학원이나 과외교육에 길들면 스스로 하는 습관이 없어지면서 지속 가능한 학습태도가 사라진다.

이것은 물을 먹고 싶어 하는 말 10마리는 마부 한 사람으로도 냇가로 몰고 가기는 쉽지만 먹기 싫은 말 1마리를 10사람의 마부가 물가로 끌고 가기는 어렵다는 것처럼 공부를 스스로 하고자 하는 습관을 갖도록 유도하는 것이 최선의 자녀교육방법이다.

4) 천재아와 조숙아는 다르다.

대부분의 천재아는 조숙하나 그렇다고 조숙아가 곧 천재아가 되는 것은 아니다. 5살에 신동, 열 살에 재동, 20살에 보통아로 변하는 사례가 많다.

하나의 재미있는 실화가 있다. 시골의 어느 농촌 마을에 유치원에 다니던 어린애가 초등학교에 다니는데 어느 날 교사가 잘못하여 칠판에 필순을 틀리게 글을 쓰자 집에 와서 어머니에게 말하자 어머니는 자기 아이가 선생님도 모르는 것을 안다고 하면서 천재라고 여기고 서울로 이사를 하여 천재교육을 받아야 한다고 했다.

그리고 어린애가 어른과 같은 말과 행동을 하는 이른바 '애어른'을 보고도 천재아라고 보면 안 된다. '대기만성大器晩成'이라는 말처럼 천재성도 발달단계에 따라 나타나는 것이다. 반짝 빛나고 사라지는 별처럼 조숙아와 천재아는 다르다. 우리나라에서도 1970년대 유치원 나이에 일본 후지 TV에 출연하여 도쿄대학 수학교수가 제시한 기초미적분을 풀이하여 일본열도를 놀라게 했던 김웅용 군도 결국 평범한 청년으로 변한 사례도 있다. 세기의 천재 아인슈타인도 3살 때까지 말도 잘 못하여 부모들은 바보가 될까보아 매우 걱정을 했던 것이다.

5) 가능하면 세계여행을 같이 데리고 다녀라.

1980년대 어느 신문기사에서 읽은 것이다. 서울시청 공무원으로 있던 한 젊은이가 살림살이를 전부 정리하고 어린아이와 부부가 무조건 세계각처를 1년간 여행하고 돌아왔다는 내용이었다. 비록 재산은 사라졌지만 아이에게는 커다란 경험교육을 시킨 것이다. 전혀 낯설고 새로운 외국의 여행경험이 자녀의 두뇌발달에 커다란 자극으로 작용하면서 어떤 교육환경보다 학습효과가 크기 때문이다. 그러한 부모의 결단과 용기를 부럽게 느꼈다.

태평양 적도 부근의 마셜Marshall 제도나 키리바시Kiribati 그리고 피지Fiji와 같은 섬나라에 가면 아이들이 완전히 자연 그대로의 환경 속에서 자라는 야생천국과 같아서 자녀의 일생에 커다란 영향을 줄 것이다. 그런 환경 속의 어린이들은 지식은 모자라도 눈은 살아있다.

아이들의 학교성적만을 생각하면서 이른바 뺑뺑이를 돌리다 보니 너무 스트레스를 받아 초등학생임에도 생머리가 빠지는가 하면, 어머니를 '대왕문어'라고 표현하면서 집을 나가 이모 집에 가서 살고 싶다고까지 말하는 사례도 있었다. 무조건 일류대학 합격을 바라는 부모의 심리는 일종의 대리만족으로 자녀를 희생시키는 꼴이다. 극히 잘못된 자녀교육관으로서 이것은 자녀교육에 앞서 부모교육부터 해야만 될 문제라고 본다. 대학에서 교육학을 배운 학부모들이 더욱 그렇다.

따라서 자녀를 똑똑한 아이로 키우기보다는 착한 아이로 키우는 것이 장래 그들이 살아갈 미래사회에서 더 행복해지는 것을 알아야만 한다. '문제아 뒤에는 항상 문제부모가 있다.'는 것을 새삼 알게 된다.

6) 성취감을 많이 느끼도록 지도하라.

학습과정에서 자녀가 공부에 취미를 갖도록 하는 것은 스스로 성취감을 느끼게 하는 것이 매우 중요하다. 성취감이란 어떤 과제가 성취되었을 때 갖는 즐거움이다. 쉽게 말하면 어려운 수학문제 풀이에서 교사가 가르쳐주어 해답을 찾는 것보다 틀려도 좋으니까 스스로 몇 번이고 시도하여 해답을 찾았을 때의 만족감을 말한다. 스스로 많은 시행착오를 통하여 얻은 답은 선생님이 설명하여 그대로 따라서 얻은 답과는 다르다.

희랍의 철학자 소크라테스의 '산파법産婆法'에 보면 무식한 노예에게 '피타고라스 정리'를 '반어법反語法'을 통하여 이해시킨다는 내용이 나온다. 이것은 아무리 어려운 문제라도 선생님이 아이가 이미 알고 있는 것을 정답으로 유도하면 스스로 이해하게 된다는 것이다. 마치 산모가 아이를 낳을 때 산파가 출산을 유도하여 산모를 돕는 것처럼 교사는 산파와 같다고 하여 교육학에서는 '산파술' 또는 '조산법'이라고도 한다. 따라서 부모는 자녀의 곁에서 산파의 역할을 하여 자녀가 스스로 정답에 이르렀을 때 학습의 성취감이 생겨나고 학습의 동기유발이 강화되는 것이다.

사실 공부라는 것은 가장 재미있는 것이면서도 또한 제일하기 싫은 것이기도 하다. 언젠가 서울대 수석으로 입학한, 공사판에서 일하던 청년은 '이 세상에서 가장 쉬운 것은 공부'라고 말한 적이 있다. 그리고 1958년 대학입시에서는 경남 진주고등학교의 강인호라는 학생이 매일 새벽에 일어나 신문배달을 하면서도 전 과목 만점으로 서울대를 수석합격하여 화제가 되기도 했다. 이들은 학원은 물론 가정교사도 없었다. 그래서 공부란 스스로 재미가 있어야지 유명학원에 다닌다고 반드시 공부가 잘되는 것은 아니므로 자녀들에게 학습에 스스로 성취동기를 갖도록 하는 것이 가장 좋은 방법인 것이다.

7) 칭찬을 많이 하고 스스로 공부하는 버릇을 갖도록 하라.

사실 공부만큼 하기 쉽고 재미있는 것이 없는가 하면 반면 제일 어렵고 하기 싫은 것도 없다. 1980년대 고졸로 철공소에 취직하여 고된 생활에서도 틈틈이 공부하여 서울대 수석합격을 한 청년이 있어 화제가 되었다. 그는 공부만큼 재미있고 쉬운 일이 없다는 내용의 책을 출판하기도 했다. 원래 공부는 스스로 하면서 취미를 가지면 재미있고 남의 강요에 의하여 하게 되면 매우 지겹고 하기 싫은 것이다. 따라서 어려서부터 스스로 공부하는 습관을 가지게 만드는 것이 현명한 부모의 가정교육법이다. 말은 쉬우나 실천하기가 어려운 것이기는 하지만 공부에 전혀 취미가 없고 다른 것에 특기를 보이면 그곳으로 유도하는 것이 좋다. 누구나 공부 잘하는 것만이 출세하고 성공하는 것이 아니기 때문이다. 그러나 장래 자녀가 어떤 직종을 갖더라도 기본지식은 쌓아야 하므로 일단 기초지식을 위한 공부는 필수조건이다. 그리고 학교점수에 연연하지 말고 10점을 받아 와도 잘했다고 칭찬을 해 주는 것이 성취동기 함양에 매우 효과적이다. 그런데 옛날 세대의 부모들은 칭찬에 아주 인색했다. 남에게 자식자랑과 마누라자랑 하는 사람을 좀 덜된 사람으로 보았다. 그러나 자랑과 칭찬은 다르다.

1960년대 말, 필자가 시골 국민학교(초등학교) 교사생활 때의 경험이다. 4학년 담임이었다. 반에서 항상 빵점을 받으면서도 친구들을 괴롭히는 덩치가 큰 문제아동이 있었다. 한번은 모두 하교한 뒤에 그 아동만 남으라고 하였다. 서로의 비밀을 지킨다는 약속 하에 월말고사를 하루 앞두고 시험문제 일부를 가르쳐주었다. 심지어 답까지 알려주면서 외워오라고 했다. 그래서 그 달에는 그 아동의 성적이 갑자기 뛰어올랐다. 교단 앞으로 나오게 하여 "여러분 보십시오. ○○○ 군도 열심히 하니까 우등생도 됩니다. 모두 박수를 칩시다!"라고 했다. 태어나서 처음으로 잘한다고 박수를 받고부터는 다음 날부터는 얼마나 열심히 공부했는지 우등생이 되었던 경우가 있다. 비록 부당한 교사의 행동이지만 조그마한 배려로 한 학생의 일생을 바꾸었다고 생각하였다. 당시 부모나 교사들은 자녀나 아동들을 칭찬하기보다는 항상 잘못만을 보고 나무라는 편이었으며, 잘해도 칭찬보다는 가만히 있는 것이 칭찬을 대신하는 것으로 여겼던 것이다.

(8) 자녀의 소질을 빨리 찾아라.

80억에 가까운 세계인구들 가운데 타고난 소질과 능력이 똑같은 사람은 아무도 없다. 심지어 일란성 쌍생아도 자라면서 점점 개성이 달라진다. 따라서 우리들은 저마다 타고난 소질과 특성을 조기교육부터 자극하고 계발하면 누구나 전문가가 될 수 있다. 실제로 가정에서의 부모와 학교교육에서는 이러한 특성을 찾아서 교육하는 것이 매우 중요하다. 그런데 학부모들은 자녀의 소질을 무시하고 누구나 열심히 공부하고 훈련하면 뛰어난 사람이 된다고 생각하면서 자녀를 무리하게 다잡아서는 안 된다. 노력과 훈련으로 어느 수준까지는 도달할지 모르지만 선천적인 소질을 가지고 태어나지 않으면 반드시 한계점에서 더 이상 발전하지 않는다. 그래서 누구나 베토벤이 될 수 없고 피카소가 못 되며 아인슈타인도 불가능한 것이다. 노력이나 연습으로는 넘기 힘든 임계점이 있는 것이다. 그러나 당신의 자녀도 남다른 재능이 숨어 있을지도 모르기에 가능한 한 다양한 자극에 노출시켜야 한다. 비싼 옷이나 물건을 사주기보다는 음악회에도 박물관에도 도서관이나 대형서점에도 해외여행(초등학교 고학년쯤의 나이) 등에도 데리고 가는 것이 보다 현명한 가정교육인 것이다.

그리고 흔히 직업에는 귀천이 없다는 말은, 어떤 분야에 전문가가 되면 음악이든 미술이든 기술자든 발명가든 농부든 어부든 간에 그 분야에는 각자가 남다른 능력을 갖추고 있기 때문에 비교평가를 할 수 없다는 뜻이다. 그래서 반드시 공부만이 자녀의 성공 요건이 아니므로 오늘날에는 무엇이든지 이른바 한 분야의 덕후가 되도록 하는 것이 최선의 부모교육이기도 하다.

9) 책읽기를 좋아하는 습관을 갖게 하라.

자녀들에게 책을 많이 읽으라고 말만 하는 것으로는 별로 효과가 없다. 특히 요즘에는 핸드폰이나 노트북과 같은 전자기기로 웹툰이나 게임에 몰입하여 시간을 보내는 자녀들이 대부분이다. 이런 자극에 한번 중독되면 답답한 종이책 읽기를 싫어한다. 그러나 전자 정보 중에는 극히 비교육적인 콘텐츠가 많아 정신건강에 유해하다는 것이 문제이다. 이것은 자녀의 건전한 성격형성에 마약과 같은 유해물질임을 알아야 한다. 따라서 아예 처음부터 핸드폰과 같은 것을 안 사 주는 것이 최상이다. 현실적으로 불가능한 이야기라고 하겠지만 부모의 의지에 달렸다. 대신에 어릴 때부터도 TV 프로그램에서 자연다큐멘터리나 세계여행 또는 심포니오케스트라와 같은 교양물을 많이 접하도록 유도하는 것이 매우 좋다. 주위의 친구들 모두가 핸드폰을 가지고 있는데 별나게 안 가지고 있는 것이 별난 사람으로 별난 성공을 하는 주인공으로 될 수도 있다.

그리고 더욱 중요한 것은 부모가 책 읽는 모습을 보여주고 잠자리에서는 동화나 우화집을 어머니가 읽어 주면 최상이다. 그래서 아주 중요한 점은 자녀에게만 책을 많이 읽으라고 말만 하지 말고 부모 자신이 같이 읽고 자녀와 독서토론의 시간을 가진다면 금상첨화일 것이다.

그동안 인문사회과학의 학문분야에서 이스라엘의 유대인들이 노벨수상자를 가장 많이 배출하고 있는 것도 어머니들이 아이들의 잠자리에서 들려 주는 '탈무드'라는 책이 커다란 역할을 했다는 연구보고서도 있다. 반드시 〈탈무드〉만이 아니라도 좋다. 〈빨강머리 앤〉과 같은 동화는 자녀들에게 상상력을 배양하는 데 최상의 책이다. 실제로 이 책은 유치원과 초등학교 교육과정에서 필수과목으로 지정해도 좋은 책이다. 그런 나라도 있다. 학교교육목적에서 가장 중시하는 창의력을 키우는 데 매우 적합한 스토리이기 때문이다. 창의력은 공상(상상)에서부터 구상으로 구상에서 창의(창조)로 발전하는 것이다. 미국의 우주탐사선 아폴로 11호가 실제로 달나라에까지 우주인을 태우고 가게 된 것도 달나라 동요나 동화로부터 상상력을 키워온 교육의 결과라고 본다.

10) 지나친 애정[溺愛]은 독약을 먹이는 것과 같다.

어릴 때부터 자녀에게 지나친 애정을 쏟는 것은 자녀의 성격을 그르치게 할 수 있다. 이른바 캥거루족이다. '귀한 자식일수록 매로 키워라.'라는 옛말처럼 엄할 때는 엄하게 해야 한다. 요즈음 하나나 둘만 낳아 기르는 신세대 가정의 부모들은 오로지 자기 자녀만을 감싸고 돌다 보면 매우 이기적이고 나약한 아이로 만들게 된다. 한때 서울의 어떤 어머니들 가운데는 대학생인 아들이 여자 친구와 만나는 데이트 장소(다방)까지 뒤따라갔던 극성스런 경우가 있었다. 1980년대의 실제 이야기이다. 결코 바람직스런 부모의 태도가 아니다. 아프리카 사막에 사는 사자나 남미의 안데스 고지대의 퓨마와 같은 야생동물의 새끼들도 젖 뗄 무렵이면 새끼들은 스스로 어미 곁을 떠나거나 독립하도록 부모가 매몰차게 쫓아낸다. 그래야 어미가 죽고 나서도 생존경쟁에서 살아남을 수 있기 때문이다. 인간도 마찬가지이다.

영국의 극작가 T. 미들턴은 '가장 애정이 넘치는 어머니를 가졌다는 것이 망나니 아이들에게 공통된 운명이다.'라고 말했는가 하면, 미스터리 작가로 유명한 P.D. 제임스도 '어렸을 때부터 아이들을 신처럼 떠받들면 그 아이들은 자라서 악마처럼 행동하게 된다.'는 경고성 말을 했다. 그리고 영국의 작가인 W. 서머싯 몸도 '무조건적인 애정이 깊은 어머니가 있다는 것이 아이에게는 가장 큰 불행일 수 있다.'는 말을 했다.

그렇다고 부모가 자녀에 대한 양육에서 애정을 소홀히 하라는 것이 아니라 다정함과 엄격함을 동시에 같이 가지라는 뜻이다. 과보호는 어쩌면 소홀함보다 나쁠지 모른다. '과유불급過猶不及'이라는 말이 있듯이 지나침은 미치지 못함과 같을 뿐만 아니라 오히려 더 나쁠 수도 있는 것이다. 캐나다 토론토대 심리학과 J. 피터슨 교수는 그의 〈12가지 인생의 법칙〉이라는 저서에서, 아이를 제대로 키우고 싶다면 처벌을 망설이거나 피하지 말라고 했다.

033. 세상에는 희한하고 재미있는 직업이 많다.

어떻게 보면 지구의 인구수만큼 다양한 삶의 모습과 직업들이 있는 가운데 재미있는 것들도 있다. 직업은 시대와 환경에 따라 계속 변화하고 명멸하면서 새로운 얼굴과 모양으로 나타난다. 지금은 사라진 지난날의 직업 가운데는 생각해보면 아주 재미있는 것들도 많다. 다양하고 수많은 직업에서 선진외국의 경우는 사라지고 없는 것들이 후진전통사회에서는 오랫동안 남아있는 경우가 많다. 우리 사회에서도 1960년대까지 볼 수 있었던 것들 중 몇 가지만 보아도 참으로 다양하고 재미있는 것들이 많았다. 시대변화가 곧 직업변화를 가져왔기 때문이다. 이러한 것들이 쌓이고 쌓인 것들이 곧 문화이고 문명인 것이다. 지금의 젊은 세대들에겐 신기할 것이고 노인층에게는 아련한 추억으로 떠오를 것이다.

우리나라의 경우, 1960년대까지만 해도 어엿한 직종의 하나는, 농어촌에서는 방물장수라는 이름의 직업이 있었다. 주로 나이 든 아주머니가 보자기에 동동구리무화장품, 연지립스틱, 손거울, 동백머릿기름, 참빗, 바느질 도구 등등 부녀자들에게 필요한 잡화를 광주리에 담아 머리에 이고 집집마다 다니면서 파는 것으로 살아가는 가정방문행상 아주머니들이다. 당시만 해도 아녀자들이 함부로 외출하는 것을 흉으로 보는 시대였기에 이러한 방물행상이 커다란 역할을 담당했던 것이다.

그런데 당시는 TV나 라디오가 없었기에 이 동네 저 동네의 집집을 다니면서 장사를 하는 방물장수 아주머니는 이 동네 저 동네에 다니면서 보거나 얻어들은 이 소문 저 소문을 이 마을 저 마을로 옮기는 메신저 역할을 했고 더러는 윗마을 총각을 아랫마을 처녀와 소개시켜 혼사를 시켜주는 결혼의 매파역媒婆役까지도 했던 일인다역의 직업인이었다.

그리고 광주리를 이고 집집마다 다니면서 낱 계란을 사서 모아 도매로 넘겨 이문(이익)을 남기는 계란장수 아주머니도 있었고 여름철에는 서울과 부산과 같은 대도시에서 당시에는 냉장고는 물론 아이스박스도 흔치 않아 나무통에 얼음을 채우고 아이스크림 바를 넣어 이 골목 저 골목을 다니면서 '아이스케키~'라고 소리치며 팔던 아이스케키 장사의 직업소년들도 있었다.

또한 대도시의 경우 추운 겨울철이면 늦은 밤 주택가 골목길을 다니면서 찹쌀떠억~ 하면서 외치고 다니던 찰떡장수와 굴뚝청소부, 통행금지 이후에 딱딱이로 소리를 내면서 골목길을 돌아다녔던 야경꾼 직업 등등이 있었는가 하면 시골에는 산부인과 병원이 없다 보니 산모의 출산을 돕는 산파産婆역을 부업으로 하던 시골할머니, 그리고 중매를 잘하는 매파媒婆역으로 수월찮은 대접을 받던 아주머니도 많았다. 그러나 중매는 '잘하면 술이 석 잔, 못하면 뺨이 세 대.'라는 말처럼 예나 지금이나 중매는 매우 어려웠고 에피소드도 많았다. 모두 세월과 함께 뒷골목으로 사라지고 없지만 1960년대까지의 희소한 직업군이었다. 산업화시대의 등장과 함께 이제는 뒤안길로 사라져 가고 없지만 아련한 추억으로만 남아 있는 재미있는 직업의 모습들이다.

그런데 직업과 함께 생기는 재미있는 버릇도 있었다. 1980년대까지만 해도 대도시 번화가의 길가에는 반드시 구두수선공이나 구두 닦는 소년들이 앉아 있었다. 그런데 손님이 없어 한가할 때 그들은 자기 앞을 지나가는 행인들의 얼굴을 쳐다보기보다 신고 가는 신발에만 눈길을 주고 따라가면서 주시하는 것이나, 미장원의 아가씨는 길 가는 여자들의 헤어스타일만 보는 것과 같은 흥미로운 직업적 버릇도 생겨났던 것이다. 이러한 현상은 직업에서 자신도 모르게 생겨난 습관으로 다른 사람들에게는 신기한 현상으로 보였던 것이다. 그리고 시골 농촌의 5일장마당에는 뱀 장수가 있었는데 나무궤짝에 뱀을 몇 마리 넣어두고 뱀탕의 효력을 장황설로 외치면 동네 조무래기들이 모여 산 뱀을 보고 싶어 꺼내기를 기다렸다. 그러면 뱀 장수는 아이들은 구매력이 없으므로 쫓아 버리기도 했다.

그런데 가까운 중국의 경우 여러 가지 직종 가운데서 지금도 살아있는 특이한 전통적인 장례문화와 관련된 직업이 있다. 허베이성河北省의 산간 마을에 사는 소수민족 중에는 상가喪家에 가서 상주를 대신하여 곡哭을 하고 돈을 받는 직업적인 울음꾼이 있다. 이런 전통은 점점 사라지고 있지만 그동안은 수입이 괜찮은 희귀한 직업이었다. 부모의 상을 당하면 상주가 밤잠을 안 자고 밤새 끊임없이 울수록 죽은 부모에 대한 효도라고 여기는 풍습이 있어서 부잣집의 경우 이와 같은 전문 울음꾼을 고용했다. 보통 8명으로 이루어진 울음꾼은 전통 경극京劇을 모방하여 굿춤을 연출하기도 하는데 노임은 한 번에 400불을 받았다. 이러한 울음꾼의 직업은 베트남과 싱가포르에서도 볼 수 있다. 여기서는 소리를 지르면서 우는 것보다는 여흥처럼 망자가 생전에 좋아했던 노래를 부르면서 춤도 추는 식이다. 이것은 자기 부인이 죽었을 때 노래를 부르고 있던 장자(莊子)의 전통사상에서 연유한 듯하다.

또한 인도의 일부 소수민족은 울음과 노래를 번갈아 가면서 연출하는데 이것은 B.C. 2세기경부터 이어져 온 오랜 장례문화이다. 죽음의 노래Opari는 망자를 위한 자장가로 영혼을 위로한다고 그들은 믿는다. 울음꾼의 숫자를 빈부의 척도로 여겼다. 우리나라에서는 1960년대까지만 해도 초상집에 울음소리가 없으면 안 된다고 하면서 여자들 중심으로 릴레이식 곡성을 했다. 시어머니가 한참 울고 나면 며느리가 울고 다음은 딸들이 번갈아가면서 밤새 차례로 울었다.

이러한 망자에 대한 이별의 슬픔과 비탄을 곡성으로 나타내는 장례형식보다는 축제와 같은 환송의 문화도 있다. 파키스탄에서는 이슬람교의 정신에 따라 망자의 영혼을 즐겁게 보내는 것이 명복이라고 보기 때문에 울음문화가 없다. 그리고 오늘날에도 서양에서 이어지고 있는 것으로는 죽은 사람의 얼굴 화장을 전담하는 직업인도 있고 날마다 망자의 몸을 닦고 수의를 입히는 장의사와 함께 화장장의 시체처리를 직업으로 하는 장례사의 직업도 있다.

한편 가까운 일본의 경우, 1980년대부터 생긴 것으로 도시생활에 찌든 사람들이 찾는 산속의 삼림욕과 함께 힐링을 도와주고 수

고료를 받는 직업도 있다. 마치 등산객을 돕는 셀파처럼 산길을 안내하다가 상주가 자리를 펴고 누워 있으면 옆에서 피리를 부는 직업이다.

사실 수많은 직업 가운데서도 예나 지금이나 최고의 직업으로 여기는 의사나 판검사의 직업은 사실상 매우 고단하고 피로한 직종의 하나이다. 의사는 하루 종일 육체적으로 병든 환자들만 대하기 때문에 자신도 우울한 얼굴을 가지기 쉽다. 몸이 아파서 의사를 찾아가는 환자가 밝고 명랑할 수가 없기에 의사도 그대로 감정이입이 되는 것이다. 의사가 육체적으로 어두운 그늘에 사는 환자만 대하는 직업이라면 정신적으로 어두운 사람들만 대하는 직업인이 검사나 판사, 변호사이다. 항상 범죄자들을 다루고 상대하는 직업이기 때문에 자신의 사회관도 빛보다는 그늘이다. 둘 다 인생의 밝은 면보다는 어두운 그늘만 보게 되므로 세상을 보는 눈이나 자신의 삶도 환하고 밝은 쪽보다는 어둡고 무거운 쪽으로 감염되기 쉬운 것이다. 훌륭한 초등학교 선생님이 되려면 아이들을 닮아야만 된다고 하듯이 의사도 아픈 환자와 같이 아픈 마음을 공감하다보면 이러한 직업병이 저절로 체질화된다고 하겠다. 그러나 의사는 히포크라테스 정신으로 괴롭고 어두운 환자들을 밝고 편안하게 해주고 있어 사회는 건강하게 유지되고 있고 판검사들은 사회악을 제거하여 사회 안전에 이바지하고 있어 대단히 고마운 직업이라고 하겠다.

이에 비하여 연예인이나 선생이라는 직업은 항상 밝고 희망을 노래하고 좋은 말만 하면서 살아야 하기 때문에 부모가 물려주는 유산만 많으면 세상에서 가장 좋은 직업이라고 본다. 선생들이란 비록 뜬구름 잡는 이야기일지라도 학생들에게 항상 희망적인 이야기만 하면서 지내며 연예인들도 관중들을 즐겁게 하는 것이 자기의 일이므로 자신도 그렇게 닮아가게 된다. 보통 연예인들의 얼굴이 늘 옛날처럼 밝고 젊어 보이는 것도 그렇기 때문일 것이다.

지구상의 80억에 가까운 인구가 제각각 얼굴이 다르고 성격이 다르듯이 살아가는 방식도 다르다. 그래서 원시사회나 농경사회와는 달리 산업사회로 발전되면서 직업의 분화가 급증되었다. 우리나라의 경우, 현재 약 1만 7천여 개의 직종이 있다니 놀랍지 않은가! 특히 디지털 분야에 새로운 직종이 급증하면서 '데브옵스엔지니어' 또는 '크로스해커'와 같은 생소한 이름의 직종도 있다. 세월과 함께 생산과 소비의 형태가 바뀌면서 직종도 없어지는 것도 많지만 새로 생기는 것도 많다. 인류의 물질문명과 문화는 다양성으로 확산하고 있어 지금도 희한하고 재미있는 직업군이 많이 생기고 있다. 실제로 직종의 수는 선진사회의 바로미터라고 하겠다.

034. 성공한 최고지도자의 조건들

흔히들 중국사에서 가장 태평성대太平聖代의 시절은 B.C.2400년경의 요堯와 순舜의 시대로 알려져 있다. 오늘날 많은 역사가들은 과장된 전설적인 신화사라고 의심하고 있으나 중국에서는 사실처럼 인정하고 있다.

어느 날 순의 임금이 신하를 보내 산속에 묻혀 사는 허유許由와 소부巢父에게 왕의 자리를 권유했으나 거절했다는 유명한 이야기도 이때 생겨났다. 고대사에서는 선왕先王에 관한 이야기를 나라마다 조금씩 과장하여 서술하고 있기는 하다. 조선조의 용비어천가龍飛御天歌가 대표적이다.

중국 전한前漢시대에 쓴 사마천의 〈사기〉에서는 은殷나라 탕왕湯王이 당시 걸출한 인물이었던 이윤李尹에게 신하를 보내 재상 자리를 맡아주라고 5번이나 간청해서야 수락하면서 이윤이 왕에게 나아가자 참으로 훌륭한 왕은 어떤 것인가 하고 묻자 그는 9가지를 말했다고 한다.

모든 정사를 법에 따르는 법군法君과 독재적인 전군專君, 무능하여 신하에게 의존하는 수군授君, 모든 것을 앞서서 실행하는 노군勞君, 능력에 따른 적재적소의 등군等君, 백성들에게만 기대려고 하는 기군寄君, 군비증강에만 전념하는 고군固君, 외부정세에 어두운 파군破君, 너무 어려서 물정에 어두운 3세사군三歲社君이 있는데 그중에서 하나를 고르라고 했다는 것이다. 이윤이 말한 이것들은 춘추전국시대 나라를 예禮와 악樂으로 다스리라는 공자, 맹자, 순자의 유가정치와 자연과 순리대로 해야 한다는 노자와 장자의 도가정치, 법치를 강조한 한비자, 평등과 평화를 강조한 묵자의 사상과 통치술에 연결되는 것들이다.

이와는 달리 오늘날에 있어 바람직한 정치지도자상은 어떠한 자질과 능력을 갖추어야만 하는가는 국가별의 여러 가지 국내외의 조건에 따라 다소 차이가 있겠지만 다음과 같은 공통점을 지녀야 한다.

첫째, 훌륭한 최고지도자는 백성들이 왕이 누구인가를 잘 모를 정도라면 최고의 선왕善王이다. 중국의 노자도 '가장 이상적인 정치는 국민들이 지배자가 있는지도 알지 못한다.'고 했다는 말과 같다. 독재자일수록 자국민은 물론 대외적으로는 세계인들에게까지 모르는 사람이 없을 정도로 유명해진다. 영어의 유명한famous 것이 아닌 유명한notorious 것이다. 세계인들이 누구나 알고 있는 독일의 히틀러나 소련의 스탈린 그리고 37년간 철권통치로 이름난 아프리카 짐바브웨의 무가베 대통령과 역시 37년 가까이 독재정치를 이어간 김일성 등이 후자에 속하는 대표적인 유명한notorious 통치자들인 것이다.

둘째, 일국의 최고지도자는 마치 오케스트라의 지휘자와 같은 위치와 자세를 취하는 사람이다. 심포니오케스트라는 각종의 서로 다른 악기로 구성되어있지만 한 사람의 지휘자에 의하여 조화로운 선율로 연주한다. 국가라는 것도 다양한 국민들로 이루어진 조직과 집단체이다. 다양한 악기가 서로 다른 음색으로 소리를 내지만 지휘자에 의하여 화음을 만들어 내듯이 최고 지도자는 다양한 국민들의 소리를 듣고 조정하고 화합하는 역할을 해야 한다. 그러나 독재자는 하나의 악기만을 연주하게 만드는 지휘자와 같다. 나쁜 지도자의 공통점이다.

이러한 원리에서 그동안 인류사에 수많은 비극을 초래한 지도자는 서툰 지휘자로 군림하여 다양한 악기를 한 가지의 음만 내도록 강요하다 보니 불협화음으로 시끄럽고 백성들은 모두가 괴로운 고통을 가지게 된다. 따라서 성공한 지도자와 실패한 지도자의 차이는 자국민을 어떻게 잘 화합시켜 각자의 능력을 최대한 잘 발휘하도록 향도하는가 아니면 서툰 지휘자처럼 한 악기만을 연주하게 만드는가에서 갈라진다.

가정을 확대하면 사회단체가 되고 사회단체가 모이면 국가가 된다. 그래서 국가도 하나의 가정과 같다. 가장家長이 잘못하면 가족들이 고생하고 괴롭듯이 대통령이 잘못하면 국가가 혼란하며 아예 멸망해 버릴 수도 있다. 가장이 식구들의 화합과 친목을 책임지지 못하면 가장으로서 자격이 모자라는 것처럼 대통령이 국가를 잘못 다스리면 그 국가는 불행해지게 마련이다. 그러나 가장家長 한 사람의 잘못은 일개 가정의 비극으로 끝나지만 최고통치자의 잘못은 온 국민이 괴롭고 힘들다는 데 문제의 심각성이 있는 것이다.

셋째, 최고지도자는 모든 권력(통치권)을 가진 만큼 모든 책임을 떠안아야 한다. 그런데도 권력만 행사하고 그에 따른 책임을 회피하는 것이 나쁜 대통령이고 독재자이다. 이러한 사람을 사르트르는 그의 자서전에서 '개새끼'라는 말로 표현하고 있다. 이러한 지도자를 만나 불행의 역사를 모든 국민들이 물려받고 고난의 길을 걸어가는 나라가 우리들 곁에도 많다.

넷째, 언행이 경솔하거나 백성들과의 약속을 쉽게 번복하는 지도자는 안 된다. 일국을 대표하는 최고지도자가 자신의 정치 환경에 따라 변모하는 것은 시정잡배와 다를 바가 없기 때문이다. 따라서 훌륭한 지도자는 언행의 일치로 국민들로부터 신망을 얻는 것이 통치의 기본인 것이다.

다섯째, '권위주의'가 아닌 '권위'를 지니고 지도자다운 품위와 품격이 있어야 하며 직위에 걸맞은 태도를 보여주어야 한다. 공자의 〈논어〉 제12편에, 제나라 경공이 공자에게 정치에 대하여 묻자, 공자는 '임금은 임금답고 신하는 신하다우며 아버지는 아버지답고 아들은 아들다워야 한다.'는 뜻의 '군군신신부부자자君君臣臣父父子子'라고 했다. 사회학에서 말하는 역할기대론인 것이다. 대통령의 지위에 걸맞은 품위와 권위가 아닌 경박하거나 경솔한 모습은 결국 그 나라의 수치로 보이기 때문이다.

여섯째, 일국의 최고지도자는 적어도 세계를 품 안에 품을 수 있는 스케일을 지녀야 한다. 지구가족, 지구촌이라는 현대사회에서는 더욱 그렇다. 속 좁고 얄팍한 태도의 지도자일수록 분파와 분열을 조장하여 사회혼란과 국론분열로 퇴영의 역사를 만들게 된다.

일곱 번째, 다양하고 전문적인 지식을 갖추어야 한다. 현대사회는 다방면으로 고도로 발달된 전문지식사회이다. 뭘 알아야 시골 면장이라도 할 수 있는 사회이다. 따라서 일국의 최고지도자는 많이 알고 깊이 알아야 한다. 물론 주변의 참모들이 도움을 주지만 대통령중심제의 정치체제에서는 최종 결정자는 역시 대통령인 자기 혼자이기 때문이다. 지난 역사에서 무능한 지도자의 주변에는 교언영색巧言令色이, 독재자 밑에는 '용비어천가'의 무리들이 많았다. 충언역이忠言逆耳도 구별 못 하면 3무(무식-무능-무책임)의 주인공으로 남으면서 비극의 역사를 초래하게 마련이다.

여덟 번째, 취임식보다 퇴임식이 산뜻해야 한다. 인류사에서 일국의 최고 통치자의 취임식은 거창하고 화려했으나 퇴임식은 불행한 경우가 많다. '손뼉을 칠 때 나가라.'라거나 지지불태知止不殆라는 격언처럼 자기 분수를 지키지 못했기 때문이다. 일본에서는 끝이 깨끗해야 한다는 뜻으로 키마리決り라는 말이 그렇다.

현대세계의 정치사에서는 그래도 프랑스 미테랑 대통령, 트럼프를 제외한 미국의 역대 대통령, 독일 메르켈 총리 등은 국민들이 아쉬워하면서 모두가 박수를 보내는 가운데 조용히 평민으로 돌아갔다. 이러한 측면에서 우리들은 최근까지도 불행한 전직 대통령을 많이 본 나라이다. 심지어 외국에 망명하여 객사를 하거나 감옥에 가두고 현대판 유배를 당하는 슬픈 대통령의 역사를 많이 보여주고 있다.

무엇보다 공功은 버리고 과過만을 부각시키면서 건국대통령을 국부로 인정하지 않는가 하면 공중 매체나 언론에서도 전직 ○○○ 대통령 대신에 ○○○ 씨라고까지 호칭하기도 한다. 이것은 자기학대이며 대외적으로 국격과 품위를 스스로 떨어뜨리는 못난 행위인 것이다. 부끄러운 자화상이다.

아홉 번째, 훌륭한 지도자는 여유로운 성품을 지니며 위트에 능하다. 하나의 예가 1982년에 서독수상을 지낸 헬무트 콜 수상이다. 그는 뚱뚱한 체구에 조금 촌스런 모습이었다. 당시 시중에는 〈콜 농담집〉이라는 책이 나와 대중들의 인기로 많이 팔렸다. 어느 날 신문사 기자가 수상에게 그 책을 소개하자 '참 재미있다는데 나도 한 권 사주라.'고 하였다. 한번은 영국을 방문한 미 대통령 레이건이 서독의 콜 수상 그리고 영국의 대처 수상과 함께 탄 승용차가 앞서가던 자동차와 충돌하자 대처 수상이 "I am sorry"라고 말하자 레이건도 "Me too"라고 했다. 그러자 콜은 "Me three."라고 말하여 폭소를 자아냈다는 일화가 있다. 여유로움과 위트인 것이다. 중국 노자가 '군자는 마치 어리석은 사람과 같다.'고 말했듯이 덕망이 높을수록 언행이 어둔한 듯이 여유로운 것이다. 훌륭한 지도자의 면모이다.

열 번째, 위기의 국면에서 결단력이 있어야 한다. 역사적으로 볼 때 불굴의 의지와 용기로 국가위기를 극복한 지도자는 많다. 대표적인 것이 영국 수상 처칠과 프랑스의 드골 그리고 미국의 루스벨트이다. 제2차 세계대전 당시 독일의 히틀러가 영국과 강화조약을 했음에도 독일은 영국 런던에 비행기로 연일 맹폭을 했을 때 '우리는 벌판에 나가서라도 싸워야 한다. 절대 항복은 안 할 것이다.'라는 대중연설로 결연하게 맞서면서 국민들에게 용기를 불어넣었다. 그리고 프랑스는 이미 나치 독일군에 의하여 점령되자 드골은 영국에서 망명정부를 세우고 프랑스 국민들에게 '우리는 아직 살아 있다. 적들과 끝까지 싸우자.'는 메시지를 조국에 보내면서 국민들을 격려하자 그 유명한 파리의 '지하레지스탕스'가 결성되고 종전까지 맹활약을 하게 만들었다.

한편 미국의 루스벨트 대통령은 대공황에 처한 국내의 어려움과 자신의 신체적인 불구에도 '우리가 두려워할 것은 두려움 그 자체입니다.'라는 말로 국민들에게 용기를 불어넣어 일본군과의 태평양전쟁에서 참혹한 희생을 무릅쓰고 싸워서 연합군이 승리하는 데 결정적인 역할을 했던 것이다.

결국 위대한 지도자는 조국이 위기에 처했을 때 앞서서 결연한 태도와 의지를 보여주었다. 위기에 처한 조국을 버리거나 일신의 안일만을 생각하고 피신하는 지도자도 허다하다. 2021년 아프가니스탄의 A. 가니 대통령은 탈레반의 공격을 받자 조국을 버리고 야반도주하여 나라가 사라져버리게 만든 비겁한 지도자의 표본이 되었다.

우리의 근대사에서도 조선조 때 왜군을 피해 도망간 선조, 아관파천으로 나약함을 드러낸 고종, 문자 그대로 일본 제국주의 침략에 순종順從한 순종은 백성을 버리고 스스로 적군에 굴복한 못나고 어리석은 지도자상이라고 본다. 적군을 맞아 앞장서서 죽음을 각오하고 나라를 지킨 지도자가 아닌 일신의 안위만을 생각한 선왕들이 많았기에 우리의 근대사는 비극으로 점철되었지만 그래도 백척간두에 처한 조국의 멸망을 죽음으로 막아낸 것은 나약한 지도자가 아니라 충무공 이순신, 안중근을 위시한 독립투사들과 열사들에 의하여 역사는 이어져 왔던 것이다.

그런데 우리의 현대사에서도 누구 못지않은 결단력과 추진력을 보여준 지도자도 있다. 제 5~9대 대통령 박정희이다. 그는 이른바 세계인들이 인정하는 '한강의 기적'을 이루어 국가를 경제후진국에서 선진국으로 도약시키는 발판을 만든 대통령이었기 때문이다. 그리고 그의 청렴성과 선견지명은 최고지도자의 능력을 보여주었다. 대표적인 것이 '새마을운동'과 '경부고속도로 건설'이며 미국의 반대로 무산되었지만 '핵무기개발'의 시도이다. 오늘날 한반도에서의 북핵문제를 그는 이미 예측하고 있었던 것이다. 그의 장기집권으로 비록 '혁명공약' 제6조(이와 같은 우리의 과업이 성취되면, 참신하고도 양심적인 정치인들에게 언제든지 정권을 이양하고 우리들 본연의 임무에 복귀할 준비를 갖출 것이다.)는 어겼지만 나머지는 지켰다. '금강산도 식후경'이라는 속담이나 맹자의 '항산恒産이 있어야 항심恒心이 있다.'는 격언처럼 민주주의와 인권신장도 굶주리면서 실천할 수 없다고 보기 때문이다.

035. 과연 신은 존재하는가?

종교라는 말은 가장 으뜸宗되는 가르침敎이라는 말이다.

전반적으로 신도의 수를 기준하여 서구의 기독교, 동남아의 불교, 중동의 이슬람교, 중국의 유교를 세계 4대 종교라고 하지만 실제로 종교신앙의 종류는 지구상의 인종의 숫자만큼 다양하다. 공통점이라면 하나의 절대자를 설정하여 신앙대상의 정점에 놓고 있다는 것과 각각의 교리를 절대가치와 기준으로 삼고 있는 교조주의敎條主義라는 것이다.

기독교나 불교나 이슬람교가 대표적인 일신교一神敎라면 각종의 민속신앙과 일본의 신도神道는 범신론汎神論에 가까운 다신교多神敎라고 하겠다. 그러나 범신론적인 무속신앙도 신앙대상을 구체적인 사물이나 인물에 두고 있는 경우도 많다. 그리고 절대자와의 교통에서도 직접적인 방법보다는 반드시 무속인巫俗人과 같은, 즉 영매자靈媒者를 통하는 과정을 거치게 되어있다. 이것은 고대 그리스신화에 나오는 신탁神託이며 제사장들이며 현재에도 건재하고 있는 아프리카나 남미 등 오지에 사는 소수민족의 족장도 그렇다.

가령 일본의 전통적인 신앙체계인 신도사상神道思想: Sindoism은 원래 중국의 유교나 인도의 불교와 같은 외래종교에 대항하여 자생하였으나 19세기 일본 근대화 이후부터는 일본천황을 현신화現神化시켜 일종의 쇼비니즘의 뿌리로 발전되었다. 이것은 제2차 세계대전까지 그 절정을 보이다가 일본의 패전으로 천황이 인간으로 돌아오면서부터 점차 약화의 길로 들어서고 있다.

이러한 범신론적 자연종교 사상은 한반도에서도 전통적인 뿌리가 있지만 일본에서는 매우 발달되어 왔다. 일본의 경우, 심지어 사람이 아닌 800여 개의 사물에도 신의 의지가 깃들어 있다는 믿음에서 생겨난 일본어 가운데는 존칭어인 오お와 고ご와 같은 관형사를 사물명 앞에 붙이고 있음을 보게 된다. 보통명사나 고유명사 앞에 이처럼 존칭어를 붙여 신앙의 대상이 되는 것이 무려 800여 개라고 한다. 심지어 먹는 밥ご飯에도, 단무지おしんこ라고 한다.

이와 관련하여 생겨난 일본어 가운데 재미있는 것의 하나는 상점의 명칭이다. 옛날 우리나라에도 있었던 잡화상점을 일본에서는 야오야八百屋라고 부른다. 신도神道의 신들이 만물상회처럼 각종 철물과 생활용품, 식품, 야채까지도 진열하여 없는 것이 없는 잡화점과 같이 많다는 뜻에서 유래된 이름이다.

이처럼 지구상의 수많은 민족이나 종족들이 나름대로 믿고 있는 모든 종교가 나름대로 신의 존재를 신학적으로는 설명하고 있지만 그러한 이론이 과연 논리성과 합리성을 지니고 있는가의 문제로 접어들면 분명한 한계점을 노출시킨다. 신의 존재증명론의 문제이다. 각종의 신학에서는 모두가 나름대로의 존재증명론을 갖추고 있지만 대부분이 인간의 인식능력을 벗어난 초월적인 영역에 신의 존재를 상정하고 개연적이며 당위론적으로만 설명한다. 즉 신앙의 절대자는 논리적으로나 과학적으로 설명할 수 없는 초월적 위치의 존재이므로 인간의 인식능력으로는 한계가 있다고만 할 뿐이다.

그리고 신의 능력에 대해서도 전통기독교의 교리에서는 전지전능, 무소불위의 존재이며 기독교의 성서에서는 6일 만에 완벽한 만물창조의 역사가 끝났다고 보지만 유대교는 신이 세상을 창조하셨으나 아직 완성한 것이 아니라 지금도 창조 사업을 진행하고 있다고 본다. 일종의 창조적 진화과정론이다.

한편 기독교의 보수전통신학을 고수하는 대부분의 목회자들은 신자들이 '우리들도 절대자와의 교통이 실제로 가능한가?'라는 질문에 접하면 그 대답은 '계신다고 믿고 열심히 기도를 하면 응답할 수 있다. 그래도 안 된다면 너의 기도와 정성이 모자라기 때문이다.'라는 말로 대변한다. 이것은 논리적으로 열심히 '믿으면 안다.'이므로 '알고 믿는다.'와는 다르기에 현대인들의 사고구조로는 회의와 혼란에 빠지게 된다. 신앙의 감성과 과학의 이성이 아직도 접점을 갖지 못하고 있다는 하나의 예이다.

근대의 자연과학자이며 수학자이기도 한 '회의론자'로 잘 알려진 R. 데카르트는 한때 신의 존재증명에 몰두하였다. 신은 과학과 수학에 기초를 둔 물리적인 세계의 창조자라고 주장하여 당시 로마 가톨릭교회로부터 무신론자로 기소되면서 그의 작품은 모두 금서로 지정되기도 했다. 이러한 이신론理神論적인 관점은 영국의 물리학자 I. 뉴턴에게도 이어진다. 그런데 21세기에 이르러서는 이러한 보수근본주의적인 전통신학에서 말하는 신의 '존재증명론'의 한계점을 극복하고 신하나님의 본질을 비교적 합리적인 논리와 과학적인 접근법으로 신론神論을 제시하는 통일교의 〈통일신학론〉이 대두되면서 신학의 새로운 지평을 넓히고 있다.

한편 이러한 유신론과는 달리 아예 무신론과 회의론, 사신론死神論을 주장하는 관점도 있다. 실존주의 철학의 선구자인 독일 철학자 F. W. 니체는, 목사의 아들로 태어났음에도 대표적인 사신론자였다. 그는 신은 아파서 죽었는지는 모르지만 '신은 죽었다.'라는 말로 단언하여 무신론자들 사이에 회자되고 있다. 심지어 그는 '나는 신이다. 다만 변장하고 있을 뿐이다.'라고 외치면서 거리를 배회하자 전통기독교도들은 그가 언젠가는 날벼락을 맞을 것이라고 말하기도 했다. 이러한 회의론과 무신론은 17세기 네덜란드 철학자 B. de 스피노자로부터 프랑스의 실존주의 철학자 J. P. 사르트르와 함께 유물론자인 D. 디드로, 〈기독교의 본질〉이란 저서로 유명한 독일의 사회주의적 좌파 L. D. 포이어바흐를 위시하여 K. 마르크스에 이르기까지의 공산주의자들의 중심사상을 이루었다.

한편 유신론도 다양한 종파나 교파로 분파되어 있지만 그들의 종착점은 동일하다. 불교의 자비慈悲나 기독교의 사랑, 이슬람교의 평화, 유교의 인仁 사상도 모두 그 지향점은 같다. 비유하자면, 등산가들이 정상에 오르는 길종파만 서로 다를 뿐 도착하는 정상절대자은 하나이기 때문이다. 그런데 종교적인 신앙생활에서 얻는 것은 삶의 목표가 뚜렷하여 정신적인 안정감과 위로라면 한편으로는 절대가치관에서 생기는 다양성이나 유연성을 잃고 배타적인 정서를 갖기 쉽다. 이것은 종교적이라는 영어의 Religious라는 단어의 뜻에는 '극히 고집스럽다.'는 의미가 있는 것으로도 알 수 있다. 절대가치를 신봉하므로 상대가치를 용납할 여지가 없는 것이다. 신자들의 눈에는 이교도나 비신앙인 모두가 '길 잃은 양 한 마리로' 보일 뿐이다. 특히 기독교계의 유일신론자들이 갖기 쉬운 공통적인 특징이다. 성서에는 너의 원수를 사랑하라는 성구가 많다. 그러나 중세의 100년 전쟁처럼 '하나님의 이름으로…….' 수많은 이교도를 살해하는 역사적 아이러니가 있다. 모순적이고 불완전한 생명사상인 것이다. 이러한 관점에서는 어떠한 상황에서도 피를 흘리지 않으려는 '여호와의 증인'이나 인도의 무저항사상의 힌두교는 보수근본주의적인 전통 기독교보다 앞서 있다고 본다.

그리고 과연 신(초월적 절대자)은 존재하는가에 대한 대답은 쉽게 말해 '있다는 사람에게는 있고 없다는 사람에게는 없다.'고 말한다면 너무 무책임한 대답일까? 없다는 사람은 눈에 보이지도 않고 만져지지도 않으니 없다는 것이고 있다는 사람은 볼 수도 만져볼 수도 없지만 여러 기록물(성경)이나 인간능력으로서는 도저히 설명하기 어려운 광활한 우주의 천체운행과 자연생태계의 신비스런 조화와 현상들을 신의 전지전능한 능력으로만 설명이 가능하다고 보는 입장이다. 심지어 프랑스의 계몽주의자인 볼테르는 '신이 존재하지 않는다면 우리는 그를 지어낼 필요가 있다.'고도 했다.

그러면 인간은 왜 믿음이라는 특정 교리에 심취되고 절대자를 추구하는 믿음을 갖게 될까? 그것은 인간 자체가 불완전하고 한 치 앞의 미래를 알 수 없어 늘 불안감을 무의식 속에 지니고 있기 때문에 어떤 절대적인 불멸의 대상에 의지하려는 본능에서이다.

가령 원시시대에는 천둥벼락이 치고 비바람이 몰아치는 것도 어떤 초월자의 조화로 보고 경외심을 가졌으며 그런 현상이 과학적으로 규명된 현대 과학문명의 사회에서도 또 다른 불가사의가 대두되기에 종교적인 신앙은 인류의 역사와 영원히 동반하는 대상일지도 모른다. 그래서 유신론과 무신론의 문제는 인류의 과학문명이 우주탐험의 경지까지 이르고 있음에도 영원한 미해결의 숙제로 계속되고 있다.

과연 하나님은 R. 도킨스가 개념한 '만들어진 신'인지 아니면 세계최고의 문명국가였던 고대 수메르 사람들이 말한 대로 '신이 자신들의 일을 대신 시키기 위해 인간을 만들었다.'고 하는 것인지 그 진위를 알 수가 없지만, 만일 조물주가 오늘날의 세태를 본다면 인간을 만든 것을 가장 실수였다고 생각할 것이다. 전통 기독교에서 말하는 피조물 가운데서 인간에게만 주어진 3대 축복과 자유의지가 끝없는 호기심으로 발현되면서 자신(창조주)의 고유영역까지 도전하고 있기 때문이다.

세계적인 지성인들이 종교에 대한 나름대로의 견해를 밝힌 것들을 몇 가지 인용해보면,

- 종교란 보통 사람에게는 진리이고 현명한 자들에게는 거짓이며 통치자들에게는 쓸모 있는 것이다. (세네카; 고대 로마 정치가)
- 어떤 종교에 대하여 농담을 해도 별로 개의치 않는다면 그 종교는 좋은 종교이다. (체스터턴; 영국작가)
- 순교를 한다고 해서 반드시 그 종교가 위대한 것은 아니다. (오스카 와일드; 아일랜드 작가)
- 과학을 두려워하는 종교는 신에게 불명예를 안기고 자살하는

것과 같다. (에머슨; 미국 시인)

- 우주적 종교체험은 과학연구를 뒷받침하는 가장 강력하고 고귀한 힘이다. (아인슈타인; 물리학자)
- 종교는 우리의 지능이 유아기였을 때의 잔재다. 우리가 이성과 과학을 지침으로 삼게 되면 종교는 사라질 것이다. (버트런드 러셀; 영국 철학자)
- 사람들은 종교를 경멸하고 무시하지만 혹시 참이 아닐까 두려워도 한다. (파스칼; 프랑스 사상가)
- 잘사는 사람이 전도하는 것이 더 효과적이다. (세르반테스; 스페인 작가)
- 얕은 철학은 무신론자를 만들지만 깊은 철학은 유신론자를 만든다. (베이컨; 영국 철학자)
- 종교는 정치와 무관하다는 사람은 종교가 무엇인지 모르는 사람이다. (간디; 인도 정치가)
- 악마도 자신의 목적을 위해 성경을 인용할 수 있다. (셰익스피어; 영국 극작가)
- 교회와 가까운 사람은 종종 하나님으로부터는 멀다. (프랑스 속담)
- 강, 연못, 호수, 개울, 이름은 달라도 모두 물을 담고 있다. 종교마다 이름은 다르지만 모두 진리를 포함하고 있다. (무하마드 알리; 미국 권투선수)
- 나는 내가 힌두교, 그리스도교, 이슬람교, 유대교, 불교, 유교를 모두 믿는다고 생각한다. (마하트마 간디; 인도 정치인)

036. 전장에서의 살인과 일반사회에서의 살인을 왜 다르게 재단하는가?

전장에서의 살인은 사람을 많이 죽일수록 영웅대접을 받고 훈장까지 주지만 사회에서의 살인은 한 사람을 살해해도 중범으로 종신형이나 사형선고까지의 처벌을 받게 된다. 이것을 사회심리학에서는 상황윤리Situational ethic라고 하는데, 성공회 신부이며 윤리학자였던 J. 플레처 신부가 처음으로 제시한 개념이다. 그는 사회적인 정의는 반드시 예외 없이 일반적으로 적용하기보다는 조건과 상황에 따라 가변적으로 적용되어야 한다는 주장을 했던 것이다. 선과 악의 판단기준에 회색지대가 있다고 설명했던 것이다. 예를 들어, '이웃 사랑하기를 네 몸과 같이 하라.(레위기 19:18)'는 성구를 강조한 나머지 하나님에 대한 사랑에 소홀하거나 그것을 잃어버리는 경우는 현대 기독교의 전통적인 규범윤리관에서는 배치되는 것이어서 고민하는 문제라고 설명하고 있다.

그러나 하나님의 말씀을 절대가치로 삼고 있는 기독교의 선악판별 기준에서는 '살인하지 말라.'는 십계명에서의 하나님의 말씀은 어떠한 경우에도 살인은 악이므로 전장에서의 살인도 예외가 있을 수 없는데도 불구하고 플레처 신부의 견해는 상당히 파격적이라고 본다.

몇 가지의 예를 들어보자. 외딴집에 강도가 침입하여 칼이나 무기로 위협하며 돈을 강탈하려는 과정에서 자신의 생명을 위협받고 강도와 다투던 중에 오히려 강도를 살해했을 경우 살인이 아닌 정당방위로 무죄인가 아닌가에서 상황윤리적으로는 무죄이지만 전통적인 종교교리나 사회적인 규범윤리적인 측면에서는 유죄로 보게 된다. 또한 전쟁으로 적군과의 싸움터에서 내가 먼저 적병을 쏘지 않으면 내가 죽게 되는 경우도 그렇다.

그렇다면 과연 상황윤리적인 관점에서는 살인에 대한 선과 악의 판단기준이 사회정의와는 어떻게 관련되는가. 영국의 공리주의자 J. 벤담은 사회 전체의 행복을 위해서라면 한 사람의 살인은 허용할 수 있다는 주장이며 프랑스 자연주의자 J. J. 루소도 인간의 연민憐憫으로서 안락사와 같은 살인은 인정된다고 보았다. 일본의 작가인 모리 오가이森鷗外도 같은 입장을 취하고 있다. 그러나 독일의 관념론자 I. 칸트는 어떠한 경우라도 살인은 인정할 수 없다는 대립된 관점이다.

결국 현실적으로는 대다수 국가들은 전장에서의 살인은 정당방위로서 적군을 많이 죽일수록 훈장까지 주고 있고 종교교리에서의 살인은 정당방위를 인정하기 보다는 살인 자체를 죄악으로 보는 것이다. 한 사람의 희생으로 대다수의 행복을 얻을 수 있다면 용서될 수 있다는 것이 보편진리이지만 전통기독교에서는 그렇지 않다. 그러나 기독교의 역사에서는 중세 종교시대의 십자군 전쟁으로 수많은 사람들이 희생된 과거사가 있어 하나의 자가당착이라고 하겠다.

037. 민주주의 정치제도는 과연 최선의 통치형태인가?

세계는 다양한 민족과 국가들이 다양한 정치형태로 나라를 통치하여 왔다. 원시사회에서는 종족이나 씨족사회로 촌장이나 추장이 전권을 행사했다. 고대 로마와 그리스는 소수의 부족으로 이루어진 도시국가였으며 돌아가면서 통치하는 형태를 취하는 민주정과 과두정의 혼합정치였다. 그리스도 도시국가형태로 아고라Agora라는 시민광장에 모여 토론하는 방식의 원시적인 직접민주정치제도였다.

중세에 접어들면 하나의 국가형태로 변하면서 왕국이 건설되고 중앙집권적인 통치기구로 황제나 로마의 집정관처럼 소수의 권력자가 통치하는 방식으로 바뀌었다. 이들의 공통점은 명칭은 공화정이지만 실제로는 소수가 절대권력을 가지고 있었던 것이다. 특히 종교라는 신앙의 믿음체계를 통치의 수단으로 접목시켜 대중을 하나로 묶었던 정교일치의 방식이었다. 중세 로마공화정이 하나의 예이다.

그러나 점차 근대사회에서의 산업혁명과 과학문명이 발달되면서 새로운 계급이 대두되고 개인의 권리의식이 높아짐에 따라 종래의 일인독재권력이나 전제정치는 다수의 국민들로부터 저항을 받기 시작했다. 이태리 메디치가Medici family를 비롯한 르네상스, 프랑스의 인권혁명, 영국의 권리장전과 명예혁명, 러시아 볼셰비키 혁명 등으로 중앙집권적 독재정치는 커다란 변혁을 가지게 되었다. 입헌군주제로 다수의 시민들이 참여하는 법과 제도를 마련하면서 민주주의와 민주공화정이라는 새로운 정치형태가 세계정치사의 흐름에 주류를 이루게 되었다.

그러나 현대사에서도 시민사회로 접어들지 못한 많은 후진 국가들과 마르크스 이데올로기를 도입한 공산권 국가들은 국호를 '○○○ 민주주의 인민공화국'이라는 이름으로 표방했지만 실제로는 구소련과 같은 일인독재의 통치형태를 추구했다. 지금도 국호를 '조선민주주의인민공화국'이라고 부르는 북한이 대표적이다.

참다운 민주주의 정치형태는 주권재민이라는 기본원칙 하에 삼권 분립과 다당제 그리고 유권자들에 의한 보통, 비밀, 평등, 직접의 투표원칙의 선거제로 성립되는 것이다. 미국의 제16대 대통령 링컨은 민주주의를 '국민에 의한 국민을 위한 국민의 정치'라고 요약하고 있듯이 주권재민이 민주주의 정치제도의 요체인 것이다. 그러나 현대정치사에서도 후진국의 대부분의 나라에서는 이러한 문구에서 '국민'이라는 단어 대신에 일인독재자와 소수의 권력집단으로 대치하고 있는 실정이다. 2003년에 퇴임한 미 상원위원 제시 헬름스는 '과거의 민주주의는 좋은 제도였으나 지금은 그릇된 사람들의 나쁜 손아귀에 들어가 있다.'라고 하면서 민주주의정치제도의 어두운 일면을 지적하고 있다.

그런데 이러한 현대의 민주정치과정에서도 다양한 의사결정의 하나로 도입된 '다수결의 원칙'에는 전제조건이 선행되어야 한다. 다수결의 원칙은 집단지성을 긍정적으로 평가하는 결과로서 여기에는 구성원들의 높은 지성과 판단력이 전제된다. 그렇지 못할 때 소위 '떼법'이 되고 만다. 그래서 국회에서도 당론은 있되 투표방식은 비밀, 자유투표제를 법제화해야 하며 의회의 원구성도 여야와 당과 관계없이 개인적인 지지율을 기준으로 결정해야 할 것이다. 그나마 민주주의 정치제도가 중우정치衆愚政治로 안 되게 하는 하나의 방안인 것이다.

이러한 민주정치제도의 단점을 독일의 관념철학자 플라톤은 '폭민정치'라고 했고 그의 제자 아리스토텔레스는 '빈민정치'라는 말로 표현했다. 법안의 국민청원제와 국민소환제가 필요하며 한편 국회의원에 주어진 각종의 특혜를 줄이고 3선 이상은 제한하면서 대통령 중심제와 내각총리제를 국가의 특성에 따라 적용하는 것이 그래도 민주정치제도에 근접하다고 본다.

민주주의 정치제도는 최선에 가까운 차선이긴 하지만 여기에는 사회의 문명수준과 유권자들의 높은 사고력과 분별력 그리고 미래지향적인 가치관을 구비해야 하는 전제조건이 있다. 선거과정에서 실속이 없는 사람일수록 허언과 아부를 잘하여 상대방(유권자)을 속이고 이용한다. 그래서 유권자들은 정치인들의 포퓰리즘과 선동선전술을 분별하는 능력을 지닌 높은 시민의식을 가져야 한다. 그런데 현실적으로는 대다수의 국민들은 순박하거나 무식하여 그들에게 이용당한다는데 문제의 심각성이 있는 것이다. 1960년대 이승만 정권하에서 함석헌은 〈사상계〉에 '깨어있는 백성이라야

산다.'는 글로 곤욕을 치른 것이 바로 이것 때문이었다. 깨어 있는 vigilant 시민의식이 민주정치 발전의 기본요건인 것이다.

그런데 이처럼 민주주의 선거에서의 다수득표, 입법과정에서의 다수결이 과연 민주주의 정치의 최선의 제도인가를 재고하게 된다. 플라톤은 그의 저서 〈국가론〉에서 사회를, 철鐵과 동銅의 영혼을 지닌 농부와 상인, 은銀의 영혼을 가진 군인, 금金의 영혼을 지닌 철학자로 4등분하면서 철학자가 통치하는 국가야말로 최선의 정치형태이며 이데아를 실현할 수 있는 이상국가라고 하는 '철인정치론'을 역설했다. 이러한 관점에서 1920년대까지만 해도 영국과 미국, 스위스, 프랑스와 같은 문명국에서도 사회적 지위와 학력, 성별에 따른 차등선거를 실시하기도 했다.

지금까지의 인류정치사에서 고대의 직접민주정치가 가장 이상적이지만 인구의 증가로 실현불가한 한계에 이르자 근대 이후에는 간접선거에 의한 대의정치로 변화되면서 독재와 부정과 부패의 정치로 타락하는 길을 걷고 말았다. 그래도 지금까지는 민주주의적 정치제도가 최선은 아닐지라도 차선인 셈이다.

실제로 민주주의 정치의 본질은 다양한 가치관에 의한 상호이해충돌을 최대한 수용하고 조절해야 하는 어려운 딜레마를 안고 있다. 그러나 실패하더라도 독재나 전제정치와는 달리 그것을 개선할 수 있는 회복성이 있기에 지금까지의 정치제도사에서는 최선에 가까운 것으로 존립하고 있는 것이다. 세계정치사에서 '민주주의' 단어만큼 보편가치를 대표하는 것이 없다 보니 오늘날 악명 높은 독재자들도 '민주주의'를 도용하고 있다. 아프리카 독재들이 그렇고 북한 김일성의 '조선민주주의인민공화국'이라는 국호도 대표적인 예라고 하겠다.

'주권재민主權在民'이라는 민주주의 정치형태만큼 개인의 자유와 평등을 내포하는 개념과 제도가 아직까지는 없기에 최선이기는 하지만 현실적으로는 많은 논란을 안고 있다.

038. 삶이란 부단한 선택의 연속과정이다.

삶이 길든 짧든 평생을 살아가는 과정은 순간순간 선택의 연속으로 이루어져 있다. 작게는 일상의 가벼운 것으로, 오늘 점심은 누구와 어느 식당에 가서 무엇을 먹을까와 같은 것에서부터 크게는 자기의 평생을 좌우하는 결혼상대를 어떤 사람으로 정할까와 같은 것들이다. 우리의 삶은 백화점에서 어떤 옷을 고를까, 투표소에서 누구를 찍을 것인가 등등 날마다 자잘한 선택의 연속인 것이다. 그러나 어떤 배우자를 선택할까, 무슨 직업을 택할까와 같은 것들은 자신의 일생을 좌우하는 것이므로 매우 중요하기에 더욱 어렵다. 자잘한 일상의 선택은 바꾸기가 쉬워도 커다란 선택은 자신의 삶의 방식과 일생의 운명을 바꾸어버리기 때문에 결정하기가 어려운 선택이다.

우리가 학교를 다니고 공부를 하는 것도 이러한 선택과정에서 보다 많은 지식과 정보를 가지고 올바른 선택의 기회를 많이 가지려는 것이 그 목적이다. 지식과 함께 쌓은 정보는 유리한 기회의 포착에 결정적인 요건이 되기 때문이다. 그래서 학교에 다니고 다양한 공부를 많이 해야 하는 이유이기도 하다. 가령 부하들의 생사에 즉각적으로 연결되는 전장에서의 작전장교의 선택은 엄청나게 중요한 것이다. 적군의 동태에 관한 정보가 승패의 기본이기 때문에 현대전에서도 손자병법인 지피지기백전백승知彼知己百戰百勝이라는 말을 매우 중시하고 있는 이유이기도 하다.

이와 같이 인간의 일상은 선택의 연속이라고 보는 관점을 프랑스의 무신론적 실존주의 철학자 J. P. 사르트르는 그의 저서 〈존재와 무〉에서 인간은 무한한 자유와 선택의 가능성을 가지고 태어났기 때문에 무한한 자유선택에 따른 결과의 책임도 무한하다고 규정하고 있다. 무한한 자유, 무한한 선택, 무한한 책임이다. 인간의 본질이 그렇더라도 현실적으로는 과연 사르트르의 명제가 옳은가는 또 다른 논의의 문제이다. 무한한 자유조건이 누구에게나 과연 현실적으로 가능한가라는 것이 전제되기 때문이다.

가령, 무한한 가능성을 지닌 자유를 지니고 태어났다고 하더라도 선택에서는 사회적인 여건에 따라 자유가 제한되는 강제적일 수도 있다. 대부분의 경우 가정적인 조건이나 사회적인 제약에 따라 수동적으로 강요받는 선택이 많으므로 무한한 자유선택은 현실적으로는 불가능한 것이다. 가정형편이나 부모의 강요에 의하여 직장을 선택하거나 국가의 병역의무가 있는 조건과 없는 조건 등은 자신의 의지에 따른 자유선택이 아니기 때문이다. 이러한 강제적인 선택에서는 책임도 무한책임일 수가 없다. 다만 사르트르의 관점은 현실적인 조건이 아닌 인간의 본질이 그렇다는 것이라고 말한 듯하다.

실존철학적 해석이 아닌 현실적인 시각에서 일상의 선택과 삶의 관계를 보아도 선택은 매우 중요한 것임을 알 수 있을 것이다. 일상생활에서의 조그마한 선택이라도 인생을 좌우할 수 있는 엄청난 결과로 나타날 수 있기 때문이다. 이러한 선택문제는 자신보다는 가정의 가장, 회사의 사장, 사회지도자, 일국의 최고 통치자 등으로 그 위치와 역할이 크면 클수록 그 파장이 크게 나타나는 이른바 '나비의 효과' 원리가 적용된다. T. 몬슨은 '당신의 운명을 좌우하는 것은 당신의 순간적인 결정이다.'라고 했다. 이것은 개인의 자유선택이 보장된다는 전제조건이 있어야 성립되는 말이다.

이러한 순간의 선택과 결정의 중대함과 그 파급효과에 관한 이야기가 있다. 영국의 아동문학가 M. 모퍼고는 이를 〈설원의 독수리〉라는 소설형식의 논픽션에서 잘 그리고 있다. 제1차 세계대전 당시 영국군 병사 헨리 텐디는 1918년 9월 어느 날 독일군과의 전투에서 아무런 무기도 없이 서 있는 체구가 자그마한 독일군 병사와 맞닥뜨린다. 텐디는 그가 누구인지 몰랐지만 훗날의 독재자였던 히틀러였다. 헨리는 권총으로 공중을 향해 한 발 쏜 뒤 '빨리 집으로 돌아가라.'고 소리치며 살려 보냈다. 그로부터 20년 뒤 그는 제2차 세계대전을 일으키고 수많은 목숨을 앗아 간 주인공이 되고 말았다는 대강의 줄거리다. 한 사람의 자비로운 선택이 수만 명의 잔인한 살인의 결과를 가져다준 것이다. 이처럼 한 사람의 순간적인 작은 선택이 세계사를 바꾸는 엄청난 결과를 초래하는 경우이다. 그 반대인 경우도 많다. 톨스토이의 작품 중에 '사람은 무엇으로 사는가?'라는 단편소설이 있다. 가난한 구두수선공 세몬이 추운 겨울 밤길에서 만난 미하일이라는 불쌍한 젊은이를 집에 데려다가 같이 살면서 구두제작을 하는데 그의 솜씨가 뛰어나 돈을 많이 벌어주다가 어느 날 갑자기 그가 천사로 변하면서 하늘로 사라진다는 내용이다. 세몬의 조그마한 순간적 친절함이 선택한 결과이다. 그래서 '길거리의 거지도 박대하지 말라. 그가 천사인지도 모른다.'는 말도 있다. '흥부와 놀부'라는 우리의 전통소설도 비슷하다. 순간의 선택이 미래를 좌우한다는 메시지로 삶의 과정에서 선택의 중요성을 암시하고 있다.

039. 인간사회에는 분명히 계급적인 차이가 있게 마련이다.

조물주가 생명을 가진 만물을 만들었을 때부터 종 간에도 개체 간에도 우성과 열성의 차이를 두었다. 그것은 곧 강자와 약자로 나누어지게 되었다. 이러한 나뉨을 C. 다윈은 우성과 열성에 의한 적자생존, 자연선택이라는 개념으로 정리하고 있다. 이것은 인간사회에서도 그대로 적용되지만 '승자와 패자만 있을 뿐 선과 악은 없다!'는 동물세계의 이른바 '정글의 법칙'이 적어도 인간사회에서는 그래도 배제되고 있는 것은 여타 생명체들과는 달리 이성적인 사고능력으로 윤리와 도덕성을 가지고 있기 때문이다.

이러한 이성적인 사고능력이 동물과 같은 강자독식의 생태현상까지는 안 되도록 만든 장치가 윤리와 도덕 그리고 법과 제도이다. 그러나 윤리와 도덕, 관습, 법률, 헌법과 같은 장치가 그물처럼 짜여 있어도 인간의 강렬한 이기적인 본성은 근본적으로 없어진 것이 아니고 잠재적으로 억압되어 있어 틈만 생기면 밖으로 나오려는 것이 본능적인 현상이다. 그러나 인간사회에서도 작게는 거짓말로부터 시기질투, 위선, 사기사건에서 크게는 강도나 살인, 살육 등등의 사회범죄와 전쟁범죄가 근절되지 않는 이유도 여기에 있다. 그래서 본능적인 욕구는 인간이나 동물이나 같은 것이지만 인간만이 가지고 있는 이성의 힘이 있다는 것이 다를 뿐이다.

그러나 인간사회에서도 개인적인 자유와 함께 전체적인 평등을 인류의 보편가치라고 말하고 있지만 적어도 평등에서만은 형식적인 수준에 불과할 뿐이고 현실사회에서는 분명히 불평등은 존재한다. 태어날 때부터 지능이 우수하거나 예체능에 소질이 있다거나 부잣집 가정에 태어나거나 미모가 준수하다는 등등의 개성과 환경조건은 법으로도 제어하기 어려운 선천적인 차별요인으로 불평등의 원인이 되는 것이다.

따라서 우리들은 현재 같은 공간과 시간에서 같이 숨쉬며 살고는 있으나 눈에 보이지 않는 별세계에 살고 있는 사람들이 분명히 있는 것이다. 한 달에 기백만 원의 생활비를 벌기 위해 아침저녁으로 출퇴근하고 과도한 업무에 시달리면서 살아가고 있는 사람이 있는가 하면 그들이 버는 한 달의 월급을 하루의 용돈 정도로 여기면서 살아가는 사람들도 있기 때문이다. 그들의 세계는 우리들과 같은 시공간에 살고 있지만 전혀 다른 사고방법과 삶의 방식을 가지고 살아가고 있다.

이러한 현상은 개인과 마찬가지로 국가적인 차원에서도 동일하다. 재벌들의 자녀들은 서민의 자녀들이 직장에서 받는 한 달의 월급을 하루의 용돈으로 쓰고 있다면 그들의 정신세계는 분명히 다른 세계이다. 이러한 현상은 국가차원에서도 마찬가지이다. 아프리카 대다수의 주민들과 서구 선진국의 국민들의 관계가 그렇다. 어느 것이 더 행복하고 어느 것이 더 불행한가의 판단은 단순비교로 가늠하기는 어려우나 물질적인 풍요와 빈곤의 기준에서는 선진국이 후진국 주민들보다는 행복도가 높을 것이다. 그러나 사탕 한 알에 대한 만족도는 아프리카 빈곤국의 아이들에 비하여 미국의 어린이들이 매우 낮을 것이다.

이처럼 인간사회와는 달리 동물들의 세계는 오로지 힘에 따른 위계질서가 결정되어 있으므로 차별에 대한 스트레스는 존재하지 않을 것이다. '승지와 패자만 있을 뿐 선과 악은 없다.'는 이른바 정글의 법칙이기 때문이다. 동물들은 일단 주종관계가 이루어지면 철저하게 순응하고 복종하므로 집단 간의 싸움은 있어도 개체 간의 싸움은 극히 드물다.

중세의 종교시대나 근대의 산업사회에서는 종교와 자본력에 의한 신분계급이 분명하여 동물계와 같이 위계질서가 고착되어 있어 지배와 복종뿐이어서 오히려 욕구불만이 적었다고 본다. 그러나 서구의 르네상스 이후부터는 이러한 기존질서가 해체되면서 개인의 자유신장으로 사회적 유동성이 증가함에 따라 계층에 의한 충돌이 시작되었다. 정치권력에 의한 계층보다는 자본소유에 의한 계급구조가 등장하였고 이것은 다시 새로운 사회계급으로 등장하기 시작하였으나 현대에 이르러서는 자유와 평등, 인권의식이 급성장하자 정치권력에 의한 계급적인 차별은 공산주의 몰락과 함께 사라졌지만 이제는 소수의 자본가들에 의한 계급의식과 빈부국에 의한 차별세계가 형성되었던 것이다.

중동의 아랍에미리트공화국U.A.E의 화려한 생활상과 아프리카나 중국 오지의 원주민들의 주거환경을 상상해 본다면 알 수 있을 것이다. 현대사에서 20세기까지는 공산권 국가들에 의한 명목상의 평등개념이 대두되기는 했으나 실제로는 정치권력에 의한 특권계급이 생겨났으며 한편 자본주의 국가들은 자본력에 의하여 부유층이 일반대중들의 삶과는 전혀 다른 별세계를 만들었던 것이다. 그들의 물질적인 부와 풍요가 정신적인 별세계를 만들고 있는 것이다. 분명히 개인적인 능력차와 사회적인 계급적인 차이의 불평등에서 야기된 별세계인 것이다. 이들 두 계급의 공통점이라면 오로지 시간과 공간뿐일 뿐 삶의 형태는 전혀 다른 차원인 것이다.

자연주의 사상가인 프랑스의 J. J. 루소는 그의 〈인간 불평등 기원론〉에서, 인간은 자연상태의 삶에서는 평등이 유지되었는데 사회화가 되면서 불평등이 생겨났다고 했다. 특히 자본주의적인 소유개념을 지적하고 있다. 마르크스가 이러한 루소의 사적소유에 따른 불평등을 없애려고 시도한 것이 공동소유제인 공산주의 이론이다. 그러나 공동생산, 공동분배라는 공산주의도 개인과 개인간의 불평등 대신에 개인과 국가당간부의 관계로 바뀌었을 뿐, 그 한계를 극복하지 못하고 몰락하고 말았던 것이다. 이제 남은 것은 가진 자가 못 가진 자에 대한 연민과 동정과 같은 인류애일 뿐이다. 다만 인간사회가 동물사회와 같은 '정글의 법칙'이 아닌 '인류애의 법칙'으로 나아간다면 계급적 차이가 줄어들지도 모른다.

사실 능력에 따른 배분이 결코 차별이나 불평등이 아닌 것이다. 자유자본주의 제도의 당연한 것으로 공정과 공평 그리고 정의사회인 것이다. 다만 엄격한 법치로 부정과 부패를 가차없이 처단하는 전제가 있어야 성립되는 정의사회인 것이다.

040. 국어는 그 민족의 정체성이며 생명이다.

현재 지구상에 살고 있는 사람들이 말하고 쓰고 있는 언어의 가짓수는 약 3,000여 개부터 심지어 6,000개에 이른다고 주장하는 견해도 있다. 원주민이 많은 아프리카 대륙만도 900여 개이며 문명화된 유럽대륙에도 200여 개나 있다고 알려져 있다. 그러나 사용 인구가 100만 명 이상인 경우는 250여 개라고 한다. 유엔 가입국가의 수는 193개이지만 중국과 같이 55개의 소수민족으로 이루어진 국가도 있고 베트남도 35개의 소수민족으로 이루어져 있어 사용하는 언어는 다르기 때문에 국가 숫자보다는 언어의 종류가 더 많게 된다. 그래서 사용언어 인구수 가운데는 수백만 명부터 겨우 수십 명에 불과한 경우도 있다.

모국어로서 가장 많은 나라는 중국어이고 다음은 힌두어(약 4억 명)이며 아랍어(약 2억 명)와 일본(약 2억 명)이지만 영국과 프랑스, 스페인 등의 근대 강국들의 식민지 정책으로 영어, 프랑스어, 스페인어가 많이 전파되어 있다. 그러나 현대사에 접어들면서 미국의 국력이 세계를 선도하면서 국제사회에서 영어가 필수요건으로 등장하여 현재 영어는 가장 많은 세계적인 공통어가 되고 있다.

언어가 사고(인지구조)를 바꾸고 사고는 태도를 바꾸며 태도는 곧 개인과 국가의 성격과 역사를 결정한다는 논리에서 본다면 모국어는 매우 중요하며 그것은 곧 개인과 국가의 아이덴티티정체성가 되는 것이다. 한편 언어는 구조의 우열성에 의해 문화발전에 커다란 영향을 준다. 이러한 관점에서 우리 한글은 사용인구가 적은데도 세계의 수많은 언어학자들이 높게 평가하면서 부러워하는 언어이다. 언어의 우열을 비교평가하기는 매우 어려우나 표현 가능의 기준으로는 가능하다.

1940년대 일본 식민지하의 초등학교 학생 때의 경험이다. 당시 담임선생의 이야기로는, 그 진위는 잘 모르겠으나 우리의 한글이 매우 우수하다는 것을 알게 된 일본의 언어학자들이 한글이 원래 일본에서 유래되었다는 것을 조작하려고 아무도 몰래 기왓장에다 고대의 한글모음과 자음의 철자를 새겨서 산간오지의 땅속에 몰래 묻어 두었다가 우연히 발견된 것처럼 꾸며 한글의 기원은 일본민족이었다고 조작한 일도 있었다는 말을 들려주기도 했다.

그리고 우리나라의 민족혼을 말살하기 위해 국어시간에는 일본어로 된 교과서를 사용했고 더욱 기가 막히는 일은 월요일에 아동들에게 증표딱지를 10장씩 나누어 주고는 학교에서 우리말을 하면 한 장씩 서로 빼앗게 하여 토요일이 되면 검사하여 딱지를 많이 빼앗긴 아동은 변소청소를 시키는 경우도 있었다. 만일 36년간의 일제식민지가 50년쯤 지속되었다면 완전히 우리말을 잃고 동시에 민족정신이 말살되는 위기에 처했을 것이라고 본다.

이러한 현상은 프랑스의 역사에서도 나타났다. 1870년대 보불전쟁으로 프랑스가 위험해지면서 자기 나라 말로 수업도 못하게 된 것을 주제로 쓴 A. 도데의 단편소설 〈마지막 수업〉이 있다. 민족정신의 최후의 보루가 국어인 것을 주제로 쓴 이야기다.

한글의 우수성은 곳곳에서 나타난다. 가령 인체에서 매우 중요하고 자주 쓰는 것들, 입, 코, 귀, 눈, 손, 목, 발 등을 한 음절로 간단하게 만들었다. 일어나 영어만 해도 거의 두 음절이다. 선조들의 현명한 언어감각이다. 그리고 한글은 세계의 말 중에서도 의성어나 의태어 그리고 형용사가 풍부하다. 예를 들면 '붉다'라는 말의 빨간 색깔도, 불그스름하다, 새빨갛다든지, 청색도 푸르다는 것부터 시작하여 파랗다, 퍼렇다, 푸르스름하다, 푸르무레하다, 푸르딩딩하다, 새파랗다, 푸르죽죽하다 등등의 파생어가 수없이 많아 감정의 인식공간을 그만큼 넓혀주고 있다. 일반적으로 영어가 동사가 발달되어 있다면 한글은 형용사가 매우 발달되어 있다.

이러한 한글의 특성으로 21세기 디지털정보화 시대에 쉽게 적응하여 아마 한국만큼 컴퓨터 정보문화가 앞선 나라는 없을 것으로 본다. 일찍이 우리나라가 IT 강국이 된 것도 한글의 우수성에서라고 본다. 이것은 오늘날 한국의 젊은 세대들이 음악이나 웹툰 등의 콘텐츠 개발로 이른바 한류문화를 어느 나라보다 앞서서 선양하고 있는 주요 조건이 되고 있다고 본다.

그런데 이러한 한글의 우수성에도 불구하고 요즈음의 신세대들은 한문에는 너무 어둡고 또한 정보기기에 의한 축조어가 너무 많아 한글의 본모습을 잃어가고 있다.

한문은 결코 중국어가 아니다. 한글이 소리글이라면 한자는 뜻글이라 국한문병용은 문화발전에 커다란 도움이 될 것이다. 일본과 북한도 국한문 병용정책이다. 실제로 우리의 단어개념에서 한자로 구성된 것이 얼마나 많은가.

041. 진정한 친구는 슬플 때보다 기쁠 때 알 수 있다.

내가 슬픈 일을 당했을 때 찾아와서 위로해 주거나 병원에 입원했을 때 먼 길도 마다 않고 찾아와서 같이 아픔을 나누는 사람도 친한 친구이기는 하지만 이것보다 한 단계 더 높은 친구는 자신의 불운이나 슬픔에서보다도 어떤 행운이나 기쁨이 생겼을 때 자신의 기쁨처럼 좋아하고 즐거워하는 사람이다. 전자보다는 후자를 하기가 더 어렵기 때문이다.

쉬운 예를 하나 들어보자. 가령 가까운 친구와 같이 어려운 사법시험을 같이 응시했는데 친구는 떨어지고 자기는 합격했을 경우 대부분의 경우 말로는 축하한다고 하지만 그것은 진심에서의 말이기보다는 의례적이기 마련이다. 그러나 진심으로 자신이 합격한 것처럼 기뻐해 준다면 보다 진정한 친구인 것이다. 또한 같이 물놀이하다가 물살에 휩쓸려 떠내려가는 경우 같이 죽을 수도 있는데도 불구하고 뛰어들어 구조해주는 친구의 예도 그렇다. 그러나 죽음을 각오할 경우에는 슬픔과 기쁨의 구별은 없다.

인간은 근본적으로 극히 이기적인 동물이다. 불쌍한 사람을 보고 동정하거나 자신을 희생하는 이타적인 행위도 사실은 도움의 그 과정에서 자신이 기쁨을 느끼기 때문이다. 사회봉사활동이나 이웃돕기 운동을 잘 하는 사람도 만일 고통이 따른다면 도움의 동기는 많이 약화될 것이다. 물론 예외는 많다. 따라서 진정한 친구는 자신의 고통과 자기희생이 따를 때만이 성립되는 것으로 어머니의 자식에 대한 무조건적인 희생봉사에서 쉽게 발견된다. 기차가 달려오는데 철길로 기어가는 아기를 보고 자신은 죽을 줄을 알면서도 달려들어 아기를 구하고 자신은 희생되는 경우의 어머니의 행동이나 전장에서 피를 흘리고 쓰러져 죽어가는 전우를 구하려고 빗발치는 적탄 속으로 뛰어드는 병사의 모습이나 토종벌이 꿀통을 공격하는 장수말벌들에게 조그마한 몸통이지만 결사적으로 달려드는 경우도 자신의 희생으로 여왕벌과 애벌레 그리고 꿀을 지켜내는 것들은 동물의 본능이기는 하지만 순수한 희생정신인 것이다. 자기는 죽음으로 남을 살리는 것만이 진정한 사랑이며 우정인 것이다.

이러한 것들은 어떠한 전제조건이 없는 무조건적인 행위로서 진정한 사랑이며 이타정신의 본질인 것이다. 따라서 진정한 우정에는 자기희생이 따른다. 고사故事에 송무백열松茂栢悅이라는 말이 있다. 소나무가 무성하면 잣나무가 그늘에 가려 성장이 어려워질 것인데도 이웃이 잘되는 것을 보고 잣나무가 기뻐한다는 말이다. 자기희생으로 타인의 행복을 앞세우는 것이 진정한 우정인 것이다. 밥을 굶는데도 남에게 먼저 밥을 주는 것이 진정한 이타주의라면 배가 불러도 밥이 남아있으니까 남에게 주는 것은 이기적인 이타주의이다. 인간은 이기적인 이타주의를 무의식 속에 본능적으로 갖고 있다. 이러한 이타심도 그 대상이 멀고 클수록 지키기가 쉽지만 점점 자기 자신과 가까워질수록 지키기가 어렵다. 다시 말해 조국애나 인류애와 같은 것은 매우 추상적인 것이지만 동료애는 구체적이고 자기희생을 전제해야만 가능하기 때문에 지키기가 어렵다.

영국의 진화인류학자 R. 던바 교수는 〈친구〉라는 책에서 친밀도를 기준으로 4가지 부류로 나누고 있다. 슬플 때 서로 기대어 같이 울 수 있는 사이인 5명 정도가 가장 가까운 절친한 친구이고, 죽었다면 매우 슬플 것이라고 느끼는 15명은 친한 친구로 두 번째이며 3번째는 좋은 친구로 모임을 같이하고 싶은 50명 정도이며 4번째로는 그냥 친구처럼 아는 사이의 50여 명으로, 자녀 결혼식에 초청장을 보내도 괜찮은 사람이라고 분류하고 있다.

이러한 서구적인 인간관계의 친밀도와는 달리 진정한 우정은 친구의 기쁨을 자기의 기쁨으로 여기는 것이 한 차원 높은 것이다. 친구의 불행이나 슬픔을 보고 슬퍼하는 동정심을 갖는 것은 누구나 하기 쉽고 평범한 일이다. 동정심은 누구나 느끼기 쉬운 본능적인 심리현상이지만 나보다도 상대방이 더 앞서가고 우월했을 때 느끼는 질투심이나 시기심은 제어하기가 어렵다. 그런 질투심을 오히려 행복감으로 바꾼다는 것은 부부나 형제와 같은 너와 나의 동심일체同心一體가 아니고는 갖기가 어렵다. 그래서 차용증 없이도 돈을 빌려준다든지 심지어 남에게 빌려서까지 돈을 빌려주는 친구만 있어도 당신은 행복한 인생을 사는 사람이다.

042. 삶이 힘들거든 재래시장, 병원복도, 민사재판정에 가 보아라.

세상을 살다 보면 여러 가지로 어렵고 괴로운 일이 생기게 마련이다. 문제를 해결하고 나면 또 다른 문제가 생겨나서 삶이란 이러한 문제해결의 연속이라고 하겠다. 그래서 불교에서는 이러한 인간사를 괴로움의 바다, 즉 고해苦海라고 말하는 것 같다. 항상 즐거움은 짧고 어려움은 길게 느껴지는 법이다.

이처럼 삶이 힘들 때 어떤 사람들은 강인한 의지와 인내로 극복하는가 하면 어떤 사람들은 절망으로 좌절하다가 극단적인 선택까지 하게 된다. 그런데 모든 세상사가 귀찮고 힘들어 삶의 의미를 잃고 절망에 빠져 죽고 싶을 때, 한번쯤 재래시장을 찾아가 보아라. 산나물 몇 무더기를 앞에 놓고 팔려고 하루 종일 앉아있는 시골 할머니들을 보거나, 가까운 병원에 가서 한두 시간쯤 복도의 의자에 앉아 지나다니는 환자들을 보든지, 아니면 가까운 법원을 방문하여 민사재판을 견학해 본다면 자신의 불행한 처지가 별것도 아니라거나 가볍게 느껴짐을 알게 될 것이다.

재래시장의 할머니로부터는 삶의 끈질김을, 병원복도에서는 자신의 건강에 대한 안도감을, 법정에서는 세상의 어두운 그늘에 숨어있는 온갖 모습에서 자신의 다행스러움을 깨닫고 느끼면서 새로운 희망을 얻어 다시 살아갈 용기를 가지는 계기가 될 수도 있을 것이다.

실제로 지구상의 수많은 사람들과 삶의 모습은 80억에 가까운 세계인구수만큼 다양하고 다양한 만큼 갖가지의 삶의 모습이 있는 것이다. 따라서 제45대 미국 대통령 D. 트럼프와 같이 세계적인 부와 권력을 함께 누린 사람이 있는가 하면 기아와 질병에 허덕이면서 하루에 1달러도 안 되는 식비로 굶주리는 아프리카 오지의 주민들의 삶도 있다.

2011년 4월, 단체관광으로 중남미를 여행했을 때이다. 안데스 산맥을 따라 칠레의 아타카마 사막을 버스로 지나면서 보았던 것이다. 풀 한 포기 없는 사막 한가운데 지붕도 없이 거저 갈대로 엮은 울타리를 치고 혼자 살고 있는 여인을 보았다. 1년 동안 비가 거의 내리지 않아 지붕도 필요 없다는 가이드의 설명이었다. 그리고 세계에서 가장 높은 곳(3,800m)에 있는 페루의 티티카카Titicaca 호수에는 갈대로 만든 우로스Uros섬 위에 집을 짓고 사는 원주민들이 있다. 일단의 한국 여행객들이 배를 타고 갈대 섬에 도착하자 아이들이 나란히 서서 한국 동요 '오빠생각'을 합창하면서 맞이했다. 일행들이 모두 감동했다. 신기한 것은 갈대로 엮은 섬 위에는 채소밭도 있었고 돼지도 키우고 있었다. 그런가 하면 중국 윈난성云南省에 사는 하뉘족은 해발 2,000m의 고산지대에 살면서 다랭이 논에서 농사를 짓고 지내는 소수민족이다. 이처럼 살아가는 삶의 모습을 보면서 지구상의 삶의 모습은 얼마나 다양한가를 실감했다. 이러한 삶의 모습을 생각한다면 문명사회에서 편리하게 살면서 불평불만을 하는 것은 얼마나 사치스러운가를 생각하게 된다.

그러나 실존적인 문제로 어떤 고뇌나 절망이라면 다른 차원의 이야기지만, 대부분은 남과의 비교에서 생기는 허탈감이나 소외감에서 삶의 의욕을 상실하는 것이라면 사치스런 감정이다. 자신의 행복감을 남과 비교해서 보거나 나만 왜 불행한가라고 생각하는 것을 버려야 한다. 하루 종일 시장바닥의 좌판 앞에서 장사하는 할머니의 삶, 병상에서 중병으로 신음하는 환자들, 얼기설기 엮은 갈대울타리 집에서도 살아가는 칠레의 원주민, 가난과 질병 속에서도 살아가는 아프리카 오지 마을의 주민들도 있다는 것을 생각하면 어떠한 어려움도 이기고 내일을 살아갈 수 있다는 희망과 용기를 갖게 될 것이다. 태어날 때에는 부귀가 있지만 죽을 때는 없다. 인생은 일장춘몽一場春夢이며 남가일몽南柯一夢인 것이다.

043. 진정한 자유인은 자살을 한다.

여기서의 자유라는 말은 미국 시카고대학 교수였던 사회학자 E. 프롬이 그의 대표저서 〈자유로부터 도피〉에서 자유의 성격으로 분류한 것에서 '~으로부터의 자유free from ~'가 아닌 '~에의 자유free to ~'를 의미한다. 노예상태에서의 해방이나 식민국가에서의 독립과 같은 것이 전자라면 후자는 J. P. 사르트르가 말한 실존적인 뜻의 자유이다. 쉽게 말해 수동과 능동, 소극성과 적극성의 차이이다.

인간은 태어나는 것 자체는 어머니와 아버지의 의지에 따른 결과로 이루어진 것으로 수동적이지만 태어남 이후 자살이라는 것은 능동적이고 적극적인 자기선택으로서 진정한 자기결정의 유일한 형태의 자유인 것이다.

프랑스의 무신론적 실존주의자인 사르트르는 인간의 출생을 아무런 의미가 없이meaningless 길가에 내던져진 돌멩이와 같다고 비유하고 있다. 그러나 이러한 무의미에 의미를 부여하는 것은 순전히 자기의 자유의지에 의하여 이루어진다고 보았다. 그리고 오로지 인간만이 사물과는 다르게 '실존이 본질에 선행한다.'고 선언했다. 이러한 무의미한 것을 유의미한 것으로 바꾸는 것을 그는 각자의 자유의지에 의한 '선택'이라는 개념으로 규정하면서 진정한 실존은 자유선택에서만이 성립 가능하다고 보았다.

그런데 이러한 무한한 자유는 반드시 무한한 책임이 수반되는 전제조건이 뒤따른다고 했다. 가령 책상이나 의자와 같은 것은 목수의 의지에 따라 제작되어 '본질이 실존에 선행'하므로 아무런 자유의지가 없다고 보았다. 인간은 자기의 자유의지에 의하여 무엇이든지 가능한 자유영역이 있지만 책상은 만들어질 때부터 이미 규정되어 있다는 말이다.

그러나 현실적으로는 인간의 삶은 외부의 환경조건에 따라 여러 가지 외부의 제약으로 삶이 형태가 결정되므로 자신의 자유의지와는 상관없는 선택을 하기 마련이다. 따라서 이런 것들은 능동적인 자유가 아닌 수동적이고 제한된 자유이므로 책임도 제한적일 뿐이다. 다만 사르트르가 말한 실존의 본질로 규정한 것은 무한한 자유가 전제된 무한한 책임일 뿐이다.

그런데 사르트르는 인간은 본능적으로 무한한 자유를 추구하면서도 그 결과에 대한 책임을 될수록 회피하려는 경향을 갖게 마련인데 그러한 사람을, 1964년 노벨문학상을 받은 그의 자서전적인 저서 〈말〉에서는 '개새끼'라고 표현하고 있다. 그리고 이처럼 무한한 자유는 무한한 책임이 따르기에 E. 프롬은 그의 저서에서 자유에 따른 책임이 무서워 저서명도 〈자유로부터의 도피〉라는 것으로 표기하고 있다.

프롬과 사르트르가 규정한 자유의 개념은 실존의 본질인 것이다. 그리고 조건적인 선택이 아닌 무조건적인 선택이야말로 진정한 선택이며 자유라고 했다. 타인(부모)에 의한 수동적인 출생과 주어진 환경조건에 의한 수동적인 선택에서 벗어나는 길은 오로지 자살만이 유일한 탈출구라고 단정하고 있다. 자살이야말로 순수한 자기 결정의 자유의지이기 때문이다. N. 카잔차키스의 유명한 작품 〈그리스인 조르바〉에서의 주인공인 조르바나의 행동이나 문학 예술가들의 자살과 같은 죽음이 이러한 실존적인 자유에서 비롯된 것이다.

실제로 작가나 예술가들만큼 완전한 자유를 갈구하는 사람들도 없다. 그들은 조그마한 마음의 걸림돌만 있어도 못 견디는 사람들이다. 몸과 마음이 사막의 한가운데서처럼 완전한 고립상태일수록 그들은 만족한다. 그래서 자신의 창작세계까지도 아무런 거침이 없어야 하는데 그렇지 못하고 창작정신의 공간에서 한계를 느낄 때 자살로 돌파구를 만들어 구속에서 탈출하려는 경우가 많다. 특히 일본의 작가들에서 많이 나타났다. 1927년의 아쿠타가와 류노스케芥川龍之介, 1948년 다자이 오사무太宰治, 1972년의 가와바타야스나리川端康成의 자살이 그렇다. (그런데 작가 가와바타야스나리는 생전에 '아무리 살기가 싫더라도 자살은 확실히 좋다고는 볼 수 없다.'고 말하였으나 막상 자신은 그 길을 택한 아이러니한 작가이기도 하다.) 또한 서양의 유명작가 중에서도 미국의 헤밍웨이나 브라질의 츠바이크 등이 스스로 목숨을 끊었던 것이다.

다른 하나의 사례라면, 1960년대 고려대학교의 교양과정 과목에서 논리학을 가르치던 P 교수가 젊은 나이로 서관 시계탑 4층 건물의 창문에서 뛰어내려 자살한 사건이 있었다. 그는 강의가 없을 때는 항상 창문가에 홀로 서서 멍하니 먼 하늘을 바라보고 있는 시간이 많았다. 강의시간에도 별다른 표정도 없이 마치 자기 혼자서 자기에게 말하는 것처럼 논리학을 강의하였다, 학생들과 전혀 별 세계에서 사는 듯이 중얼거리기도 하면서 오로지 논리학의 사고영역 안에서 홀로 사는 듯했다. 그는 영원한 자유인으로 자유의 세계를 살다 떠나간 듯하다.

이와 같은 문화예술이나 철학사상가들과는 달리 천재적인 과학자들 가운데서도 자살로 생을 마감하는 경우도 많다. 1940년대 제2차 세계대전이 치열하게 진행되고 있을 때 영국의 전함들은 독일 나치가 개발한 U-보트 잠수함에 의하여 일방적으로 막대한 피해를 당하면서 수많은 전함의 침몰로 수많은 병사들이 수몰되었다.

그런데 독일군의 암호인 에니그마Enigma를 해독하는 데 애를 먹고 있는 가운데 A. 튜링을 위시한 일단의 컴퓨터 전문가들이 마침내 독일의 암호를 해독하면서 전세를 역전시켰던 것이다. 당시의 거대한 기계로 된 초기 컴퓨터로 암호를 풀어낸 것이다. 젊은 튜링은 뛰어난 천재수학자였고 논리학자였다. 그의 이론은 오늘날 AI의 단초가 되었다. 그러나 그는 전쟁이 끝나고 10년도 안 되어 자살로 생을 마감하였다. 한 사람의 천재가 세계사를 바꾸고 현대과학문명의 역사를 개척한 것이다. 그를 기념하여 미국 컴퓨터학회(ACM)에서는 '튜링상'을 제정하여 선구자의 업적을 기리고 있다.

이러한 시각에서는 염세적인 자살, 질병이나 남녀관계의 실연에 의한 자살, 사업실패, 생활고 등에 의한 자살은 진정한 자살이 아니다. 외적 조건이 자기를 죽이는 피살인 것이다. 진정한 자살은

P 교수와 같이 지적 한계에 부딪혀 하나의 탈출구로서, 작가나 예술가들의 죽음처럼 영원한 미의 경지를 찾기 위해 자살을 택하는 것만이 진정한 자살인 것이다. 따라서 그들만이 영원한 자유인이라고 할 수 있다.

그런데 종교신앙, 특히 기독교에서는 인간의 생명도 하나님이 부여한 것으로 보기 때문에 자기의 목숨도 자기 마음대로 해서는 안 된다는 논리에서 자살을 죄악시하고 있다. 그러나 자살은 인간의 완전하고 유일한 자유의지의 표현인 것이다. 조물주도 간섭할 수 없는 인간만의 순수한 자유공간이다.

044. 인류문화는 인간의 유한성을 무한성으로 바꾸려는 욕망의 결과물이다.

인간은 자신의 유한성을 누구보다 잘 알고 있기에 가능한 한 유한을 무한으로 바꾸려는 노력을 한다. 본능이다. 이와 같은 모든 욕구가 창작행위로 나타나고 그 결과들이 모인 것이 바로 인류문화이며 역사인 것이다. '인생은 짧고 예술은 길다.'라는 것도 여기에서 연유한 말이다. 인간은 자신이 언제인가는 죽는다는 것을 무의식적으로 항상 느끼고 있다. 그래서 사진사나 화가들은 아름다운 풍경이나 예쁜 꽃을 사진작가는 사진으로, 화가는 그림으로, 시인은 시로, 작가는 글로 남긴다. 풍경도 변하고 꽃도 얼마 안 되어 시들어버린다는 것을 알기 때문이다. 이러한 행위는 시간과 공간의 연장이며 자신의 감정을 타인에게 전달하는 유일한 수단으로서 축적된 것이 인류의 문화예술사이다. 또한 그러한 예술활동은 곧 시간과 공간을 뛰어넘는 자기확대의 결과인 것이다.

이러한 관점에서 남녀 간의 결혼이라는 것도 자신의 유한한 생명을 무한으로 바꾸려는 하나의 본능적 결과로서 이것은 시간적으로는 자기연장이며 공간적으로는 자기 복제를 통한 자기 확대인 것이다. 따라서 자녀가 자기를 닮으면 닮을수록 부모들은 더 만족한다. 이러한 현상은 비단 인간만이 아니고 생명체의 공통된 원리이다. 식욕은 자기 생명의 공간적인 연장욕구라면 성욕은 시간적인 연장욕구에서 기인한다.

그러면 인간의 원초적 본능인 식욕과 성욕의 강도는 어떠한가? 미국의 심리학자들이 실험한 재미있는 것이 있다. 윤리적인 문제로 인간을 피실험자로 이용할 수 없어 모르모트 쥐를 이용한 실험이다. 숫쥐 10마리를 우리 안에 가두어 3일간 굶긴 다음에 식욕이 최고조에 달했을 때(인간이나 동물은 3일간 굶었을 때가 가장 식욕이 최고조에 달함), 발정기의 암컷 쥐 한 마리와 쥐들이 매우 좋아하는 치즈를 놓아둔 우리에 넣었더니 7마리는 치즈 쪽으로 3마리는 암컷 쥐로 달려가는 것을 보고 식욕과 성욕의 비율은 7 : 3이라고 결론했다. 그러나 이것은 쥐의 반응이지 인간의 경우는 아닌 것이다. 당신이라면 어느 쪽일까?

그러나 식욕과 성욕의 강도는 아직도 그 우월성을 단정할 수 없다. 일반적으로 식욕은 생사에 직결되므로 성욕에 앞선다고 보지만 그렇지 않은 경우도 있기 때문이다. 가령 어느 청년이 실연성욕을 당했을 때 식음식욕을 전폐하고 비탄에 빠지거나 자살까지 감행하는 사례가 있고 보면 성욕이 식욕보다 강렬하다고 볼 수 있다. '죽도록 사랑한다.'는 말은 죽음과 삶을 동일시하는 말일 것이다. 청소년들 가운데는 실연으로 자살을 하거나 살인을 하는 사건들이 자주 발생한다. 실연에 대한 욕구불만이 내면적으로 폭발하면 자기학대인 자살로 나타나지만 밖으로 분출하면 살인으로 변한다. 연인간의 살인사건이 하나의 좋은 예이다.

이처럼 강력한 성의 본능이 내면으로 억제되는 과정에서 정제

되면서 이른바 승화sublimation 과정을 거치면 인류문화에 위대한 걸작을 남기기도 한다. 그래서 만일 〈토지〉라는 대작을 남긴 박경리 작가가 평범한 가정주부로 젊음을 보냈다면 과연 그런 작품이 가능했을까를 생각하게 된다.

생명의 유한성은 생명을 가진 만물의 숙명이다. 동물은 오로지 자손번식으로 시공의 한계를 극복하지만 인간은 문화예술로도 한계를 극복한다. 이와 같은 현상은 문화예술에서만 머물지 않고 영원불변의 절대자를 신봉하는 종교적인 신앙으로도 나타나고 있다. 신앙의 근원은 시공을 초월한 절대자신와의 동일시화의 염원에서 출발하고 있기 때문이다.

045. 어린애들은 무엇을 먹고 자라는가?

물론 어머니의 젖이나 우유를 먹고 자라지만 그것보다 더 큰 영양소는 어머니의 사랑이다. 아이에겐 눈에 보이는 것보다 안 보이는 것이 더 크다. 불과 70여 년 전만 해도 먹을 것도 없는 가난한 집안에서 일만 하시던 옛날의 어머니들은 젖도 안 나오고 우유도 없는 형편이었지만 어머니의 치마폭에 매달리면서 맡았던 어머니의 냄새가 아이들의 배고픔도 견디게 했던 것이었기 때문이다. 지금 팔구십 대의 세대들은 이러한 어머니의 냄새가 평생 동안 잊히지 않고 아련한 추억으로 뇌리에 생생하게 남아 있다. 이러한 현상은 오스트리아 동물행동학자 K. Z. 로렌츠가 말한 '각인이론'이며 J. 볼비의 '애착이론'으로 〈사랑의 해부학〉이라는 저서를 쓴 H. 피셔의 관점이기도 하다.

사실 먹는 것으로는 가난한 집안의 아이들보다 고아원의 아이들이 더 낫지만 고아들은 이러한 어머니의 사랑과 냄새를 맡지 못하기 때문에 애정의 결핍으로 정서적인 불안감이나 초조함을 평생 지니게 마련이다. 따라서 유아기에는 어머니의 사랑이 그 어떤 좋은 음식보다도 중요하다. 고아원아들이 밝은 낮 동안에는 친구들과 어울려 잘 놀다가도 해가 기울고 어두워지기 시작하면 기가 꺾이면서 슬픈 얼굴로 변하고 우는 아이들이 많다고 한다. 엄마가 생각나고 그리운 때문이다. 어릴 때 가장 두렵고 무서운 것은 엄마와 떨어지는 것과 어둠인 것이다. 밖에서 놀다가 또는 학교에 갔다 집에 들어서자마자 부르는 것이 '엄마'이다. 엄마가 세상의 전부이기 때문이다. 그런데 요즈음 대도시 경우 대부분의 주부들이 여러 가지 이유로 알바를 하면서 집을 비우기 때문에 빈집에 혼자 들어가는 아이들이 많다. 미국이나 일본에서도 1970년대 주부들의 사회진출로 이러한 가정이 많았다. 이처럼 혼자 빈집에 들어가는 아이들을 '열쇠소년Key-boy'이라고 불렀다. 적어도 초등학교 때까지는 집에 주부가 있는 경우와 없는 경우가 자녀의 정서형성에 커다란 차이가 있음을 밝히는 아동심리학자들의 연구보고서가 많다.

그리고 말 못 하는 유아의 경우 어머니의 젖을 먹을 때 생기는 스킨십은 매우 중요하다. 따라서 출산 후에는 아기를 어머니의 배 위에 얹어놓고 산모와 영아의 생체리듬(어머니의 심장박동과 아이의 심장박동)이 감응하도록 하면서 모유를 먹이는 것이 매우 중요하다. 부득이 산모의 지병이나 특수사정으로 수유가 불가하거나 부족할 경우에는 우유를 먹이면서도 가슴에 안고 젖을 먹이는 자세를 취하는 것이 좋다.

그리고 모유가 인공유보다 좋은 점은 분유를 구입하는 데 드는 비용이 안 드는 경제적인 측면도 있지만 무엇보다 모유수유를 함으로써 모유 속에 함유된 성분으로 유아는 각종 소아질환에 대한 면역력이 높아지고 산모에게는 유방암의 발병률을 크게 억제하는 효과도 있다. 또한 모유수유가 어린애의 성격형성에도 매우 좋은 영향을 끼친다는 점이다. 수유과정에서 어머니의 부드러운 젖가슴과 유아의 입술과의 접촉스킨십은 안정적인 성격형성에 기본적인 요건으로 작용하는 것이다. 보다 구체적인 관련 내용은 1993년, 파스퇴르 우유회사가 공모한 필자의 연구논문(고려대 '인문대논총' 제11집, 1993.)에서도 잘 설명하고 있다.

유명한 정신분석학자 S. 프로이트는 인간의 성장과정을 5단계로 나누면서 1단계인 유아기를 구순기口脣期(출생~2살)라고 했다. 이 시기에는 유아의 성장에너지가 집중적으로 입술에 모이기 때문에 모유수유가 유아의 건전한 성격형성에 얼마나 결정적인가를 구체적으로 설명하고 있다.

개략하면 유아의 모든 감각기관과 외부 사물에 대한 판단력이 입술에 집중되어 있으므로 모유수유인가 인공유의 수유인가에 따라서 성격형성에도 결정적인 영향을 끼친다는 것이다. 모유인 경우는 안정된 정서, 높은 신뢰감, 원만한 인간관계의 인격체로 성장하나 인공유는 정서불안과 초조, 지나친 탐욕과 소유욕을 지닌 사람으로 성장하기 쉽다는 것이다. 사실 아기들은 손에 잡히는 것은 곧바로 입으로 가져가서 빠는 것도 오감이 충분히 발달되어 있지 않아서 입의 감촉으로 외부의 사물을 판단하기 때문이다. 남녀간의 애정표현의 출발이 키스로 시작되는 것도 이러한 원초적인 욕구가 입으로부터 시작했기 때문인 것이다.

한편 아이들은 생리적으로는 어머니의 젖을 먹고 자라겠지만 정신적으로는 어머니의 냄새를 맡고 자라고 또한 스킨십이 매우 중요하므로 하루에 한 번씩 아무 말 없이 꼭 껴안아주는 것도 매우 중요하다. 말로 사랑한다고 하는 것보다 말 없는 스킨십이 훨씬 효과적이다. 또한 아이들은 개미나 벌들처럼 잠자는 시간이 아니면 쉴 새 없이 움직이고 뛰어다니면서 자란다. 아파트와 같은 제한된 공간에서 마음대로 뛰지도 못 하면 감정이 억눌리면서 정서 발달에 커다란 영향을 주게 되어 소극적이고 수동적인 성격과 태도를 가지게 되므로 자주 공원이나 시골여행으로 억눌린 기를 발산시켜 주는 것이 매우 중요하다. 유아와 아동심리학에는 이러한 것에 관련된 연구논문이 많다.

046. 당신의 삶은 지금 어디쯤에 속해 있을까?

현재 지구상에 살고 있는 80억에 가까운 사람들이 살아가는 모습은 제각각이어서 아마 80억 가지 삶의 수단과 방법 그리고 색깔과 냄새를 가지고 있겠으나 크게 3가지로 나누어 보게 된다.

첫 번째는 자급자족하면서 조용히 살아가는 부류로, 이들은 남을 도와주지도 않고 남을 해치지도 않는다. 나날을 오로지 자신에게 주어진 여건에서 조용하게 살아간다. 대다수가 이 부류에 속할 것이다. 그러한 사람이 언제 태어났다가 언제 죽었는지도 일가친척들만 알 뿐이다. 범부범부凡夫凡婦이며 갑남을녀甲男乙女인 것이다.

두 번째로는 남을 속이거나 심지어 살인까지 해야만 살아갈 수 있는 사람들이다. 그들은 자신의 노력으로 남의 재물을 빼앗고 속이는 것에만 관심을 갖고 살아가는 사람들로 기생충이나 다름없는 삶의 방식이다.

끝으로는 남에게 도움을 주면서도 잘 살아가는 사람들로서 이들은 두 번째 부류의 사회적인 결함을 메워주고 있는 셈이다. 평생을 자식을 위해, 부모를 위해, 사회와 더 나아가 조국과 인류를 위해 봉사하고 자기를 희생하면서 '~위하여 사는 삶'이다. 세계역사를 움직이는 주인공들의 대부분은 여기에 속한다.

그런데 희생봉사의 대상이 자신으로부터 멀면 멀수록 그 위대함은 크다. 자신의 가족보다는 남의 가족, 그것보다는 사회와 조국, 그리고 세계의 인류로 그 대상이 커지고 멀고 넓어지면 넓어질수록 그의 삶은 더욱 위대하고 크다. 이러한 사람들 때문에 인류사는 발전하고 진보해 왔다. 조국의 해방을 위해 희생된 안중근, 이봉창, 윤봉길, 유관순 등등의 독립투사들과 열사들은 자신들의 영달을 버리고 조국애와 인류애로 생을 마감한 사람들이다. 그러나 그들은 죽어서도 모든 사람들의 가슴속에 영원히 살고 있는 사람들이다.

우리와의 동시대 사람들 가운데도 1950년 단신으로 월남하여 평생을 의료봉사와 빈민구제로 일생을 마감한 장기려 박사, 아프리카 오지 마을에 학교를 세우고 교육과 선교활동으로 살다 간 '울지 마 톰즈'로 알려진 이태석 신부, 유한양행을 일으켜 평생 모은 재산을 사회복지와 교육장학 기금으로 모두 환원한 유일한 박사를 비롯하여 수많은 숨은 독지가와 봉사자들이 우리들 곁에서 함께 살았고 또한 일생을 소록도 나환자촌에서 그들과 함께 지내면서 치료행위와 봉사활동을 하였던 외국의 선교사들, 45년간이나 인도의 콜카타의 빈민촌에서 고아와 병자를 돌보다 선종한 마더 테레사 수녀, 미국 하와이 몰로카이섬에서 600여 명의 한센병 환자들과 살면서 그들을 치료하다가 결국 자신도 한센병에 감염되어 1973년에 선종善終한 벨기에의 다미앵과 같은 신부 등등이 주고 또 주고 싶고 주고도 잊어버리는 어머니와 하나님의 심정을 가진 천사들이다. 다미앵 신부는 사후에 시성諡聖으로 추서되었다.

인간의 사회활동의 특성을 행동심리학적으로 본다면, 유아기에는 받기만 하고 남에게 줄 줄 모르는Take & take 단계에서 청소년기의 안 주고 안 받는No give & no take 단계를 거친 다음, 주기도 하고 받기도 하는Give & Take 장년기의 합리주의적 시기를 지나 노년기에는 주고 또 주는Give & give 이타주의로 변하는 단계이다. 그러나 노년기에서도 그렇지 못하고 노욕에 빠져 어린애와 같은 사람도 많다. 인격적인 부족이나 결함이다.

이와 같은 삶의 방식을 유대교의 탈무드에서는 4가지로 나누어 설명하고 있다. 첫째는 '내 것은 내 것이고, 네 것은 네 것이다.'라는 독립형과 두 번째는 '내 것은 네 것이고, 네 것은 내 것이다.'라는 공유형과 세 번째인 '내 것은 네 것이고, 네 것은 네 것이다.'라는 양보형이며 그리고 네 번째의 '네 것은 내 것이고, 내 것도 내 것이다.'라는 수탈형이다. 즉, 범부범부凡夫凡婦형과 무지, 경건, 사악한 인간유형으로 분류하고 있다.

사실 인간은 자신의 겉모습은 거울에 비춰보고 알 수 있지만 속마음은 자신도 알기가 어렵다. 어려운 것이 아니라 알고도 모르는 체한다. 도둑놈이라도 자기에게는 관대하다. 내가 도둑질이나 남을 사기 치는 것도 ○○ 때문에 그렇다고 자기가 자신을 변명하면서 합리화시킨다. '핑계 없는 무덤이 없다.'거나 '처녀가 애를 낳아도 할 말은 있다.'라는 옛말처럼 본능적으로 잘못을 모두 남에게서 찾으면서 자신에게는 매우 너그러운 것이 본능적인 인간심리이다. 공자도 그의 〈논어〉에서, '군자는 잘못을 자신에게 찾지만 소인배는 남에게서 찾는다.'고 했다.

여기서 자신의 내면에 숨어있는 본성을 거울처럼 알게 해주는 한 가지 근사한 실험방법이 있다. 서너 명이 둘러앉아 있고 한가운데 기어 다니는 정도의 아이를 앉혀놓고 서로 자기에게 오라고 손짓을 하였을 때 어린애가 두리번거리다가 다가가는 사람이 제일 마음씨가 착한 사람일 확률이 높다. 아이들은 어른들에게는 보이지 않는 속마음이 보이기 때문이다. 아이들의 직관력은 순수하고 매우 높다.

인간이란 가장 가까이에 있는 자기자신을 제일 모른다. 항상 남에게 비친 자신이나 남의 평가에 의존하므로 우리들은 남이 말하는 자신의 평가를 매우 예민하게 반응하고 받아 들인다. 당신의 지나온 길이 어디쯤이며 어떠한가를 한 번쯤 생각해 볼 일이다.

047. 책 속에 길이 있다. 어찌 걸어가 보지 않겠는가!

예부터 독서의 중요성을 어느 시대 어느 나라에서도 강조해 왔다. 중국 당나라 시인 두보杜甫가 했다는 말로 '남자라면 적어도 다섯 수레의 책을 읽어야 한다.'는 남아수독오거서男兒須讀五車書라는 문구가 있는가 하면 '사람은 책을 만들고 책은 사람을 만든다.'라는 아주 멋진 독서표어도 있다. 우리나라는 오래전부터 해마다 가을이면 독서주간을 마련하고 국민들에게 독서운동을 장려하였다. 스페인에서는 매년 4월 23일을 '책의 날'로 정하고 그날은 세르반테스의 〈돈키호테〉를 읽는다. 24시간을 쉬지 않고 교대로 읽는 행사이다. 그리고 전국의 요소마다 〈돈키호테〉에 나오는 구절을 타일 벽에 새겨두고 있다. 고려대 안영옥 교수는 스페인을 직접 찾아가서 작품 속의 주인공이 걸었던 돈키호테의 여정을 따라 답사를 한 번역가이다. 그는 돈키호테를 '가장 순수하고 용감한 기사이자 품위 있고 명예로운 기사'라고 평가하는가 하면, 프랑스의 문예비평가인 S. 뵈브는 그 작품을 '인류의 바이블'이라고까지 극찬하고 있다.

그러면 무엇 때문에 우리들은 책을 가까이해야 하는가? 여성들이 매일 하는 화장이 얼굴을 다듬는 것이라면 독서는 마음의 화장인 것이다. 진정한 미인은 마음의 화장에서 나온다. 그리고 음식물이 우리들의 신체를 유지하는 영양소라면 독서는 정신의 자양분이다. 아무리 육체가 튼튼하고 얼굴이 예쁘다고 해도 정신이 빈약하면 '배부른 돼지보다 배고픈 소크라테스가 낫다.'와 같은 사람은 되지 못할 것이다.

한 나라의 문화수준을 가늠하는 주요 지표는 그 나라의 1년간 서적출판량을 보면 알 수 있다. 가계부지출 항목에서 도서구입비가 차지하는 비율로도 가능하다. 가까운 일본의 독서인구는 세계적으로도 선두주자이다. 이에 비하면 한국의 현실은 많이 뒤처져 있다. 1968년 유학으로 일본에 갔을 때이다. 수많은 서점마다 항상 손님들로 가득했고 골목서점에도 반드시 한 두 사람은 있다. 또한 지하철 안에서도 대부분이 책을 보고 있었다. 일본에서 소형의 지하철문고판이 세계에서 맨 먼저 생긴 것도 이 때문이다. 직장 여성들이 출퇴근 시간에 책을 보다가 간편하게 핸드백 안에 넣고 다니기 좋도록 한 아이디어에서 생긴 출판 문화였다.

그리고 당시 한국에는 소크라테스부터 마르크스에 이르기까지 위대한 사상가들에 대한 서적이 시리즈 정도로 나와 있었다면 일본은 소크라테스의 전집이 나와 있었다. 우리보다 한 단계 높은 수준이었다. 한참 뒤에 한국에도 문고판이 상륙하기도 했지만 잠시뿐이었다. 수요가 없어서였다. 그리고 잘 알고 있는 것이지만 2000년대까지만 해도 일본이나 유럽의 문화선진국들은 여름철 휴가를 떠날 때는 반드시 책을 두서너 권 가방 속에 넣어 가지만 우리들은 해외여행 가방 속에는 종이팩 소주가 예외 없이 들어 있었던 것이다. 우리에게도 이러한 풍습이 다소 사라지고 있지만 그들은 오래된 습관으로 내려오고 있다.

1970년 일본 유학생활 중에 경험한 일이다. 당시 강원도 도청에서는 일단의 우수 공무원들을 선발하여 지리적 환경이 강원도와 비슷한 일본의 동북지방으로 보내 지방행정의 실태를 견학시키는 프로그램이 있었다. 필자는 주일대사관의 추천으로 연수단의 통역역할을 맡아 그들을 안내한 기회가 있었다. 지자체장들의 집무실로 안내받았는데 지사실의 크기는 우리나라 지사실의 절반도 안 되었고 벽면은 서가에 각종 책으로 가득하여 마치 어느 대학교의 교수연구실과 같았다. 공부하는 공무원의 모습인 것이다.

또 다른 하나의 경험으로는 유학 중 알게 된 도쿄 중심가에 위치한 〈DISCO〉라는 중소기업의 가토 히로시加藤 廣라는 사장에 대한 이야기다. 마침 고려대 경제과 교수가 연구차 도쿄에 와서 나와 같이 그 사장실을 방문하게 되었다. 우리가 사장실에 들렀을 때 그는 무슨 영문 잡지를 열심히 보고 있었다. 그런데 후에 그 교수가 나에게 말하기를 자기는 그 사장을 보고 내심 매우 놀랐다고 했다. 그가 보고 있었던 영문판 경제 전문잡지는 한국의 대학교수들도 쉽게 보지 않는 것인데 일개의 중소기업 사장이 그런 수준의 영문 잡지를 읽고 있었기 때문이라고 했다. 물론 1970년대의 일본은 이미 선진국의 문턱을 넘어선 수준이었지만 한국은 엥겔지수가 매우 높은 형편으로 '금강산도 식후경'이라는 말이 어울렸던 때이므로 단순비교는 잘못일 수 있다.

그러면 실제로 우리나라 국민들의 독서문화는 선진국에 비하여 전통적으로 낙후되어 있는가? 그렇지 않다. 조선조 시대, 특히 중종 때는 '책 읽는 집'이라는 '독서당讀書堂'을 지어 중앙관료들로 하여금 독서를 권장하였고 심지어 세종대왕 때는 '독서휴가제도'까지 시행하여 한 달부터 1년간의 말미를 주기도 했다. 책을 많이 읽고 현실을 직시하고 비판하는 눈을 키우라는 뜻이었다. 여기에는 집현전 학자를 중심으로 신숙주, 성삼문, 박팽년, 하위지와 같은 학자들도 있었고 선조 때는 홍문관의 이율곡, 이이 같은 명사들이 있었다. 서적을 통한 많은 식견을 가지는 것이 국격을 높이는 데 도움이 된다고 보았던 것이다. 오늘날에는 유일하게 서울 가톨릭 대학교 대학원에 독서교육학과가 설치되어 있기도 하다.

그러나 근대에 이르러 일제의 식민지하에서는 우민화愚民化 정책으로 한글보급이 부진하여 독서인구의 일반화가 어려웠다는 점과 현대산업사회화 과정에서는 육체노동을 통한 경제성장정책으로 독서의 가치를 경시하는 풍조가 만연하였던 것이다.

사실 민주주의의 선진화는 물질적인 풍요보다 독서를 통한 수준 높은 교양인으로 민도民度를 높이는 것을 선행해야만 가능하다. 이것은 프랑스 정치학자로서 1835년에 〈미국의 민주주의〉라는 책을 쓴 C. A. C. 토크빌이 '모든 민주주의국가에서 국민들은 그들의 교양수준에 맞는 정부를 갖는다.'고 정의한 말과도 연결된다.

우리는 무엇 때문에 이처럼 책을 보고 또 보아야 하는가? 각종 전문서적은 새로운 지식을 쌓기 위해서이지만 다양한 철학서나 사회과학 그리고 문학서는 독자들에게 사고력을 배양하면서 삶의 질과 세계관을 확장시켜 주기 때문이다. 특히 문학작품은 저자가 심혈을 기울여 자신의 인생관이나 세계관을 글로 압축하고 있으므로 독자들은 저자의 관점에서 또 다른 삶의 체험을 간접적으로 체험함으로써 자신의 인생을 풍요롭게 만들수 있기 때문이다.

어린 자녀들 곁에서 책 읽는 주부의 모습은 참으로 아름답고 무언의 가정교육이라고 본다. 2021년도 문화관광부에서 우리나라의 문학 관련 독서경향을 연령대별로 조사한 통계에 의하면 의외로 10대가 76%로 가장 높고(아마 인터넷 서적인 듯 여김) 점점 낮아지다가 60대 이상에서는 28%로 나타났다. 독서습관은 어릴 때부터 습관화가 가장 중요하다. 그런데 실제로 누구보다 책을 많이 읽어야 할 대학생들의 교양관련 독서량은 매우 낮은 편이다. 전국의 수재들이 모였다는 서울대생들의 경우 도서관의 1년간 대출권수가 1인당 2018년에 9권, 2019년에 8권, 2020년에는 4권에 불과하다는 통계이다. 100여 권에 달하는 하버드나 옥스퍼드대와 비교하면 할 말이 없다. 요즘은 활자본보다 전자책을 이용하기 때문이라고는 하지만 전자책은 편리할지는 모르나 그 독서효과는 차원이 다르다.

독서는 적어도 독방에서 죄수로 10년의 감옥생활을 하더라도 읽고 싶은 책만 준다면 아무 불평을 안 하겠다든지 무인도에 혼자 떨어져 살더라도 읽을 책만 있으면 좋다고 생각한다면 괜찮은 독서의 수준이라고 생각한다. 이태리의 공산주의 이론가인 A. 그람시는 10년간의 옥중에서 30여 권에 달하는 〈옥중기〉를 쓴 것으로 유명하다. 대부분의 유명한 사상가나 정치가들은 옥중에서 수많은 책을 읽고 내공을 쌓았다. 무려 27년간의 투옥생활을 한 남아공의 넬슨 만델라 대통령이나 김대중 전 대통령의 오랜 감금생활에서의 독서는 조화와 관용정치를 낳았던 것이다. 1960년대 이승만의 자유당 시절 독재정치에 항거한 함석헌 선생은 당시 유일한 지성지 〈사상계〉에 '생각하는 백성이라야 산다.'는 제목의 글을 실어 투옥생활을 하였다. 여기서 생각한다는 말은 책을 읽어야만 가능하다는 뜻이다. 김지하 시인은 군사독재에 항거하여 오랜 투옥과정에서 불교의 율려사상律呂思想과 생명주의 사상을 터득하기도 했다.

일제식민지시대 전북 고창의 부농 갑부로 이름난 집안에서 태어난 인촌 김성수는 나라를 해방시키는 길은 독립투쟁도 중요하지만 근본적으로는 무지한 백성들을 교육으로 깨우쳐 자아의식을 높이는 것이라고 보고 사재를 들여 1905년 고려대학교의 전신인 보성전문학교를 세우고 이른바 '교육구국敎育救國'의 기치를 내걸면서 고등교육을 통한 민족의식 제고를 도모했던 것이다. 교육을 통한 많은 독서인구의 배양만이 애국의 기본임을 알았던 것이다.

오늘날 21세기 정보화와 디지털시대가 보편화된 조건에서는 구입과 휴대하기가 어려운 종래의 불편한 서적 대신에 경제적이고 손쉬운 PC나 스마트폰으로도 얼마든지 무슨 정보라도 얻을 수 있다. 그러나 독서심리학자들의 공통된 주장은 화면의 영상으로 보는 것과 활자로 인쇄된 서적으로 보는 독서의 차이는 매우 크다고 밝히고 있다. 실제로 2021년 일본에서 2,140명을 상대로 설문조사한 것을 보면 종이책으로 읽은 것과 전자책으로 읽은 경우 어느 것이 더 기억에 남느냐의 물음에 74% 대 2%로 나타났다는 보고도 있다. 영상의 시각적인 것과 활자의 인지적인 차이에서 생기는 사고력의 차이인 것이다. 정보의 디지털화로 서점들이 결국 사라질 것이며 신문잡지가 없어질 것이라고 우려했지만 그대로 존속하고 있는 것도 이런 이유에서이다.

독서의 습관은 어릴 때부터 가정교육에 의하여 매우 효과적으로 형성되므로 동화책을 읽고 감상문을 쓰게 하거나 매일 일기 쓰기를 습관화한다면 그 이상 좋은 것은 없다. 노벨상 수상자를 제일 많이 배출한 유대인들은 반드시 잠자리에서 어린 자녀들에게 〈탈무드〉나 동화책을 읽혀주는 어머니의 가정교육이 만들어 낸 결과라고 보는 관점도 있다. 값비싼 옷을 사서 입히기보다 좋은 책을 많이 사서 주는 것이 부모의 현명한 태도이다. 다소 특별한 예이기는 하지만 20세기 유럽 사상계의 중심인물이었던 프랑스의 실존주의 철학자 J. P. 사르트르는 젊은 시절부터 얼마나 책을 많이 읽었던지 나중에는 종이 위의 글자가 벌레처럼 기어 다니는 듯이 보였다고 그의 회고록인 〈말〉에 쓰고 있다. 실제로 그는 사팔뜨기와 같은 눈을 가졌다.

근년 들어 스마트폰이 일반화되면서 어린 꼬마들까지도 동화책보다는 인터넷 검색으로 잡다한 정보를 얻고 있지만 막상 카카오 창업자는 '인터넷 검색으로는 독서를 대신할 수 없다.'고 경고하고 있다. 인간의 인지구조는 귀로 듣고 눈으로 보는 것보다는 책을 읽는 것이 두뇌발달에 가장 효과적이라는 연구보고서도 있다.

책 속에 길이 있다. 그 길은 적어도 멸망의 길은 결코 아니다. 그러나 책 속의 길이 아닌 곳에는 실망과 고통의 길로 통할 수가 있다.

048. 우리나라에는 허유와 소부와 같은 사람은 없는가?

허유許由와 소부巢父는 중국의 요堯나라 때 살았던 전설적인 은자隱者로 나오는 사람이다. 요나라는 순舜나라와 함께 중국사에서 가장 평화롭고 잘 살았던 시대로 태평성세의 상징으로 알려져 있다.

그런데 어느 날, 요나라의 임금이 허유와 소부가 은둔해 있던 기산箕山으로 신하를 보내 초야에 숨어 지내는 허유를 찾아가서 왕의 자리를 권유하라고 명했다. 신하로부터 이 말을 들은 허유는 들어서는 안 될 더러운 말을 들었다고 하여 냇가에 가서 귀를 씻고 있었다. 이때 마침 소부가 송아지를 몰고 물을 먹이려고 냇가에 갔는데 허유가 귀를 씻고 있는 것을 보고 이유를 묻자 허유가 그 연유를 말하자 귀를 씻은 더러운 물을 송아지에게 먹일 수 없다면서 위쪽으로 올라가서 송아지에게 물을 먹였다는 이야기이다.

이에 대하여 우리의 현실은 너무 다르다. 오뉴월의 썩은 물고기에 들끓는 똥파리처럼 권력 주변을 맴도는 지식인들이 많으며 각종 더러운 비리에도 연루되고 있다. 많이 배운 사람들일수록 더 많이 부패하고 있는 셈이다. 지식은 풍부하나 지혜가 모자라기 때문이다. 오히려 못 배운 농어촌의 범부凡夫보다 못하다. 미국 작가인 M. 트웨인은, 정치가는 곧 아기기저귀와 같아서 자주 갈아주어야 한다고 하면서 그들은 거짓말에도 능란하다고 했다. 그리고 〈동물농장〉과 〈1984〉라는 작품으로 뛰어난 희화와 예견력으로 오늘날에도 독자들에게 많은 감동을 전해주고 있는 G. 오웰은 '정치는 언어를 타락시켰고 타락한 언어는 정치를 부패하게 만들었다.'고 규정하였으며 또한 철인정치론을 역설한 플라톤은 '그 나라에서 가장 참다운 철학자를 찾으려면 가장 정치를 멀리하는 사람이다.'라고 했다. 이들은 권력의 생리와 허위의식을 꿰뚫어 보았던 것이다.

다 같은 정치인이지만 영어에서는 오로지 다음 선거의 승리만을 생각하고 행동하는 개념 없는 정치인을 Politician이라고 하며 다음 세대를 생각하는 정치인은 Statesman이라고 구분한다. 정치인과 정치가의 차이이다. 따라서 정치활동의 목적이 자기 자신의 이익으로부터 멀수록 스테이츠맨에 가까운 사람이다.

우리의 현대사에서는 불행하게도 선공후사先公後私이며 멸사봉공滅私奉公의 정치가를 많이 가지지 못하여 수난의 정치사로 얼룩졌고 국민들만이 고된 삶을 이어 왔다. 그래도 이조시대의 세종대왕이나 목민심서의 정약용, 건국과 한국의 공산화를 결정적으로 막아 민주주의국가의 주춧돌을 놓은 이승만 대통령, 한국의 산업근대화로 가난한 빈곤국에서 중진국과 선진국의 기틀을 놓아 준 박정희 대통령은 말년의 과오에도 불구하고 대다수의 국민들로부터 정치가로 평가받고 있다. 이들은 정치인이 아닌 정치가였기 때문이다. 사실 정치인만큼 거짓말 잘 하고 뻔뻔스러운 사람은 없다.

속된 비유로 얼굴에 철판을 깔고 심장에 털이 나지 않고는 정치인이 될 수 없는 풍토가 오늘의 현실이다.

〈역사의 종말〉이라는 저서로 유명한 F. 후쿠야마는 '정치인은 본래 인간의 얼굴을 지니고 있지 않다.'라고까지 단언하고 있다. 실제로 대부분의 정치인들은 얼굴에 철판을 깔고 심장에 털이 난 사람이기 때문이다. 선거유세 중에는 온갖 미사여구와 함께 비가 내려 질벅거리는 땅바닥임에도 무릎을 꿇고 한 표를 호소하던 후보가 당선 이후에는 공약公約이 공약空約이 되면서 농노農奴로 행세하던 그가 점점 지주地主로 변신한다. 날마다 서로 싸우면서도 온갖 특혜와 높은 월급을 받는 직업이 국회의원직이다. 폭력배 집단과 비슷하다. 우리나라에서의 정치인은 정치가와는 달리 오래될수록 좋았던 사람이 사기꾼의 모습으로 변하기 쉽다. 철학이 없는 인품이기 때문이다.

그런데 이러한 정치계에 정작 적합한 사람들은 모두 피하거나 사양하고 부당한 인물들만 나선다는 데 문제가 있다. 옛시조, '까마귀 싸우는 골에 백로야 가지 마라. 성낸 까마귀 흰빛을 새오나니, 창파에 좋이 씻은 몸 더럽힐까 하노라.'인 것이다. 그러나 진정한 지식인은 불의를 보고 피하지 말고 적극 참여하여 개선의 역할을 하여야 하는 사회적인 의무감도 있다고 본다. 원래 지식인들이란 시시비비를 분별할 줄 아는 사람들이기에 사회 부조리와 부정부패를 보고서도 침묵하는 것은 사회적인 역할기대를 저버리는 행위이다. 그러나 대부분의 지식인들은 누구보다 정치현실의 부당함을 인식하면서도 거의가 양시양비론兩是兩非論으로 '누이 좋고 매부 좋은 논조'의 자세를 취했다. 지식인들의 나약함과 비겁함이다. 지식에 용기가 따르면 지성인으로 변하지만 지식에 비겁함이 따르면 부당한 권력에 아부하는 이른바 중세의 스콜라 철학자들로 변하게 된다. 서구의 문명화와 민주화가 빠르게 성장한 것도 지식인들의 높은 앙가주망사회참여이 있었기 때문이다. 허유와 소부까지는 아닐지라도 오늘날 우리나라에도 지식인보다는 부당한 권력에 맞서는 지성인이 많이 나오기를 기대할 뿐이다.

049. 참으로 아는 자는 말이 없다.

중국의 〈노자〉 56장에는 '아는 사람은 말을 하지 않고 말을 하는 사람은 모른다.(知者不言 言者不知)'라는 문구가 있다. 우리 속담에도 '강물이 깊을수록 소리 없이 흐른다.'거나 '빈 수레가 요란하다.'는 것과 맥이 통하는 뜻인 것 같다.

일반적으로 우리들은 자신의 지식이나 경험을 서로가 이야기하면서 살고 있다. 상대방과 대화로 자기표현을 하고 있다. 똑같은 지식과 경험이면서도 어떤 사람은 수많은 긴 말로 나타내는가 하면 다른 사람은 축약하여 간단명료하게 전달하는 경우도 있다. 그리고 인지認知가 높은 사람이나 사회일수록 언어가 축약되고 최고의 경지에 이르면 무언無言의 세계이다. 아무것도 몰라서 말을 못 하는 것이 아니라 모두 알고 있기에 말을 안 하는 것이다. 그것은 인간의 말로서는 사물의 본질을 적확하게 나타낼 수 없는 한계성에서 그럴지도 모른다. 말보다 글로써 자기표현을 하는 작가들은 보통 말수가 적다. 소설가보다는 시인이 말수가 더 적다.

이와 같은 이치를 잘 나타내는 이야기가 하나 있다.

우리들에게 〈승무〉라는 시로 잘 알려진 청록파 시인 조지훈 선생이 1968년 돌아가시기 몇 달 전, 시론詩論이라는 과목시간에 학생들에게 들려준 마지막 강의 내용이다.

'강원도 어느 깊은 산골에 한 머슴이 살고 있었다. 그는 날마다 산에 나무(땔감)하러 갔다가 선녀를 만났다면서 한 이야기이다. 밤이면 동네 머슴들이 사랑방에 모여 호롱불 밑에서 짚신과 새끼를 꼬며 도깨비나 귀신 이야기를 돌아가면서 하였고 그것으로 배고픔을 견뎠던 시절이었다. 그런데 이 머슴은 산에 나무하러 갔다가 날마다 다른 선녀를 보았다면서 만난 선녀의 아름다움을 온갖 미사여구로 재미있게 묘사하였다. 그는 날마다 만난 다른 선녀의 아름다움을 다르게 표현했다. 선천적인 이야기꾼이요 뛰어난 작가의 소질을 지닌 머슴이었다.

그런데 어느 날 밤에는 갑자기 꿀 먹은 벙어리처럼 입을 닫고 아무 이야기도 안 했다. 그날은 진짜 선녀를 보았기 때문이다. 그동안의 선녀는 순전히 자기가 상상으로 꾸며낸 허구의 선녀로서 갖은 미사여구로 이야기를 할 수 있었지만 그러나 진짜 선녀를 본 그날은 그때의 감동을 어떤 말로 표현해야 될지를 몰랐기 때문이었다.' 이것이 조지훈 선생님이 돌아가시기 전의 마지막 강의내용으로 기억 속에 생생하게 남아있는 것이다.

여기서 우리들은 많은 의미와 삶의 철학을 생각할 수 있다. 참으로 아는 자는 말이 없는 것이다. 말 잘하는 사람치고 진실된 사람은 드물다. 사기꾼치고 말 못하는 사람은 없다. 말이라면 누구보다 근사하게 잘하는 사람들, 대부분의 정치인들이 그렇다. 언어가 심장이나 폐 속으로부터 나오지 않고 입 속에서 가벼운 혀로 나오기 때문이다. 남아일언중천금男兒一言重千金이라는 옛말과는 거리가 멀다.

이러한 조지훈 선생님의 마지막 강의로부터 얻는 진리와 이치를 삶에 적용할 수 있는 것은 매우 많고 크다. 가령 청춘 남녀 간의 심리에도 그대로 적용된다. 다시 말해 가짜 사랑일수록 '당신 없는 세상은 불 꺼진 항구요 오아시스 없는 사막'이라고 하면서 갖은 교언영색巧言令色의 말을 쉽게 하지만 진짜 사랑은 여자를 앞에 두고 하고 싶은 말이 잘 안되고 심지어 엉뚱한 말을 하기도 한다. 그런데 어쩌랴, 대부분의 여자들의 생리는 말 잘하는 남자를 잘 따르게 됨을. 빈 수레가 요란하고 강물이 깊을수록 소리 없이 흐르는 이치를 잘 모르기 때문일 것이다. 공중에 난무하는 가화假花가 아름답다고 뒤쫓아 가는 나비와 같다.

또한 인지가 발달될수록 말은 축소된다는 것은, 호주의 원주민들 가운데는 자신들이 사는 지역의 이름을 말하기 위해서는 저 멀리 떨어진 우주의 온갖 별들로부터 시작하여 설명하는가 하면 지역명도 무려 30자에 가까운 글자로 이루어져 있기도 하다. 인지발달의 미성숙에서이다. 그러나 인지능력과 인성은 반비례한다. 원시인들과 문명인들을 비교하면 쉽게 알 수 있다.

성경에서는 우주만물의 근원을 '빛'과 '말씀' 하나로 압축하고 있다. 그러나 점점 말이 불어나면서 인간의 지식은 확장되었으나 인성은 축소되고 있는 것이다. 그런데 이러한 언어의 확산이 어느 임계점에 달하면 점차 축소되기 시작하면서 인간성이 회복되기 시작할 것이다. 여기서의 언어축소는 원시인들의 언어형태와는 다른 차원의 개념이다.

이것은 소설 한 편을 축소하고 축소하면 하나의 시가 되고 시한 편을 확대하면 한 편의 소설이 되는 것과 같다. 그래서 작가보다는 시인의 세계가 한 차원 높다고 한다. 허공에 떠다니는 무수한 언어들은 세속의 잡음이고 가화假花일 뿐이다. 독일 작가 T. 만은, '평생 글쓰기로 살아가는 작가들이 보통 사람보다 글쓰기를 더 어려워한다.'고 했다. 글의 깊은 의미를 더 잘 알기 때문이다.

050. 하이코미디와 위트 그리고 유머와 조크의 즐거움

복잡하고 고달프고 빡빡한 세상을 살고 있는 현대인들은 항상 어떤 불안과 초조함으로 스트레스를 기본적으로 가지고 있다. 대도시의 번잡한 생활환경과 TV 등의 매체들이 쏟아내는 정보와 광고는 욕망을 끝없이 자극하고 각종의 사건사고도 일상생활의 여유나 즐거움을 가지기 어렵게 만들고 있다. 이러한 마음을 다스리고 낙관적으로 생각하면서 살려면 무시하고 외면하면서 풀어버릴 수도 있지만 한마디의 위트나 유머를 하거나 듣는 것이 더 효과적이다.

코미디Comedy는 희극, 위트Wit는 삶의 지혜가 깃든 말, 유머Humor는 익살, 조크Joke는 농담으로 해석되나 서로가 비슷한 내용으로 남다른 발상으로만 가능한 것이어서 두뇌회전이 보통사람들보다 매우 빠르고 뛰어나야만 가능하다.

코미디Comedy에도 남을 웃겨 즐겁게 하는 밝은 하이코미디High comedy가 있고 남을 비꼬거나 빈정대는 풍자극과 같은 블랙코미디Black comedy가 있다. 기발한 착상의 하이코미디 한두 가지를 살펴보자.

(하나) 이솝 우화에 나오는 개미와 베짱이의 변칙적인 이야기

다. 원래 이것은 열심히 일하는 사람과 게으른 사람의 경우에 게으른 사람이 되어서는 안 된다는 것을 가르쳐 주는 우화이다. 개미처럼 쉬지도 않고 밤낮으로 노력해야지 베짱이처럼 그늘 아래서 노래나 부르면 가난하여 나중에 먹을 것도 없는 가난뱅이나 거지가 된다는 교훈이다. 그런데 이러한 교훈은 옛날 농경사회나 산업사회에는 통하는 교훈일지 모르나 오늘날 정보사회와 오락문화가 중시되는 사회에서는 맞지 않는다는 논리다. 왜냐하면 개미는 쉬지도 않고 밤낮 일만 하다가 그만 과로사로 일찍이 죽게 되었지만 베짱이는 그동안 열심히 노래만 부르다 보니 어느 날 그 노래가 대히트를 하면서 엄청난 돈을 벌었다는 것이다. 얼마든지 오늘날에는 현실적으로 가능하고 그렇게 될 수 있기 때문이다.

(둘) '늪에서 자주 보이는 황새는 가만히 쉴 때 왜 한 다리를 들고 외발로 서 있을까?'라는 물음에 대한 정답은, '두 다리까지 들면 넘어지니까'라는 말이다. 그리고 한때 필름을 사용하는 사진기가 주류를 이룰 때 사진관 입구의 유리창에는 어느 곳이나 D. P. E.라는 붉은 글씨가 크게 쓰여 있었다. 그 글자의 본뜻은 필름의 현상Developing, 인화Printing, 확대Enlarging를 머리글자로 줄여 쓴 것이다. 그런데 어떤 중학생 녀석이 친구들과 집으로 돌아가다가 사진관의 창문에 쓰인 글자를 보고 아는 체했다. 저 글자는 사진관 주인이 지나가는 사람들에게 'D= (들)어오세요 P= (필)름이 E= (있)습니다.'라는 의미라고 했다. 이런 것과 함께 영어의 FAMILY라는 단어도 (F)ather (A)nd (M)other (I) (L)ove (Y)ou의 조합이라고 말하는 아주 근사한 위트도 있다.

(셋) 어느 초등학교 1학년 교실. 산수시간에 선생님이 아이들에게 '사과가 5개 있는데 2개를 먹으면 몇 개가 남을까요?'라고 하자 한 아이가 손을 치켜들더니 '2개요!'라고 했다. 왜 2개냐고 묻자 아이는 '엄마가 그러는데 먹는 게 남는다고 했어요!'라고 말했다는 것이다. 그 아이는 숫자보다 '먹는다.'는 말을 중시했던 것이다.

(넷) 1950년대 말경, 필자가 어느 섬마을 농어촌에 있는 농업고등학교를 졸업하고 3년 남짓 벽지의 국민학교초등학교에 선생으로 근무했을 때의 이야기이다. 학교 근처 농가에 혼자 사는 중년의 아주머니 집에서 하숙을 하고 있었는데 어느 일요일 방에서 책을 보고 있었을 때 마침 당시에 유행했던 방물(주로 여성들에게 필요한 화장품이나 머리빗, 패물 등을 광주리에 담아 이 집 저 집을 이고 다니면서 파는 물건)행상 아주머니가 왔다. 대청마루에 앉아 주인아주머니와 행상아주머니가 물건을 고르면서 주인아주머니가 방물아주머니를 보고 어디서 왔냐고 묻자 전라도에서 왔다고 대답했다. 그러자 주인아주머니가 다시 '전라도는 경상도에 있지요?'라고 되물었는데 방물장사 아주머니는 '그렇다.'고 대답했다. 방에서 가만히 듣고 있던 나는 서로가 모르면 모든 것이 진리가 된다고 느꼈다.

(다섯) 어느 날, 한 남자가 자신의 미래운명을 알고 싶어 어느 무속인을 찾아갔더니 무속인은 그를 보고는 '당신은 3개월 안에 관재수로 구속될지도 모른다.'고 하자 그는 격분해서 갑자기 주머니에서 칼을 꺼내 무당을 찌르고 말았다. 그는 곧바로 경찰에 끌려가서 구속되면서 무속인의 예언을 아주 신속하게 실현했다. 그녀는 매우 영한 무속인이 되었다.

(여섯) 어느 산골마을 동네 머슴들이 달 밝은 어느 날 밤, 사랑방에 모여 새끼를 꼬고 짚신을 삼다가 밤이 깊어 배가 고파지자 동네 부잣집으로 닭서리를 가게 되었다. 한 놈이 월담을 하여 닭장에 들어가 유황불로 닭을 마취시키고 있을 때, 잠귀가 밝은 그 집 주인영감이 이상한 낌새를 느끼고 마당에 나와 돌담울타리를 따라 둘러보았을 때다. 담 밖에서 닭을 잡아 담 너머로 넘겨주기만을 기다리고 있던 한 놈이 달빛에 비치는 주인영감의 하얀 머리가 담 위로 조금 보이자 닭인 줄 알고 '흰 닭인가!' 하면서 두 손으로 주인영감의 머리를 감싸 쥐었다. 깜짝 놀란 영감은 그길로 쓰러져 며칠간 앓아누웠다가 결국 죽게 되었다. 상여를 메고 가는 동안 누구보다 서럽게 울면서 무덤 파는 일까지 열심히 해준 것도 그들 머슴들이었다.

(일곱) 옛날 부모들은 어린 자녀들이 "엄마! 아이는 어디서 왔는가요?"라고 물으면, 대부분이 "다리 밑에서 주워왔단다."라고 대답하면서 성문제에 관한 이야기를 꺼리면서 둘러대었다. 그러나 사실 그 다리는 나무다리橋가 아니라 어머니의 다리脚인 것으로 맞는 대답이다. 하나의 개그gag이고 유머humor라고 하겠다.

(여덟) 요즘의 새로운 직종으로 '웃음 치료사'라는 것이 있다. 그는 청중들에게 웃기는 말과 행동으로 힐링을 유도하는 직업이다. 날마다 남을 웃기지만 집에 돌아와서는 막상 자신은 외롭고 쓸쓸하여 우울증을 앓다가 자살을 했다는 아이러니이다.

(아홉) 어느 날 영국 수상 처칠이 연설을 마치고 연단을 내려오다 넘어지자 관중들이 크게 웃자, "여러분들이 즐거우시면 한 번

더 넘어지겠습니다."라고 말했다는 재치위트이다.

이러한 위트나 유머는 수없이 많다. 가령 영국의 유명한 극작가이자 문예비평가인 G. 버나드 쇼는 그의 묘비명에는 '우물쭈물하다가 내 이럴 줄 알았다.'는 위트가 넘치는 글이 새겨져있다고 하지만 실제로는 묘비도 없고 틀린 표현이라고 알려져 있지만 여하튼 재미있는 위트의 하나이다.

(열) 동양의 문화권과는 달리 서양문화권에서는 어떤 모임에서나 유머를 잘하는 사람이 제일 인기가 있고 그날의 주인공으로 여성들로부터도 호감을 산다고 한다. 또한 가정에서도 친구들과의 대화에서도 유머와 위트가 환영받는다. 장례식장이 아닌 다음에야 어떠한 엄숙한 연설에서도 미국의 역대 대통령의 기념사에서는 항상 위트나 유머가 넘치는 여유를 보여준다. 고급문화인 것이다.

우리의 경우 만일 친구와의 대화에서도 유머가 많으면 경망하다고 인식하기 마련이고 심지어 씨산이(경상도남부지방 방언: 경망하고 쓸데없는 말을 많이 하는 사람)로 취급되기 십상이다. 어릴 적부터 대화문화의 부족에서이다. 특히 밥상머리에서의 말 많은 사람을 버릇없고 교양 없는 사람으로까지 여겼다. '점잖다'는 말도 '젊지 않다.'는 뜻으로 젊은 애들처럼 재잘거리지 않고 조용하다는 뜻에서 나온 말이다. 남아일언중천금男兒一言重千金의 격언까지 있는 시대상이었다.

이와 같은 대화문화가 대중식당에서도 그대로 나타나고 있다. 우리들은 식당에서도 회식이 아닌 경우는 거의가 10분 이내로 식사를 마치고 급히 나간다. 이러한 속전속결의 음식문화는 1950년

6.25전쟁 때, 뒤에는 인민군이 추격하고 있는 피난길에서 후닥닥 밥을 먹지 않고는 잡혀 죽을 수도 있다는 절박한 경험 그리고 '0.5초 이내에 식사를 마치고 완전무장하여 연병장에 집합한다!'고 식당에서 선임병이 외치던 1960년대의 병영문화, 또한 남보다 빨리 먹지 않으면 맛있는 반찬은 없어져버리는 속전속결식의 군대식사 문화 등등이 합쳐져 생긴 유산이라고 본다.

이에 비하여 서구에서는 점심시간임에도 무려 2시간 동안 대화를 하면서 식사를 하는 풍습이 있다. 그래서 우리나라에서는 손님만 많으면 식당업만큼 쉽게 돈을 많이 버는 장사도 없다. 빨리 먹고 빨리 나가니까 비좁은 식당이라도 회전율이 매우 빠르기 때문에 매상도 그만큼 많기 때문이다.

그러면 이러한 대화문화에서 동서양의 차이 가운데 과연 어느 것이 바람직한가? 관점에 따라 달리 평가되겠지만 서양의 대화문화가 더 바람직스럽다고 본다. 영화나 연극에서 보면 그들의 대화는 얼마나 유머스럽고 재치가 있는가. 즐거운 대화는 팍팍한 기계의 톱니바퀴에 윤활유를 뿌리는 것과 같다. 한국이나 일본의 TV 프로에서 유머프로그램이 별로 발달하지 못하는 것도 부족한 대화문화의 전통에서 기인한다고 본다. 일본의 경우 한국 TV의 개그맨 프로와 비슷한 것으로 전통적인 만담형식인 '라쿠고落語'라는 것이 있다. 무대 위에 혼자 나와서 방석을 깔고 앉아 하나의 스토리를 재미있게 말재주로 이어가는 방식이다. 사실 일본도 근대봉건시대까지 이른바 사무라이라는 무사계급의 무인들은 항상 엄한 얼굴을 하고 웃음이나 농담을 금기시했으므로 역사적으로 유머나 개그가 발달하지 못한 민족이었다. 그래서 우리의 전통사회도 비슷하지만 특히 일본의 기성세대는 농담을 잘 안하고 잘 못한다. 어쩌다 농담을 하면 일본인들은 '정말!'이라고 하면서 놀라기도 한다.

우리나라에서는 1960년대의 라디오와 60년대의 라디오와 TV 프로에서 한국 희극의 원로인 구봉서, 남보원을 비롯한 배삼룡, 서영춘의 트리오가 코미디언 1세대로 웃음을 공급했고 김희갑과 이주일과 장소팔 등을 거쳐 심형래 그리고 김미화가 '일자 눈썹'으로 연기를 이어갔다. 근년 들어서도 젊은이들에 의한 개그Gag 프로가 이어져 오고 있기는 하지만 지금의 주제와 연기는 세대차에 의한 웃음의 소재가 달라지면서 기성세대들에게는 어필하지 못하고 있다.

실제로 정년이 임박한 원로교수들의 강의에서는 학생들과의 세대차에서 웃어야 할 곳은 쿨하고 예상치 못한 것에 웃는 웃음의 대목이 달라지는 경우가 많다. 이것도 하나의 코미디이다. 그 교수는 이제 강단에서 내려와야 할 대목이다.

실제로 코미디언이 관객을 웃기고 울리기도 하는 것은 매우 어려운 일이다. 코미디계에서 세계적인 코미디언의 상징인 찰리 채플린처럼 생기지 않고는 말로나 행동으로 남의 감정을 컨트롤하기는 한계가 있고 생명이 길지 못하다. 채플린은 말 한마디도 없이 그의 행동만으로도 누구나 웃게 만들고 있기 때문이다.

말로써 연출하는 코미디언의 생명은 매우 짧다. 남다른 뛰어난 머리로 늘 새로운 소재를 발굴하지 않고는 관객을 웃기기는 매우 어려운 것이 코미디언의 직업이기 때문이다. 그래서 TV 프로그램에서 코미디 프로의 생명은 그렇게 길지가 않음을 보게 된다. 코미디언이 상대방을 갑자기 때리거나 욕지거리로 청중을 웃기기 시작하면 그의 능력이 한계점에 다다랐다는 것을 의미하는 것이다. 실제로 무대 위의 삐에로는 겉으로는 남을 웃기지만 자신은 속으로 운다고 한다. 살기 힘들고 빡빡한 세상살이에 웃음은 커다란 위안과 용기, 희망을 안겨줄 뿐만 아니라 장수의 커다란 조건이라고 한다. 소문만복래笑門萬福來라는 말이 있지 않은가!

051. 사랑과 생명의 근원, 어머니

만물의 근원에는 어머니가 있다. 수천 년을 이어온 '어머니'나 '엄마'라는 말은 항상 새롭고 정감이 있다. 영어의 Mother를 Mommy나 Mamma라고도 부르듯이 우리들도 젖먹이 아기들이 제일 먼저 배우는 말이 '맘마'이다. 모든 생명체는 암수가 있고 인간도 부모가 있어 새로운 생명체가 탄생하지만 동물의 수컷보다는 암컷이 그리고 인간의 아버지보다는 어머니가 생명의 근원에 더 가깝다. 그리스의 철학자 플라톤은 어머니를 '신비스런 우주의 자궁'이라고 표현했고 중국의 노자는 곡신불사谷神不死라는 말로 '온 세상이 가뭄으로 모두 메말라 죽어도 마르지 않는 곳玄牝이 있다.' 하여 여자의 음부를 칭송했다. 생명근원의 바탕이며 영원성을 가리키는 말이다.

어머니를 한자로 母라고 표기한 것은 가슴에 두 개의 젖과 젖꼭지가 있다는 상형문자이고 영어로는 Mother이다. 자기 나라를 Father가 아닌 Mother-land 또는 Mother-country로 표기하여 어머니의 가치를 아버지보다 중시하고 있다. 일본에서는 보통 남자아이들은 자기 엄마를 '보자기'라는 뜻의 오후쿠로お袋라고 부르고 있는데 이것은 아기를 감싸고 있는 엄마의 자궁을 상징하는 말이다. 한국 어머니의 이미지를 이어령 교수는 그의 〈보자기 인문학〉이

라는 저서에서 '머리 위에는 물건을 이고 등에는 아이를 업고 양손에는 짐을 들고 길을 걸어가는 한국의 어머니를 서양의 선교사 J. S. 게일은 곡예사라고 불렀다.'라고 소개하고 있다. 전통적인 한국 어머니의 모습인 것이다.

그런데 일반적으로 동물의 수컷이나 인간의 남자는 여자에게 씨앗만 뿌려놓고 어디론지 떠나버린다. 동물의 암컷이나 인간의 어머니는 뱃속의 자궁 속에서 씨앗이 움트고 자라 세상 밖으로 나올 때까지 자신의 몸으로 키우다가 출산의 고통을 혼자서 감당한다. 동물의 수컷이나 남자는 가능한 많은 자기 후손을 남기려고 기회만 있으면 이곳저곳에 많은 씨앗을 뿌리려고 하지만 암컷이나 여자들은 이러한 임신과 출산의 고통 때문에 가능한 한 회피하려고 한다. 따라서 새 생명에 대한 애정은 수컷보다 암컷이 아버지보다 어머니가 훨씬 많은 애정을 가지게 마련이다.

그리고 자손에 대한 자기희생 정신은 하등동물이 고등동물보다 더 강하다. 그것은 하등동물은 본능이 더 강하게 작용하는데 비하여 고등동물인 인간은 자아의식이 더 발달하여 이기적인 감정이 개입하기가 쉽기 때문이다. 그러나 어머니와 아버지의 경우에는 어머니가 훨씬 강하다. 가령 자녀가 범법행위로 경찰서 유치장에 구속되었을 경우 아버지는 자식에 대한 비난부터 하게 마련이지만 어머니는 아들에게 면회를 가게 된다. 소식이 없던 탕아蕩兒가 돌아왔을 때 반갑게 맞이하는 것도 어머니이다. 이러한 어머니의 심정을 절묘하게 표현한 다음과 같은 시가 있다.

어머니의 눈물

회초리를 들긴 하셨지만 차마 종아리를 때리시진 못하시고
노려보시는 당신의 눈에 글썽거리는 눈물
와락 울며 어머니께 용서를 빌면 꼭 껴안으시던
가슴이 으스러지도록 너무나 힘찬 포옹
바른길 곧게 걸어가리라 울며 뉘우치며 다짐했지만
또다시 당신을 울리게 하는 어머니의 눈에
채찍보다 두려운 눈물, 두 줄기 볼에 아롱지는……
흔들리는 불빛.

(박목월)

영국의 극작가 셰익스피어는 '여자는 약하지만 어머니는 강하다.'고 했다. 그리고 인류구원의 예수가 '가야 할 곳이 너무나 많아 대신 어머니를 만들었다.'라는 말도 있다. 예수를 대신하여 사랑을 전하는 심부름꾼이라는 말이다. 그리고 어머니의 자녀에 대한 마음은 항상 슬픈 것이다. 부처가 중생을 항상 자비慈悲의 마음으로 보듯이 어머니도 자녀를 항상 애틋한 심정으로 보게 된다. 자慈는 인자仁慈하다는 뜻이며 비悲는 슬프다는 의미이다. 그래서 세상의 어머니들은 여러 자식 가운데 불구자가 있을 때는 다른 자식들보다 불구의 자식을 더 사랑하게 되는 것이다. 불교를 어머니의 자비심과 가까운 종교라면 기독교는 아버지의 엄한 사랑과 같다고 하겠다.

어머니, 우리 어머니, 우리들 누구에게나 어머니에 대한 아련한 유억幼憶이 있다. 마치 농부들이 들판의 논밭에 자라는 농작물

을 둘러보는 것이 작물성장에 커다란 작용을 하듯이 우리들은 누구나 어릴 적에 어머니의 치마폭에 매달리면서 맡은 어머니의 냄새, 땀 냄새까지도 평생토록 짙은 향수로 뇌리에 각인되어 있다. 자연생태계의 수많은 동물들도 어미의 냄새와 소리로 서로 찾아가는 것도 같은 이치이다. 보통 나이가 들수록 태어난 고향을 그리워하는 것은 어린 시절 어머니에 대한 냄새가 그곳에 아직도 배어 있기 때문이다.

그리고 대부분의 사람들은 부모가 돌아가신 후에야 생전에 잘 모시지 못한 아쉬움을 느끼거나 후회를 하게 된다. 이것을 바람과 나무의 탄식이라는 풍수지탄風樹之嘆이라고 표현하고 있기도 하다. 부모를 보내고도 아쉬움이 없으려면, 만약 부모가 노후에 치매로 대소변을 가리지 못할 때 자식이 직접 대소변을 손수 치우고 목욕도 시켰다면 그 이상 효도를 한 것이 없으니 괜찮다. 그러나 현실은 그렇지 못하여 우리는 누구나 다음과 같은 옛시조처럼 부모를 회상하게 된다.

> 어버이 살아신 제 섬기기를 다 하여라
> 돌아가신 후에 애닯다 어이 하리
> 평생에 고쳐 못할 일이 이뿐인가 하노라.
>
> (정 철)

한국의 전통종교인 천도교에서도 사람이 곧 하늘이라는 인내천人乃天 사상과 함께 천지즉부모 부모즉천지天地卽父母 父母卽天地라는 말로 부모에 대한 효孝를 강조하고 있다. 극히 인본주의적인 관점이다.

누구나 아버지는 잊어도 어머니는 잊지 않고 살아간다. 당대의 석학이며 우리들에게 지혜의 보따리를 늘 풀어 주시던 김동길 교수는 언젠가 어느 대담에서 '내 나이가 90이 지났어도 삶의 이 모퉁이 저 모퉁이에서 어머니가 그리워진다.'는 이야기를 했다. 누구나 가슴에 묻고 있는 말일 것이다. 위급상황에서 우리들은 누구나 무의식적으로 '엄마!'라고 할 뿐, '아빠'라고 하지 않는다. 엄마는 우리의 뇌리에 깊게 각인되어 있기 때문이다. 그리고 아버지의 죽음에는 담담하던 사람도 어머니의 죽음에는 눈물을 보이는 것도 같은 이치이다.

052. 지식인들은 왜 부당한 권력에 유약한가?

일반적으로 많은 지식을 지닌 지식인들은 부당한 정치적인 권력이나 사회적인 부조리에 대하여 누구보다 잘 알면서도 왜 용감하게 대결하기보다는 묵언으로 관망하거나 순치馴致되는가? 매우 나약하고 비겁하기까지 한 부끄러운 지식인들의 일면이다.

미국의 사회학자 L. A. 코저는 1964년에 쓴 〈지식인〉이라는 그의 저서에서 지식인의 유형을 5가지로 분류하고 있다. 그에 따르면, (1) 권력 장악자로서의 지식인, (2) 정치권력 내부로부터의 개혁을 시도했던 지식인, (3) 권력을 합법화시켜주는 지식인, (4) 권력에 대한 비판자로서의 지식인, (5) 외국지향형의 지식인이다.

제(1)과 (2)의 유형은 프랑스혁명 후의 지롱드파와 자코뱅파, 러시아의 볼셰비키 그리고 미국독립운동 당시의 헌법제정자들이다. 이들은 현실정치에 깊숙이 관여했지만 결국 비참한 결말로 끝났다.

제(2)의 유형은 R. 오헨이나 I.생시몽, T. 콩트, J. 홉스, M. 케인스와 같은 부류로 이것을 미국의 사회학자 R. K. 머튼은 '정치가와 지식인의 결합은 항시 불안하고 잔혹하며 두 사람 사이의 다정한 관계는 비교적 짧은 기간에만 존속할 뿐이다.'라고 했다.

제(3)의 유형으로 대표적인 것은 중세 스콜라 철학자들이나 러시아 혁명후의 L. 트로츠키, 국가유기체설로 알려진 독일의 A. H.

뮐러, 유신론적 실존사상가 M. 하이데거를 위시한 일련의 철학자와 사상가들이며 세계적인 명지휘자 카라얀도 한때 나치당에 가입하였다. 영국에서는 명예혁명 후의 J. 밀턴이 '현존하는 것은 모두가 합리적인 것이다.'라는 자신의 명제를 위안 삼아 당시 권력자들을 추종하였던 것이다.

제(4)의 유형으로는 19세기 프랑스에서 대두된 급진적인 지식인들로 구성된 드레퓌쉬파로 대표된다. 그런데 이들 지식인들의 대부분은 당시 부당한 정치 권력자들에게 비판적인 자세를 취했으나 그 지속성은 짧거나 미미했다. 현실정치와 학문세계는 생리적으로 다르기 때문에 현실비판은 지식인들의 당연한 사회적인 역할임에도 외면하는 경우가 많았다.

제(5)의 범주는, 18세기 영국문화에 대한 무한한 찬사를 나타낸 프랑스 지식인들이 대표적이다. 이들은 자국문화를 비하하면서 모국을 무조건적으로 비판하는 위치에서 자국의 현실을 선진외국과 비교평가하거나 아니면 무관심의 태도를 취했다. 심지어 비꼬기도 했다.

L. A. 코저가 분류한 시각에서 한국의 지식인들을 살펴보면 그동안 가장 합당하지 못한 제(3)의 유형과 제(5)의 유형을 따르는 경우가 많았다고 본다. 1960년대부터 80년대에 이르기까지는 주로 선진국 미국이나 유럽에서 공부하고 돌아온 지식인들은 한국의 실정을 무시하고 선진외국 문화와 외국인을 자신과 동일시하면서 과시함과 동시에 한국의 후진성을 비판하는 경향을 보여 주었고 더러는 현실정치에 참여해도 부당한 권력에 대한 비판자보다는 오

히려 부당한 권력의 편에 서서 동조자로 변신하였다. 그들은 결국 정권의 소외자로 전락했거나 아니면 배척당하는 말로를 보여 주었다. 지식인의 두 얼굴인 것이다.

한편 1988년, 영국의 저명한 언론인 P. 존슨은 그의 〈지식인의 두 얼굴〉이라는 저서에서 위대한 명성 뒤에 가려진 대표적인 지식인으로 13인을 들고 있다. 존슨은 널리 알려진 사람 6명을 중심으로 평가하고 있는데, J. J. 루소를 '위대한 정신병자'로, K. 마르크스를 '저주받은 혁명가'로, L. N. 톨스토이는 '하나님의 큰형'으로, E. M. 헤밍웨이는 '위선과 허위의 바다'로 , J. P. 사르트르는 '잘못된 신념의 행동가'로, N. 촘스키는 '이성의 모략가'라는 이름으로 요약하고 있다. 실제로 사르트르는 말기에 지식인의 사회참여 Engagement를 강조하면서 공산주의적인 이데올로기를 지향하였다. 그리고 피카소는 '한국에서의 학살'이라는 그림으로 한국전쟁의 참상을 그리고 있으나 그것은 잘못된 시각이라고 평가되고 있다.

또한 지식인들 중에는, 18세기 계몽주의시대에 살았던 스위스의 교육사상가로 유명한 J. J. 루소처럼 자신의 지식과는 다른 행동의 이중성을 보여주기도 했다. 그는 우리들에게 〈에밀〉이라는 저서로 잘 알려진 사람이다. 〈에밀〉은 일종의 자연주의적인 육아법으로 그는 그의 저서에서 '자연으로 돌아가라.'는 매니페스토에 근거하여 이상적인 유아교육론을 역설하고 있지만 막상 그의 딸들을 고아원에 보내는 이중성을 가졌다고 존슨은 밝히고 있다.

또한 마르크스도 부유한 가정에서 태어났지만 자본가들이 가난한 노동자들을 착취하는 현실에 분노하여 그들을 대변한 것을 두고 후세의 추종자들은 극히 휴머니스트였다는 평가였음에도 불구하고 자신은 한번도 노동현장에 뛰어들지 않았으며 가진 자에 대한 무조건적인 저주를 하는 데 그쳤다는 것이다. 일종의 허위의식에 머물고 있어 이중적인 인격체로 보았다. P. 존슨은 그의 저서에서 위대한 명성 뒤에 가려진 지식인의 두 얼굴로 루소, 마르크스, 입센, 톨스토이, 헤밍웨이, 러셀, 촘스키에 이르기까지 지식인들의 이중성과 허위의식을 날카롭게 비판하고 있다.

또한 존슨은 지식인들의 이중성을 톨스토이의 작품에서도 언급하고 있다. 톨스토이는 작품상으로는 독자들로 하여금 건전하고 도덕적인 가치를 중시하여야 한다는 메시지를 강조하면서도 실제 본인의 사생활은 노름에 심하게 빠졌고 친구들에게 진 빚도 갚지 않았으며 또한 그는 작품에서는 성욕은 강한 죄책감을 초래한다고 묘사하면서도 실제로 본인은 난잡하게 여러 여자들과의 부정한 관계를 추구했으며 여성들을 성욕의 대상으로 여긴 이중적인 인격자로 보았고 헤밍웨이도 부모가 바라는 종교적인 신앙생활을 거부하면서도 늘 부모의 경제원조에 의존했으며 거짓말도 자주 하여 표리부동의 인격자로 규정하면서 그를 '허위와 위선의 바다'라는 글로 요약하고 있다.

존슨은, 사르트르는 머리만 크고 발이 작은 행동하지 않는 지성으로 묘사하고 있다. 실제로 그는 실존주의 철학자이며 그의 자서전 〈말〉로 1964년도에 노벨문학상을 받게 되었으나 '만일 내가 노벨상을 받으면 앞으로 사람들은 그냥 사르트르가 아니고 노벨수상자 사르트르라고 인식할 것'이라면서 수상거부를 한 특이한 지성인이기는 하지만, 보부아르 부인과도 계약결혼을 했던 좀 별난 인물이라고 비판하고 있다. 그러나 그는 말년에 적극적인 현실참여(앙가주망)로 행동하는 지성인이었으나 현실의 부조리에 대해 사회주의적인 가치관으로 행동했던 오류를 범했고 '마르크스주의를 어느 정도 알기는 했지만, 마르크스를 통독하지는 않았다.'고 하여 그의 허위의식의 가면을 벗기면서 비판하고 있다.

그리고 미국의 언어철학자 N. 촘스키에 대한 비판적인 관점이다. 촘스키가 미국의 베트남 전쟁을 강국의 약소국에 대한 횡포라고 단정하면서 자유민주주의의 가치를 외면하는 실수라고 말하고 있어 사회주의적인 세계관을 지닌 지식인으로 보았다. P. 존슨의 이러한 인물비평의 기저에는 그의 기독교적인 윤리관과 자유자본주의적인 가치관을 평가의 잣대로 삼고 있는 듯하다.

그러면 왜 이처럼 지식인들이 표리부동한 두 얼굴의 모습과 절대 권력에 대한 굴욕적인 태도로 나약함을 보여주는가. 그것은 지식이 지성의 단계까지 이르지 못하고 개인적인 학문적 소신이 보편적인 가치로 발전하지 못하였기 때문이고, 정치는 현실에 기초하고 있지만 학문은 항상 미래를 지향하고 있기 때문이다. 지식이 지성과 결합되고 지성이 용기와 결합되면서 불의에 맞서는 행동으로 나타나는 것이 참다운 지식인상이다. 그러나 대부분의 지식인들은 지식만 쌓이면 항상 후환을 생각하면서 주저함이 많아진다. 식자우환識字憂患인 것이다.

정치평론이나 시사문제를 글로 다루는 학자들의 대부분은 이른바 양시양비론兩是兩非論의 논조로 신념 없는 글을 많이 쓴다. 애매

한 태도를 취하다가 권력의 칼날이 다가오면 빠져나갈 구멍을 만들어 두는 요령이다. 이것은 참다운 학자로서는 비겁한 자세이다. 지난 군사정권하에서의 논조가 대부분이 그랬다. 물론 자연과학과는 달리 인문사회학은 절대선이나 절대악이 있을 수 없다는 특성을 지니고 있다고는 하지만 M. 베버가 개념한 '판단유보'나 '판단중지(에포케)'에 머물러서는 안 된다. 시비선악을 가려 대중을 선도할 의무가 있기 때문이다.

따라서 참다운 지식인은 지성의 판단과 지적 용기로 불의와 부정에 분노하고 결연히 맞서는 행동가이어야 한다. 대표적인 사람은 BC 5세기 그리스의 철학자인 소크라테스이다. '철학의 아버지'로 불리는 그는 아테네의 정치 권력자들로부터 신성모독죄와 청년들을 타락시키고 선동한 사회질서혼란과 불경죄로 투옥되었다. 사형집행을 하루 앞두고 감옥에 찾아간 친구 크리톤이 탈옥을 권유하자 '내가 도망가면 재판관들의 생각과 판결이 정당했다는 것을 오히려 증명해주는 것이다.'라고 말하면서 거절했다고 한다. 끝까지 자신의 신념과 행동의 정당함을 죽음으로써 후세에 남긴 사례이다. 지적 용기와 지성의 결단력과 실천력을 보여준 위대한 철학자이다.

그리고 지동설의 코페르니쿠스나 16세기 이태리의 자연철학자 G. 브루노가 신의 창조설을 비판하는 학문적인 신념 때문에 붙잡혀 파면되고 화형식을 당한 지식인들이다. 이들이 역사의 수레바퀴를 돌렸던 것이다. 정치인으로서 권력에 맞서서 죽음을 각오하고 자신의 소신대로 정의를 구현한 사례도 많다. 대표적으로 1939

년 나치독일에 점령당한 폴란드에서 유대인학살을 목격하고 자기의 공장의 유대인을 구하기 위해 전력을 다했다. 나치독일이 패망하고 전범기업운영과 나치당원의 죄목으로 재판정에 나갔지만 이른바 쉰들러리스트의 작성자로 알려지면서 영웅취급을 받게 된다. 이것은 후에 '쉰들러 리스트'라는 영화로도 유명해졌다. 그리고 1939년 중일전쟁 때 당시 중국의 수도였던 난징(남경)을 점령한 일본군이 저항이 심한 남경의 주민 25만 명을 집단몰살시킨 대참사가 있었다. 이른바 '남경대학살' 사건이다. 당시 주중 독일인 사업가 욘 라베는 외국인의 출입이 금지된 국제안전지대의 자기 공장에 위험을 무릅쓰고 중국인들을 자신의 공장 안으로 받아들여 생명을 구한 사람이다. 이들은 모두 유약한 지식인들보다 용감한 신념을 지닌 지성의 인물들이라 하겠다.

우리나라의 역사에서도 자신의 양심과 소신으로 왕명王命을 거역하다 유배되거나 처형된 인물이 많다. 현대사에서는 이승만의 독재에 항거하다 투옥된 씨알의 소리 함석헌옹이나 당시 대구매일신문 주필이었던 최석채, 1970년 박정희 대통령 시절 유명한 풍자시 〈오적〉으로 곤욕을 치른 김지하와 같은 지성인들이 참다운 지식인이고 지성인이었다. 지식인들과 정치인들은 별종으로서 서로 다른 세계에서 호흡하고 있다. 한쪽은 현재에 살고 다른 쪽은 미래에 살고 있어 생태적으로 결합하기가 어렵다. 그리하여 학자가 현실정치에 한번 빠지면 그것으로 그의 학문세계는 종말을 맞이하면서 대중으로부터도 외면받기 쉽다. 사회적인 역할기대를 배반하면서 학문탐구욕보다는 권력의 지배욕을 선호했기 때문이다.

또한 지식인들이 권력과 결탁하면 권력의 시녀가 되기 쉽고 권력에 맞서면 생명을 위협받기 쉬운 것이 지식인과 권력의 관계이다. 따라서 대부분의 지식인들은 웃으면서 들어갔으나 울면서 나오는 것이 정치권력과 학문세계의 기본관계이다.

053. 위대한 사람 뒤에는 위대한 어머니가 있다.

2000년의 인류사에서 수많은 영웅호걸과 현자들이 지나갔고 그들이 세계사를 만들어 왔지만 실제로는 그들의 뒤에는 훌륭한 어머니가 숨어 있었다. 영국이 인도와도 바꾸지 않겠다고 자랑하는 유명한 셰익스피어는 '요람搖籃을 움직이는 자가 세계를 움직인다.'고 했다. 어린 자녀에 대한 어머니의 역할이 결정적임을 말한다고 하겠다. 여기서는 이러한 세계적인 위인들의 어머니들은 어떻게 자녀들을 길렀는가에 대한 글 일부를 들어 개관해 보겠다.

○ 링컨의 어머니 A. 낸시와 계모 사라

미국의 제16대 대통령 링컨(A. Lincoln, 1809~1865)은 두 어머니 밑에서 어린 시절을 보냈다. 농장에서 일만 하던 아버지는 아들을 부지런한 농군으로 키우려고 했으나 어머니 낸시는 가난에 시달리면서도 아들을 14Km나 떨어진 간이학교에 보내면서 밤이면 링컨을 무릎에 앉히고 집 안에 책이라고는 오로지 한 권밖에 없는 성경을 읽어주곤 했다.

링컨이 9살 때 어머니는 가난 속에서 풍토병까지 겹쳐 죽음에 이르자 '부자나 위인이 되기보다는 성경을 즐겨 읽는 사람이 되어라!'라는 유언을 남겼다. 새로 들어온 어머니는 아버지의 고향마을에 3자녀를 둔 과부였으나 링컨을 친자식처럼 돌보면서 공부하도록 했다. 그러나 아버지는 '네가 책 읽기를 좋아하지만 그것보다는 장작이나 패는 게 좋겠다'면서 '어린 나이부터 일을 배워야 한다.' 말하자 새엄마는 '당신, 아이에게 희망을 주는 말씀을 해야 돼요! 다른 아이들은 놀고 있는데 혼자서 책을 보려는 링컨을 칭찬해 주어야지요…….'라고 했다. 그러자 '이런 산속에 살면서 공부해서는 무얼 하겠나. 우리는 농사꾼인데…….'라고 했다. 이때 사라는, '그렇지만 당신 아이는 어딘가 달라요. 친모의 뜻을 생각해서라도 저는 이 아이를 돌보고 훌륭하게 키우겠어요!'라고 했다. 그리하여 생모에 의하여 뿌려진 씨앗은 계모에 의하여 자라나게 되었다. 얌전하고 친절한 링컨은 마을의 상점에서 심부름꾼으로, 우체국장과 측량기사로 지내다가 뒷날은 변호사까지 되었다. 후에는 그의 덕망과 능력으로 일리노이주의 지사에서 하원위원으로, 다시 1861년 52세의 나이로 제16대 미합중국의 대통령에 당선되었던 것이다. 그 뒤 링컨이 고향을 찾아갔을 때 계모는, '너의 생모와 돌아가신 아버지에게 이 모습을 보여주고 싶구나!'라면서 눈물을 흘렸다고 한다.

링컨은 미국의 역대 대통령 가운데서도 미국인들이 가장 존경하는 대통령으로 자랑하는 인물이다. 남북전쟁에서 북군을 통솔하여 승리로 이끌었고 남부의 거센 반대에도 불구하고 흑인들의 노예해방을 시켰으며 1863년 게티즈버그 국립묘지준공 기념식에서 한 그의 연설, '국민에 의한, 국민을 위한, 국민의 정부는 지상에서 영원히 사라지지 않을 것이다.'라는 명문은 오늘날의 민주주의정치의 좌표로 회자되고 있다.

그런데 링컨 대통령은 1865년 4월 워싱턴의 포드극장에서 연극관람 중 흑인해방을 반대하는 남부지역 출신인 배우 J. 부스가 쏜 흉탄에 의하여 이튿날 아침 운명하였다. 1789년 건국대통령 G. 워싱턴과 함께 240여 년이 지난 지금까지도 미국 역사에서 길이 남는 대통령으로 추앙되고 있다. 미국 중서부 사우스다코타주에 위치한 러시모어 산정의 암벽에는 미국 대통령 4명(워싱턴, 제퍼슨, 루스벨트, 링컨)의 얼굴이 18m에 달하는 크기로 커다랗게 조각되어 있으며 미국 화폐 1달러에는 워싱턴이, 2달러에는 제퍼슨이, 링컨은 5달러의 초상화로 인쇄되어 미국인들은 그를 잊지 않고 있다. 계모의 훌륭한 인품에서 나온 결과이다.

○ 에디슨의 어머니 낸시

세계적인 발명왕 에디슨T. Edison, 1847~1931은 건축가 아버지의 3번째 아들이었다. 유난히 머리통이 크게 태어나 어머니는 걱정을 했다. 어려서부터 남달리 호기심이 많아 보이는 것마다 '엄마, 저것은 무엇이야?'라는 질문을 귀찮을 정도로 계속했다.

그에 관한 에피소드가 많지만 한두 가지만 소개하면, 에디슨이 5살 때였다. 어느 날 하루 종일 에디슨이 보이지 않자 어머니는 아이가 머리가 무거워 개울에라도 떨어지지 않았는가 하고 걱정을 하면서 찾아보았더니 헛간의 거위 집 옆에서 거위의 알을 품고 있었던 것이다. 언젠가 거위 새끼는 어떻게 생기는가를 묻자 어미가 알을 품어 따뜻하게 해주어서라고 했던 말을 들었기 때문이다. 그의 첫 호기심의 발로였다.

두 번째의 실험대상은 마이클이라는 이웃집 친구였다. 소다가 물에 닿으면 가스를 만들면서 부풀어 오른다는 것을 보고 친구에게 소다를 먹게 한 다음 물을 먹여 배가 부풀어 공중에 뜨는지를 보려고 했던 것이다. 소다와 물을 먹은 마이클이 배를 움켜쥐고 뒹굴자 어머니가 급히 달려와 병원에서 응급조치를 하는 소동이 있었다.

세 번째의 사건은 그가 초등학교에 입학한 지 3개월 만에 퇴학을 당한 일이다. 어느 날 담임으로부터 상담할 일이 있다는 통보를 받고 학교에 갔을 때 담임의 이야기는 당신의 아이는 수업시간에 잘 듣지도 않고 이상한 질문만 한다는 것이다. 국어시간인데도 '선생님 왜 별은 떨어지지 않고 하늘에 붙어 있어요?' 또는 '비는 어째서 오나요?'라고 질문을 하는가 하면 산수시간에는 '왜 2+2=4가 되나요?' 등으로 다른 아이들까지 이상하게 만든다는 것이다. 담임선생은 자녀가 저능아인지 모르겠다고 하자 에디슨의 어머니는 아이를 집에서 자기가 가르치겠다고 했다. 어머니 낸시는 그때부터 아들의 호기심을 설명하면서 항상 곁에 두고 이야기를 나누었다.

이러한 교육법으로 2~3년이 지나자 에디슨은 Gibon의 〈로마제국 흥망사〉, Hume의 〈영국사〉, Sears의 〈세계사〉, Badon의 〈과학사전〉과 같은 성인수준의 서적까지 읽게 되었다. 그 무렵 어머니는 증기기관차에 관한 Parker의 명저 〈자연실험 철학〉을 갖다주었다. 그래서인지 12살의 에디슨은 기차 칸에서 신문 파는 알바를 하면서도 틈을 내어 도서관을 들락거리면서 그의 호기심을 메꾸어 나갔다. 한번은 기차 안에서 화학실험을 하다가 폭발사고가 나서 쫓겨나기도 했다. 1870년에는 미국 뉴저지에 실험연구소를 설립하고 본격적인 연구로 탄소전화기(1876), 축음기(1877), 백열전구(1879), 축전지(1900) 등등 무수한 발명품과 1300 이상의 특허권을 가졌다. 그의 업적으로 20세기의 문명사회가 이루어졌고 미국의 전기회사명은 '에디슨'으로 불리고 있다. 어머니의 현명하고 올바른 가정교육이 에디슨을 떠받치고 있음을 보게 된다.

○ 맹자(孟子)의 어머니의 삼천지교(三遷之教)

맹자는 기원전 4세기의 중국의 춘추전국시대의 사상가로 인간의 본성은 선하다는 성선설性善說과 덕치주의, 왕도론王道論으로 잘 알려진 인물이다. 그는 3살 때 아버지를 여의고 어려운 가정형편과 편모 아래서 어머니의 철저한 가정교육을 받고 자랐다. 그런데 집이 공동묘지 근방에 있자 아이가 상여놀이를 하면서 노는 것을 보고 다시 시장 근처로 이사하였더니 이제는 서로 싸우는 잡상인들의 흉내를 내어 다시 학교 근방으로 이사했더니 공부하는 학생들처럼 행동하여 정착했다는 것에서 맹모삼천지교孟母三遷之教라는 말이 생겨났다.

맹자가 자사子思의 문하에서 도를 닦고 제齊와 송宋나라를 유세

하면서 도중에 어머니를 보고 싶어 집을 찾았을 때 어머니는 아들을 보고 놀라면서 베틀에서 짜던 베를 칼로 잘라 버렸다. 놀란 아들에게, '네가 학문을 중도에 버리고 온 것은 내가 짜던 베를 중도에 잘라버리는 것과 같다.'면서 곧바로 떠나기를 재촉했다는 것이다. 단호한 자녀교육의 일면에서 맹모의 뛰어남을 보게 된다. 마치 조선시대의 '한석봉'의 이야기와 같다.

○ 이율곡의 어머니 신사임당

신사임당申師任堂은 이이李珥, 즉 율곡栗谷, 1536~1584을 길러낸 어머니이다. 율곡은 임진왜란을 예측하면서 선조 왕에게 '10만 양병설'을 주장했고 학문적으로는 성리학의 대가로서 이기일원론理氣一元論을 주창하여 주자학에 근거한 이퇴계의 이기이원론理氣二元論과 대립하는 학자이기도 하다.

이러한 대학자를 배출한 것은 오늘날 현모양처의 표본으로 여기고 있는 어머니가 있었기 때문이다. 신사임당은 성품이 온화하고 지조가 높았으며 특히 태교의 중요성을 강조하였다. 그리고 자수刺繡와 그림, 시문詩文에도 능하였다.

19살에 출가하여 48세의 젊은 나이로 죽을 때까지 7남매를 키우면서 남편의 앞날에도 현명한 충고를 하였다. 당시 조정은 당파로 어지러운 가운데 5촌 숙부가 영의정에 오르자 남편이 숙부의 힘으로 벼슬을 하려고 하자 아무리 5촌간이라도 옳지 못한 방법으로 권좌에 오르면 어진 선비가 아니며 비명에 죽을지도 모른다고 극구 만류하였다. 얼마 뒤에 조정은 파벌 다툼으로 반대파가 득세하면서 무참한 보복이 있었으나 그는 화를 면하게 되었던 것이다. 어머니의 올바른 판단으로 일가의 참화를 피했던 것이다. 1969년부터 '한국주부클럽'에서는 '신사임당상'을 제정하여 각종 행사와 함께 시상식을 개최하고 있다.

○ 강감찬과 김유신의 어머니

고려 명장 강감찬姜邯贊, 948~1031은 거란군을 대패시킨 명장이다. 신라에는 김유신, 고구려에는 연개소문, 백제는 계백 장군, 고려는 강감찬, 이조에는 이순신 장군이 있다.

강감찬은 좋은 집안에서 자랐고 과거에서도 장원급제를 한 명장이다. 고려 현종 9년에 몽고의 명장 소배압이 30만 대군을 거느리고 일사천리로 진격하자 강감찬은 몽고군이 내륙으로 깊숙이 들어올 때까지 기다렸다가 20만 대군으로 적진의 퇴로를 막고 공격하여 승리를 했다. 이에 왕은 '안국공신安國功臣'이라는 최고훈장을 수여하였다.

강감찬은 어릴 적부터 체구가 매우 왜소하였고 천연두를 앓아 얼굴이 곰보였다. 아이들의 놀림 때문에 서당에도 안 나가려고 하자 어머니는, 벽장에서 배 하나와 후추씨 한 알을 아들에게 주면서 먹으라고 했다. 커다란 배는 잘 먹었으나 후추씨는 매워서 못 먹고 눈물만 흘리자 '보아라, 덩치 큰 배는 쉽게 먹지만 후추씨는 작아도 맵기 때문에 함부로 먹지 못하지 않느냐? 사람도 그와 같이 작다고 약한 것이 아니다.'라고 하였다. 이러한 어머니의 지혜를 깨달은 아들은 그날부터 열심히 공부하였고 드디어는 장원급제까지 했으며 뒤에는 한림학사의 요직까지 올랐다. 항상 어머니는 아들을 어릴 때부터 어른 대접을 했으며 그녀의 현명한 지혜로 강감찬은 문무를 겸비한 명장이 되었던 것이다.

한편 신라의 김유신金庾信, 596~673은 신라 삼국통일의 주군이었다. 그의 아버지는 지방의 태수太守였으나 유신이 10살 때 죽어 편모 밑에서 자랐다. 그의 어머니는 어린 아들에게 무술을 열심히 갈고닦아 삼국통일을 이루는 주인공이 되어야 한다고 늘 말하면서 15살에 화랑이 될 때까지 뒷바라지를 게을리하지 않았다.

그런데 김유신은 당시 절세의 미인이었던 천관天官이라는 기생에게 빠져 날마다 연무장에서 귀가할 때 그녀를 몰래 만났던 것이다. 이러한 사실을 뒤늦게 알게 된 어머니는 눈물을 흘리면서 아들을 보고 장차 나라를 구할 네가 일개 기생에 빠져 있다니 가문을 위해서라도 이 자리에서 죽는 것이 좋겠다고 말하자 김유신은 다시는 그런 일에 손을 끊고 어머니의 뜻을 지키겠다고 맹세했다. 그런데 어느 날 연무장에서 귀가하던 중 말 위에서 깜빡 졸던 사이 말이 천관의 집으로 가자 반갑게 마중 나온 천관을 보고 말에서 뛰어내려 말의 목을 칼로 베어버렸다. 이에 천관은 슬픔으로 머리를 깎고 중이 되었는데 훗날 천관의 집은 천관사天官寺라는 이름의 절이 되었다는 일화가 있다. 어머니의 아들에 대한 엄격한 가정교육이 신라통일의 중심인물을 만들었던 것이다.

○ 서예가 한석봉의 어머니

한석봉韓石峯, 1543~1605은 추사 김정희와 함께 조선조의 명필가로 중국에까지 알려진 인물이며 그의 어머니에 대한 이야기가 초등학교 교과서에도 소개된 인물이다. 가난한 양반집안의 편모 아래서 자란 그는 어머니가 떡을 팔아 생활하면서도 아들을 개성의 이름난 스승에게 보내는 어머니의 정성과 보살핌을 받았다.

그러던 어느 날 석봉은 어머니가 보고 싶어 몰래 집으로 돌아와서, 이제 더 배울 것이 없다고 하였다. 그러자 어머니는 지금부터 불을 끄고 어둠 속에서 너는 글씨를 쓰고 나는 떡을 썰어 서로의 솜씨를 비교해 보자고 하였다. 불을 켜자 석봉의 글씨는 비뚤비뚤했으나 어머니의 떡가래는 고르게 썰렸던 것이다. 그 길로 집을 떠나 다시 공부한 석봉은 명필가로 후에 임금의 교지문敎旨文을 비롯한 모든 외교문서를 쓰는 사자관(寫字官)이 되었다. 지금의 도산서원陶山書院의 간판 글씨도 그의 필체이다.

○ 안중근의 어머니 조 마리아

1910년경 일제식민지하의 조선은 독립운동으로 수많은 독립투사들이 순국하였다. 안중근은 1909년 10월 26일 만주 하얼빈 역에서 초대 한국통감을 역임한 이토히로부미伊藤博文를 암살하고 여순旅順감옥에서 재판을 받고 사형을 당했다. 여순감옥에 갇혀 재판을 받던 때 동생 공근과 정근이 찾아가 형의 항소를 권유했으나 그는 거절하고 내가 죽거든 조국이 해방된 뒤에 시신을 해방된 조국땅에 묻어주라고 말한 뒤 결연히 죽음을 택했다. 이러한 그의 결심은 어머니 조 마리아가 있었다. 그의 어머니는 아들의 수의壽衣와 함께, '네가 항소를 한다면 그것은 일제에 목숨을 구걸하는 짓이다. 네가 나라를 위해 이에 이른즉, 다른 마음 먹지 말고 죽으라.'라는 편지를 보냈던 것이다. 위대한 어머니였다.

이것은 철학의 아버지라는 소크라테스가 투옥되어서 사형집행을 앞두고 찾아간 제자 크리톤이 탈출을 권유하자 소크라테스는 '내가 만일 탈출을 하면 내가 스스로 죄가 있음을 자백하는 것과 같다.'고 거절하면서 독배를 마신 것과 같다고 하겠다. 위대한 두 사람의 모습이다.

○ 세계적인 세균학자 노구치의 어머니

노구치 히데요野口英世, 1876~1928는 일본의 세계적인 세균학자로 그는 가난한 빈촌의 농가에서 태어났다. 불심이 돈독했던 어머니는 술꾼과 결혼하였는데 히데요가 2살 때 화덕에 빠져 왼팔에 큰 화상으로 장차 농사일도 못 하겠다고 여기고 아들을 공부시키려고 작정하면서 닥치는 대로 험한 노동을 하기 시작했다. 학교성적이 뛰어나고 어머니의 뒷바라지를 가련하게 여긴 고바야시小林 선생님의 배려로 히데요는 중학교를 졸업하고 마을의 의원에서 심부름을 하면서 의학공부를 열심히 하였다.

이제 어머니도 노쇠했지만 마을의 산파로 일하면서 히데요를 25살 때 미국으로 건너가게 하여 의학을 연구하게 하여 매독병원체, 아프리카의 황열병원체 등을 규명하여 세계적인 유명한 세균학자로 만들었던 것이다.

○ 후쿠자와의 어머니

일본 근대화의 선구자 후쿠자와 유키치福澤喻吉, 1835~1901는 1868년 명치유신明治維新이라는 이름으로 서구화의 길을 걸을 때 사이고 다카모리西鄕隆盛의 선진사상을 공부하여 일본 근대화를 촉진시킨 중심인물이다.

그는 오사카(大阪)의 상인이었던 아버지의 5형제 자녀 중에서 막내로 태어났으나 2년 후에 아버지가 죽게 되자 편모 아래서 자랐다. 어머니는 가장이 없는 가난한 집안 살림살이 가운데서도 동네의 불쌍한 거지아이를 데려다가 먹을 것도 주고 머릿속에 있는 이를 잡아주면서 아들을 보고 같이 이를 죽이라고도 했다는 회고를 하고 있다. 후쿠자와는 19살이 되어서야 형의 도움으로 오사카에 가서 선진국 네덜란드의 학문인 난학蘭學을 공부하였던 것이다. 귀국한 그는 개성을 중시하고 합리적인 과학문명을 중시하는 서구문화를 찬양하면서 일본의 전통적인 봉건사상과 쇄국주의를 비판하였고 실학사상으로 부국강병론과 함께 1885년에는 탈아론脫亞論을 주장하여 제국주의적 가치관을 역설하기도 했다.

그는 어린 시절 어머니의 관용과 이웃 사랑에 커다란 영향을 받았던 것이다. 오늘날 한국의 고액권(5만원) 지폐에 신사임당의 초상화가 있듯이 일본의 고액권(1만 엔)에는 그의 사진이 그려져 있다. 이와 같은 몇몇 위인들의 사례들 이외에도 안중근 어머니가 사형을 앞둔 아들에게 보낸 편지에서 '네가 의연하게 죽음에 임하는 것이 조국과 어머니에 대한 충성이요 효도'라고 한 어머니의 모습이 의사 안중근을 만들었던 것이다.

한편 위인들의 성장과정에서 공통적인 것은 그들은 어린 시절에 아버지를 일찍 여의고 편모슬하에서 가난하게 자랐다는 점이다. 그리고 어머니의 남다른 애정과 함께 엄격한 가정교육 그리고 면학을 강조한 것을 볼 수 있다. 오늘날 우리 사회에서 부모들의 자녀교육관과 비교해 볼 때 깨달아야 할 교훈이 많다고 본다.

054. 미국 하버드 대학생들의 뛰어난 명언들

영국 케임리지대학과 함께 세계적인 최고의 명문대학인 미국 하버드대학은 400년에 가까운 오랜 전통의 대학으로서 세계의 천재들이 모여 있다. 가장 많은 노벨수상자, 대통령 배출, 억만장자를 배출한 세계적인 명문사립대이다. 그런데 이러한 대학의 도서관에 한때 다음과 같은 글을 게시하여 면학의 자극제로서 화제가 되었다.

(게시문)

- 지금 잠을 자면 꿈을 꾸지만 지금 공부하면 꿈을 이룬다.
- 지금 땀을 흘리지 않으면 내일은 눈물을 흘린다.
- 오늘 걷지 않으면 내일은 뛰어야 한다.
- 꿈이 바로 앞에 있는데 왜 팔을 뻗지 않겠는가.
- 눈이 감기는가, 그럼 미래를 향한 눈도 감긴다.
- 불가능이란 노력하지 않는 자의 변명이다.
- 노력의 대가는 이유 없이 사라지지 않는다.
- 한 시간 더 공부하면 배우자의 얼굴이 바뀐다.

(하버드의 공부벌레들) 책에서

이 얼마나 재치 있고 의미가 있는 문장들인가! 역시 미국을 움직이고 세계사를 이끌어 가고 있는 천재들의 수준이라고 느껴진다.

특히 마지막의 문장은 젊은이들의 학습동기부여에 매우 효과적인 표현이다. 다시 말해 남보다 한 시간 더 공부하여 남보다 더 좋고 높은 사회적인 지위에 오르면 그만큼 더 좋은 배우자를 만나기 쉽고 선택할 수 있다는 의미이다. 인간사회는 대개 동성 간이나 이성 간에서도 유유상종類類相從으로 결합되기 마련이다. 서구에서는, 'Birds of a feather flock together'로 '깃털이 같은 새들끼리 모인다.'는 말로 쓰고 있다. 성취동기유발에 무엇보다 강렬한 성적인 에너지를 결부시킨 아이디어는 하나의 압권이다.

055. Well-Born 〈 Well-Being 〈 Well-Dying

이 글은, 잘 태어나는 것Well-Born보다는 더 잘 사는 것Well-Being, 그것보다 더 좋은 것은 잘 죽는 것Well-Dying이라는 뜻이다. 잘 죽는다는 것은 적당한 나이까지 아프지 않고 건강하게 지내다가 잠자듯이 떠나는 것을 말한다. 한때 세간에 9988234라는 말이 유행했다. 이것은 99세까지 88(팔팔)하게 살다가 2(이틀) 아프고 3(삼 일)만에 4(사망)하는 게 가장 행복한 죽음이라는 의미로 아주 재치 있고 멋진 표현이다. 조물주가 인간에게 준 능력 가운데 가장 좋은 것은, 자살이나 사형수를 제외하고는 우리들은 예외 없이 누구나 언제-어디서-어떻게 죽을지를 절대로 미리 알 수 없게 만들었다는 점이다. 아마 최첨단 과학문명이 아무리 발달해도 이것만은 예측하거나 확증하기 어려울 것이다.

인류사의 수레바퀴를 돌린 주인공들의 대부분은 금수저로 태어난 사람들보다는 흙수저 출신이 많았다. 예수도 마구간에서 태어났다. 개천에서 용 났다고 말해지는 사람들이 모두 그렇다. 따라서 얼마나 영화롭게 태어났는가보다는 얼마나 일생을 훌륭하게 살았는가가 더 중요하며 그것보다 더 중요한 것이 고통 없는 조용한 죽음을 맞이하는 것이다.

중국의 성현 공자도 무당 어머니로부터 태어나 매우 어려운 가정형편에서 자랐다. 그래서 그는 안 해본 일이 없어서 '나는 손재주도 많다.'고 했다. 그러나 그는 평생을 학문에 정진하여 유교사상을 이룩하여 사후에도 영원한 성현으로 남아 있다.

그리고 인간은 누구나 어머니의 태중에서의 10개월이 현세의 100년을 결정하고 현세의 100년은 사후의 영원세계를 결정한다. 우리의 옛 선조들은 태교의 중요성을 매우 강조하였다. 서양문화에서는 찾기 힘든 우리의 지혜로운 전통문화다. 태교에서는 임부妊婦가 먹는 음식도, 앉는 자리도 가려야 하며 심지어 싸우는 것도 욕하는 것도 듣지도 보지도 말라고 했다. 성철 스님은 '현생의 나는 전생에 어떤 사람이었는가를 말해준다.'고 했다. 불교의 윤회설이다.

우리는 임신 1개월인 뱃속의 태아까지도 하나의 인격체로 보아 출생하면 1살로 간주했다. 그러나 서양에서는 태어나서부터 1년이 지나야 한 살로 보는 것과는 매우 다르다. 그들의 전통적인 사고구조는 눈에 보이지 않는 것은 없는 것으로 여겼기 때문이다. 따라서 동양문화는 서양문화보다 항상 1년을 앞서가고 있는 셈이다. 다만 과학적인 물질문명이 아닌 정신문명적인 기준에서는 그렇다. 이러한 인식의 차이는 동양에서는 눈에 안 보이는 것도 하나의 실체로 간주했기에 물밑에 숨어있는 물고기를 잡는 낚시문화가 발달하였다면 서양에서는 목표물이 눈에 보이는 동물사냥을 주된 취미로 삼는 데서도 알 수 있다.

일생을 살아가는 방법도 지구상의 인구수만큼 다양하며 사후에 대한 인식과 평가도 다르다. 부고訃告를 듣고는 '잘 죽었다.'거나

'그래 언제 죽었는데?' 또는 '아이고 정말!'로 등으로 서로 다르게 반응한다. 망자亡者의 일생에 대한 압축된 표현이다.

죽음에는 병사 이외에도 각종 사고사로 죽는 객사가 있다. 고령자의 80% 이상이 자녀들이 지켜보는 가운데 살던 집에서 운명殞命하는 자연사를 제일의 소원이라고 한다. 실제로 독일에서는 운명殞命에 임박한 환자는 당자의 뜻에 따라 집에서 돌아가시도록 가족의 품으로 돌려주고 있다. 아무런 진통이 없이 잠자듯이 죽는 것이나 자고 나니 죽어 있는 것만큼 행복한 죽음은 없다. 이것이 바로 웰-다잉Well-dying인 것이다.

웰-다잉에서도 격차가 있다. 그저 무병장수만이 좋은 죽음이 아니고 후세에 족적을 남기고 죽음을 맞이하는 것이 더욱 가치 있는 죽음인 것이다. 수많은 의인들이나 애국자들의 삶과 죽음이다. 일생을 남을 위해 조국과 인류를 위해 죽은 사람들이다. 우리의 현대사에서도 그런 분들이 많다. 정치가들 중에는 이 땅에 민주주의라는 씨앗을 뿌린 이승만 대통령이나 산업화의 기틀을 마련한 박정희 대통령 그리고 민주주의가 어떤 것인가를 남겨 준 김영삼, 김대중 대통령이 그렇고 경제적으로는 평생 모은 2만 3천여 점의 명화를 국가에 기증하고 떠난 삼성의 이건희 회장이나 오늘날 한국을 경제선진국의 대열에 올려놓은 정주영, 박태준 회장을 비롯한 경제인들이며 또한 평생 아껴 모은 전 재산을 사회단체에 기부하고 떠난 많은 사람들이 그렇다. 그들의 삶은 자기 자신으로부터 멀었기에 죽어도 모든 사람들의 가슴속에 언제나 살아 있다.

죽음에 대한 시각과 해석이 남다른 사상가로는 프랑스의 사르트르를 위시한 무신론적 실존주의자들이 있다. 그들이 주장하는 삶과 죽음에 대한 관점은 매우 특이하다. 그들은 죽음을 강조하면 삶의 의미가 더욱 강조된다는 역설적인 해석을 하고 있다. 마치 어둠죽음이 짙을수록 밝음삶이 더욱 뚜렷하게 부각되는 것처럼, 검은 색이 진할수록 흰색이 더 희게 보이는 것처럼 삶과 죽음도 자연 현상의 원리와 같다는 논리로 비유하고 있다. 대비효과의 원리이다. 따라서 평소에도 늘 죽음과 함께하는 삶이 더욱 의미 있는 삶이라는 것이다. 이어령 교수도 임종에 임박하여 쓴 책 〈이어령의 마지막 수업〉에서 '우리는 늘 죽음을 기억하라.'는 뜻의 Memento-mori를 강조하였다. 그래서 웰 다잉은 신체적으로 고통 없이 죽음을 맞이하는 의미도 되지만 그의 삶이 얼마나 인류의 행복에 보탬이 되었는가의 여부로도 결정된다. 일생의 가치평가는 그가 얼마나 귀하게 태어났는가보다 그가 얼마나 가치 있는 삶을 살다 얼마나 가치있는 죽음을 했는가를 후세 역사가들은 기록하고 있다.

056. 인류사는 과연 진보하는가?

인류역사의 발전법칙에 대한 이론과 견해는 역사의 해석이나 구분기준에 따라 다양하다. 크게는 진보사관과 순환사관 그리고 종교, 특히 기독교 역사관이 있다고 하겠다. 진보사관으로는 마르크스의 변증법적 유물사관이 대표적이고 순환사관은 토인비의 문화 중심 순환사관이며 기독교역사관은 하나님에 의한 섭리사관이라고 하겠다. 그러나 이러한 것들과 함께 1960년대 좌경진보세력들이 내세운 민중사관도 있고 국가별 지배와 피지배민족사를 기준으로 하는 식민사관, 시대별의 영웅들이 남긴 업적을 기준으로 하는 영웅사관, 대순진리교의 개벽사관, 통일교의 통일사관 등등이 있고 그리고 북한의 김일성에 의한 주체사관까지 매우 많다. 여기서는 유물사관과 순환사관 그리고 시대별의 특징을 강조하는 역사주의 사관과 함께 종교적인 새로운 관점의 통일사관을 중심으로 개관해 보겠다.

19세기 독일의 관념론자 헤겔은 '인류사는 곧 자유의 투쟁사이다.'라고 했다. 독재지배자에게 빼앗긴 자유를 개인, 민족, 국가가 투쟁하여 자유를 쟁취하는 과정이 곧 세계사의 원동력이라고 보았다. 한편 영국의 사학자 A. 토인비는 그의 〈역사연구〉에서 세계의 문명권을 21개로 나누고 그것이 생성과 성장 그리고 응전과 소멸의 단계를 거치는 순환사관을 주장했다. 즉 하나의 문명(가치체계)이 발생하여 성장하는 과정에서 외부의 또 다른 문명이 발생하면서 도전해 왔을 때 그것을 극복하면 계속 발전이 가능하나 패배하면 쇠퇴의 과정을 거쳐 결국 소멸한다는 것으로 일종의 문화가치에 의한 발전적인 순환사관이다.

한편 인류사에 커다란 족적을 남기고 지금도 일부 사회주의 국가에서 다소 변형된 형태로 잔존해 있는 것이 K. 마르크스의 변증법적 유물사관이다. 그가 헤겔의 유심론적인 변증법을 유물론적 변증법으로 대체하여 제시한 것이 변증법적 유물사관이다. 마르크스는 만물은 내적 모순과 외적 모순에 의하여 정–반–합이라는 변증과정을 반복하면서 진화 발전한다고 보았다. 즉, 부르주아계급정을 프롤레타리아 계급반이 폭력혁명으로 타도하고 사회주의합 사회를 이루면서 다음 단계인 공산주의와 유토피아 세계로까지 발전하게 된다고 보는 진보적인 역사관을 역설했던 것이다.

그리고 그는 〈사적유물론〉이라는 저서에서 인류사는 원시공동체 사회에서 중세의 노예사회와 봉건영주 사회 그리고 자본주의사회를 거쳐 사회주의사회와 공산주의사회로 발전하다가 유토피아라는 최종의 이상사회가 도래한다는 진보사관을 주장했다. 이러한 역사발전사관은 마치 해가 동쪽에서 서쪽으로 움직이듯이 하나의 자연법칙과 같으며 철칙이라고까지 단언하고 있다. 따라서 자본주의 사회는 자체모순 때문에 반드시 멸망하고 사회주의사회로 나아간다는 것이 변증법적 발전사관이다. 이러한 마르크스의 유물사관을 K. 포퍼는 '필연적인 역사법치주의'라고 규정하고 있다.

그런데 마르크스나 토인비의 주장과는 달리 새로운 역사관의 하나는 독일의 사학자인 L. 헤르드와 L. 랑케로 대표되는 것으로 역사발전과정에서의 시대정신과 당대의 문명과 건축기술을 중심에 두는 역사주의사관Historism이다. 19세기 독일의 역사학자 L. 헤르드를 위시하여 L. 랑케가 주장한 일단의 역사주의사관은, 세계사는 그 시대의 문명과 문화에 따라 독특한 특성이 있으므로 단순비교로 진보나 순환이라고 단정해서는 안 된다는 관점에서 역사평가의 기준을 자연주의와 개체주의 그리고 상대주의적으로 접근해야만 된다는 것으로 역사는 반드시 발전하는 사관으로만 보아서는 안 된다는 주장이다.

그들은 하나의 예로, 현대의 발달된 건축술로 2010년에 준공한 두바이의 830m 초고층건물이라든지 영불대륙 간의 해저터널, 전자기계와 AI 정보기술에 의한 우주개발과 같은 것들을 불가사의한 고대의 거석문화유적들과 비교하여 우열을 가려서는 안 된다는 주장이다. 고대인들의 지렛대와 현대인들의 포크레인과 비교해서는 안 된다는 논리이다.

실제로 B.C. 3000년 전으로 추정되는 영국의 스톤헨지, B.C. 2000년대의 고대도시 파키스탄의 모헨조다로, 고대 이집트의 정교하고 거대한 유적들, 스핑크스, 250만 개의 석재로 이루어진 피라미드, 투탕카멘과 같은 파라오의 조각상 그리고 로제타석의 정교함과 B.C. 500년대로 추정하는 페루의 나스카의 석화石畵, 신비의 공중도시 마추픽추, 시크사위아만의 석채, A.D. 800년대의 오세아니아 이스터섬의 해안에 늘어선 모아이 석상 등등과 함께 동남아문명권에서도 9세기경으로 추측하는 인도네시아 자바섬에 있는 선불교의 성지 보로부두르 석축사원이나 A.D. 1000년경 전후의 크메르 제국이었던 캄보디아의 앙코르 와트, 잦은 지진에도 2천 년간이나 버티고 서있는 석조건물인 중동지역 요르단의 대 신전 등등은 현대의 고고학자들이나 건축학자들도 경외의 대상으로 보고 있으며 당시 건축기술은 현대의 기계문명으로도 설명하기 어려운 하나의 수수께끼로 여기면서 충분한 설명을 못 하고 있음이 대표적인 사례라고 했다. 이러한 석조물의 모두가 100톤을 넘는 거석임에도 운반기술이나 칼로 벤 듯이 매끈하고 미세하여 빈틈도 없는 정교함은 현대의 건축술로도 불가한 수준이라고 평가하면서 당대의 문명을 비교 우위적으로 보아서는 안 된다는 주장이다. 심지어 고고학자들 가운데서는 외계인의 작품이라고까지 말하고 있다는 것이다. 따라서 역사는 당대의 문명을 현대와 비교하여 우열을 가릴 수 없다는 것이다.

한편 문화예술분야에서도 중세 종교시대의 조각과 미술, 이태리 피렌체에 있는 두오모 성당의 벽화와 S. 보티첼리, 미켈란젤로, 레오나르도 다빈치의 그림과 조각품은 지금도 명작으로 평가받고 있어 현대의 전자정보문명과 비교평가할 수 없으므로 모든 문화가 진보한다는 역사관은 잘못이라고 보았다. 그래서 당대의 시대적인 특징을 강조하는 것이 역사주의자들의 역사관이므로 인류사는 결코 진보사관도 순환사관도 아닌 시대정신과 특성을 중심으로 보아야만 한다는 것이 역사주의자들이 내세우는 사관인 것이다.

또한 현대 역사가들이 말하는 고대유산 10대 불가사의로 거론하고 있는 것들도 있다. 고대 로마의 콜로세움 경기장, 이집트의 알렉산드리아 대왕이 건설한 120m 높이의 파로스 등대, 중국 서안(西安)의 시안성탑과 병마용갱兵馬俑坑, 바그다드의 원형도시 건축술, 동로마제국의 콘스탄티노플, 중동의 카르타고 신전, 아테네의 아크로폴리스 광장, 바빌론의 거대 성벽, 중남미 아즈텍의 티우티우 피라미드, 이집트 룩소르의 파라오 신전 등이 사례로 꼽히고 있다.

한편 종교사관은 종교적인 교리에 근거하여 인류사를 해석하는 것으로 그것은 다양한 종교만큼이나 주장도 다양하다. 기독교만 하더라도 수많은 교파에 따라 다양한 역사관이 있으나 공통된 역사관으로는 성서를 중심으로 설명하고 있는 것으로 하나님에 의한 타락한 인간을 구원하는 과정이 곧 역사라고 보는 구원섭리사관이다.

기독교교파의 하나인 통일교는 보수근본주의적 기독교의 역사관을 새로운 시각으로 재해석하면서 통일사관을 주장하고 있다. 예를 들면, 손대오는 그의 〈원리입문 강의〉에서 하나님의 인간창조목적이 지상천국건설이었으나 예수의 죽음으로 실패하자 새로운 원리로 인류를 구원하는 복귀섭리의 역사로 설명하고 있다. 예수의 죽음을 보수근본주의 신학과는 다른 해석을 하고 있다. 즉, 예수의 죽음을 전통기독교의 교리와는 달리 타락한 인간들의 원죄를 대속하는 것으로 보지 않고 타락한 인간들의 실수로 보면서 죄 없는 예수가 지상에서 가정을 이루어 사회, 국가, 세계를 이루는 것이 하나님이 바라는 죄 없는 지상천국 건설이라는 논리이다. 이러한 시각에서 손대오는 1990년대 '누가 예수를 죽기 위해서 왔다고 하는가?'라는 제목의 글을 중앙의 일간지에 게재하여 당시 기성 기독교계에 커다란 파문을 일으키기도 했다.

한편 인류사의 발전과정을 '인지를 구하는 투쟁Struggle for recognition'이라고 보는 이론도 있다. 미국의 미래정치학자인 F. 후쿠야마 교수다. 그는 1992년에 출판된 〈역사의 종말〉에서, 플라톤의 욕망, 이성, 패기라는 개념과 루소의 우월욕망, 그리고 헤겔의 자유를 위한 투쟁이론을 원용하면서, 세계사는 결국 개인이나 국가가 타인으로부터 인정받고 싶어 하는 '인정욕구'에 의하여 역사의 원동력이 이루어진다고 보았다. 인정욕구는 사회적인 존경과 명예욕을 추구하는 인간의 기본욕구이다. 그런데 이러한 인정욕구도 노예가 아닌 자유인으로부터 인정받는 것이 보다 만족도가 높기 때문에 패전국의 노예로부터의 인정욕구는 그 만족도가 낮다고 보았다. 그래서 완전한 자유인으로부터 인정을 받으려고 하지만 목숨을 건 전쟁에서 패자들은 죽음에 대한 공포심으로 자신들에게 복종하는 사람들이므로 결여된 인정욕구일 뿐이라고 했다. 그는 세계사는 인지를 구하는 투쟁의 과정Struggle for recognition이라고 규정하고 있다.

그리고 우리들에게 〈총. 균. 쇠〉라는 저서로 잘 알려진 미국의 문화인류학자 J. 다이아몬드는 총(무기)과 균(병원균) 그리고 쇠(금속)의 3가지 키워드로 세계문명사의 흐름을 설명하고 있다. 그는 세계사는 무기가 좌우하는 과거의 시대를 거쳐 현대에는 질병과 싸우고, 미래에는 금속이라는 과학기술의 시대로 접어들 것이라는 암시를 하고 있다. 이것은 긍정적인 역사관이라기보다는 경고성 관점이다. 그러나 과거 국가 간의 전쟁사와 현재 지구촌을 엄습하고 있는 코로나와의 투쟁 그리고 우주개발을 위시하여 인간로봇 시대의 금속문화를 예측하고 있어 그의 역사관은 시사하는 바가 크다고 본다.

이처럼 다양한 역사관은 모두가 고유의 특징을 지니고 있어 하나로 결론하기는 어려우며 우위를 논하기도 어렵다. 시각의 위치가 다르기 때문이다. 영국의 사학자 E. H. 카는 〈역사란 무엇인가?〉라는 저서에서, 역사란 '현재와 과거의 끊임없는 대화'라고 규정하면서 오늘날 서구 지식인들이 말하는 비관주의적인 사관을 비판하고 있다. 그러나 실제로 인류사는 그동안 끊임없는 평화지향의 노력에도 불구하고 전쟁으로 점철되어 왔으며 인류 보편적 가치인 자유와 평등 그리고 인권의 신장에서는 상당히 진보적인 역사였지만 한편으로는 생태계 파괴로 인한 지구환경의 오염으로 인류의 미래는 결코 진보와 희망의 역사는 아닌 듯하다.

057. 친절만큼 가성비가 높은 것은 없다.

가성비價性比: Cost-effectiveness란 가격 대비 성능의 준말로, 소비자가 지불한 가격에 비하여 제품의 성능이나 만족도가 얼마나 높은가이다. 즉 상품에 대한 효용성과 만족도라는 경제용어이다. 우리는 경제활동을 하는 과정에서 가능한 한 노력을 작게 하고 결과는 크게 하려고 하는 것이 인간의 공통욕망이다.

이러한 관점에서 친절성은 가성비가 매우 높은 행위이다. 그런데 이러한 친절성은 어릴 때부터 가정교육을 통하여 습관화시키는 것이 또한 가성비가 높다. 성인이 되면서는 가성비가 점점 떨어진다. 그래서 부모의 조기가정교육이 매우 중요하다.

하나의 좋은 사례를 들어보자. 1960년대, 서울대 심리학과 교수였던 장병림 박사의 이야기다. 중학교에 다니는 딸이 있었는데 어릴 때부터, 동네 어른들이나 아버지 또래의 사람들을 만나면 모두 아버지의 친구와 같으니까 무조건 '안녕하세요.'라고 항상 인사를 해야 한다고 가르쳤다는 것이다. 딸이 자라서 중학교에 다닐 때였다. 그런데 하루는 출근을 하려는데 부인이 오늘 아침 딸이 도시락을 깜빡 잊고 학교에 갔는데 당신이 출근하는 길에 좀 전해주라고 했다는 것이다. 딸의 학교를 가다가 생각해보니 막상 학교의 이름과 학년은 알지만 몇 반인지도 모르고 있었다는 것이다. (당시는 서울이라도 여간 잘살지 않고는 집에 전화기가 없었던 때이므로 집에 물어볼 수도 없었다.) 그래서 학교 정문 수위실에 가서 딸의 학년과 이름을 말하면서 도시락을 전해줄 수 있겠냐고 했더니 수위는 '아! 그 인사 잘하는 학생이지요!' 하면서 대번에 딸을 알더라는 것이다. 딸이 날마다 등교하면서 수위에게 인사를 했던 것이다. 평소의 친절성의 결과였던 것이다.

일반적으로 일본을 제외한 동양인들은 모르는 사람에게는 마치 소 닭 쳐다보듯이 무뚝뚝하고 불친절하기까지 하다. 타고난 천성이라기보다는 문화적인 관습에서 생긴 것이다. 쉽게 웃거나 말을 많이 하면 점잖지 못하다고 여겼다. '점잖다.'는 말은 '젊지 않다.'는 것으로 나이가 젊은데도 나이가 든 사람처럼 진중하고 예의 바르다는 의미이다. 그래서 말수가 적을수록 교양인으로 여겼다. 그러다 보니 예부터 자연히 가벼운 인사말도 잘 모르는 사람에게는 안 했던 것이다. 먼저 인사하는 것은 나이가 어리거나 신분이 낮은 사람이 하는 것으로 인식돼 왔다. 잘못된 문화 풍습이다.

우리들과는 달리 서구에서는 초대면인데도 만나면 쉽게 서로 웃고 가벼운 인사말을 한다. 그것은 그들의 인성이 본래부터 좋아서라기보다는 사회 환경에서 생긴 결과이다. 미국의 경우, 서부활극에서 보는 것처럼 권총을 쉽게 꺼내 갑자기 강도로 돌변하는 사회풍토였다. 그래서 오른손을 먼저 상대방에게 내밀어 악수를 한다. '나는 총을 가지고 있지 않다.'는 신호이다. 그리고 일본 사회에서의 친절성은 상대방이 칼을 항상 몸에 지니고 다니는 사무라이일지도 모르므로 내가 먼저 상냥하게 인사를 하는 것이 신변이 안전하다는 심리에서 생긴 습관적인 반응인 것이다. 따라서 이러한 친절성은 심리학적으로 말하면 습관적 자기방어기제인 것이다.

이러한 연유로 동양의 친절성은 표리부동한 내심에서 생기는 것이라면 서양인이나 일본인들의 친절성은 극히 의례적이고 표면적인 친절에 가깝다. 하나의 비유를 들어보자. 미국이나 일본에서 아파트의 엘리베이트를 같이 탔을 경우, 미국 부인들은 예외 없이 누구에게나 환한 미소로 '하이' 하고 손을 든다면 일본 여성은 '곤니치와(안녕하세요)'라고 먼저 인사를 한다. 그러나 환한 미소의 인사가 일단 끝나면 극히 사무적인 얼굴로 갑자기 돌변하게 된다. 맘속에서 나온 말이 아닌 입속의 말임을 쉽게 알 수가 있다. 이것을 영국의 A. 울코트는 '영국인들은 한순간에 갑자기 냉정해지는 비범한 능력을 가지고 있다.'라는 말로 잘 표현하고 있다.

보다 구체적인 예를 하나 들어보자. 1960년대 말, 필자가 일본에 유학을 갔을 때의 경험이다. 어느 날 혼잡한 지하철 안에서 옆 사람의 발을 잘못하여 밟았는데 오히려 밟힌 사람이 먼저 '미안합니다.'라고 해서 매우 의아하고 당황하게 느꼈다. 그리고 한국 유학생들 중에는 강의실에서 잘 모르는 일본어를 옆자리에 앉은 일본여학생에게 물으면 매번 너무 친절하게 가르쳐 주어 그 여학생이 자기를 좋아해서 그러는 줄 알고 데이트를 신청하였는데 그녀는 부드럽게 거절하더라는 이야기도 있다. 친절성에 대한 문화인식의 차이이다.

이처럼 친절함에도 문화환경에 따라 그 의미와 반응이 다르지만 형식적인 친절이든 실질적인 친절이든 친절함은 인간관계와 사회생활을 여유롭고 밝게 만드는 것이며 그 나라의 삶의 질과 국민들의 품위를 향상시키는 데도 커다란 역할을 한다고 본다.

058. 사랑과 미움은 등가성이다.

사랑과 미움은 반대개념이지만 실제로는 한정된 동일공간에서 등가로 공존한다. 아이러니컬한 심리현상인 것이다. 다시 말해 애정의 강도와 증오의 강도는 상호관계가 논리적으로는 반비례이지만 실제로는 정비례한다. 이것은 독일의 유명한 정신분석학자 S. 프로이트의 이론에서도 설명이 가능하다.

프로이트는 1917년 그의 저서 〈정신분석학 입문〉에서 인간행동의 근원을 리비도Libido: 일종의 성적 에너지라는 것으로 설명하면서 정신구조를 이드Id: 본능적인 무의식계와 이고Ego: 현실적인 자아계 그리고 슈퍼이고Super-ego: 승화된 초자아계로 나누어 설명하고 있다.

그가 이러한 사례를 직접 언급한 것은 아니지만 그의 성욕론을 근거로 구체적인 사례를 적용하여 알기 쉽게 설명하자면, 가령, 어떤 사람이 매력적인 여성을 보고 성적 흥분을 느꼈을 때, 곧바로 이드계의 리비도가 행동(즉, 강간)을 자행하면 불법이므로 그 욕구를 초자아계의 이성의 힘으로 억제하여 자아계의 합리성으로 바꾸면서 성적 욕구를 현실이 수용하는 형태로 바꾸어 만족시키는 것이 결혼이라는 합법적인 성적 만족이다. 그런데 여기서도 경우에 따라 리비도의 욕구충족이 안 될 경우 리비도는 승화Sublime의 과정을 거쳐 3단계인 초자아계로 이동한다. 승화의 과정을 거친 리비도가 강력한 힘을 발휘하면서 나타나는 것이 위대한 음악, 미술, 학문 등의 정신적인 걸작품이다. 이것은 억압된 리비도가 초자아의 세계에서 폭발한 결과물인 것이다. 그래서 인류사에 위대한 사상가나 작가, 예술가 가운데는 독신자나 가정파탄자가 많은 것을 보게 된다. (이러한 리비도에 관련한 사례는 프로이트가 직접 그의 이론에서 밝힌 것이 아니며 필자가 그 원리를 근거로 알기 쉽게 예시한 것이다. 관련된 원저는 프로이트의 〈성에 관한 3가지 이론〉 Three Essays on the Theory of Sexuality이다.)

또한 인간의 무의식계에 자리하고 있는 본능 중에는 사랑과 미움이 동시에 공존하면서 작용하므로 강렬한 애정은 강렬한 증오심을 동시에 동반한다. 그런데 이러한 상반된 욕구는 반비례적인 관계가 아닌 정비례의 관계이다. 실제로 우리말에 '죽도록 사랑한다.' 또는 '좋아 죽겠다.'라는 말처럼 리비도가 안고 있는 에로스(남녀 간의 사랑)와 타나토스(죽음의 욕구)가 무의식계에 동시에 등가等價가로 작용하고 있다는 의미이다. 그런데 본능이란 어떠한 형태로든지 만족(해소)시켜 주어야 하는데 그렇지 못할 때 프로이트는 정신착란과 같은 정신병의 근원이 된다고 보았다.

이러한 프로이트의 관점에서 본다면 부부간이나 이성 간이라도 항상 사랑으로만 유지하기보다는 적당한 다툼이 있어야만 심리적인 안정과 균형을 취할 수 있다는 상반적인 균형논리이다. 이른바 지속가능한 애정관계라는 것이다. 실제로 청춘남녀 간의 사랑도 너무 밀착될수록 절연의 경우 살인으로까지 급변하는 것도 극에서 극으로의 전환이 매우 쉽기 때문이다. 따라서 사랑과 증오는 상반적인 등가성이므로 항상 균형을 유지해야만 된다는 결론이다. 즉 남녀 간의 애정도가 100%이면 증오도가 0%가 아니라 둘 다 100%로 상승작용을 한다는 이치이다. 이것을 17세기 영국의 성직자인 T. 퓰러도 '극단적인 증오는 극단적인 애정과 같다.'는 말로 잘 표현하고 있기도 하다. 이어령 교수도 '사랑은 언제나 죽음과 짝지어 있다.'고 했다. 삶과 죽음에 대한 욕구의 등가성과 동시성을 의미한다.

한편 이러한 프로이트의 애증愛憎관계를 아주 극명하게 밝히고 있는 사람은 프랑스의 무신론적 실존주의자 J. P. 사르트르이다. 그는 삶과 죽음을 좋음과 싫음, 사랑과 증오가 동시에 작용하는 길항작용拮抗作用; ambivalence의 관계라고 했다. 물리학적으로는 상반된 2개의 질량이 공존할 경우 한편이 강화되면 다른 편은 약화되는 반비례의 관계가 자연법칙임에도 불구하고 동시에 상승과 하강의 역학의 관계가 사랑과 증오의 심리현상인 셈이다.

이러한 프로이트의 정신분석학적 심리현상을 지지하면서 학교교육 현장에 적용해야 한다는 학자들 가운데는, 아이들에게 삶과 사랑의 활력소를 배양하려면 교육현장에서 삶과 함께 죽음의 의미를 동시에 강조하는 교과내용과 방법을 도입해야 한다고 주장하고 있다. 죽음에 대한 강조는 곧 삶을 강조하는 것이라고 보기 때문이다. 불가사의한 인간의 심층심리현상의 하나라고 하겠다. 여기서 우리는 삶의 지혜를 하나 알게 된다. 구체적으로 예를 들면, 부부간이라도 서로가 너무 좋아하는 것도 극히 위험하다는 결론이다. 사랑과 미움은 반비례가 아니라 정비례이기 때문이다. 그래서 부부간이라도 소가 닭 쳐다보듯이 무덤덤한 것이 지속 가능한 부부이지 너무 한쪽으로 치우치면 사랑이 증오로 감자기 돌변할 확률이 높기 때문이다. 사랑의 강도만큼 동시에 증오의 강도도 증가하는 무의식세계의 모순현상 때문에 사랑하는 남녀 간에서도 살인으로까지 치닫는 사건사고가 발생하는 것을 쉽게 볼 수 있는 것이다. 이러한 불가사의한 애증愛憎의 심리현상은 자연계의 물리법칙과는 다른 모순적인 관계인 것이다.

059. 남녀 간의 진정한 평등은 차별이 아닌 구별이다.

남자와 여자는 분명히 신체적인 기능이 다르게 태어났다. 다만 신체의 요철凹凸 부분에서 단 한 군데만 다를 뿐이다. 성기이다. 그리고 목소리의 음색이다. 그러나 이러한 것 때문에 여자를 남자보다 낮게 평가한다면 차별인 것이다. 왜냐하면 서로가 가진 특징, 즉 여성만이 가능한 잉태와 출산은 여성의 특권이며 생명을 위협하는 외부의 적과 대결하여 연약한 여자들을 보호하는 데는 남자만의 완력이 요구되므로 남성의 특권이다. 따라서 진정한 남녀평등은 기능적인 기준에 따라 평가해서는 안 되며 각각의 고유능력이 다르다는 이유에서 경중을 따지는 것도 차별이다.

그리고 유전학적으로는 여자(XX)와 남자(XY)의 성염색체가 다르고 유전자의 수도 여자와 남자는 2,000개와 78개의 차이로 여성이 월등하여 악조건 속에서도 여성의 생존력이 훨씬 높으며 수명도 더 길다. 아마 조물주가 자녀를 돌보는 데는 남성보다 여성이 더 낫다고 보아 그렇게 했는지도 모르겠다.

한편, 남녀 간의 차이를 생리학과 심리학적으로 접근한 〈화성 남자 금성 여자의 관계 지키기〉라는 저서에서 저자인 J. 그레이는 재미있는 글을 쓰고 있다. 그는, 우선 남자들이 여자들보다 피부가 두껍고 성대의 차이로 음색이 다르며 혈액도 남자가 적혈구가 여자보다 많으며 심리적으로는 남녀관계에서 여자를 자기 쪽으로 끌어들이려는 구심력이 강한 반면 여자는 자신의 중심에서 밖으로 향하는 경향이 강하다고 보았다. 수축과 확장이다. 그리고 스위스의 집단심리학자로 콤플렉스complex라는 개념을 처음 사용한 분석심리학자 K. 융은 원래 인간의 심리적인 내면 깊숙이에는 남성성masculinity과 여성성femininity이 공존하는데 그 강도에 따라 남성의 성격특징이 다르게 나타날 뿐이라고 했다. 여성스러운 남자와 남성스러운 여자가 생기는 이유이기도 하다. 따라서 남녀 간에는 몇 가지의 생리적인 기준에서 차이만 있을 뿐이므로 그것에 따른 차별은 부당한 것이라고도 했다.

그런데 역사적으로 보면 원시 수렵시대나 중세 농경사회에서는 모든 경제활동이 육체적인 힘에 의존하였기 때문에 힘센 남성이 여성의 우위에서 군림했던 것이다. 한자의 구성에서도 남자男는 밭田에서 힘力을 쓴다는 뜻이고 여자女는 다리를 펴고 누워있는 모양이며 어미 모母는 가슴에 2개의 젖꼭지를 뜻하는 것으로 상징적인 한문 문자이다. 그리고 집안에 여자가 있을 때 안정되고 편안安해진다는 의미도 된다. 이것은 차별이 아니고 구별인 것이다. 사회학에서 말하는 역할기대론인 것이다.

그런데 동양의 유교적인 전통은 남녀차별을 단순한 성별적인 기준에서 결정하였다. 삼강오륜에서 부부유별夫婦有別이라든지 여필종부女必從夫, 부창부수夫唱婦隨와 같은 말이 그렇다. 이러한 성차별은 1928년까지 여성투표권을 박탈한 영국이나 1946년에야 여성투표권을 허용한 프랑스에서도 마찬가지였다. 심지어 오늘날에도 중동지역의 이슬람 문화권에서는 여성에 대한 차별적인 온갖 제도를 유지하고 있다.

그러나 오늘날 대부분의 자유민주주의 선진국에서는 근대 기계문명의 발달과 현대의 인권신장의 보편화로 종래의 힘에 근거한 남성 중심적인 성차별은 없어지고 있다. 아무런 힘이 필요 없이 손가락 하나의 힘으로 스위치를 조작하여 대형기계의 조종도 가능해졌기 때문이다. 고층 아파트 건설현장의 기중기의 기술자도, 초음속 전투기의 조종사도, 탱크의 운전병도, 대형 포크레인이나 덤프트럭 기사도 남녀구분 없이 가능한 시대이다. 더구나 세밀한 기계조립이나 전자기기 조작 같은 것들은 남성보다 여성이 더욱 친화적이기도 하다.

남자나 여자는 다 같이 인간이라는 범주로는 동일하지만 상호 교환이 불가능한 신체구조와 능력을 가지고 있기 때문에 차이만 있을 뿐이므로 차별은 안 된다. 그런데 동서양을 막론하고 과거에는 이러한 차이를 차별로 단정해 왔던 것이다. 여기에 성차별의 근원이 있다. 자연의 섭리는 아무리 물질문명이 발달해도 여성으로서의 할 일과 남성으로서의 할 일을 구별하고 있다. 현대문명이 남성이나 여성이 동일하게 사회적 역할을 할 수 있게 되었다고 하더라도 중성적인 유니섹스Unisex는 반자연적인 것이다. 가장 남성적이고 가장 여성적인 문화가치를 구가한 시대가 가장 찬란한 역사를 만들었다. 실제로 남자와 여자가 하나로 합쳐야 완전한 인간이 되는 것이다. 그런데 서로가 우위를 따지는 것은 반자연적인 것이다. 따라서 남녀 간에는 상하좌우나 귀천이 없고 좋고 나쁨으로 차별할 수 없으며 다만 여자와 남자라는 고유 가치를 가진 기능적인 차이만 있을 뿐이다.

그러나 1960년대 미국과 프랑스를 중심으로 일어난 포스트모더니즘의 문화운동이 시작되면서 남녀 간의 무조건적인 성평등론이 대두되기 시작했다. 이것은 사르트르와의 계약결혼으로 유명한 보부아르를 시작으로 J. 데리다, M. 푸코, J. 라캉에 이르기까지 그들이 주장한 양성평등 이론은 정치, 사회, 문화, 예술의 전 영역으로 파급되었다. 성별과 관계없이 개성과 자율성, 다양성, 대중성을 강조하면서 탈이념적이고 탈성별적인 가치관을 역설했던 것이다. 그들은 무조건적인 성평등을 강조하였던 것이다.

이러한 성 평등운동의 기저에는 마르크스의 기본사상인 사회주의적인 이데올로기의 평등사상을 바탕에 깔고 있다. 원래 마르크스는 정치경제학의 관점에서 평등개념을 도입하였으나 그 이후 V. 레닌과 L. 트로츠키가 여성해방론을 내 세우면서 그들의 공산주의 정치혁명 과정에서 보조수단의 하나로 여성들을 이용하였던 것이다. 따라서 그 이후의 포스트모더니즘 운동가들도 그들의 세력확장의 한 수단으로 여권신장을 이용하게 되었던 것이다. 그 이후 오늘날까지도 진보좌파 운동단체들은 여권운동을 세력확장의 한 수단으로 이용하고 있음을 보게 된다.

남녀평등을 가름하는 바로메타의 하나는 여성참정권이다. 여성참정권의 역사는 의외로 뉴질랜드가 가장 먼저인 1853년이었고 미국은 1920년, 영국은 1928년이다. 가까운 일본도 1945년이며 프랑스도 1946년, 스위스는 1971년인 데 비하여 한국은 1948년부터이다. 이것은 미국서 독립운동을 한 이승만 건국대통령에 의하여 곧바로 미국의 민주주의 선거제도를 그대로 도입했기 때문이다.

그런데 한국의 여성관은 오랜 유교문화의 전통이 잔존한 상태에서 실제로는 2000년대에 들어와서도 부창부수夫唱婦隨라는 기성세대의 남존여비사상이 잔존해 있어 전후 신세대의 남녀평등관과 특히 페미니스트들의 공격에 빌미를 주고 있기는 하지만 여자가 결혼을 해도 일본이나 서구의 일부 나라들처럼 자기의 성(姓)을 버리고 남자의 성으로 바꾸지 않고 정체성을 언제나 지니고 있는 호적법은 매우 선진적인 문화전통의 하나라고 본다. 필자가 잘 아는 일본의 기업인은, 한국의 호적제도와 여성들의 성명유지 전통을 매우 부러워하기도 했다.

근대사회까지의 여성들의 사회적인 위치와 대우는 동서양을 막론하고 구별이 아닌 차별이었다. 구별difference은 다양성을 낳고 차별discrimination은 사회갈등을 낳을 뿐이다. 남녀 간에는 신체적으로나 생리적으로 엄연한 차별이 있다. 그러나 인간이라는 범주에서는 차별이 아닌 구별이 있을 뿐이다. 조물주가 인간을 창조할 때 각자의 고유기능을 달리 부여하였으나 하나로 결합해야만 완전한 인간이 되도록 했다. 마치 +전하와 −전하가 결합돼야 빛이 되는 것과 같다. 다만 생존하기 위해서는 힘완력이 필수불가결할 때는 여자보다 남자가 우위였으므로 남성우위의 문화가 합리적이라고 보았지만 근대이후 기계문명의 발달로 여성도 팔의 근육 대신에 머리와 손끝의 힘만으로도 중노동도 가능한 시대이므로 양성평등의 근거가 충족되었던 것이다. 하지만 자연의 섭리는 남녀 간의 생리적 기능차이까지 극복할 수 없으므로 진정한 성 평등은 차별이 아닌 구별에서 이루어질 것으로 본다. 1984년 〈노동의 새벽〉이라는 시로 군사정권에 의하여 사형선고까지 받았던 박노해는 '차별은 없애고 차이는 살리고'라는 말을 했다. 남녀 간에도 신체의 기능적 차이는 있어도 인간적 차별은 없애는 것이 진정한 남녀평등 사상이라고 본다. 차이를 곧 차별로 보아서는 안 된다는 논리이다. 남자만으로나 여자만으로는 아이를 만들 수 없다는 것이 모든 것을 대변하고 있다.

060. 인간은 얼마만큼 선하고 악해질 수 있는가?

인간의 본성은 원래 악인가 선인가 아니면 백지와 같은 무성인가에 관한 이론과 논쟁은 오래된 이야기이다. 본성은 원래 선하다는 성선설性善說을 주장한 사람은 소크라테스를 비롯하여 루소 그리고 맹자(孟子)라면, 인성의 근본이 악이라는 성악설性惡說은 T. 홉스와 K. 마르크스 그리고 순자荀子로 대표된다. 한편 성선설도 아니고 성악설도 아닌 무성이라는 백지설白紙說을 내세운 사람은 J. 로크와 J. P. 사르트르 그리고 중국의 고자告子이다.

그 어느 것도 정설로 규정된 바는 없지만 인간의 유전적인 본성은 선도 악도 아닌 백지설이 합리적인 듯하다. 태어날 때부터 살인강도나 도둑놈은 없을 것이며 성인군자도 없기 때문이다. 따라서 태어난 후의 가정과 사회적인 환경조건이 악인도 선인도 만든다고 보는 후천적인 사회환경과 학습요인설이 맞을 듯하다.

20세기의 세계적인 지성이며 실존주의 철학자로 유명한 프랑스의 J. P. 사르트르는 인간은 '아무런 의미부여가 없이 세상에 그저 내던져진 존재'라고 규정했다. 이것을 그는 '실존은 본질에 선행한다.'라는 말로 표현하고 있다. 다시 말해 가령 책상이나 걸상과 같은 것(본질)은 목수의 설계도에 의하여 선택의 여지가 없는 결정적인 형태와 목적으로 한정된 존재와 기능으로 고착되지만 인간실존은 미리 규정된 조건이 없이 태어나기 때문에 무한한 자유의지로 자유선택을 할 수 있으나 대신에 무한한 자기책임이 뒤따르게 된다고 했다. 즉 백지로 태어난 인간은 자신의 삶에 어떤 그림을 그리는 것도 무한한 자유이지만 그에 따른 사회적인 책임도 무한하다고 보았다. 무한한 자유, 무한한 선택, 무한한 책임인 것이다.

이러한 실존주의자들의 자유의지론에서는 인간은 최악의 악인도 될 수 있고 최선의 선인도 가능하다. 한편 악인과 선인의 결과를 두고 그 원인을 가정의 생육조건과 사회적 환경에서 찾으려는 학설도 있으나 동일한 환경에서도 모두 동일한 인간으로 나타나지 않는 경우도 있으므로 사회학습설도 완전한 것은 아니라고 본다. 따라서 악인과 선인의 결과는 그 원인이 어디까지나 당사자의 자유의지, 즉 본인의 자유선택에 따르는 것으로 귀결된다고 하겠다. 동일한 생육여건에서도 악인도 되고 선인도 되기 때문이다.

네덜란드 철학자 B. d. 스피노자는 '인간은 시계추처럼 선과 악 사이를 왔다 갔다 하는 존재'라고 했다. 동일한 개체가 환경에 따라 악마도 되고 동시에 천사도 될 수 있다고 하여 환경결정설을 강조하는 것이다. 이것은 순자의 성악설도 맹자의 성선설도 아닌 실존사상과 고자의 백지설에 가깝다고 하겠다.

그러면 인간은 얼마만큼 극악해질 수 있는가는 1989년 영국의 범죄학자인 C. 윌슨은 그의 저서 〈세계범죄백과〉에서 1900년대 주로 영국에서의 엽기적인 살인사건을 중심으로 135개의 사례를 들고 있다. 그 책에서는, 시신의 껍질을 벗겨 비닐봉투에 담아 강물에 버린 사건, 시체를 공원에 매장하고 주말에는 범인 부부가 공원에 가서 자기들이 살해하여 암매장한 그 위에 자리를 펴고 음식을 먹었다는 사건, 1980년에는 일본의 영국 유학생이 사귀던 아가씨를 자기 집으로 유인하여 살해한 다음 토막을 내어 냉장고에 넣어두고 지내다가 체포된 사건 등등을 기록하고 있다.

그런데 이러한 개인과 개인 간의 엽기적인 살인사건과는 차원이 다른 것이 전장에서의 집단살육이다. 제2차 세계대전 당시 독일 나치의 집단도살장 아우슈비츠 강제수용소에서 자행된 유대인 집단학살이나 일본 371부대가 만주 하얼빈 강제수용소에서 자행한 생체실험의 참상 등등이다. 필자는 마침 2004년 10월, 만주에 갔을 때, 제2차 세계대전 말기 일본 관동군에 의하여 생체실험을 자행한 만주 하얼빈 외곽에 위치한 371부대를 견학한 바가 있다.

붉은 벽돌로 지어진 건물 입구에는 ○○○ 연구소라는 위장간판이 지금도 그대로 걸려 있었고 내부에는 실험실용 감방들이 줄지어 있었는데, 사람이 영하 몇 도에서 몇 시간이면 죽는가, 며칠을 굶기면 죽는가, 독사의 독으로는 몇 그램을 주사하면 즉사하는가의 실험용 방들이 그대로 있었고 마취 없이 생체실험을 했던 방과 함께 세균전을 위한 탄저균, 콜레라균의 배양실도 있었다. 그리고 입구 한쪽에는 안중근 의사를 임시로 수용했다는 감방도 있었다. 수많은 만주족과 소련군 포로, 만주 조선족들이 희생된 곳이다. 그리고 1943년경 미일 간의 필리핀 전투에서 포로로 잡힌 수천 명의 미군들이 학대와 굶주림으로 죽은 엄청난 숫자와 참상은 독일 나치가 자행한 홀로코스트를 방불케 했던 것이다. 또한 중국에 진출한 일본군은 이른바 남경대학살에서 길다란 일본군용 칼로 목을 베어 죽이면서 병사 한 사람이 하루에 얼마나 많은 사람을 죽일 수 있는가를 두고 시합을 했다는 기록도 있다. 인간이 인간에게 행할 수 없는 최악의 행위이며 인간이 얼마나 극악의 수준까지 변할 수 있는가를 보여주는 예이다.

이러한 인간의 죄악이 성별에 따라 차이가 있을까? 일반적으로 남자의 범죄율이 여자들보다는 많지만 그 잔인성은 오히려 여성이 높다는 연구도 있다. '여자가 한을 품으면 오뉴월에도 서리가 내린다.'는 말처럼 자신의 자녀를 살해하는 사건도 남성보다는 여성이 많다. 자녀에 대한 애정이 남성보다 여성이 많은데도 그렇다. 폭력적인 남자보다 위험한 여자를 그린 영화나 작품도 있다. 스티븐 킹의 소설 '〈미저리〉Misery'의 주인공도 평범한 직장여성이다. 또한 '위험한 정사'나 '원초적 본능'이라는 영화에도 악녀들이 주인공으로 등장한다. 부드러운 미소와 젖가슴으로 만물을 품어주는 자애로운 모성이 돌변하면 무서운 저주로 변할 수 있다는 메시지라 하겠다.

그런데 인간에게는 이러한 최악의 악행과는 정반대로 타인의 목숨을 구하기 위해 자신의 목숨도 버리는 선행도 있어 야누스적이다. 이러한 양면성은 선천적인 유전요인이기보다 후천적인 학습요인이 결정적으로 작용한다고 본다. 유전성보다는 국가와 사회로부터 영향을 받는 학습요인이 더 크게 작용하는 듯하다. 그러나 한국과 일본의 과거역사에서는 우리나라는 외국침략의 역사가 한 번도 없었으나 일본은 제2차 세계대전까지 촉발시킨 침략의 역사이다. 개인적으로는 그렇게 친절하고 조용함에도 집단적인 상태에서는 전혀 다른 잔인성으로 변모하는 것은 일본인의 DNA에는 남다른 잔인성과 공격적인 유전인자가 있는 듯하다.

061. 역사의 수레바퀴는 미친 사람들이 돌린다.

여기서 '미쳤다.'는 말은 천질이나 간질과 같은 생리적인 광인병狂人病이 아니고 정신적인 측면을 의미한다. 한자에서의 '미치다'의 글자는 '미칠 급及'이며 '이를 지至'이다. 즉 미친 사람들은 우리들과는 다른 시간과 다른 공간에 이미 다다르고 있는 것이다. 그래서 그들은 비록 몸은 우리들과 같은 공간과 시간 속에서 호흡하면서 살고 있지만 정신세계는 다른 차원에 살고 있어서 우리들 눈에는 그들의 언행이 이상하게 보여 미친 사람으로 보이는 것이다. 그러나 그들의 눈에는 대중들이 항상 답답하고 어리석게 보이면서 자신은 고독하고 소외감을 느낀다. 예수가 그랬고 석가모니도 그랬다. 그리하여 그들은 언제나 대중들로부터 소외와 핍박까지 당하였다. 석가의 '천상천하유아독존'이나 예수의 '내가 곧 길이요 진리요 생명이니 나로 말미암지 않고는 아버지께로 올 자가 없느니라(요한복음 14:6).'는 예수의 말로서도 어리석은 대중들의 오해로 소외와 핍박을 받았던 것이다.

따라서 그들의 언행은 항상 현실과는 부조화적이어서 대중들의 눈에는 약간 머리가 정상이 아닌 것처럼 보이는 것이다. 그러나 이들을 후일 역사학자들은 예언자 또는 선지자, 선각자라고 기록하고 있다. 바로 이들이 역사의 수레바퀴를 돌려 왔기 때문이다.

역사창조의 주인공이 대중에 의하여 이루어지기보다는 몇몇의 이러한 소수정예에 의하여 생겨났던 것이다. 프랑스 혁명이나 러시아 혁명도 시발의 단초는 항상 군중의 선두에 섰던 몇몇의 선각자나 혁명가에 의하여 이루어졌다.

선지자나 선각자들은 몽매한 대중들을 어리석고 가엾게 여기면서 올바른 길로 인도하려고 하지만 이해를 못하고 좀처럼 뒤따르지 않을 때 그들은 분노하기도 했다. 부모가 빗나가는 자식을 보고 꾸중을 하는 것과 같다. 세종대왕이 한글창제 서문에서 '……백성을 어여삐 여겨'라는 말을 한 것과 같다. 자기 이름도 못쓰는 백성들이 불쌍하고 가련하다는 뜻이다.

이러한 미친 사람들을 작가 세르반테스는 '돈키호테'라는 작품으로 잘 묘사하고 있다. 작가는 주인공 돈키호테와 종자 데라만차오와 산초 판사의 기사도기행을 통하여 당시 스페인 사회의 교조적이고 인습적인 허구상을 은유적으로 비판하는 메시지를 담았다. 그리고 작가는 독자들에게 범인들의 눈에는 무모하고 파격적인 행동을 일삼는 돈키호테를 통하여 기존질서를 파괴하고 새로운 가치를 창조하는 메시지와 주인공이 아꼈던 여인 둘시네아를 통하여 남녀 간의 순수한 사랑이 무엇인지를 전달하고 있다.

또한 1949년에 쓴 G. 오웰의 〈1984〉라는 작품도 국가에 의한 개인 사생활의 감시체제(빅 브라더)에 대한 내용으로 바로 70년 후의 오늘날의 독재국가의 현실을 그대로 예견하고 있는 선지자적인 글로서 미래세계를 적확하게 예측한 작가의 능력에 놀라게 되는 명작이다. 이들 역시 당시에는 대중들로부터 이상한 사람으로 소외되었고 도외시되었던 것이다.

이처럼 세대를 앞서가는 미친 사람들 가운데는 음악이나 미술계의 인물들이 많다. 현대미술계를 대표하는 천재 화가 피카소는 이미 12살 때 명화를 모작할 정도의 재주꾼이었다. 훗날 그는 무엇보다 미의 구극究極인 여체의 미에 미쳐 있었던 것이다. 그의 아틀리에서 모델로 선 여인들과의 염문은 물론 공식적으로 결혼한 여자만도 7~8명이나 될 정도였지만 세속적인 성욕이라기보다 그는 여체에서 미래세계의 극미極美를 일찍이 발견했던 것이다. 그리고 그의 그림 〈게르니카〉와 〈한국에서의 학살〉과 같은 작품은 나치 정권과 한반도에서의 6.25전쟁을 주제로 한 것으로 인류사에서의 잔인한 인간성이 어떻게 나타나는지를 작품을 통하여 경고하는 메시지를 그림으로 말했던 것이다.

또한 19세기 프랑스의 사실주의 화가였던 G. 쿠르베는 친구들에게 '천사를 본 적도 없는데 왜 천사를 그리는가!'라고 말하면서 당시 천사를 화제로 삼던 화가들을 비꼬면서도 자신은 여성의 성기를 리얼하게 그리고는 '세상의 기원'이라는 이름을 붙이자 동료들은 그를 돌았다고 비난하였던 것이다. 그리고 괴테는 그의 〈파우스트〉에서 '영원히 여성적인 것이 인류문명을 높은 데로 끌어올린다.'는 말을 하면서 극미의 세계는 여체에 있음을 이미 알고 있었던 것이다. 오늘날 문학과 예술은 한결같이 미의 극치를 여체에서 그 정점을 찾고 있음을 그들은 예견했던 것이다.

한편 악성樂聖으로 추앙받는 베토벤도 보나파르트 나폴레옹에게 헌정하려고 작곡한 교향곡 제3번 '영웅'을 나폴레옹이 황제로 등극하여 독재자로 변하자 화가 나서 곡명을 바꾸어 버렸다고 한다. 그러나 그는 음악인으로서 점점 귀까지 먹게 되었지만 미친 듯이 건반을 두들겨 불후의 명곡을 낳았던 것이다. 광기와 초능력이 결합된 것이었다.

이처럼 미친 자들이 미래세계를 앞질러 가면서 인류에게 나아갈 길을 예시하고 있는 것이다. 그들의 타고난 광기와 정열 그리고 선지자적인 족적이 후세에 하나의 이정표로 남아 인류사를 향도하는 등불이 되는 경우가 많다. 세계사는 이렇게 미친 사람들에 의하여 발전되어 왔던 것이다.

062. 인간의 육감은 과연 존재하는가?

인간은 보통 신체적인 오감(시각, 청각, 촉각, 미각, 후각)에 의하여 외부의 사물이나 상태를 파악하고 적절한 반응을 한다. 그런데 이러한 오감도 어떤 장애요인으로 제 기능을 못 하거나 안 할 때 다른 기관으로 막힌 기능의 에너지가 이동하면서 보완하는 경우가 있다. 이때 초능력이 생겨난다.

이러한 초능력이 바로 육감이라는 것으로 관련된 사례는 많다. 맹인의 경우, 시력으로 발산될 에너지가 촉각이나 청각, 후각으로 이동하여 시각의 결함을 보충한다. 일반인들에게는 거의 불가능한 바람의 냄새로 계절을, 소리의 음색으로 사물의 현상을, 손으로 만져보고 사물의 형상과 질감을 터득하는 초능력을 보여준다. 악성樂聖으로 알려진 베토벤이 말년에 청각을 상실하고도 명곡을 남긴 것은 그의 청력이 시각과 촉각으로 이동되었던 것이다. 비슷한 맥락의 현상으로는 인도나 인도네시아 등 동남아 몇몇 나라에서는 음식물을 손으로 집어 먹는 식문화 전통이 있다. 오랜 기간 손가락으로 음식물과 접촉하다 보니 미각과 후각의 능력이 손가락 끝으로 이전되면서 음식물을 손으로 만져보아도 맛을 알 수 있다고 한다. 촉각이 미각의 기능도 가능하다는 이야기이다. 실제로 다섯 손가락은 오장육부와 같다고 보는 한의학에서는 내과진찰의 수단으로 삼고 있다.

'1974년 미국 컬럼비아대학 사범대학Teachers College 대학원에 필자가 유학했을 때의 경험이다. 교육철학자로서는 세계적으로 유명한 P. 피닉스 교수의 강의수강자 중에는 세계 각국에서 온 뛰어 난 유학생들이 많았다. 그런데 그 교수님의 특징은 강의 중에 질문을 자주 하는 것이었다. 한국인 유학생으로는 김명희(한양대 교수)라는 여학생과 본인 그리고 전재경이라는 맹인 유학생이 있었다. 비교적 어려운 질문이라 몇몇 학생들이 손을 들어 대답했으나 시원치 않으면 교수는 마지막으로 전재경을 지명했다. 언제나 명쾌한 대답을 했기 때문이다. 그는 교수의 강의를 점자로 찍고 공부하면서도 All A+라는 성적으로 장학금을 받고 있었다. 그런데 어느 날 나는 그를 보고 내 자동차가 덜컹거린다고 했더니 그것은 자동차 밑에 있는 센트럴 조인트라는 것을 조이면 된다고 했다. 두 눈 뜨고 공부하는 우리들보다 뛰어난 학습능력과 생활상식을 가진 것을 보고 그의 시각장애의 에너지는 모두 청각과 촉각으로 이동하였다고 느꼈다.

심리학 분야에는 초능력심리학이라는 영역이 있다. 오감을 초월한 육감의 기능에 대한 연구 영역이다. 1970년, 이스라엘 청년 유리 겔러Uri-Geller가 실험으로 증명했던 것이다. 그는 서울을 방문하고 중앙방송에 출연하여 그의 초능력에 관한 놀라운 실험을 보여주었던 것이다. 스테인리스 스푼을 맨손으로 구부리는가 하면 밀폐된 용기에 든 물건을 백지에 그대로 그리기도 하고 상자 속에 든 10개의 깡통 가운데 한 개에만 열쇠가 숨겨져 있는 것을 알아맞히는 실험도 했다. 그리고 전국의 시청자들에게 고장 난 시계를 찾아서 앞에 놓고 시키는 대로 염력을 하면 고장 난 시계가 움직이기 시작한다는 실험도 했다.

서울서 일본으로 건너간 그는 후지TV에 출연하여 비슷한 실험을 하자 일본열도가 떠들썩하게 만들었고 주요 매체들은 한때 그의 실험을 두고 전문가들 사이에 찬반논쟁으로 번졌던 것이다. 그러자 일본 우주개발의 아버지라고 불리는 도쿄대 물리학부 이도가와 히데오絲川英夫 교수는, 공간과 시간의 단축이론으로 설명 가능하다는 긍정적인 결론을 내렸다. 그것은 인간의 오감을 초월하는 것으로 육감의 영역인 초능력으로서 가능하다는 결론이었다. 시간과 공간의 단축이론으로 설명하였다.

미국의 타임지에서는 '...... if Uri-Geller a prowess with dice is indeed paranormal, it raises serious and disturbing questions for all of modern science'(Mar. 4. 1974)라는 기사에서 현대과학에 하나의 도전적인 것으로 평가하였던 것이다. 이런 것들을 서양학계에서는 초능력심리학Para-psychology으로 분류하면서 텔레파시, 클레어보이언스Clairvoyance 등의 새로운 개념으로 설명하고 있다. 동양에서는 이미 근대 이전부터 철학과 사상사에서 기氣, Ki라는 개념으로 육감과 관련되는 학설과 이론이 개발되고 있는 것이다. 기는 물리학에서의 전자파처럼 눈에 보이지도 않고 만져지지도 않으나 육감으로는 느껴진다. 살인자의 몸에서는 살기殺氣나 사기邪氣가 느껴지고 고승高僧의 몸에서는 정기精氣가 느껴지는 것이다.

기氣를 중국의 노장사상에서는 우주생성의 변화를 가져오는 근원으로 보았다. 여기서 음양오행설이 나왔고 이것은 조선후기에서는 기를 둘러싸고 이기일원론理氣一元說과 이기이원론理氣二元說으로 나누어지면서 논쟁이 생기기도 했다. 주나라의 역경易經에서는 기의 변화작용에 따라 사단四端(연민. 부끄러움. 겸양. 분별)과 칠정七情(기쁨. 분노. 슬픔. 원망. 애욕. 욕망. 두려움)이 생긴다고 했다.

이러한 감정은 인체의 감각기관인 오감을 통하여 나타나지만 육감은 오욕칠정에 의존하지 않고서도 지각하는 초월적인 감각이라는 것이다. 가령 눈으로 보이지도 않고 손으로 만져볼 수도 없고 귀로 들리지도 않는데도 사물을 파악하고 미래를 내다보는 능력인 것이다. 이른바 도가 통하면 가능한 현상으로 인간의 무한한 가능성을 뜻한다고 하겠다. 그래서인지 중국의 역사를 보면 눈먼 악사樂士가 많았다. 세기적인 작곡가 베토벤도 말년에 청각장애인이었다. 그들의 시력의 청력의 기운이 손과 귀로 이동하였던 것이다. 육감인 것이다. 금세기의 대화백이며 동양의 피카소라고 불려진 김기창도 일찍부터 귀가 먹기 시작하면서 화풍이 간결하게 변했다. 세상의 온갖 잡음이 그치면서 마음의 정화를 가져왔던 것이다.

063. 인류사에서 영구평화세계의 실현은 불가능한가?

세계사는 원시부족시대부터 현대에 이르기까지 전쟁과 평화의 연속이었다. 부족들 간의 싸움으로부터 중세의 종교전쟁에서 근대의 영토전쟁으로 그리고 현대의 이데올로기 전쟁에 이르기까지 인종 간, 민족 간, 국가 간, 종교와 교파 간에 분쟁과 전쟁은 끊이지 않고 있다. 일정 기간 평화가 유지되다가 다시 충돌이 야기된다.

세계 역사는 전쟁과 평화의 순환론적인 기록물인 것이다. 1918년 제1차 세계대전이 끝나고 21년이 지난 1939년에는 제2차 세계대전이 발발했다. 전쟁과 평화의 순환론적인 주기설인 것이다. 이러한 전쟁주기설에 의하면 제3차 세계대전이 벌써 일어나야 함에도 왜 현대전은 일어나지 않고 있을까?

그것은 1차 대전까지만 해도 재래식 무기에 의한 전쟁이었으나 2차 대전에서는 일본의 히로시마와 나가사키에 투하된 미국의 핵폭탄으로 엄청난 인명 피해가 있음을 목격하게 되었다. 극히 초보적인 단계의 핵폭탄에 불과했지만 그 이후 점차 고도화된 핵개발로 지금은 9개국이 1만 2,705기의 가공할 파괴력을 가진 핵무기를 보유하고 있는 실정이다. 인류를 7번이나 전멸할 수 있는 분량이라고 한다. 이러한 핵무기 전쟁은 누가 먼저 죽고 나중에 죽는 문제가 아니라 적과 아군도 동시에 전멸할 수 있는 가공의 핵무기 때문에 상호자제력으로 참을 때까지 참고 있을 뿐이다. 핵전쟁은 누가 죽고 누가 살아남는 전쟁이 아니라 너도 죽고 나도 죽는 것이기 때문이다.

이러한 이유로 세계적인 전면전은 상호 자제력에 의하여 발발되지 않고 있지만 대신 국지전은 끊임없이 발생하고 있다. 그러면 인간은 왜 자신의 죽음도 불사하고 싸움을 끊임없이 하려고 할까? 그것은 인간은 본능적으로 싸움을 하고 싶어 하는 공격욕구가 무의식 가운데 잠재하고 있어 인류사에서 전쟁은 결코 사라지지 않는다는 것이다. 이러한 관점을 독일의 유명한 정신분석학자 S. 프로이트는 그의 정신분석학에서 잘 설명하고 있다.

프로이트는 인간의 심층심리구조가 무의식계id와 의식계ego 그리고 초자아계super-ego로 구성되어 있다고 하면서, 심층에 자리한 이드는 성욕과 같은 본능적이고 강력한 원초적인 에너지와 같으며 이고는 이러한 본능적인 충동을 현실조건에 적응하도록 자체조절하고 슈퍼이고는 이고가 더욱 세련된 형태로 나타나는 것이라고 구분하면서 설명하고 있음을 앞에서도 설명하였다.

그런데 문제는 이드의 욕구에는 죽음의 본능Thanatos과 삶의 본능Eros이 공존하면서 죽음의 본능이 강렬하게 작용할 때는 살인이나 전쟁으로 발전된다는 사실이다. 따라서 인간은 삶의 본능이 우세할 때는 평화가 유지되지만 죽음의 본능이 강화되면 증오와 폭력, 더 나아가 전쟁으로 나타나게 된다는 것이다. 이처럼 인간은 본능적으로 평화를 염원하면서도 동시에 전쟁을 희구하는 대립적인 본능을 동시에 지니고 있다는 것이다. 이러한 양가감각兩價感覺을 그는 길항작용ambivalence의 관계로 설명하고 있다. 이처럼 인간의 기본욕구에는 상호모순적인 본능, 즉 전쟁욕구와 평화욕구가 동시에 공존하므로 인류사는 전쟁과 평화가 순환적으로 점철된다는 것이다.

전쟁욕구가 인간의 원초적인 욕구라는 것에 관련되는 구체적인 하나의 예를 들어보자. 필자가 1961년도 철원의 전방 소총소대에서 군복무를 할 때의 이야기이다. 당시는 한 달에 한 번씩 부대 사병들에게 정훈교육이라는 시간이 있었다. 중대장이었던 서○○ 대위는 6.25전쟁 때 실전의 경험을 이야기했다. 그는 '만일 자기가 죽지 않는다는 보장만 있다면 전쟁만큼 재미있는 놀이가 없다.'고 했다. 의미심장한 말이다. 살인은 파괴욕구만족의 극점이기 때문이다. 인간의 사랑과 창조욕구, 평화욕구는 삶으로, 증오와 파괴욕구, 전쟁욕구는 죽음으로 연결된다. 그런데 이러한 이 두 가지의 상반되는 본능을 동시에 만족시킬 수 없음에도 불구하고 우리는 모순관계인 두 가지의 본능을 동시에 만족시켜야 한다는 데 문제의 심각성이 있는 것이다.

이것은 제1차, 제2차 세계대전과 같은 대규모 전쟁이 장기간 억제되고 있는 대신에 중동지역의 국지전을 통하여 파괴본능을 일부 해소하면서 한편으로는 권투나 6종 경기, 서바이벌 게임, 오징어 게임과 같은 형태로 공격본능과 파괴본능의 욕구를 일정 부분 해소하여 대리만족을 취하고 있다. 실제로 어린아이들도 처음에는 조립식 장난감창조욕에 몰두하다가도 갑자기 부수어버리는 것파괴욕에 흥미를 느끼는 현상을 보게 되며 또한 한때 미국에서는 성인들의 오락으로 맥주병 깨기가 유행하기도 했다. 우리나라에서도 한때 '두더지 게임'으로도 나타났다. 이처럼 억제된 파괴본능이 문화예술로 표출된 것이 전통질서에 반발하는 포스프모더니즘과 미술계의 반달리즘Vandalism이기도 하다.

한편 종교신앙의 세계에서도 종교 간, 교파 간의 분쟁과 전쟁이 끊임없이 일어나고 있는 것도 이러한 관점에서 설명할 수 있다. 원래 종교란 모두가 절대가치를 기본으로 하기 때문에 절대가치는 절대가치와 반드시 상호 간에 충돌하기 마련이다. 자신의 종교 외는 모두 배척하는 유일신교가 특히 그렇다. '세계평화통일가정연합'인 통일교의 문선명은 세계영구평화를 구현하기 위하여 지구상에서 민족과 국가 그리고 종교와 교파 간의 알력과 충돌, 전쟁을 종식시키는 길은 딱 2가지가 있다고 천명했다. 모든 종교를 아예 없애버리거나 하나로 통일하는 것이라고 하면서 통일교도 예외가 아니라고 했다. 매우 의미심장한 예견이다.

영구평화구현의 또 다른 견해라면, 인간의 DNA에 입력되어 있는 에로스사랑-창조-평화-삶와 타나토스증오-파괴-전쟁-죽음의 공존적인 상반본능에서 타나토스의 본능에 관계되는 유전인자를 현대의 발달된 의술(유전자조작 가위)로 제거하는 길이라고 본다. 그렇지 않고는 인류사에서 영구평화세계의 꿈은 요원하다고 본다. 인간의 본질 자체가 평화도 전쟁도 추구하려는 본능을 가지고 있기 때문이다.

064. 산속의 고독과 군중 속의 고독은 어떻게 다른가?

산속의 고독은 자연과 주체의 관계에서 무서움이나 공포감에 가까운 신체적인 감각이라면 군중 속의 고독은 사람과 사람의 관계에서 실존적인 소외에 가까운 정신적인 느낌인 것이다. 따라서 산속의 고독은 자연과 인간의 관계라면 군중 속의 고독은 사람과 사람의 관계이다. 두 가지의 고독감은 질과 양이 다르다. 한쪽은 사람이 없어서 고독하다면 다른 한쪽은 사람이 너무 많아서 고독하다는 아이러니이다. 전자가 자연적인 고독이라면 후자는 실존적인 고독이라고 하겠다. 마르크스가 말한 소외는 노동자와 상품의 관계이다. 그런데 인간은 인간과 인간 간의 실존적인 고독을 견디기를 더 어려워한다.

인간은 원래 '고독한 존재'라고 규정한 사람은 덴마크의 유신론적 실존사상가 키르케고르이다. 그는 인간은 고독하되 신 앞에 고독한 존재라고 했고 프랑스의 무신론적 실존주의자 사르트르는 인간을 아무 의미가 없는 상태로 그저 이 세상에 홀로 던져진 존재라고 규정했다. 키르케고르의 고독은 사람과 사람 간의 고독이 아닌 신과의 고독으로 사르트르가 말한 인간과 인간 간의 고독과는 다르다.

그리고 O. Y. 가세트, T. W. 아도르노를 위시한 일련의 유럽 사상가들은 도덕성이 결여된 대중성에 대하여 부정적인 입장에서 소외론을 강조하고 있는 데 반하여 〈이데올로기의 종언〉을 쓴 미국의 D. 벨이나 E. 실즈와 같은 사상가들은 대중사회는 개방적이고 진취적이며 민주적이라고 하면서 기존의 소외론을 긍정적으로 평가하고 있다.

사실 인간의 일생은 '공수래공수거空手來空手去'라는 말처럼 본래 절대적인 독립체로 태어났기 때문에 고독한 존재이기 마련이다. 그러나 생존과정에서는 타인과의 협력이 요구되면서 사회적인 동물로 변하는 것이다. 따라서 '인간은 사회적인 동물이다.'라고 말한 아리스토텔레스의 인간관은 제2차 본능이라고 하겠다. 이러한 원초적인 고독이 사회적인 고독으로 나타난 것을 미국의 사회학자 D. 리즈먼은 그의 저서 〈고독한 군중〉에서 잘 설명하고 있다. 그는 현대인은 공동체로부터 안전과 안정감을 얻기보다는 불안과 소외감을 느끼게 된다고 했다. 마르크스가 말한 노동자들이 갖는 노동과 상품으로부터의 소외감과는 달리 군중으로부터의 소외감이다. 또한 현대인은 생태계 파괴로 인한 자연으로부터의 소외감을 자초하고 있는 오늘의 모습이다.

1968년 '국민교육헌장'이라는 명문작성을 주도한 서울대 정범모 교수는 언젠가 '대도시에서는 나를 알아주지 않아서 고독하지만 시골에서는 나를 너무 알아주어서도 문제이다.'라는 말을 했다. 공자의 〈논어〉(학이 편)에서는 '남이 자신을 알아주지 못할까 걱정하지 말고 내가 남을 제대로 알지 못할까 걱정해야 한다.'고 했다. 현대 도시인들이 새겨들을 말이다.

현대인들이 말하는 고독은 D. 리즈먼의 군중 속의 고독이기도 하다. 결국 고독이란 산속의 고독은 극복하기 쉬운 외향적인 고독이라면 군중 속의 고독은 내면적이고 실존적인 고독으로 현대사회의 기계문명과 개인주의적인 인간관계에서 야기되는 실존적인 소외감이라고 하겠다. 이러한 관계에서 농촌에서 자연과 함께 살면 누구든지 찾아오면 반갑지만 대도시에서는 방문객이 부담스럽게 느껴지게 된다. 반가움과 귀찮음의 차이이다. 사람과 사람의 관계는 각자가 가진 절대안전공간으로 밀어냄이지만 사람과 자연의 관계는 그러한 배척의 힘이 작용하지 않음으로 끌어들임이기 때문이다.

19세기 〈월든〉이라는 소설로 미국의 생태문학에 커다란 영향을 끼친 H. D. 소로는 '도시생활, 수백만의 사람들이 다 함께 고독한 것'이라는 말로 군중 속의 고독을 잘 표현하고 있다. 그는 산속의 호숫가에 오두막을 짓고 혼자 살면서 자연주의의 삶을 몸소 실천한 사람이다. 인간의 본질이 원래 고독한 존재이기는 하지만 이러한 고독감으로부터 벗어나기 위해 타인과의 접촉을 시도하는 것이 곧 사회참여인 것이다. 이것을 사르트르는 앙가주망Engagement이라는 말로 표현했다. 그런데 앙가주망으로 고독으로부터 탈출하게 되지만 다시 타인으로부터의 소외감을 느끼게 된다는 것이 실존주의자들의 고독관이다. 이것은 사물로부터의 고독감과는 차원이 다르다고 보았다. 실존적 고독감인 것이다. 이때 유일한 탈출구는 실존적인 염세자살 뿐이다.

산속의 고독은 대중들과의 단절에서 생기는 것이지만 군중 속의 고독은 대중들과의 접촉에서 생겨나는 것으로 그 정도는 후자가 더 크다. 왜냐하면 접촉 대상의 생명력이 인간과 가까우면 가까울수록 소외감은 강렬하기 때문이다. 따라서 마르크스의 소외론은 상품과 노동자라는 양적인 관계에서 생기는 고독감이라면 리즈먼의 고독은 인간과 인간 간의 관계에서 나타나는 질적인 고독감으로 그 차원이 다르다고 본다. 사물과 인간의 차이이다. 대부분의 현대인들은 리즈먼의 고독으로 피폐한 삶의 환경에서 살고 있다.

065. 20세기의 세계역사와 문명을 떠받친 세 사람

지난 20세기 인류문명과 지성사에서 주류를 이룬 대표적인 세 사람이라면 인문 분야에서는 S. 프로이트이며 사회과학 분야에서는 K. 마르크스, 자연과학 분야에서는 A. 아인슈타인이라고 볼 수 있다.

프로이트는 독일의 유대인 가정에서 자랐다. 그는 정신분석학의 창시자로서 한때 신경과 의사 M. 샤르코와 같이 정신과병원을 운영했으나 환자치료의 방식에 대한 견해차로 서로 결별하고 독자의 신경질환 치료법으로 정신분석법을 개발하였다. 그는 환자들을 통하여 모든 정신질환의 근원은 무의식 속에 잠재된 유아기의 성적인 트라우마에 있음을 임상치료 과정에서 발견하고 〈히스테리 연구〉, 〈정신분석학 입문〉, 〈꿈의 해석〉 등의 저서로 새로운 독창적인 이론을 개발했다.

프로이트는 인간의 모든 행위의 근본동기를 무의식계에 자리하고 있는 리비도Libido라는 이름의 성적인 에너지로 설명하고 있다. 그는 인간의 정신구조를 이드id; 본능적인 잠재의식계와 이고ego; 자아계 그리고 슈퍼이고superego; 초자아계의 3영역으로 구분하면서 이고계에는 에로스Eros라는 삶의 본능과 타나토스Thanatos라는 죽음의 본능이 동시에 존재한다고 보았다. 에로스는 사랑과 창조성과 평화로 연결되나 타나토스는 증오와 파괴, 전쟁으로 발전된다고 보았다. 이러한 그의 기본이론과 주요개념으로 유추되는 현상을 알기 쉬운 예를 적용해 보겠다.

리비도가 이드계에서 발현되면 불법적인 성폭력의 에너지로 변하고 이드계를 거치면 결혼과 같은 합리적인 형태로 나타나는 것이다. 여기서 대부분의 리비도는 성적인 욕구본능을 충족하여 해소되지만 그렇지 못할 경우(결혼실패, 독신주의 등등) 리비도는 다시 슈퍼이고계로 승화하면 강렬한 성적 에너지가 문화예술성과 결합하면서 뛰어난 걸작품을 창출하게 된다. 그래서인지 모르지만 세계사에 유명한 사상이나 문화예술의 걸작품을 남긴 학자나 예술인들 가운데는 독신주의자와 가정 파탄자가 많았다.

이러한 성적 에너지의 심층심리론과 함께 개체의 성장과정에 따라 리비도(성적 에너지)가 어떻게 작용하는가를 5단계로 나누어 설명한 이론은 유명하다. 프로이트는 개인의 성장과정을 5단계로 나누면서 단계별 성격특성을 설명하였다. 출생부터 2살까지의 제1단계는 구순기口脣期, Oral stage로서 생의 에너지가 입술에 집중된다는 것이다. 아직 외계의 사물을 식별하지 못하고 언어발달도 미숙하므로 삶의 모든 에너지가 입술로 모이면서 외부자극을 입으로 식별한다는 것이다. 손에 잡히는 것이 먹을 수 있는가 없는가도 모르기 때문에 아이들은 무엇이든지 입으로 먼저 가져간다. 따라서 이 시기의 모유수유는 유아의 성격형성에 커다란 영향을 주는 것이다. 모유가 아닌 인공유로 자란 아이는 불안정한 성격이나 심하면 가학적인 변태성욕으로 나타나기 쉽다고 본다. 제2단계의

4살까지는 항문기肛門期, Anal stage로 리비도가 항문으로 이동하면서 대소변의 과정에서 성적인 카타르시스를 구하게 되며, 6살까지의 제3단계인 남근기男根期, Phallic phase에 이르면 이성에 대한 자각이 생기면서 남자아이는 어머니를, 여아는 아버지를 최초의 이성으로 인식하게 되는데, 이때 남아는 오이디푸스 콤플렉스Oedipus complex와 여아는 남근선망Penis envy이라는 특성을 갖게 된다고 했다. 그리고 제4단계인 6살부터 12살까지는 이러한 리비도의 작용이 내면화되는 잠복기潛伏期, Latent period로서 성적 호기심이 동성 간으로 이동하면서 리비도가 내면으로 이동한다고 했다. 그러나 12살 이후부터의 제5단계인 성기기性器期, Genital phase에서는 리비도가 다시 외부로 나타나면서 이성 간의 구체적인 성행위를 추구하는 시기로 발전된다는 5단계설을 설명하고 있다. 프로이트는 이러한 성욕의 단계별 표출과정에서 만족과 불만족에 따른 여러 가지의 정신적인 부조화가 각종 정신질환을 야기한다고 보았다. 동성연애자들은 4단계에서 5단계로 벗어나지 못한 결과라고 본다. 그의 이론은 일종의 범성설汎性說, Pansexualism이라 하겠다.

이러한 그의 성 이론으로 당시 보수적인 사교계에서는 프로이트를 외설적인 인격자라고 경원시하였다고 한다. 그러나 그는 정신과 임상의로서 연구를 계속하면서 동료인 C. 융, A. 아들러, O. 랭크들과 함께 '수요학회'라는 연구모임을 주도하여 토론을 계속하였으나 훗날에는 견해차를 드러내면서 각자의 길을 걷게 되었다.

프로이트의 이론이 20세기의 인문분야에서 대표적인 지위를 가지게 된 것은 인간의 심층심리를 분석하고 모든 행위의 동기를 리비도라는 성적인 에너지로 규정하여 인간본질에 대한 새로운 지평을 열었다는 점과 그의 이론이 단순히 심리학의 영역에서만 그치지 않고 오늘날 의학, 교육학, 사회학, 경영학, 문화예술분야에까지 파급되어 인문사회학에 커다란 영향을 주고 있기 때문이다. 즉 인간본질에 대한 규명으로 내면 깊숙히 천착한 이론의 깊이와 함께 한편으로는 사회전반에 걸친 응용의 범위로 평가되고 있다는 점이다.

두 번째의 정치경제분야에서는, 20세기 세계사에 지대한 영향을 끼친 K. 마르크스이다. 비록 그의 〈자본론〉에 근거한 공산주의 이론은 수많은 사람들에게 잘못된 가치관을 주입하여 폭력혁명에 매달리게 한 과오가 엄청나지만 자본주의의 결함을 수정하게 만든 계기를 제공했다는 공헌도 있다고 보아야 한다.

1917년 소련의 볼셰비키혁명 당시만 해도 마르크스의 소외론이나 잉여가치설 그리고 부르주아독재론은 초기 자본주의의 제도의 노동력착취와 사회경제적인 불평등을 고발하는 데 이론적인 근거로서 커다란 역할을 했다. 그러나 사회개혁의 수단으로 노동자 농민들에게 '만국의 노동자여 단결하라. 잃을 것은 쇠사슬뿐이요 얻을 것은 자유.'라는 '공산당선언문'과 같이 폭력투쟁을 통한 계급혁명론을 역설함으로써 그가 내세운 초기의 휴머니즘과는 거리가 멀었던 일면을 보여주었다.

실제로 그는 가정으로부터도, 조국으로부터도, 프랑스로부터도 쫓겨났으며 마지막으로 영국에서 약혼자 예니 폰 베스트팔렌과 함께 3층 다락방에서 일주일 동안 빵 한 쪽으로 끼니를 때우면서 〈자본론〉을 집필했다. 가진 자에 대한 원한과 불타는 복수심으로 원고를 쓰게 되었다.

당시 영국은 초기산업혁명으로 빈민층 가정의 어린 소년들이 열악한 환경의 방직공장에서 하루 종일 일을 하였다. 그것을 본 마르크스는 '어머니의 치마폭에 안기거나 학교에서 공부해야 할 어린아이들이 공장에서 하루 종일 중노동을 해야만 했다.'고 하면서 부르주아계급의 착취에 대한 분노와 함께 가난한 노동자들에게 많은 연민을 가졌던 것이다. 그래서 마르크스 사상의 근원은 이처럼 자신의 어려운 생활과 함께 노동자 농민들에 대한 연민 그리고 자본가들에 대한 분노가 폭발하면서 〈자본론〉을 집필했던 것이다. 노동자들에 대한 동정심과 자본가에 대한 분노가 계급투쟁론과 폭력혁명론을 낳게 했던 것이다.

그는 자본주의경제 발전론에 대한 모순과 부조리를 분석하고 비판하면서 자본가들의 허위와 위선을 폭로하는 것으로 공산주의 폭력혁명론의 정당성과 필연성을 역설한 것이 그의 공산주의 이론이며 변증법적 유물사관이기도 하다. 그는 이러한 자본주의가 안고 있는 자체 모순 때문에 결국은 붕괴하면서 나타나는 것이 사회주의사회와 공산사회 그리고 유토피아세계로 역사는 발전한다는 이른바 변증법적 유물사관을 역설했던 것이다. 이것은 하나의 철칙이며 자연법칙과도 같다고 단언했다.

이러한 뿌리를 가진 공산주의혁명이론과 폭력혁명론이 일찍부터 서구유럽을 중심으로 확대되면서 나타난 것이 20세기 인류역사에서 동서 간의 이데올로기 대결로 발전하였고 그것은 수많은 분쟁과 세계전쟁의 기원이 되기도 했다. 그러나 마르크스의 예견과는 달리 폭력적인 혁명론에 대한 부정적 저항과 함께 서구의 수정자본주의적인 경제체제로의 전환으로 마르크스의 공산주의적인 정치경제론이 점차 쇠퇴하면서 1990년대에 들어서자 몰락의 길을 걸었다. 그러나 아직도 한반도에서는 마르크스가 한때 공산주의라는 유령이 유럽의 하늘에 배회하고 있다고 했듯이 지금은 한반도의 상공에 배회하고 있는 실정이다.

마르크스가 지난 70여 년간 인류사에 커다란 물줄기를 이루면서 검은 유산을 남겼지만 자본가계급의 비인간성과 오만을 경고하고 각성시켰다는 점과 그가 인간의 본질을 '유적존재類的存在'라고 규정한 것은 긍정적인 것으로 평가할 일이라고 본다. 인간의 삶의 만족과 행복감은 본성적으로 가지고 태어난 노동에서만이 가능한 것이기 때문이다. 즉 그가 노동 자체의 즐거움이 인간에게는 무엇보다 크며 자기정체성이라고 하면서 인간의 본질을 노동으로 규정한 것은 뛰어난 관점인 것이다. 실업자가 실의에 빠져 삶의 의욕을 상실하는 것도 실직에서 오는 경제적인 빈곤에 못지않게 할 일이 없는 데 대한 허무감과 소외감이 더 크다고 본다면 노동은 자기존재의 확인이며 삶의 이유이기 때문이다.

그리고 마르크스는 자본가와 노동자, 상품과 생산자의 관계를 착취와 소외의 관계로 보면서 사회주의 계급혁명을 역설했다. 노동자들이 자기 생산품에 대한 소외감을 갖게 되는 원인은 자본가들의 독점에 있다고 보면서 프롤레타리아 계급혁명으로 공동생산 공동분배 공동소비의 사회주의 사회를 이루어야 한다고 했던 것이다. 그리고 마르크스가 무엇보다 분노한 것, 즉 노동자들은 노동생산품을 자신의 분신으로까지 인식하고 있음에도 자본가에 의하여 독점되고 있을 뿐만 아니라 잉여가치도 박탈되는 자본주의적 경제구조하에서는 노동자들의 소외감이 생겨난다는 그의 주장은 비판의 여지가 없는 관점이기도 하다. 마르크스가 초기 산업자본주의 사회에서의 노동자들이 갖는 생산품에 대한 소외문제와 잉여가치 독점문제를 주로 역설했다면 현대 자본주의사회에서는 인간과 인간 간의 소외문제가 더 크게 대두되고 있는 실정이다.

마르크스의 이러한 당시의 정치경제적인 이론이 갖는 긍정적인 측면에도 불구하고 소련의 레닌이나 스탈린, 모택동, 김일성에 이르기까지의 지도자들은 마르크스의 휴머니즘과 올바른 경제이론과는 다른 수정노선을 걸으면서 그들의 독재정치의 수단으로 왜곡하게 되었다. 마르크스는 자본가에 의한 노동자들의 착취를 문제삼았지만 이후 공산주의 국가에서는 정치 권력자들에 의한 국민들의 착취관계로 바뀌었을 뿐이다.

하나의 좋은 예가 있다. 1990년 4월 모스크바 국제세미나에 갔을 때, 우리 일행의 통역을 맡은 모스크바대 출신의 재소교포 아주머니는, 당시 발틱 3국에 있는 탄광에 출장의 명목으로 간 소련의 당간부들은 금은보석을 자기 마음대로 주머니에 넣어 와 자기 마누라한테 준다고 하면서 불평을 하였다. 모든 것이 국영기업이기 때문에 가능한 것이었다. 또한 평등을 기본가치로 하는 공산체제에서 북한은 일찍부터 중앙당 간부만이 이용할 수 있는 고급 병원(남산병원)과 특별배급제로 계급적인 차별제도의 사회구조이다.

허위와 위선의 세계적인 표본의 정치 집단이다.

그리고 마르크스의 초기자본주의 비판론은 서구로부터 수정자본주의로 복지사회를 앞당기는 계기를 만들었고 그의 이데올로기는 정치, 경제, 사회, 문화예술에 이르기까지 다양한 형태로 확산되면서 20세기 인류사에 많은 유산을 남겼지만 그의 빛과 그림자 중에서 그림자가 더 짙게 작용했던 것으로 평가된다고 하겠다.

한편 현대지성사에 빛나는 프랑스의 메를로퐁티나 사르트르와 같은 일련의 철학자들은 마르크스의 폭력론과 휴머니즘을 결합시켜 '인간적 폭력론'이라는 새로운 개념으로 포장하여 서구자본주의 이데올로기를 마르크시즘으로 대체시키면서 찬양하는 조류도 있었다. 이러한 조류는 2차 대전 전후로 일본의 지성계에까지 번졌으며 또한 당시 일본에 유학한 한국의 지식인 사이에도 그대로 이입되면서 1945년 전후의 해방정국에서도 커다란 사회갈등의 원인으로 나타나기도 했다.

세 번째의 자연과학 분야로는, A. 아인슈타인이다. 그는 독일 태생의 천재적인 물리학자로서 현대과학문명을 적어도 한 세기는 앞당겨 놓은 인물이다. 그의 '일반상대성이론'은 종래의 절대적인 시간과 공간개념을 상대적으로 바꾸었을 뿐만 아니라 전문과학자들까지도 이해하기 어려운 이론으로 우주의 비밀을 밝혀 오늘날의 천체물리학의 발달을 이끈 독보적인 인물이다.

세기의 과학자인 아인슈타인도 정규교육에는 관심이 없었다. 수학과목 이외에는 거의 낙제수준이었으며 특히 암기하는 역사과목이 서툴러 대학시험에도 불합격한 재수생이기도 했다. 그가

1921년 노벨물리학상을 수상한 뒤 미국의 어느 대학에 초청강연으로 방문했을 때 공항에 몰려나온 기자 가운데 누가 '선생님 지구의 둘레는 몇 Km인가요?'라고 농담처럼 물었을 때, '잘 모릅니다. 그것은 사전에 찾아보면 다 나와 있는데 무엇 때문에 외웁니까.'라고 대답했다는 일화도 있다. 그의 머릿속에는 오로지 새로운 창조적 사고만 있을 뿐 기존의 지식을 기억하는 공간은 없었던 것이다.

그리고 너무나 앞선 그의 상대성이론은 당시 과학기술로는 증명이 불가능하여 소위 사고실험思考實驗으로만 가능했지만 그의 사후에야 하나둘 실증적으로 증명될 정도였다. 그는 1945년 제2차 세계대전을 결정적으로 종식시킨 일본에 투하한 원자폭탄 개발의 중심인물로서 엄청난 민간인들까지 희생된 것을 알고 후회하기도 했다. 그러나 실제로는 당시 미국이 원폭투하를 안 했다면 더 많은 인명피해가 있었을 것이다.

그의 1905년에 발표한 '특수상대성 이론'과 1916년에 발표한 '일반상대성 이론'은 물리학계에서 오랫동안 철칙으로 여겼던 시공간의 절대개념을 상대개념으로 바꾼 것으로 그것은 현대판 '코페르니쿠스적 전환'이었던 것이다.

한때 독일에서는 그의 '특수상대성 이론'인 $E=mc^2$라는 공식을 가장 짧은 문장으로 알기 쉽게 설명하는 현상논문을 모집하기도 했다. 일반상대성 이론은 당시 전문과학자들도 쉽게 이해하기 어려웠던 고차원이었다. 오늘날 우주탐험의 기초이론을 만든 그였지만 말년에 '내가 알고 있는 지식은 모래사장의 한 알의 모래에 불과하다.'는 말을 하기도 했다.

이처럼 20세기 인류사 흐름에 주류를 이룬 세 사람의 사상과 이론이 독보적이라는 근거는, 프로이트의 인문사회과학 분야, 마르크스의 정치경제학 분야 그리고 아인슈타인의 자연과학의 유산은 비단 고유영역에만 머물지 않고 모든 학문에 접목되고 있다는 보편성으로 그 가치가 살아있고 인류문화의 세 기둥으로 작용하고 있다는 점에서 그 위대함이 있다. 다만 마르크스의 자본론은 그동안 자본주의적인 자체수정과 보완으로 마르크스의 유물사관이 빗나가게 되었고 한편 그의 프롤레타리아 계급혁명론과 독재정치론도 스탈린이나 모택동, 김일성에 이르기까지 그들의 일인독재정치의 통치 이데올로기로 전락되면서 마르크스의 이론과 지위는 격하되고 있다 .

다시 말해 프로이트가 인간의 내면을 깊숙하게 파고들어 인간의 심리적 본질을 개척했다면 마르크스는 현실의 사회구조를 이해하는 사고의 지평을 넓혔고 아인슈타인은 인간의 공간과 시간에 대한 지각을 우주로 확대하는 근거를 제공하였다고 본다. 이들 세 사람의 이론과 노력으로 인류문명은 새로운 경지로 도약하는 역사의 발판을 만들었다고 보아야만 할 것이다.

066. 전지전능하고 절대선의 하나님이 섭리한다는 인류사에 왜 악의 역사는 끊이지 않는가?

이러한 질문을 기독교 목사님들에게 한다면 대부분이 성경의 창세기 제3장에 나오는 인간시조 아담과 하와의 에덴동산에서의 원죄原罪를 근거로 설명하기 시작한다. 즉 에덴동산의 온갖 열매 중 금단의 열매만은 따먹지 말라는 하나님의 계율을 인간시조인 아담과 하와가 어긴 죄로 하나님은 에덴동산에서 추방했고 유혹한 천사장 루시엘은 뱀으로 저주받아 평생 땅으로 기어 다니도록 했다는 것으로 설명한다. 이러한 가운데 추방된 아담과 하와의 자녀인 가인이 동생 아벨을 죽이는 인간 최초의 살인까지 일어나게 되었다는 것이다. 그때부터 인간들은 이러한 원죄 때문에 사탄의 지배를 받는 인간의 역사가 시작되었다는 설명이다.

그러면 '전지전능과 절대선의 하나님이 아담과 하와가 율법을 지킬 수 없을 것을 알고도 왜 그런 명령을 했을까?'라는 반문을 할 수 있다. 이것은 하나님이 만물을 지으시고 오로지 인간에게만 이른바 3대 축복, 즉 '하나님이 자기 형상, 곧 하나님의 형상대로 창조하시고, 하나님이 그들에게 복을 주시며 그들에게 이르시되 생육하고 번성하여 땅에 충만하라 땅을 정복하라, 바다의 고기와 공중의 새와 땅에 움직이는 모든 생명을 다스리라 하시니라'(창세기

1: 27-28)라는 것으로 설명한다.

그런데 불편부당하고 전지전능한 하나님이 지으신 만물 가운데서 왜 인간에게만 이러한 특혜를 주었을까? 특혜는 특권이고 특권은 반드시 그에 합당한 의무가 따르고 또한 모든 생명을 다스리라는 권능과 자유의지를 부여했다. 이처럼 자유의지로 만물을 다스리고 정복하려면 그에 합당한 보이지 않는 무거운 책임을 완수해야 하는 조건이 있는 것이다. 그것이 바로 금단의 열매만은 따 먹지 말라는 하나님의 명령이다. 그러면 금단의 열매는 무엇을 비유하는 것인가? 그것은 남자와 여자의 성문제이다.

전통신학에서는 금단의 열매를 무화과나 사과 등으로 해석하지만 그것은 하나님이 허락하기 전에 아담과 하와가 천사장인 루시엘의 계략에 의하여 행한 불륜, 즉 성교Sex를 말하는 것이다. 우리말에도 이성 간의 성행위를 '따 먹었다.'로 흔히 말한다. 성욕은 인간에게 있어서 식욕에 못지않은 가장 강력한 본능이므로 그것을 올바르게 지키기가 제일 어려운 계율임을 알았기에 시험에 들게 했다. 그런데 인간은 주어진 자유의지로 계율을 어겨서 원죄를 짓게 되고 자녀가 살인까지 저지르는 비극의 인류사가 시작되었다. 성경의 창세기에서는 부패와 성적 타락에 빠진 소돔과 고모라 성을 불로 심판하는 이야기가 나온다. 인간의 성문란을 가장 큰 중죄로 보았던 것이다. 불륜이 원죄의 뿌리였기 때문이다.

따라서 에덴동산에서의 인간시조 아담과 하와의 원죄로 인하여 인간은 하나님으로부터 받은 3대 축복에서 '땅의 모든 생명을 다스리라.'라는 권능을 실제로는 상실한 것이다. 이러한 인간의 실수로 사탄이 인간을 간섭할 수 있는 명분을 주어 인류사는 온갖 타락과 부패, 살인과 전쟁으로 비극의 역사로 점철되고 있다고 보는 것이 성서의 새로운 하나의 관점이다. 즉 인간은 축복받은 특권에 따른 의무를 못 하였고 자유의지에 따른 책임분담도 못 하였기 때문이다. 그래서 성경에서는 사탄개입에서 벗어나려면 '회개하라' '거듭 태어나라'라는 경구를 여러 곳에서 강조하고 있다. 그런데 기독교의 전통신학에서는 예수의 십자가 죽음의 의미를 이러한 인간의 원죄를 사하기 위해 하나님이 아들을 인간 세상에 내려보냈다는 것으로 보고 있다. 그것이 대속론代贖論이고 보혈론寶血論이다.

그러나 이러한 인간중심주의적인 3대 축복론을 L. J. 화이트를 위시한 일련의 과정신학자들은 구약의 3대 축복론을 신의 신탁관리인 사상Stewardship으로 보면서 BC 5세기의 철학자 프로타고라스가 말한 '인간은 만물의 척도이다.'라는 명제와 17세기 프랑스 철학자 R. 데카르트의 '인간은 자연의 주인이다.'라는 관점을 강하게 비판하고 있다.

2022년 2월 프란치스코 교황은 이탈리아 방송과의 인터뷰에서, '전지전능의 하나님이 계시는데도 왜 지구상의 수많은 어린이들이 고통받고 있는지?'에 대한 사회자의 물음에 '그 질문에는 대답을 못하겠다'.고 하면서 자신도 궁금하다고 말했다.

인간은 아직도 원죄를 회개하지 못하고 사탄권 아래서 주어진 자유의지만을 구가하고 있다는 데 인류의 미래는 비극의 역사가 이루어진다고 하겠다. 타락으로 말미암아 만물을 주관할 수 있는 권능을 상실한 인간이 지배하는 지구의 피조물들은 온갖 고통으로 시달리고 파괴되어 가는 것이 오늘날 지구생태계의 파괴와 환경 오염이며 코로나19라는 질병으로 인류의 기존문화와 질서를 파괴하는 팬데믹 현상이라고 본다. 주인인간이 타락했는데 머슴만물만은 그래도 아직 타락하지 않았다는 논리이다. 오늘날 지구생태계의 파괴주범이 인간이라는 것에서도 알 수 있다. 이처럼 타락된 주인의 횡포에 대한 머슴들의 반격이 바로 오늘날의 각종 파국적 자연 현상이라고 본다.

이러한 기독교의 섭리사관으로 볼 때, 인류사에서 파괴와 폭력, 분쟁과 전쟁은 우리들 인간이 자초한 것으로 볼 수밖에 없다. 결국 주어진 책임분담을 못 하여 사탄의 역사가 개입되었다고 보는 것이 기독교의 새로운 역사관이다. 여기에 오늘날 기독교의 역사적 사명은 사탄주관의 악의 역사를 추방하고 하나님의 역사가 이루어질 수 있는 이상세계를 만들기 위하여서는 새로운 자연관과, 인간관, 세계관으로 타락한 인간구원에 전력을 쏟아야만 할 것이다.

067. 불교에서는 왜 아무것도 사랑하지 말라고 하는가?

사랑한다는 것은 어느 하나의 대상에만 집착한다는 말과 같다. 심지어 온 세계를 사랑하고 전 인류를 사랑한다고 하더라도 하나의 대상에 집착하면 그때부터는 자연히 다른 것들과 구별하면서 배제하는 것이다. 남녀 간의 사랑은 더욱 명백하다. 한 여자를 또는 남자를 좋아한다는 것은 여타의 여자나 남자를 배제하는 것으로 이것은 곧 구별과 차별인 것이다. 이 세상에 오로지 그 여자만 또는 그 남자만이 좋게 보이기 때문이다. 눈먼 사랑이다. 세상에 하나밖에 안 보이니까 어둠만 보이는 눈뜬 봉사와 같다. 영어로 Fall in love인 것이다. 사방이 아무것도 보이지 않고 오로지 그녀(그이)만보이는 구덩이에 빠졌다는 뜻이다. 이른바 108번뇌는 이러한 것부터 시작된다.

사실 사랑이나 애정관계는 제3자와의 심리적인 관계이다. 너와 나의 인연인 것이다. 불교에서는 이러한 인연을 희로애락의 근원으로 여기면서 득도의 장애물로 보기 때문에 출가로 가족 간의 연까지 끊으려고 한다. 그래서 수행의 길은 항상 외롭고 고된 것이어야 한다. '천상천하유아독존天上天下唯我獨尊'이라는 붓다의 외침도 이와 같다. 공空과 무無의 진리를 깨달은 것이다. 이러한 논리는 20

세기 사르트르가 설파한 무신론적 실존주의 철학사상과도 맥을 같이한다. 인간은 아무 조건없이, 뜻없이 태어났다고 본 것이기 때문이다.

불교의 반야심경에서는 현상계의 모든 것이 제행무상諸行無常이기에 사랑과 미움도 언제라도 변할 수 있으며 색즉시공色卽是空임과 동시에 공즉시색空卽是色이기에 애정과 증오는 실체가 없는 하나라고 보았다. 그리하여 현세의 고해苦海에서 해탈解脫하는 길은 무념무상無念無想으로 불타의 자비심慈悲心에 귀의하는 데 있다고 했다.

불교의 기본개념인 무無와 공空 그리고 색즉시공, 공즉시색과 관련된 일화는〈육조단경〉에서 잘 나타나고 있다. 달마대사를 초조初祖로 하는 중국의 선종禪宗에 나오는 이야기이다. 오조五祖 홍인대사弘忍大師가 의발衣鉢을 전해 줄 후계자를 정하기 위하여 대중에게 게송을 짓게 하였다. 모두들 머뭇거리고 있자 당시 뛰어난 재능을 가진 신수神秀라는 상좌上座가 있어 모두들 그가 법통을 전수받을 것이라고 보았다. 신수는 아래와 같은 게송을 지어 한밤중에 아무도 모르게 복도에 붙였다.

신시보리수身是菩提樹 몸이 보리수라면
심여명경대心如明鏡臺 마음은 밝은 거울의 틀이니,
시시근불식時時勤拂拭 때때로 부지런히 털고 닦아서
물사야진애勿使惹塵埃 먼지가 앉고 때가 끼지 않게 하세.

이것을 본 오조 홍인대사는 신수에게 '네가 지은 이 게송은 본성을 보지 못한 것이구나. 문밖에 이르렀으나 문안에는 들지 못했다'고 했다. 이때 무식꾼으로 절에 찾아와서 방앗간에서 방아를 찧고 지내던 노행자盧行者가 신수의 게송을 보고 다시 고쳐 읽는 대로 장일용張日用이 받아 쓴 것이 다음의 게송이다. (노행자는 글도 쓸 줄 모르는 무식자여서 대필했던 것이다.)

보리본무수菩提本無樹 보리에는 본래 나무가 없고
명경역비대明鏡亦非臺 밝은 거울 또한 틀이 아니니
본래무일물本來無一物 본래 하나도 없는 것인데
하처야진애何處惹塵埃 어디에 때가 끼고 먼지가 앉을까.

신수는 불교의 진수인 무와 공의 경지에 다다르지 못한 게송이었으나 노행자의 게송은 그곳에 미쳐있음을 보고 홍인대사는 밤중에 노행자를 몰래 불러 발의를 주었던 것이다. 육조六祖의 법통을 이어받게 된 혜능慧能 스님의 이야기이다. 불교의 깨달음은 지식도 아니고 지혜이며 구분이나 구별이 아닌 전부라고 하겠다. 그래서 불교에서는 어떤 사물이나 인간 간의 애정도 육조 혜능스님의 게송처럼 원래 무無이고 공空이므로 마음을 두어서는 안 된다는 것이다.

세계의 사상사에서 불교가 인류의 문화와 가치관에 지대한 영향을 끼쳐온 것은 사실이다. 특히 서양과는 달리 동양의 주된 전통종교로서 개인과 국가의 가치관과 세계관의 주류를 이루어 왔다. 불교는 종교라기보다 철학에 가까운 것이다. 기독교와 같은 절대자의 개념이라기보다 삶의 지혜를 가지게 하는 보편자인 것이다. 불교의 윤회설과 관련되는 재미있는 사례를 하나 들어보자.

1990년 8월, 국제세미나로 인도의 뉴델리에 갔을 때이다. 마침 초등학교 근처의 호텔에 머물게 되었는데 이른 아침 창문 밖으로 내다보이는 거리에는 등교하는 아이들로 거리가 복잡했다. 일 년 동안 한 번도 갈아입지 않은 듯한 낡은 러닝셔츠를 입고 걸어가는 남학생이 있는가 하면 최신형 세단에 말쑥한 교복을 입고 등교하는 여학생도 있었다. 가이드에게 저렇게 서로 다른 학생들이 같은 교실에서 공부를 하면 빈부차이로 어떤 이질감이나 열등감이 생기지 않느냐고 했더니, '그렇지는 않다. 지금 잘사는 아이들은 전생에는 자기처럼 못살아서 그렇기 때문에 나도 내세에는 잘사는 아이들처럼 된다고 믿기 때문에 전혀 어떤 반감이나 소외감을 갖지 않는다.'는 대답이었다. 참으로 좋은 인생관이라고 느꼈다. 그래서 출생부터 계급화되는 인도의 카스트제도가 별다른 저항 없이 오랫동안 지속되고 있는지도 모르겠다. 이러한 윤회사상이 한곳에 영원히 머무르는 집착개념을 버릴 수 있는 계기가 되고 있다고 본다. 제행무상諸行無常이다.

결국 사랑이라는 것도 하나에 집착하는 것이다. 집착은 구분을 만들고 구분은 거부와 차별을 만든다. 인간의 욕망 가운데서 제일 강한 집착력은 아마 식욕과 성욕일 것이다. 이 두 가지 가운데서 어느 것이 더 강한지는 단언할 수 없다. 우선 살아야 성욕도 있다고 보지만 성욕으로 죽음도 불사하는 경우가 있기 때문이다.

기원전 218년 카르타고의 한니발은 제2차 포에니 전쟁 때 로마를 공격하기 위해 군사를 이끌고 높고 눈 덮인 알프스 산맥을 넘기 위해 정상에 이르렀을 때 병사들은 추위와 배고픔으로 알프스의 산속에서 용기를 잃고 쓰러져 있었다. 그러자 한니발은 '이 산만 넘어가면 여자와 술이 너희들을 기다리고 있다.'고 말하자 모두들 벌떡 일어나 로마를 정복하고 전쟁을 승리로 이끌었다는 이야기가 있다. 제일 강한 성욕과 식욕을 자극하였던 것이다. 모든 종교에서는 죽음도 불사하는 이러한 성욕이 번뇌와 타락의 근원이라고 보아 금욕을 계율의 중심으로 삼았던 것이다. 그래서 수행이나 기도에서 단식을 제일로 여기고 있다.

인간의 남녀 간의 애정은 극단적인 양면성을 지니고 있다. 본래의 목적인 생식욕은 모든 만물의 공통된 본능으로 선이지만 탐욕은 사회질서를 문란하게 만드는 악으로 작용한다. 그래서 모든 종교의 교리에는 반드시 남녀 간의 성문란을 경고하는 것을 계율로 삼고 있는 것이다.

불교에서도 마찬가지이다. 스님들이 육식을 피하는 것도 성욕을 증진하는 것이라고 보았기 때문에 채식 위주의 식생활을 지키고 있는 것이다. 그러나 건강상 단백질도 필수적인 영양소이기 때문에 튀김요리로 대체한다. 튀김요리를 일본에서는 '덴푸라'라고 하는데 그 어원은 절의 영어단어인 템플Temple의 일본식 발음에서 유래된 것이다.

'아무것도 사랑하지 말라.'라는 불교의 가르침은 개인에 대한 사랑은 곧 한곳의 집착이며 집착은 곧 분별이고 분별은 차별로 이어지지만 개인이 아닌 만물과 인류에 대한 사랑은 박애정신으로 부처님의 경지와 가까워지기에 부처님의 마음과 같다고 했다. 기독교에서는 '네 이웃을 네 몸처럼 사랑하라.'는 계명이 여러 곳에 나오고 있다. 여기서의 사랑은 인류에 대한 박애정신으로 남녀 간의 집착하는 사랑과는 다르다고 보아 불교의 자비심으로 포괄되는 개념이다.

068. 시녀가 왕과 결혼하면 왜 하루아침에 왕과 동등해지는가?

그 이유는 남녀 간의 진정한 사랑이란 빈부귀천을 뛰어넘는 절대적인 평등관계에서만이 성립 가능한 것이기 때문이다. 여기에 어떠한 사회적인 지위나 전제조건이 개입되면 그것은 사랑이 아니라 단순한 육체관계에 불과한 것이다. 그래서 이성 간의 결혼은 그 순간부터 둘의 관계는 무조건적으로 평등관계로 바뀐다. 한 쪽이 올라가든지 한쪽이 내려가든지 아니면 중간에서 만나는 형태로 바뀌는 것이다. 1981년 영국의 왕세자 찰스와 평민신분의 다이애나의 결혼은 다이애나가 영국 왕실의 귀족으로 올라가면서 평등을 이루었다면 2003년 찰스 왕세자와 결혼한 카밀라의 경우는 왕세자가 황실의 왕족지위를 버리고 세속으로 내려온 것이다.

왕과 시녀 간의 경우뿐만이 아니고 지주와 노예의 신분이라는 관계도 마찬가지이다. 결혼으로 진정한 부부의 관계가 성립되려면 두 사람이 평등관계가 전제되어야만 가능한 것이다. 그래서 부부간을 일심동체一心同體라고 한다. 어제의 노예라고 해서 결혼하고도 노예처럼 대할 수는 없기 때문이다. 무엇보다 남녀 간의 사랑은 서로가 동등한 인격과 위치에 가까울수록 그 만족도가 높아지기 때문이다. 그래서 강간범들은 일방적인 만족감에 그치므로 항상 욕구불만이 쌓이면서 연속적으로 강간의 유혹에 빠지는 것이다. 사창가에 자주 가는 사람도 그 이유가 여기에 있다. 진정한 사랑은 한사람으로 충분하다는 반증이라 하겠다.

역사적으로 볼 때, 서로 사랑하면서도 사회적인 신분의 차이나 빈부의 차이로 부모를 위시한 주변의 반대로 결혼을 못 하고 헤어지는 안타까운 사례가 많다. 그러나 진정한 사랑은 어떤 외부적인 조건에 있지 않다. 무조건적이다. 만일 조건이 선행하면 어느 날 그 조건이 사라지면 사랑도 사라지기 때문이다. 그래서 세속적인 사랑은 조건적인 사랑이 많다. 얼굴이 예뻐서, 잘사는 부잣집이어서, 좋은 직장이어서와 같은 이유가 전제되면 그 어느 날 조건이 사라지면 애정도 사라지게 마련이다. 이유 없이 좋아야 한다는 이유이다. 어느 노랫말처럼 '어쩐지 나는 좋아'야 한다. 그러나 현실에서는 이러한 무조건적인 참사랑보다 조건적인 거짓 사랑이 많다는 데 항상 비극의 불씨를 안고 있는 것이다.

지존의 임금이 궁녀와 결혼하는 것은 어떤 조건이 개입된 결혼이 아니므로 궁녀는 왕비로 격상되는 것이다. 반대로 공주가 평민의 아들과 결혼해도 마찬가지이다. 참사랑의 본질은 상호 간에 절대적인 자유와 평등에 가까울수록 그 만족도가 비례한다. 이러한 심리현상을 F. 후쿠야마 교수는 〈역사의 종말〉이라는 책에서, 인류사는 타인으로부터 '인정을 받기 위한 욕망' 때문에 전쟁을 일으킨다고 하면서 그 인정욕구가 전쟁에서 붙잡힌 노예로부터의 인정을 받는 것보다는 자유인으로부터 받는 인정이 더 만족스러운 것이라고 했다. 진정한 자유는 상호평등 관계에서만 성립되기 때문이다. 이러한 이치에서 남녀 간의 사랑도 자유와 평등을 기본조건으로 하기에 시녀가 왕과 결혼하면 하루아침에 시녀는 왕비가 되면서 왕과 평등관계로 변하는 것이다.

069. 농부의 땀방울, 젖 먹이는 어머니의 모습, 책 읽는 학생의 모습이 왜 가장 아름답게 보이는가?

이것은 자신의 본업에 집중하고 있기 때문이다. 우리는 누구나 각자에 주어진 주된 역할이 있다. 즉 사회가 그 사람에게 바라는 주된 임무가 있는데 그것을 사회학에서는 역할기대Role expectation라고 한다. 농부는 논밭에서 농사를, 어머니는 가정에서 육아를, 학생은 도서관에 앉아 공부라는 것에 전념하는 것을 사람들은 당연한 것으로 기대한다는 것이다. 그런데 주어진 의무, 즉 역할을 하지 못하고 본분을 벗어났을 때 일반대중들은 실망하며 비난하기도 한다.

농부는 오뉴월 뙤약볕 아래서 땀을 흘리면서 논밭을 갈고 가을에 수확하는 모습이 당연하면서도 보기가 매우 아름다우며 어머니가 집 안에서 가사를 열심히 하는 것도 있지만 일하다가 아기에게 젖 먹이는 모습이 가장 어머니다운 모습으로 보이게 된다. 그리고 학생들의 본업이 공부이므로 밤늦게까지 책상 앞에 앉아 책을 읽고 있을 때가 가장 학생다운 모습이기에 아름다운 것이다.

중국의 제나라 경공景公이 어느 날 공자에게 정치에 관하여 묻자 공자는 '군군신신부부자자君君臣臣父父子子'라고 했던 말과 같다.

나라가 평안하려면 각자가 자기 위치에서 본분을 지키는 것이라고 했다. 임금이나 신하 그리고 아버지와 아들이 제자리에서 자기의 임무를 수행하지 못하고 벗어날 때 나라는 어지럽고 집안은 망한다는 것이다.

어떤 직종 어떤 직업이든지 그 일에 혼신의 정열을 쏟는다면 아름답지 않은 것이 없다. 심포니오케스트라의 거성 본 카라얀이나 L. 번스타인과 같은 세기의 지휘자들을 보면 모든 악기의 음률을 온몸으로 느끼면서 이끌어 가는 모습은 참으로 아름답고 경이롭기까지 한 것이다. 누구든지 이렇게만 한다면 나라의 정사에 몰두하는 임금이나 시골 농부가 밭을 가는 모습은 똑같이 아름다운 것이다.

직업에는 귀천이 없다는 것도 자신의 본업에 충실하면 모두가 똑같이 가치 있고 아름다운 것이기 때문이다. 무슨 일이든지 어떤 일에 몰두하는 것이 있으면 행복한 사람이다. 뉴욕 카네기 홀에서 바흐의 '무반주 전곡 6곡'을 정신없이 연주한 피아니스트 아가씨를 기자가 인터뷰하자 그녀의 대답은, '……내가 정신없이 연주하고 그에 대한 관객의 집중력이 무대에서 느껴지는 순간, 그 기분은 정말 기가 막힙니다.'라고 했다. 그리고 그녀는 '바흐음악을 하다 보면 미술처럼 그 색채가 보인다.'고도 했다. 몰두하는 것이다. 본분에 몰두하면 무아지경에 이르고 그 모습은 신분과 직종의 빈부귀천에 관계없이 극히 아름다운 모습이 된다. 삶의 진정한 행복감도 여기서 생기는 것이다.

070. 자유와 평등의 동시적인 실현은 가능한가?

실제적으로는 불가능하다. 두 개념의 본질과 관계는 상보성보다는 상반되는 개념이기 때문이다. 개개인의 자유를 전제하면 산술적인 평등은 성립되기가 어렵다. 각자의 타고난 지능과 재능이 다르므로 결과적인 평등은 성립되지 않기 때문이다. 다만 기회와 조건의 평등은 조작 가능하지만 결과의 평등은 자유와 충돌되므로 성립되기 어렵다.

평등론에서는 기회의 불평등과 조건의 불평등 그리고 결과의 불평등으로 구분하고 있다. 기회의 불평등은 기존의 사회제도나 성별과 같은 것 때문에 생기는 것이며 조건적인 불평등은 빈부 간이나 사회의 제도적인 차이이며 결과의 불평등은 동일한 성과를 다른 기준으로 평가하는 경우이다.

이와 같은 불평등요인들을 제거하더라도 개인별 능력의 차이로 결과의 불평등은 나타나기 마련이다. 여기에 프랑스 사상가 J. J. 루소는 그의 저서 〈불평등기원론〉에서 산술적 평등론에 근거한 마르크스의 공산주의사상을 도입하고 있다. 마르크스는 사회경제적인 불평등은 물질적인 소유에서 그 기원을 찾았다. 사회를 유산자계급과 무산자 계급으로 양분하면서 대치시켰던 것이다. 즉 경제적 수단을 독점한 기업주와 노동력밖에 없는 노동자 간의 빈부격차를 불평등의 근원으로 보고 자본주의 사회의 계급적인 모순과 불의를 폭력혁명으로 타도하려고 했다. 좀 더 쉽게 말하여 노동자가 생산한 상품에는 노동자의 보수보다 더 많은 가치, 즉 잉여가치가 있음에도 불구하고 사업주가 착취한다는 관점이다. 이것이 바로 노동자들이 분노하고 계급혁명을 해야 할 이유라고 마르크스는 설파했던 것이다. 그러나 노동자들과는 달리 자본가들이 투자한 자금과 사업실패에 따른 손실의 위험요소를 간과하고 있다고 본다.

이러한 마르크스가 말하는 자본주의 사회가 안고 있는 불평등을 루소는 개개인은 서로 간의 사회계약에 의하여 인간 본래의 선의지로 자유와 평등의 동시적인 실현도 가능하다고 보았다. 그의 성선설에 기초한 낭만적인 평등관이다. 그러나 마르크스의 관점은 다르다. 그는 사회는 불평등으로 이루어진 계급사회이므로 평등은 오로지 투쟁으로 쟁취해야 하는 개념이며 자유도 마찬가지라고 했다. 그는 개별적인 능력이나 재능의 차이에서 결과 되는 산출의 결과를 무시하고 산술적인 평등만을 주장한 오류를 낳았던 것이다.

가령 남녀구분 없이 10명이 공평하게 출발하여 100m 경주를 한다면 반드시 골인 선에서는 등수가 나타날 것이다. 등수는 각자의 능력이다. 그러나 여성은 남성보다, 지체부자유아는 정상아보다도 결승점에 늦게 도착할 것이다. 기회와 조건이 동일함에도 결과는 다르다. 이것을 평등만을 강조하여 모두에게 1등상을 줄 수 없다. 그래서 개인의 자유와 경제적인 평등의 동시적인 실현이 불가능한 것이다.

그러나 나약한 여자나 신체불구자를 정상인과 동등하게 본다면 이것은 불공평하고 불공정하므로 우승자가 탈락자에게 상품을 나누는 배려는 가능하다. 이것이 자유자본주의경제사회의 복지제도이며 기부행위인 것이다. 고전적 자본주의에 대한 수정자본주의이다. 마르크스가 미처 예견하지 못했던 것이다. 따라서 건전한 선진자본주의 사회는 약자에 대한 복지제도가 발달되어 있고 자본가들의 기부문화가 발달되어 있다.

그러면 자유와 평등은 영원히 동행할 수 없는 평행선상의 개념인가? 적어도 개념적으로는 그렇다. 무한한 자유를 허용하면 무한한 불평등만 야기될 뿐이므로 자유와 평등은 공존하기가 불가능하다. 평등의 확산은 자유의 축소로만 가능하고 자유의 확산은 평등의 축소로만 가능한 것이기 때문이다. 이런 관계를 무시하면 공정과 공평성이 무너진다.

그러나 앞에서도 언급했듯이 기회의 평등은 조건에 따라 변해야 하므로 불공정과 불공평이 아니며 자유를 침해하는 것도 아니다. 결과의 평등을 강요하는 경우에만 해당된다고 본다. 따라서 진정한 평등은 출발점에서의 기회의 균등에서만 가능하고 과정에서나 결과에서의 평등은 성립 불가능한 것이라고 본다. 이것이 개인의 자유와 전체의 평등관계이므로 적어도 자유시장경제적인 측면에서는 자유와 평등의 동시적 실현은 불가능하다고 본다.

071. 남녀 간의 난잡한 성관계는 왜 나쁘다고 규정하는가?

남녀 간의 육체적인 성Sex행위는 인간에게 주어진 기본적인 본능이며 생존욕구의 하나이므로 아무런 윤리적인 죄책감을 가질 수 없다. 생명을 가진 모든 동식물도 인간과 마찬가지이다. 성행위의 근본목적은 자손번식이며 그것은 자기 생명의 연장이다. 그래서 인간은 가능한 많은 후손을 낳으려고 하며 또한 자식이 자기를 닮으면 닮을수록 더 좋아하고 만족하게 된다. 부계사회에서는 여아보다 남아를 더 선호하는 것도 남아가 여아보다 아버지와 근사하기 때문이다.

그런데 문제는 남자는 구멍만 보이면 본능적으로 시도 때도 없이 가능한 씨를 많이 집어넣으려고 한다. 그래서 말장난 같지만 영어의 남편이라는 단어 Husband는 남편은 집House 안에 묶어band 두어야 안심이라는 의미도 있다. 이처럼 씨를 뿌리려고만 하는 남자와는 달리 여자는 씨를 받으면 10개월간의 잉태와 출산의 고통을 혼자서 감내해야 하기 때문에 될수록 씨받이를 꺼린다.

그래서 조물주는 남자의 씨뿌리기에 힘든 노동과 여자의 임신과 출산에서 겪는 고통을 능가하는 그럴 수 없는 쾌감과 희열을 느끼도록 만들었던 것이다. 그런데 문제는 영리한 인간은 조물주의

의도를 무시하고 힘든 노동은 피하고 손쉬운 쾌락만을 추구하자 각종 성병과 무서운 에이즈 균을 동반시켜 경고하였던 것이다.

그리고 난교亂交는 동물들과는 달리 인간에게 강한 수치심을 느끼도록 했다. 인간의 수치심 가운데 제일 강한 것은 성과 관련된 것이다. 그래서 욕지거리도 성적으로 표현한 것이 많다. 이러한 이치에서 성적 타락은 곧 죄의식을 느끼도록 문화가치가 형성되면서 건전한 사회윤리와 성도덕으로 나타났다. 그렇기 때문에 조물주는 일부일처제를 이상사회건설의 조건으로 만들었고 동시에 난잡한 성관계를 죄의식으로 느끼게 만들었던 것이다. 지구상에서 일부의 동물들 말고는 인간만이 난교를 선호하는 동물이다.

물론 원시부족 가운데는 지금도 일부다처제나 일처다부제의 풍습을 갖고 있는 경우도 있지만 남자와 여자의 균형이 깨진 결과로 자연히 생겨난 예외일 뿐이다. 그리고 형제간이나 친족 간의 결합은 우생학적으로 열성분자가 더 크게 작용하여 멸종에 이르기 때문에 무의식적으로 기피하는 습성을 갖도록 만들었다고 본다.

이처럼 남녀 간의 성적 타락과 문란은 인류사회의 생존력과 질서를 파괴하는 커다란 요인으로 작용하기에 모든 종교 신앙의 계율에서는 반드시 성문제를 중요하게 언급하고 있다. 기독교의 창세기에는 소돔과 고모라 성의 성적 문란을 보고 불바다로 심판하여 멸망시키는 구절이 있다. 실제로 성적 문란은 개인의 차원서는 인격적인 파탄으로 나타나며 사회적으로는 퇴폐사회, 국가적으로는 멸망을 가져다준 것이 인류사에서 쉽게 찾아볼 수 있는 사례이다. 1960년대를 중심으로 미국 사회가 마약과 폭력 그리고 프리섹스라는 퇴폐문화사회로 세계인들로부터 지탄받은 것도 그들의 문란한 성질서 때문이었던 것이다.

인간사회에서의 성Sex은 개인적으로는 극히 사사로운 것Private affair이며 자기정체성Self-identity과 직결되기 때문에 문란한 성관계는 자기정체성에 분열을 초래하여 자존감을 상실하게 되므로 성의 건전성을 매우 중시하게 된다. 이러한 자존심을 팔아 돈으로 바꾸는 직업이 바로 사창가의 여자들로 우리들이 그들을 무시하고 경멸하는 까닭도 여기에 있다. 성의 역사는 인류사만큼 길고 오래됐다. 매춘업이 지구상에서 가장 오래된 직업이었다는 이야기는 흥미로운 일이다.

한때 프리섹스의 천국으로 불렸던 미국의 성문화 흐름을 본다면, 1800년대부터 시작된 서부의 개척과정에서 발견된 사금으로 1850년경에는 수많은 사람들이 몰려들어 이른바 골드러시의 시대가 있었다. 이러한 과정에서 금으로 부자가 생겨나고 환락가가 번창하면서 신흥재벌부터 노동자들까지 매춘이 번성했던 것이다. 성Sex은 곧 개인의 자유이며 상품이라는 인식이었다.

그리하여 미국에서는 역대 대통령부터 일반국민들도 영국의 전통적인 귀족사회의 엄격한 성문화 인식과는 달리 남녀 간의 성관계를 극히 사사롭고 개인적인 일로 가볍게 여겼다. 그래서 미국에서는 대통령까지도 거짓말 때문에 탄핵은 받아도 성문제로 탄핵당한 대통령은 없었다. 부시 대통령이 워터게이트 사건에서 거짓 증언으로 탄핵 당했으나 클린턴 대통령이 인턴보좌관 르윈스키와의 섹스 스캔들로 한때 탄핵의 지경까지 갔으나 사면되었던 것이 대표적인 보기이다. 그리고 미국 사회에서는 남자가 여성에게 'You are sexy!'라고 하는 것이 최고의 찬사로 인식되고 있다. 한국에서라면 크게 망신을 당할 것이다. 성에 대한 인식과 문화의 차이라고 하겠다.

일반적으로 성문제는 자본주의경제의 발달과정에서 단계별로 반드시 대두되는 것 가운데 하나인 것이다. 즉 먹고사는 문제가 우선인 후진국 단계에서는 별다른 성문란이 없지만 배가 부르기 시작하는 중진국에 들어서면 점차 성적 문란이 나타나기 시작한다. 다시 선진국으로 진입하면 성보다는 마약과 같은 환각제가 사회문제의 중심으로 대두된다. 지금의 우리사회가 이러한 문턱에서 있다. 그러나 일본이나 한국사회가 제3단계임에도 그런 문제가 심각한 수준까지 부각되지 않는 것은 마약에 대한 전통적인 강한 금기인식과 강력한 법적인 규제 때문이라고 본다. 그러나 근년부터 인터넷 사이트를 이용한 불법적인 성 상품과 마약이 부분적으로 등장하고 있는 것은 자본주의사회의 경제발전단계와 무관하지 않다고 본다.

난잡한 성문란을 왜 나쁘다고 하는 이유는 개인적으로는 인격적인 파탄, 사회적으로는 퇴폐문화에 따른 윤리도덕의 무질서와 파괴를, 국가적으로는 정권몰락의 위기까지 초래할 수 있는 아주 무서운 요건이기 때문이다. 성은 인간성과 도덕성 그리고 자기정체성의 기본이기 때문이기도 하다. 1990년대 군사정권하에서 민주화투쟁을 하다 7년 6개월의 독방생활을 끝내고 석방된 박노해 시인은 〈너의 하늘을 보아〉라는 시집에서 '젊음은, 조심하라.'는 제목이 있다. 온갖 유혹과 함께 이성에 대한 관계를 뜻하는 말이다. 난잡한 남녀관계는 개인적으로는 인격파탄, 사회적으로는 퇴폐문화, 국가적으로는 국격의 훼손으로 발전되므로 모든 종교에서도 전통규범에서도 중시하고 있다고 본다.

072. 인류사에서 선지자들은 왜 고독하고 핍박까지 받게 되는가?

인류사에서 선지자들은 대부분 당대의 일반대중으로부터 소외되거나 핍박을 받고 죽임까지 당한 역사가 많다. 대부분 종교지도자들의 순교나 철학이나 과학자들 가운데도 학문적인 소신으로 고독하고 소외된 가운데 화형식까지 당한 경우도 있다.

십자가에 못 박혀 죽은 예수를 위시해서 수많은 순교자들이 그렇고 철학의 아버지라는 소크라테스도 그랬으며 G. 브루노도 자신의 학문적 소신으로 화형을 당했다. 예수는 로마제국과 종교권력에 의하여 사회를 교란하는 위험인물로 지목되어 겟세마네 동산에서 최후의 기도를 마친 후 로마 경비병들에게 체포되어 골고다 언덕에서 십자가에 매달려 처형되었다.

그리고 '너 자신을 알라.'로 유명한 그리스의 철학자 소크라테스는 당시 아테네의 정치적, 도덕적인 부패상을 고발하면서 시민들에게 영혼을 잃지 말라고 역설하자 사회혼란과 반동죄목으로 투옥되어 기원전 39년에 감옥에서 독배를 마시고 스스로 죽음을 택했다. 또한 1869년 르네상스기의 이태리 철학자 G. 브루노는 우주천체의 자체불멸설과 기독교의 내세관과 금욕적인 도덕관은 위선일 뿐이고 절대선은 우주적 생명과 신비와의 합일이라고 끝까지 주장하다가 신의 화염에 몸을 태우는 것이 구원이라면서 화형을 당했다.

이러한 몇 사람의 사례 이외에도 수많은 종교지도자와 선교사들이 자신의 신념으로 핍박당하거나 살해되었고 학자와 사상가들이 지적 신념으로 고초를 당했다. 16세기 이태리의 여러 대학에서 신학과 천문학을 가르치던 N. 코페르니쿠스도 당시 종교적인 교리의 천동설과는 배치되는 지동설을 주장하다가 사형 직전에 풀려나면서 '그래도 지구는 돈다.'라고 속삭였다는 이야기는 유명하다.

이처럼 세기의 선구자들이나 선지자들이 왜 현실에 적응하지 못하고 소외와 핍박을 당할까? 그것은 그들이 비록 몸은 현실의 대중들과 함께 같은 공간에 살고 있었지만 지적 신념의 정신세계는 대중들로부터 멀리 떨어진 미래세계에 있었기 때문이다. 따라서 그들의 말과 행동은 우리들 범인들이 보기에는 항상 이상하고 미친 듯이 보이므로 그들은 대중들로부터 외면당하거나 무시당했던 것이다.

그들은 어리석은 대중을 보고 가엾게 여기면서 올바른 길로 향도하려고 했지만 대중들은 그들을 이해하지 못하였던 것이다. 특히 현실사회에 안주하면서 대중들과 사회를 통제하려는 정치지도자들은 그들을 반역자로까지 단죄하면서 소외시키고 제거하려고 했던 것이다. 그러나 인류사는 그들의 손에 의하여 이루어지고 발전되었음을 어리석은 대중들은 그들이 죽고 난 뒤에야 알 수 있었던 것이다.

073. 왜 인간만이 유일하게 자살을 하는가?

생명체 중에서 왜 유독 인간만이 자살을 할까? 생리학자들 가운데는 인간이 다른 동물들에 비하여 대뇌피질이 발달되어서라고 하는가 하면 동물생태학자 중에는 북극에서 군집생활을 하는 레밍 Lemming, 즉 나그네쥐도 벼랑 끝으로 줄지어 가서 떨어져 죽는다는 사례를 들기도 하나 동물행동연구자들의 주장은 나그네쥐의 자살과 같은 행위는 길을 잃어서나 방향감각의 미숙에서 실수로 일어나는 사고라는 것이다.

그리고 평생을 아프리카에서 침팬지 연구로 보낸 J. 구달 박사도 침팬지의 자살에 대한 연구를 했지만, 침팬지의 경우 갑작스런 어미의 죽음으로 충격을 받았을 때 죽는 것으로 이것은 능동적인 자살이라기보다는 충동적이고 수동적인 죽음인 것이다.

그러나 인간은 스스로 목숨을 끊는 적극적이고 능동적인 자살을 하는 유일한 생명체이다. 그 까닭은 여타 생명체들에게는 없는 반성적 사고력Reflect thinking을 가지고 있기 때문이다. 이것은 자기가 어제 한 일을 되돌아보고 부끄러워한다든지 수치심을 느끼거나 헛웃음을 짓기도 하는 능력으로 다른 생명체에서는 발견할 수 없는 특성이다. 스위스의 아동심리학자 J. 피아제는 그의 지능발달 4단계론에서 '형식적 조작기Formal stage'인 12살부터는 추상적 사고력과 자신을 객관화시킬 수 있는 능력도 가능하다고 했다. 실제로 자살이라는 것도 이처럼 자신을 객관화시켜야 가능한 것이다. 그래서 자살도 아동기까지는 잘 나타나지 않는 이유이다.

여기서 말하는 자살은 외부 환경의 물리적인 악조건(빈곤, 기아, 질병, 육체적 고통 등) 때문이기보다는 순전히 정신적인 고뇌(실존적인 한계성)에 가까운 자살을 의미한다. 외부적인 환경조건에 의한 죽음에서도 동물의 경우는 기아상태에 빠졌을 때 굶어서 죽는 비자발적인 죽음이지만 사람처럼 죽기 전에 스스로 목숨을 끊는 자발적 자살행위는 못 한다. 이것은 자발적인 자기반성의 능력이 없기 때문이다. 인간만이 가능한 특성인 것이다.

074. 현대사에서 미국은 왜 강대국이 되었는가?

건국 250년도 채 안 되는 일천한 역사의 미국이 현대사에서 세계의 최대강국으로 발전한 것은 무슨 이유에서일까? 인구가 많은 것도 아니고 지하자원이 월등한 것도 아닌데 말이다. 그것은 미국의 건국정신에서 연유한다.

1620년 영국에서 종교신앙의 자유를 찾아 102명의 청교도가 메이플라워호를 타고 대서양을 건너 미 대륙의 동부해안에 정착하여 제일 먼저 교회부터 짓고 다음은 관청과 학교 그리고 자신의 집은 마지막에 지었다고 한다. 그리고 매일 열심히 일하다가 주말에는 교회에 나가는 신앙생활을 했던 것이다. 초기의 이민자들은 교회에서 목사에게 '어떻게 하면 하나님의 천국에 갈 수 있느냐?'고 물었을 때, '열심히 일하고 열심히 기도하면 된다.'는 대답에 따라 근면, 절약, 금욕생활을 이어갔던 것이다. 이처럼 매일 열심히 일하고 신앙생활을 하자 '성령이 비둘기처럼 내려……' 미국은 놀라운 발전을 하게 되었던 것이다.

독일의 실증주의자 M. 베버도 1905년에 쓴 〈프로테스탄트 윤리와 자본주의 정신〉에서 미국의 초기자본주의는 청교도적인 신앙의 기초 위에 근검절약과 금욕정신으로 이루어졌음을 밝히고 있다. 이러한 프로테스탄트(개신교)정신은 미국의 합리주의와 실용주의로 발전되면서 자본주의의 근원을 이루었고 단기간에 부강한 나라를 만들게 되었다. 그런데 축복받은 이러한 부로 가난하고 불쌍한 나라에 은총을 베풀지 않고 자본주의적인 대량생산과 대량소비사회가 가져다준 물질적인 방탕생활과 성적 문란까지 나타나자 한때 에이즈와 같은 천벌로 하나님은 그들에게 경고하기에 이르렀던 것이다.

그러나 미국은 이러한 가운데서도 점차 세계빈곤국의 원조와 후진국들의 인권문제 개선에 발 벗고 나서는가 하면 독재국가들에 민주주의를 보급하는 중심국가로 역할을 하게 되어 현대세계사의 주류를 유지하고 있는 것이다. 아직도 미국이 세계강대국의 위치에서 인류사를 리드하고 있는 근거는, 미국의 모든 지폐에는 'IN GOD WE TRUST'라는 글이 있듯이 그래도 아직 하나님을 떠나지 않고 민주주의를 철저하게 실천하고 있다는 점과 자유, 평등, 인권과 같은 인류의 보편가치를 훼손하거나 침해받는 후진국의 국민들을 보호하고 원조하는 세계의 경찰국가의 역할을 하고 있다는 이유도 있다. 그리고 국가는 국민을, 개인은 국가를 지키고 보호하는 전통이다. 미국의 유치원에서는 애국가부터 제일 먼저 가르치고 있다.

미국을 강국으로 지탱하는 다른 하나의 요인은 건국 초기부터 다양한 인종으로 이루어진 다양한 국적의 문화특징이 혼합되어 있는 다문화사회이지만 준법정신이 매우 높고 '하나는 전체를 위하여, 전체는 하나를 위하여'라는 공산권 국가들의 구호를 정작 공산국가들은 지키지 않았으나 미국에서는 지키고 있다는 것이다.

그리고 대부분의 국가들이 단일민족으로 구성되어 있으나 미국은 세계 각국으로부터 이민 온 다민족으로 이루어져 있음에도 각자의 전통과 고유문화를 그대로 유지하여 가치관의 다양성과 유연성을 만들고 있다는 점이다. 이러한 비빔밥 문화가치가 외부로부터의 충격과 도전에 대한 응전력이 강하고 새로운 가치체계를 형성하는 데 커다란 긍정요인으로 작용하고 있는 데도 하나의 원인이 있다고 본다. 그래서 오늘날 미국의 저력은 세계 최초로 달나라에 우주인을 보내고 태양계의 행성에도 탐사선을 발사하는 월등한 과학기술문명도 있지만 그 기저에는 자유와 평등을 최고 가치로 지향하는 세계보편정신과 민주정치의 기본인 강력한 법치주의 그리고 봉사정신과 높은 애국심이 있다고 본다.

1831년 영국의 자유주의사상가 A. 토크빌은 그의 저서 〈미국의 민주주의〉에서 '내가 미국에 머무는 동안 나의 관심을 끈 신기한 일들 가운데 하나는 국민들 사이의 생활상태에서 보여주는 전반적인 평등만큼 강렬하게 나를 놀라게 한 것은 없다.'고 쓰고 있다. 당시 영국만 해도 하노버 왕조시대로 귀족과 평민 그리고 노예제도로 계급사회였던 것이다.

미국은 1776년 영국과 프랑스로부터 독립국가로 출발했지만 위대한 역대 대통령이 많았다. 특히 제16대 대통령 A. 링컨은 노예해방과 함께 민주주의정치의 핵심을 요약한 말로 '국민에 의한 국민을 위한 국민의 정부'라는 명언을 남겼고 그대로 실천했다.

다른 하나의 숨은 저력은 강력한 법치주의이다. 선진국으로 평가하는 기본적인 잣대의 하나는 정치지도자를 위시하여 국민들의 철저한 준법정신이다. 3권 분립체제에서 사법부가 권력의 시녀로 전락하면 민주주의는 사라진다. 민주주의국가에서는 그 나라의 헌법과 법률이 사회정의의 기준이며 공정과 정의사회 실현의 수단인 것이다. 어느 나라를 손쉽게 이해하는 데는 기본적인 3가지만 알면 된다. 역사와 헌법 그리고 지리적인 환경조건이다. 역사는 과거를, 헌법은 현재의 가치관을 그리고 지리는 문화와 생활조건을 말하고 있기 때문이다.

미국은 연방법과 주법의 이원체제로 구성되어 있지만 주민들의 법 감정은 절대적이다. 그러나 미국의 과거사에는 백인들이 흑인이나 동양인들을 미개인처럼 무시하고 배척하려는 잠재의식과 차별적인 태도를 가지고 있다. 아직도 인종차별의식은 많이 남아 있다. 가령, 흑백 간이나 동양의 소수 이민족 간에 교통사고로 시시비비를 따질 때, 백인들은 분명히 자신의 잘못임에도 소수민족을 가해자로 몰면서 억지를 부리는 경우가 많다. '그러면 경찰을 부르겠다.'고 하면 대번에 기가 죽는다. 강한 준법정신이 그래도 살아 있어서일 것이다. 이러한 차별의식은 아직도 많으나 법 감정은 매우 강하다. 일류대학 출신들도 경찰관을 선호하는 것도 이러한 법치국가의 일면에서라고 본다.

그리고 강한 애국심과 높은 봉사정신이 미국을 선진국으로 지탱하는 하나의 요인이다. 국가가 개개인의 인권과 안전을 끝까지 보장해 주기 때문이다. 하나의 좋은 예로 '라이언 일병 구하기'라는 실화를 바탕으로 제작된 영화가 있었다. 이것은 세계적으로 유명한 영화감독 스필버그에 의하여 1998년에 제작된 것으로, 1944

년 9월 미군이 연합군과 함께 프랑스 해안에서 상륙작전을 하던 중 실종된 라이언 일병 한 명을 구출하기 위하여 특수부대의 중대 병력을 투입한다는 내용이다. 그리고 2000년 오바마 행정부에서는 아프가니스탄의 탈레반에게 붙잡힌 버그달 일병을 살리기 위해 탈레반 죄수 5명과 맞교환을 했다. 그 뒤 버그달은 실제로는 탈영병이었다는 이야기가 전해지기도 하나 여하튼 자국민 한 사람의 생명을 위해 1개 부대가 동원된다는 사실은 국민들로 하여금 조국을 위해서는 언제든지 자기 생명을 희생하겠다는 애국심을 갖게 하는 것이다.

그리고 도널드 트럼프 대통령 행정부의 초대국방장관을 역임한 매티스 준장은 크리스마스이브 때 가족에게 가지 못하고 야간근무를 하고 있는 부하를 보고 그를 집으로 보내고 자신이 대신하고 있을 때, 마침 크루락 사령관이 지나가다가 그를 보고 놀라면서 왜 당신이 보초를 서고 있는가 하고 묻자, 저는 아직 총각이라 가족이 없어서 괜찮다고 대답했다는 것이다. 이처럼 국가가 나서서 일개 병사의 생명과 안전을 끝까지 돌봐 주고 사병에 대한 장교의 배려가 있기에 국가에 대한 군인들의 애국심은 죽음도 불사하고 끝까지 조국에 봉사하는 강국이 되는 것이다. 또한 미국의 육사인 웨스트포인트에는 의무-명예-조국이라는 세 단어의 표지석이 있고 해병대 병영에는 'Officers eat last(장교는 마지막에 먹는다.)'라는 구호가 걸려 있다고 한다. 이러한 것들이 바로 미국의 힘이다.

한편 미국인들의 기본정서에는 독특한 휴머니즘이 있다. 가령, 고아원에 가서 입양아를 고를 때라도 우리는 대부분이 예쁘고 똑똑하게 보이는 정상아를 택하지만 미국인은 반대로 정신박약아나 지체부자유아를 오히려 선택한다. 연민의 감정이 깊고 풍부하다고 볼 수 있다. 이러한 휴머니즘이 미국 국민의 독특한 강점이고 세계를 리드할 수 있는 이유인지도 모르겠다.

그리고 미국의 시민사회에는 각종의 NGO가 발달되어 있는데 그들의 활동비는 모두 일반 시민들의 원조로 충당되고 있으며 대부분의 사립대학들도 정부보조금보다는 학부모들의 기부금으로 충당한다는 점이다. 그래서 사회봉사단체나 교육기관이 정부의 간섭 없이 높은 자율성과 독립성으로 공정성을 유지하고 있다. 시민의식이 살아있는 선진국의 모습이다.

이러한 모든 것들이 미국을 세계 강국과 선진국으로 만드는 요건들이라고 본다. 또한 미국은 2020년 기준으로 노숙자가 뉴욕에 약 4,500만이고 L.A에 2,500만에 이르고 있음에도 세계의 빈민국 원조에 제일 앞서고 있으며 세계의 반인권적 국가지도자들을 제거하려는 노력으로 세계경찰의 역할을 하고 있는 것도 국가의 위상을 높이고 있는 것이다.

그러나 미국 사회의 이면에는 이렇게 밝고 긍정적인 것만이 있는 것은 아니다. 알코올과 마약중독, 프리섹스와 동성연애, 잦은 총기난사사고, 지금도 끊이지 않는 흑백갈등 등등 부정적인 문화특성이 아직도 잔존해 있다. 이러한 가운데서도 그들의 선조들이 노예로 잡아다가 물건처럼 사고팔던 흑인의 후손인 B. 오바마를 제44대 대통령으로 선출할 만큼 시민의식이 높고 또한 2001년 9월 11일 중동의 알카에다 무장세력에 의한 비행기 납치로 뉴욕 시내의 110층인 세계무역센터 2개의 빌딩이 무너져 무려 3천 명에 이르는 사망자와 2만 5천 명의 부상자가 발생한 엄청난 충격으로 세계의 대부분 사람들은 미 국민들의 격앙된 분노로 제3차 세계대전이 일어날지도 모른다고 생각하고 있었지만 G. 부시 대통령과 미국 시민들은 분노를 인내로 극복하는 저력을 보여주었던 것이다. 이것은 '최선의 복수는 용서하는 것이다.'라고 한 링컨의 대통령의 정신에서부터 뿌리내리고 있었던 것이었다. 강대국 미국의 힘은 이러한 자제력과 함께 차원이 다른 가치관에서 생겨난다고 본다.

그런데 미국에 비하여 첨단과학이나 경제력은 뒤지지만 일본은 독특한 문화전통과 동양에서는 서구화의 선두주자임에도 일등국민이 되지 못하고 있는 것은 그들의 쇼비니즘Chauvinism적인 국수주의사상과 국제적인 정의와 공정성이 결여된 점 때문이다.

가령 제2차 세계대전 당시 국제규약인 선전포고도 없이 1941년 12월 7일 일요일 새벽에 진주만을 기습 폭격한 것이 하나의 예이다. 그리고 아직도 미국美國을 미국米國이라고 쓰고 있다. 미국을 쌀처럼 먹어치우겠다는 군부의 지시로 생긴 말로서 속 좁은 국민들이다. 이러한 것들 중 가장 결정적인 것은 패전 후 80년이 지난 지금까지도 피해국에 대한 진정한 사과도 하지 않고 있다는 점이다.

그러나 미국 문화에도 그늘이 많다. 대표적인 것으로 미국의 영화나 TV의 드라마는 폭력과 살인극이 주류를 이룬다. 이러한 자극적인 드라마의 반복은 결국 시청자들에게 폭력행위를 예사로 생각하게 만들며 가상현실을 실제현실로 쉽게 인식하게 만드는 것이다. 오늘날 미국 사회에서 불특정 대상에 총기를 난사하는 사고가 빈발하는 원인을 제공하고 있다는 것은 미국의 그늘이다. 완벽한 일등 국가, 완전한 일등 국민의 이상국가의 출현은 인류사에서는 기대하기 어려운 일인지 모르겠다. 인간 자체가 불완전한 존재이기 때문에.

075. 모든 종교에서는 성문제가 왜 중심계율로 나오는가?

모든 종교 신앙에는 신자들이 반드시 지켜야 할 계율이 있다.

기독교에서는 잘 알려진 십계명十誡命이 있고 불교에서는 오계五戒, 팔계八戒, 십중계十重戒, 사십팔경계四十八輕戒 심지어 비구니(比丘尼)들에게는 250계가 있다. 이러한 계율의 중심에는 반드시 성과 관련된 것이 많다.

기독교의 십계명은 출애굽기 20장 2절부터 17절에 걸쳐 나타나고 있고 신명기 5장 7장에서도 반복하고 있다. 이러한 가운데서 성문제에 관한 것은, 출애굽기 20장 15절에서 '간음하지 말지니라.'로 그리고 신명기 5장 18절과 21절에서도 같은 계율을 강조하고 있으며 더 구체적으로는 잠언 5장 20절에 '내 아들아 어찌하여 음녀를 연모하겠으며 어찌하여 이방 계집의 가슴을 안겠느냐.'라고 구체적인 경고를 하고 있다.

불교의 오계에서도 불사음不邪淫이라는 말로 음행을 하지 말라는 것을 말하고 있으며 8계나 10중계, 48경계, 250계에서는 몸을 치장하거나 술을 먹거나 마늘과 같은 자극적인 음식을 먹지 말며 노래하고 춤추거나 금이나 은과 같은 보석도 지니지 말라고 나열되어 있다. 이것들의 모두가 남녀 간의 잘못된 색정(色情)과 색욕과 연결되고 있다고 본 때문이다.

그러면 왜 이처럼 주요 신앙의 계율에 인간의 기본욕구를 금기하는 조항을 강조하고 있을까? 그것은 인간의 본능에서 가장 강력한 기본욕구는 생사를 좌우하는 식욕과 감각적인 만족감과 자손번식의 유일한 수단인 남녀 간의 육체적인 성관계의 성욕이므로 그러한 곳에 관심을 가지면 신앙심이 약화되고 에너지가 분산된다는 점과 함께 도덕적으로도 육체적인 성의 문란이 정신적인 신앙의 문란으로 연결된다고 보았기 때문이다.

성경의 유다서에서는 하나님이 소돔과 고모라성을 불심판한 이유도 성적인 타락과 문란으로 기록하고 있다. '소돔과 고모라와 그 이웃 도시들도 저희와 같은 모양으로 간음을 행하며 다른 색色을 따라가다가 영원한 불의 형벌을 받음으로 거울이 되었느니라.'(유다서 1:7)라는 구절과 함께 '성적 타락이 육체를 더럽히며 권위를 업신여기며 영광을 훼방하며 이성 없는 짐승같이 본능으로 아는 그것으로 멸망한다.'고 하여 하나님의 사랑을 버리고 육체적인 사랑을 좇는 자들에 대한 경고를 하고 있다.

불교는 기독교와는 달리 하나님이라는 초월자나 절대자를 설정한 신앙체계가 아니다. 석가모니라는 석가족의 모니牟尼일 뿐이다. 당시 인도는 여성을 천시하였고 석가의 부인도 세 명이나 되었다. 석가모니 싯다르타는 세속의 약육강식과 생로병사를 보고 출가하여 연민과 자비라는 불교교리를 설파했던 것이다. 이러한 불교에서도 음행을 중심계율로 삼은 것은 애정을 승화시키지 못하고 자기 욕망의 도구로 삼는 애욕을 경계했던 것이다. 그리고 애욕은 자기중심적인 집착이며 남과의 인연을 맺는 것이므로 불교에서 추구하는 해탈에 커다란 장애요인이라고 본 것이다. 불교에서는 부모형제 간의 인연도 번뇌의 씨앗으로 보았다. 출가의 근거이다.

그런데 불교에서의 성문제를 어떻게 보는가에 대한 것으로 1980년대 어느날 성철스님과 미당 서정주 교수와의 이야기가 있다. 스님들은 이성에 대한 욕망의 불꽃을 어떻게 다스리는가?라고 묻자! 나이 많은 여인은 어머니로, 젊은 여인은 누님이나 동생으로, 처녀는 딸이라고 생각한다.고 했다는 것이다. 일체유심조一切唯心造이다. 한편 유교사상에서는 성문제를 강력하게 규제하는 것으로 논어 제16편 계씨季氏 편에서 언급하고 있다. 여기에는, 군자는 세 가지 경계해야 할 일이 있다는 계율을 말하고 있는데, 그 중의 하나가 '젊을 때는 혈기가 안정되지 않으므로 정욕을 경계해야 한다.'는 구절이 있다. 그리고 유교의 주요 계율이기도 한 삼강오륜三綱五倫에서도 '부부유별夫婦有別'이나 '남녀칠세부동석男女七歲不同席'과 같은 것도 성별의 철저한 구별로 성적인 타락을 방지하려는 것에서 연유된 것이라고 본다.

원래 종교 신앙의 문제는 인간의 이성보다는 감성에 호소하는 것이기 때문에 남녀 간의 육체적인 결합으로 감성이 성욕으로 강화되면 신앙의 힘이 흐트러지는 것을 우려해서라고 본다. 남녀 간의 성적 쾌락이 신앙의 열정보다 강하다고 보았기 때문이다. 창세기에서 하나님의 허락 없이는 에덴동산에 있는 금단의 열매만은 따 먹지 말라고 한 것도 아담과 해와의 성적 타락을 우려한 것이다. 그래서 하나님이 부르실 때 그들은 부끄러움과 수치심으로 몸을 숨기면서 하체를 무화과 잎으로 가렸다는 것도 성적 타락 때문이다.

그런데 보수근본주의 신학에서는 에덴동산에서의 아담과 해와의 원죄를 하나님의 말씀을 어기고 금단의 열매를 따 먹어서라고 하는 기록에서 그 열매를 무화과 또는 사과라고도 하지만 실제로는 아담과 하와의 육체적인 관계로 성적 타락을 의미한다. 인간은 본능적으로 자신의 부끄러운 부분을 숨기고 가리려고 한다. 그래서 금단의 열매를 따 먹은 부끄러운 입을 왜 안 가리고 하체를 무화과 잎으로 가렸다고 했을까? 죄를 지어 부끄러운 곳은 하체이므로 손바닥과 닮은 무화과의 잎으로 그곳을 가린 것이다. 그래서 무화과의 잎사귀는 곧 손바닥의 의미이다. 상징적인 비유이다. 그리고 우리말에 남자가 여자와 성관계를 했을 때 '따 먹었다.'는 말로 표현하는 것도 우연한 것이 아니다.

상대방에게 가장 자극적이고 모욕적인 것도 성적인 언어이며 욕지거리도 성적인 표현이 많다. 이러한 관점에서 모든 종교에는 문란한 성문제를 금기시하는 계율이 반드시 포함되고 있는 것이다. 예부터 인간의 인격적인 타락 가운데서 가장 중히 여기는 것으로 남녀 간의 성적 타락을 들고 있는 것도 성문제가 윤리도덕의 기본이기 때문이다.

076. 하나님은 대형교회에는 잘 안 간다.

초대 개척교회 때와는 달리 경제성장과 함께 교회의 건물이 대형화되고 화려하게 장식되고 있다. 물론 신도수가 증가하고 신자들의 요구에 따라 교회의 대형화는 자연스러운 현상이기는 하지만 목회자들은 교회건물의 대형화를 곧 교세의 상징처럼 여기면서 지나친 형식주의에 치중하여 왔다. 이러한 것은 형식이 내용을 앞서는 것으로 잘못하면 본말이 전도될 수 있다.

물론 중세 유럽에서의 가톨릭과 함께 이슬람교의 경우도 거대한 건물로 교세를 과시하여 왔지만 이것은 결코 하나님의 뜻이 아니라고 본다. 구약 '역대하'에서는 성당의 규모와 금으로 치장한 내용이 언급되고 있어 그것을 위해 스페인은 중남미 원주민들을 약탈하고 살인까지 하면서 빼앗아 가져온 금으로 회당을 빛나게 꾸며놓고 있다. 그러나 그것은 수많은 원주민들의 땀과 피가 묻어 있는 것으로 결코 하나님의 뜻이 아니라고 본다. 오늘날 유럽의 관광명소로 되어 있는 수많은 대형교회는 엄청난 규모와 화려한 장식들로 사람들을 압도하고 있다. 이러한 외형은 경외감을 자아낼지는 몰라도 과연 하나님은 이러한 곳에만 임재하기를 좋아하지 않을 것이다. 형식이 내용을 규정하는 것이 신앙의 본질이 아니기 때문이다.

예수님이 상주하는 교회는 따로 있다. 이 지구상에는 밤하늘의 별처럼 수많은 성당과 교회가 불을 밝히고 있지만 가난하고 외로운 교회나 성당들도 많다. 여행 중에 만난 교회가 떠오른다. 뉴질랜드 남섬의 관광명소 밀포드사운드로 가는 길목에서 본 '선한목자교회'였다. 밀키호수라고도 불리는 테카포 호수의 그림 같은 풍경을 배경으로 지어진 석조건물은 20여 개의 예배석만 놓여 있는 조그마한 개척교회처럼 보였다. 설교단 바로 뒤로 난 자그마한 창문으로 보이는 호수를 보자 예수가 물 위로 걸어와서 교회 안으로 들어올 듯이 느껴졌다. 그 경건함은 유럽의 대형교회에서 보는 웅장하고 금빛 보석으로 장식된 교단과는 전혀 달랐다. 안식과 안온함을 주는 교회였다. 그리고 노르웨이 수도 오슬로에서 서북쪽의 송네 피오르드의 아름다운 곳에는 자그마한 '우르네스 목조교회'가 그림처럼 앉아 있다. 800년의 세월을 거치면서도 여전히 자연 속에 안겨 있는 아담한 교회이다.

〈성聖과 속俗〉의 저자, M. 엘리아데는 그의 저서에서 성과 속을 변증법적인 관계로 설명하면서 성스러움도 세속 가운데서 가능한 것이라고 보았다. 마치 어둠 속에서 밝음이 더욱 빛나듯이 세속화를 성스러움의 전제조건처럼 인식하는 관점을 두고 많은 논쟁을 야기했으나 그의 주장은 참다운 신앙을 보여주는 데 시사하는 바가 많다.

예수는 마구간에서 태어나서 일생을 험난한 고행의 길을 걸었지만 가난한 과부의 헌금을 더 귀하게 여겼다.(눅 21: 4) 이러한 예수가 먼저 가는 곳은 금은보화로 꾸민 호사한 자리보다는 산간벽지의 시골마을에 시골 할머니들과 조무래기 아이들만이 앉아있는 외롭고 쓸쓸한 교회일 것이다. 가난하고 초라했던 초대교회가 성령이 충만했던 것도 이런 까닭이라고 본다. 예수는 신도들이 구름같이 몰려드는 교회는 앉을 자리가 없어 안 가도 좋지만 산골 마을 개척교회는 그렇지 않음을 알고 있는 것이다.

077. 기도는 자신으로부터 멀면 멀수록 좋다.

모든 종교나 신앙에서는 반드시 기도생활을 한다. 기독교에서는 기도祈禱, 불교에서는 염불念佛, 유교에서는 축祝, 원불교에서는 심고心告, 무속신앙에서는 치성致誠 또는 '비손'이라고 하며 기독교의 일파인 가정교회에서는 보고報告라고 하는데 종교교파에 따라 여러 가지의 명칭을 사용하고 있다.

그런데 문제는 오늘날 신자들의 기도의 내용이 거의가 자기 자신의 개인적인 또는 집안사정과 자신의 잡다한 이해관계에 가까운 내용들이라는 점이다. 자신이나 일가친척들의 병을 낫게 해주라는 것과 같은 기도는 그래도 괜찮으나 문제는 내 아들이 이번에 ○○대학에 꼭 합격하도록 도와주라든지 돈을 많이 벌게 해주라든지 심지어 세금을 적게 나오도록 해 주라와 같은 기도이다. 이런 내용의 기도는 다분히 개인적인 이기주의나 요행수를 바라는 심리로서 전형적인 기복신앙이다. 대학입학시험은 상대방이 있는 경쟁관계로 각자의 실력에 따라 승패가 결정되므로 평등과 공정성이 요구되는 것이다. 그런데 자신의 자녀에게만 행운이 따르도록 기도하는 것은 부당한 요구이며 극히 이기주의적인 것이다. 이것은 마치 부모에게 무리하고 부당한 요구를 하면서 억지를 부리는 아이들과 같다.

극히 특이한 사례이지만 부당하고 이기적인 기도의 실례의 하나로, 1970년대 미국에 있을 때 지인으로부터 들은 이야기이다. 국내의 명문 E여대를 졸업한 후 결혼하여 미국으로 이민을 간 뒤에 세탁소를 운영하면서 교회에도 열심히 나가는 어느 주부는, 자기가 교회에서 기도를 열심히 했더니 세금이 적게 나왔다고 말하였다는 것이다. 물론 일부의 사례지만 고등교육까지 받은 사람으로서는 참으로 한심스러운 말이다. 이러한 이기주의적인 기복신앙의 기도나 소원은 지금 이 순간에도 수많은 교회에서도 절에서도 이루어지고 있을 것이다.

매년 대학 수능시험일이 다가오면 어머니들은 경향각지의 유명한 절이나 교회를 찾아 자녀를 위해 축원이나 기도를 한다. 자기 자신의 자녀만 축복을 주라고 하는 것은 차별이며 불공정이다. 행운은 공평해야 한다. 내가 합격하면 너는 떨어져야 하는 입학시험과 같은 경쟁관계에서는 특혜는 곧 상대방에게는 부당하고 불공평한 것으로 일종의 사회악이기 때문이다. 하나님은 그런 기도는 외면한다.

가령 다음과 같은 A.와 B. 가운데서 부처님이나 하나님은 어느 쪽의 기도에 응답해 주실까?

A. 이제 내일이면 우리 자식이 드디어 수능시험을 치르게 되었습니다. 1년 동안 밤잠도 제대로 못 자며 열심히 공부하였습니다. 부디 떨지 않고 당신의 기적으로 그동안 쌓은 실력보다 더 많이 발휘해서 원하는 ○○대에 합격할 수 있게 해 주세요. 아니면 Y도 좋고 K도 좋습니다. 부디 소원성취하도록 간절히 바랍니다.

B. 드디어 내일 우리 자식이 수능시험을 치르게 되었습니다. 그동안 힘든 학업 중에도 당신에게서 멀어지지 않고 건강하게 지금까지 노력을 다할 수 있게 보살펴 주셔서 정말 감사드립니다. 우리 자식이 어느 대학을 가든 좋으니까 자기 실력을 발휘하여 당신의 뜻과 소망에 일치되는 미래를 살 수 있게 하도록 이끌어 주시기를 바라는 바입니다.

A.의 어머니는 극히 이기주의적인 태도로 무리한 소원이라면 B.의 경우는 무리한 소원이 아닌 실력만큼의 결과를 바라는 내용이다. 당신의 뜻에 따라 가겠다는 것이다. 시험이란 상호경쟁이기에 자신의 실력에 알맞은 결과를 바라는 것이지 남과 다른 특혜를 바라는 것은 아니기 때문이다. A.의 경우는 자신에 한정되어 있다면 B.는 그렇지 않다고 하겠다. 그래서 대부분의 기복신앙은 바람직하지 못하다고 하는 것이다.

아무리 전지전능하고 무소부재의 하나님이라도 A와 같은 기도를 들어 줄 하나님은 없다. 사실 하나님은 가정의 부모님과 같다. 부모에게 항상 무엇을 해 달라고 무리하게 떼를 쓰는 자식보다 스스로 무엇을 해서 부모를 기쁘게 하려는 자식을 더 사랑한다. '나보고 주여 주여 하는 자마다 천국에 다 들어갈 것이 아니요 다만 하늘에 계신 내 아버지의 뜻대로 행하는 자라야 들어가리라.(마 7:21)'고 했다. 하나님의 뜻은 자신을 버리고 남을 위해 사는 삶이며 모든 인류의 행복과 평화를 위해 사는 삶이다. 따라서 기도를 할 때도 나보다는 이웃을, 이웃보다는 인류를 위해 기도해야 한다. 그래서 기도나 참배의 내용은 자신으로부터 멀면 멀수록 좋다는 말이다.

다시 말해 교회의 기도나 절에서의 불공 내용이 자신과 가까운 것이면 것일수록 이기적이기 쉬운 것으로 하나님이나 부처는 듣지도 않고 곁에도 오지 않을 것이다. 십자가의 형틀에 매달려 못에 박혀 죽음을 앞둔 예수는 겟세마네에서의 마지막 기도에서 '내 아버지여 만일 할 만하시거든 이 잔을 내게서 지나치게 하옵소서. 그러나 나의 원대로 마옵시고 아버지의 원대로 하옵소서.'(마 26:39)라고 기도의 중심을 자신으로부터 하나님으로 돌렸다.

성경에서는 모든 죄악의 근원은 이기심에서 생긴다고 했다. 이기심은 남을 밀어내고 자신만의 욕심을 채우는 것이다. 그래서 '욕심이 잉태한즉 죄를 낳고 죄가 장성한즉 사망을 낳느니라.(야고보서 1: 15)'라는 구절처럼 자기중심주의적인 이기주의는 모든 죄악의 뿌리이다. 하나님은 당신만을 위해 존재하지 않는다. 고승高僧 성철性徹 스님도 생전에 '불공은 일체 생명을 대상으로 해서, 모든 중생이 행복하게 해 주소서 하는 측면에서 행해져야 합니다.'라는 말을 늘 했다고 한다.

2002년 10월, 방북기회로 평양에 갔을 때, 북한 가이드의 안내로 평양의 만수대언덕 위에 조각되어있는 김일성, 김정일 동상 앞에서 강요된 참배를 하게 되었다. '김일성 원수님 생전에는 개인의 부귀영화로 일생을 마감했지만 지금 저세상에서는 당신이 생전에 소원한 대로 굶주리는 당신의 인민들이 이밥에 소고기국을 먹고 비단옷 입고 기와집에 살도록 만들어 주시고 한반도의 남북통일과 인류평화를 위해 노력하십시오'라고 하면서 묵도했던 기억이

난다.

기독교의 성서에서는 기도에 관한 목적과 내용이 다양하다. 죄의 용서, 순종하는 삶, 사업의 성공, 질병의 치유, 사업의 성공...... 등등이다. 자신의 질병에 대한 치유의 기도나 자신의 잘못을 회개하는 기도는 하나님의 귀에 들리지만 자신의 부귀영화에 가까운 기도는 들리지 않는다. 아무리 관대한 부모일지라도 억지를 부리면서 달라고만 하는 자식보다는 부모를 기쁘게 하려는 자식이 더 효자효녀이듯이 기도의 내용도 항상 자신보다도 남에게로 향하여야 한다. 그 대상이 자신으로부터 멀고 넓을수록 더 좋다는 뜻이다.

이러한 관점에서 기독교나 불교 그리고 다양한 샤머니즘적 신앙인들의 기복신앙보다는 인도 북부의 불교국가 부탄의 원주민들이 말하는, 자신과 가족을 위해서가 아니라 일체중생을 위해 기도한다는 그들이 부처님과 하나님에 가까이 있을지도 모른다.

078. 무엇이 진정한 행복인가?

사실 행복이란 각자가 살아가는 생활환경과 성격이 다양하기 때문에 한 가지로 말하기 어렵지만 누구에게나 공통적으로 적용될 수 있는 기본조건은 무엇일까? 몇 가지 생각해 보면,

1) 자신을 남과 비교하지 말라.

지구상의 80억 인구가 서로 얼굴이 다르고 성격이 다르듯이 좋아하는 것과 싫어하는 것이 다르다. 그러나 우리들은 항상 남과 비교하여 우열을 생각하면서 열등의식을 느끼기 쉬우나 그것은 곧 자신의 행불행을 결정하게 된다. 잘못하면 남의 불행을 자신의 행복으로 생각하기 쉽다. 이기적인 개인주의사회나 개인에서의 특징이다. 부모의 가정교육에서도, '너의 친구 ○○는 잘하는데 너는 왜 그렇느냐'와 같은 말로 남과 비교하여 평가하는 것은 아주 나쁜 방법인 것이다.

2) 돈의 많고 적음에 너무 집착하지 말라.

대다수의 사람들은 돈 많은 부자가 가난한 사람보다도 행복감을 많이 누리고 있다고 여긴다. 물론 부자들은 고급주택에 살면서 고급음식을 먹고 값비싼 물건도 마음대로 사고 세계여행도 다닐

수 있는 자유가 있어 행복의 질과 양이 그렇지 못한 사람들보다 많은 것은 사실이지만 전부가 그렇지 않다. 오히려 그 돈 때문에 불행을 자초하는 경우도 있기 때문이다. 물론 돈이 없어 불행해지는 경우가 더 많기는 하지만 돈이 100%의 행불행의 조건이 아니라는 것이다. 그래서 돈은 벌기보다 쓰기가 더 어렵다는 말이 있다. 자기만의 안락을 위해 100만 원을 쓸 때보다 남을 위해 1만 원을 쓸 때가 더 행복감을 느낀다고 한다.

3) 어떤 일이든지 몰두하는 사람이 행복하다.

각자가 살아가는 데 적어도 한 가지 일에 심취하거나 몰두하는 일이 있으면 행복한 사람이다. 좋아하는 일에 몰두하여 배가 고픈 줄도 모르고 심취하는 일이 있으면 그것만으로도 최상의 행복이다. 그것이 노동이든 놀이이든 즐거움을 느끼면 노동과 놀이가 동일시되면서 무한한 성취감을 가져다주기 때문이다. 성공하는 사업가도 보통 이러한 사람들이다. 어떤 일에 몰두하는 사람은 그 일로 돈을 버는가 못 버는가에는 별로 관심이 없다. 벌면 더 좋고 못 벌어도 그만이라고 생각한다. 결과보다 과정이 더 중요한 이유이다.

4) 최고의 행복감은 '정상경험'에 있다.

미국의 심리학자 A. H. 매슬로는 인간욕구를 8단계로 나누면서 최상의 행복감은 8번째 단계인 '정상경험peak experiences'에 있다고 했다. 그는, 식욕과 같은 제1단계인 기본욕구에서 시작하여 그것이 만족되면 2단계의 신변에 대한 안전욕구, 3단계에서의 성적 만족과 사회적인 소속감의 욕구, 4단계의 사회적 인정욕구, 5단계의 지적 탐구욕구, 6단계의 심미적 탐구욕구, 7단계의 자아실현 욕구를 성취하면 8단계인 정상경험Peak experience에 이른다고 했다. 여기에 진정한 행복감이 있다고 했다. 정상경험이란 쉽게 비유하자면 남녀 간의 성교과정에서 오르가슴의 황홀경과 같은 것이지만 여기서의 오르가슴은 육체적이고 생리적인 것이 아니라 정신적이고 신비적인 것이다. 그 차원과 질이 다르다. 알피니스트가 에베레스트 정상에 다다랐을 때에 느끼는 성취감과 희열이다. 작가라면 작품을 완성하는 순간이고 화가라면 역작을, 발명가라면 발명품을, 학자라면 새로운 이론을, 마라토너라면 1등으로 결승점에 골인하는 순간에 느끼는 만족감과 희열이다.

그러나 대부분은 사람들은 자신의 가치관과 능력에 따라 중간 단계에서 만족하지만 8단계에 이르는 소수의 사람들이야 말로 바로 인류문화를 창조하여 온 주인공들인 것이다.

5) 자연과 가까워져라.

일반적으로 인간의 물질적인 행복감은 '효용체감의 법칙'이 예외 없이 작용한다. 100만 원만 있어도 행복해하던 사람도 점차 110만 원, 120만 원……으로 증가해야만 행복감을 그대로 유지할 수 있는 것이다. 이것은 무한대로 불어난다. 인간의 욕심은, 아버지(왕)에게 달을 따 주라고 졸랐다는 공주의 이야기와 같다. 그러나 자연으로부터 얻는 행복감은 조금 다르다. 우리가 세계여행에서 보는 인공적인 환경과 아름다움에서 느끼는 행복감은 점점 그 감도가 줄어드는 한계가 있지만 자연적인 아름다움은 무한에 가깝다.

인공물로 둘러싸인 도시생활을 버리고 자연과 함께하는 '나는 자연인이다.'라는 TV 프로에서도 보듯이 그들은 하나같이 자기 생활에 만족하면서 행복하다고 했다. 개중에는 자기합리화로 그렇게 말하는 경우도 있겠지만 대부분 어느정도는 진심이라고 본다. 자연 속에서 다양하고 무한한 행복감을 찾을 수 있기 때문이다. 김소월의 시 '엄마야 누나야 강변 살자. 뜰에는 반짝이는 금모래빛~'의 노래가 정겨운 이유이기도 하다.

6) 멀리서 구하지 말라.

행복은 항상 자기 가까이에 있다. 보이지 않는 더 먼 곳에 보다 나은 행복이 있다고 생각하면 늘 현실이 불만족스럽고 불안하다. 주어진 주변의 일부터 행복을 찾아가면 자연히 더 큰 행복으로 이어진다. 주변의 자그마한 일에서 행복을 찾지 않으면 내일의 더 큰 행복으로 가는 길이 끊어진다.

7) 행복은 마음먹기에 달렸다.

불교의 가르침에는 '일체유심조一切唯心造'라는 말이 있다. 쉬운 예로 똑 같은 현상을 두고 긍정적으로 보는 경우와 부정적으로 보는 경우이다. 반쯤 물이 담긴 컵을 보고 A는 반쯤 물이 있다 하고 B는 물이 반밖에 없다고 하듯이 여기서 긍정적으로 본 A가 B보다

행복에 가까운 사람이다. 100억대 부자가 되었는데도 200억대 부자가 못 되었다고 생각하는 사람보다 10억대보다 훨씬 많다고 자족하는 사람이 더 행복한 것과 같다.

맹자의 '항산恒産이 항심恒心을 낳는다.'거나 '곡간에 인심 난다'는 말도 현실적으로는 부정할 수 없는 것이지만 항산과 곡간에는 만족스러운 기준이 없어 항상 불안한 것이다.

8) 마음의 건강이 신체의 건강보다 더 좋다.

눈도 멀고 귀도 먹고 말도 못 하는 사람이나 손과 팔이 없는 지체부자유의 사람일지라도 멀쩡한 사람보다 밝고 명랑한 사람들이 많다. 그들은 비록 신체적인 장애아일지 모르지만 정신적인 장애아는 아니기 때문이다. 조물주는 모든 것을 불행하게 만들지는 않기 때문이다.

9) 행복감은 상대적이다.

이것은 평범한 말이지만 진리이다. 남과 비교하지 말라는 것과 상통하지만 절대적인 행복은 없으며 모두가 상대적인 행복이다.

1945년 해방 직후나 1960년대까지 국민학교(초등학교)에 다닌 세대에게는 실감 나는 추억으로 남아 있을 것이다. 발달심리학적으로 초등학교 시기가 일생 중 가장 활발하게 몸을 움직이고 동무들과 어울려 놀고 싶을 때이다. 그래서 하루 종일 밖에서 어두워질 때까지 친구들과 뛰어놀아도 배고픈 줄도 모른다.

해방 직후의 우리나라 경제수준은 지금의 아프리카 어느 빈곤국보다 못했다. 학교공부가 끝나거나 쉬는 시간에는 예외 없이 운동장에 나가 공차기(축구)를 했다. 잔디는 고사하고 흙먼지가 날리는 운동장에서 축구공이 없던 때라 시골에서는 새끼줄로 묶은 공이나 소털을 뽑아 둘둘 뭉친 공이었다. 몇 년이 지나자 정구공만 한 고무공을 시중의 가게에서 팔았는데 그것도 기술이 없어 표면이 고르지 못하여 마치 럭비공처럼 요량 없이 튀는 바람에 제대로 실력을 나타내지 못했다. 그런 공이라도 가진 자체가 자랑이기도 했다. 더 재미있는 것은 운동장이 하나뿐이기에 여러 팀이 동시에 축구를 하다 보니 한 개의 골문에 두세 명의 골키퍼가 있을 때도 있었다는 것이다. 그래도 신났다.

야구는 농촌 학생들의 경우, 방과 후에 소를 몰고 뒷산에 풀 먹이러 갔을 때 산속에 있는 공동묘지의 넓은 잔디공간을 이용하여 야구공 대신에 나무막대기를 이용한 것으로 자치기라고 하는 야구의 게임과 비슷한 것이 있었다. 어둑해지면 소를 몰고 집에 와서 밥 먹고는 그대로 잠들었다가 한 번도 펼쳐보지도 않은 책 보따리를 등에 메고 등교하는 것이 예사의 일이었다. 그래도 시험을 치면 역시 등수는 생겼다. 그래서 그때 공부 잘하는 우등생은 그야말로 순전히 머리가 좋게 타고난 지능이었다고 본다. 학원이나 과외공부라는 것이 전혀 없었기 때문이다. 그리고 당시 선생님들은 아이들을 잘 때렸다. 매우 모랑(남도방언: 성질이 급하고 사나움)한 담임의 학급은 학생들이 매일 한 번씩은 매를 맞았고 변소청소를 해야 하는 벌을 받았다. 당시의 군대의 졸병생활과 같았다.

이러한 초등학교 학생 시절을 졸업하고 중학교에 가면 처음으로 영어라는 과목을 배우게 되는데 시골 벽지의 학교에 근무하는 영어선생은 일제하에 일본식 발음으로 공부한 탓인지, 가령 영어의 Gentleman을 '잔또르망'식으로 가르쳐 주었다. 영어 테이프는 고사하고 참고서도 없고 달랑 교과서와 영어사전 하나뿐이니 올바른 발음을 배울 수가 없어 그대로 따라 했던 것이다. 서당의 훈장이 혀가 짧아 바람 풍風을 '바담풍'이라고 하면 학생들이야 그대로 따라 하는 꼴이었다.

이와 같은 옛날이야기를 길게 하는 것은, 요즘 교육환경이 그때와 비교했을 때 지상천국과 같지만 과연 그 만족도와 행복감이 훨씬 높을까라고 물으면 그렇지 않다고 보기 때문이다. 그래도 그때가 좋았고 행복했다. 따라서 행복감의 정도는 상대적일 뿐 절대적인 기준은 없다는 것이다.

10) 완벽한 행복을 찾으려 애쓰지 않을 때 완전한 행복은 찾아온다.

선천적으로 인간의 욕심은 끝이 없다. 벼 99섬 가진 부자가 1섬 가진 농부에게 100섬을 채우고 싶으니 1섬의 벼 가마를 주면 좋겠다고 했다는 말처럼 욕심은 더 큰 욕심을 낳는 것이 인간의 본심이다. 그래서 성경에도 '욕심이 잉태한즉 죄를 낳고 죄가 장성한즉 사망을 낳느니라.'(야고보서 1:15)라는 경구가 있다고 본다. 욕심은 이기주의에서 생겨난다. 적당한 행복이 적당함에도 불구하고 더 나은 행복을 추구할 때 마음은 항상 초조하고 불안하며 그 자체가 불행으로 변하는 것이다. 옛날의 선비들처럼 청빈낙도清貧樂道까지는 아니더라도 과욕은 불행으로 가는 길목이 되기 쉽다는 뜻이다.

11) 좋아하는 사람과 맛있는 음식을 맛집에서 먹을 때도 행복감을 크게 느낄 수 있다. 이른바 소확행이다.

인간의 가장 기본적인 2가지의 욕구를 동시에 만족하고 있기 때문이다. 사람들은 애인과의 데이트에서 일반적으로 식사하기를 선호한다. 식욕과 성욕은 항상 이웃하기 때문이다. 그러나 식사라는 물질적인 행복감은 효용체감의 법칙처럼 역시 지속성에 한계가 있어 불안이 따르기도 하지만 먹는다는 것은 성과 관련이 있다. '뽕도 따고 임도 보고'라는 말이 있듯이 뽕 열매를 따 먹으면 사랑도 따 먹기 쉽다. 그래서 식食과 성性은 매우 근접해 있다.

12) 돈이나 재물과 같은 물질적인 행복감보다는 문화나 예술 같은 정신적인 만족감에서 오는 성취감이 지속 가능한 행복이다.

애플 창시자 S. 잡스는 '가슴 설레는 일을 하라.'는 말을 했다. 돈을 벌기 위해 일하는 사람은 노동을 의무로 생각하므로 매우 힘들다고 느낀다. 그러나 돈과 관계없이 하는 일 자체가 즐거움을 준다면 그 이상 지속 가능한 노동은 없을 것이며 그 이상의 행복이 없을 것이다. 이러한 몇 가지 조건을 갖춘 나라가 인도 북부의 부탄이다. 국민행복지수(GNH)가 97%로 세계에서 가장 높다. 일본의 취재진이 현지답사 연구로 펴낸 〈행복한 나라 부탄의 지혜〉에서 밝히고 있다.

079. 세상에서 가장 확실한 것 3가지와 불확실한 것 3가지

21세기의 발달된 인류의 과학문명은 인간에 근접하는 AI 로봇을 만들기도 하고 우주탐사로켓이 머나먼 태양계의 행성까지 접근하는 경지에 이르고 있지만 정작 우리들 곁에 있는 각종 질병과 자신의 신변문제는 그대로 남아있다. 그 가운데 하나가 죽음과 관계된 것이다.

아직까지는 절대적으로 모르지만 가장 확실하게 말할 수 있는 것은 인간뿐만 아니라 생명체를 가진 것은 예외 없이 언제인가는 ① 반드시 죽는다는 것과, ② 혼자 죽는다는 것 그리고 ③ 빈손으로 간다는 3가지이고 불확실한 것으로는 ① 언제 죽을지 모른다는 점과 ② 어떻게 죽을지 모른다는 점 그리고 ③ 어디서 죽을지 모른다는 점이다. 이 3가지의 확실한 것과 3가지의 불확실한 것이 절대적인 사실이라는 점이다. 그러나 사전에 치밀한 계획을 세워 자살하는 경우는 이 3가지 불확실한 것을 무시하는 것으로 예외일 것이다.

3가지 확실한 것은 지금까지 수천 년의 인류사에서 증명되는 경험적인 지식이다. 그러나 죽음의 절대성을 상대성으로 바꾸려고 도전한 수많은 사람들 중 하나는 중국의 진시황일 것이다. 중국대륙을 천하통일한 그는 절대권력을 절대생명으로까지 연장하고 싶어 불사약인 불로초를 구하려 우리나라 남해안 일대로 수백 명의 신하를 보내기도 했다. 경남 남해와 거제도, 제주도에 그런 흔적이 남아있다. 남해는 근년에 중국인들이 찾아와서 금산 자락에 있는 그런 흔적지에 기념공원을 만들기도 했다.

그리고 서양에서는 인류 고대문명의 발원지라고 알려진 수메르의 왕 길가메시가 친구의 죽음을 보고 영생을 꿈꾸면서 우주로 불사약을 찾으려고 신하들을 보냈으나 실패했다는 좀 황당한 이야기도 있다. 오늘날 유전공학자들 가운데는 2050년이면 불사약을 개발한다는 목표로 연구하는 '길가메시 프로젝트'가 있다고 한다. 인간의 무한한 탐구욕에서 생기는 욕망의 하나이지만 자연의 섭리적인 관점에서는 인간의 허욕에 불과한 이야기라고 본다.

그런데 보통 쥐의 수명은 3년에 불과하지만 아프리카에서 발견되는 벌거숭이주름두더지는 평생을 땅속 굴에서만 서식하면서도 무려 30년이나 살고 있으며 뛰어난 항암능력을 지니고 있어 생명과학자들이 관심을 가지고 인간의 장수연구의 대상으로 삼고 있다고 한다.

독일의 실존주의 철학자이면서 정신병리학자인 K. T. 야스퍼스는 인간이 극복할 수 없는 한계상황으로 고뇌와 질병 그리고 전쟁과 죽음이라는 4가지를 들고 있다. 적어도 지금까지의 생명과학과 의학으로도 극복하기 어려운 확실한 한계점이라고 본다. 또한 혼자 태어나 혼자 죽는다는 것은 프랑스의 무신론적 실존주의 철학자 사르트르의 인간론이다. 인간은 빈손으로 태어나고 빈손으로 간다는 것은 공수래공수거空手來空手去라는 말로도 잘 요약되고 있다. 우리의 선조들이 수의壽衣에 주머니가 없도록 만든 것은 공수래공수거의 진리를 일찌기 터득한 삶의 지혜이다.

다음으로 3가지 불확실한 것에서, 언제 죽을지 모른다는 것은 조물주가 참으로 지혜롭게 인간을 만든 것 중의 하나라고 본다. 죽음이라는 것은 인간이 잠재의식 속에 가지고 있는 집단적 무의식의 하나로서 인간들이 지니고 있는 집단적 불안요소의 하나인 것이다. 만일 자신의 죽음을 미리 안다고 가정하면 긍정적인 측면보다는 부정적인 측면이 많아지면서 가치관과 사회질서에 엄청난 혼란이 야기될 것이다. 어디서, 어떻게 죽을지도 모르는 것도 마찬가지이다. 창조주가 인간에게 적용한 절묘한 숙명의 하나이다.

첨단과학과 의학의 발달로 언제인가 이러한 6가지의 한계상황을 극복한다면 인류의 모든 가치관과 문명의 대전환과 함께 신인류의 탄생으로 별세계가 이루어질 것이다. 다만 AI가 인간의 수준으로 나타난다면 가능한 미래상일지도 모르겠다.

080. 천재들의 삶은 죽음과 항상 같이 있다.

천재나 위인들의 일반적인 공통점은 아버지가 일찍 죽어 편모 밑에서 자랐거나 본인도 단명하는 공통점이 있다. 그리고 보통 사람들에 비하여 여자를 좋아하고 자살하는 경우가 많다. 특히 문학가나 예술가들이 그렇다. 그리고 죽음을 대하는 태도와 방법도 남달랐다. 천재 수학자이며 컴퓨터의 선구자로 알려진 A. 튜링은 사과에 청산가리를 넣어 한입 베어 먹고 자살했다. 그래서 스티브 잡스는 그를 추억하면서 애플의 로고를 한입 베어 먹은 사과로 결정했다고 한다. 그리고 2014년에 자살한 유명한 천재 배우 W. 로빈도 있다. 그는 생전에 1989년에 상영된 '죽은 시인의 사회'라는 영화에서 감동적인 연기를 남겼다. 프랑스의 철학자이면서 1580년에 쓴 〈수상록〉으로 우리들에게 잘 알려진 M. 몽테뉴는 '철학을 한다는 것은 어떻게 죽을까를 배우는 것이다.'라는 말을 했다.

그러나 심리학분야에서 정신분석학이라는 새로운 영역을 개척한 S. 프로이트는 1856년에 오스트리아에서 태어나 평생을 정신과 의사로 살았는데도 그의 말년 16년간은 구강암으로 고생하는 가운데 생활비 때문에 의료행위를 포기하지 않고 진료를 계속하였다. 그는 독일의 나치정권을 피해 그의 딸 안나와 함께 영국 런던으로 망명했다. 그러나 점차 병세가 악화되어 1939년 9월 23일 아침 83

세의 나이로 사망했다. 당시로서는 매우 장수한 사람으로 예외적인 경우이다.

프로이트 생애에서 한 가지 재미있는 이야기는 동시대에 살았던 러시아 출신으로서 아름다운 외모와 지적인 모습으로 지성계의 수많은 사람들을 매혹시킨 L. A. 살로메와의 관계이다. 그녀의 직업은 작가이면서도 정신분석학에 관심이 많아 프로이트와도 가까웠다. 그녀는 육체적으로는 젊은이들과 사귀면서도 학문적으로는 노인들과 교제하는 여자였다. 프로이트는 그녀를 그림의 떡처럼 여기다가 운명했던 것이다.

피아노 연주와 작곡의 천재 W. A. 모차르트는 1756년 오스트리아 출생으로 어려서부터 아버지가 혹독한 피아노 훈련을 시켜 세계적인 피아니스트가 되었던 것이다. 그런데 그의 35세 젊은 나이로 죽은 것에 대하여 타살이라는 말도 있으나 일본의 모차르트 전문연구자인 에비자와海老澤는 그의 〈모차르트의 생애〉라는 저서에서 독살설을 부정하고 있다. 그는 유럽 각국의 과도한 연주여행과 잦은 궁전연주로 몸이 허약해졌고 결국 신장염으로 1791년 12월에 35세의 나이로 객사했다는 것이다. 실제로 그의 죽음은 그가 경제적인 어려움에 처했을 때 장송곡인 '레퀴엠'(K. 626)의 작곡 요청을 받고 수락했는데 갑자기 오스트리아 황제로부터도 새로운 가극을 제작하라는 명령을 받으면서 건강에 무리를 가하여 죽음을 재촉하게 되었던 것으로 자살은 아닌 듯하다.

한편 독일에서 시성詩聖으로까지 불리고 있는 J. W. 괴테는 1749년에 태어나 1832년까지 83세까지 살면서 유명한 문학작품을 남겼다. 그는 대학에서는 법학을 전공했으나 의학에도 관심이 많았다. 그래서인지 그의 작품 가운데는 주인공이 의사가 많이 등장하는데 〈파우스트〉도 그렇다. 역시 괴테도 70세가 지나면서 심근경색증, 협심증 등으로 병마에 시달리기 시작했다. 그리고 그는 맥주와 담배를 싫어했고 비기독교인임을 강조했다. 그런데 재미있는 사실은 괴테가 74세에 17살에 불과한 소녀를 좋아하면서 결혼까지 생각했으나 잘되지 않자 과도한 스트레스로 심근경색을 앓게 되었다는 것이다. 그는 임종을 앞두고 '좀 더 밝은 빛을…….'이라는 말을 끝으로 사망했다. 항상 죽음을 가까이했다고 한다.

여기서는 극히 일부의 사례만 들었지만 동서고금의 인물사 가운데는 이와 비슷한 사람들이 무수하다. 역사적으로 유명한 사상가나 예술가들의 정신세계의 끝자락은 항상 죽음과 맞닿아 있다. 그런데 그곳에 그들이 바라는 영원히 만족하는 세계가 있다는 것을 알고 있었기에 자살도 하였고 죽음을 가까이하는 삶을 살았던 것이다. 이른바 '항상 죽은 을 생각하라'는 메멘토리memento mori를 그들은 알고 있었던 것이다.

081. 과연 AI의 기술문명이 유토피아 세계를 만들 수 있을까?

인류는 21세기에 들어서부터 인공지능AI : Artificial Intelligence의 급속한 발달로 종래 인간의 지력知力과 체력에 의존하던 정신노동과 육체노동까지도 AI에 의한 정보기술로 대신하고 있다. 확실히 정신과 육체 그리고 공간과 시간적인 에너지 소모의 절약이다. 남는 체력과 시간을 일이 아닌 놀이문화에 투입한다면 삶의 질이 향상될 수 있을지 모르겠다. 그러나 이러한 세상은 아날로그에 익숙한 세대들에게는 좀 무섭기도 한 세계로 느껴질 듯하다. 왜냐하면 인간의 진정한 행복감은 몸과 마음이 서로 교감하면서 노동의 과정에서 생기는 것인데 아무래도 사람과 사람보다 사람과 기계가 더 가까워질 듯해서이다.

실제로 일본에서는 인간로봇이 일반가정의 식구처럼 지내면서 집 안의 심부름을 하는 것은 물론이고 아이 돌보거나 아이들에게 글 읽기도 가르치는 가정교사 로봇도 있다. 한때 일본에서 시작된 '포켓몬'이라는 장난감 상품이 나와 우리나라에도 전파된 적이 있다. 애완동물을 좋아하는 10대 소녀들이 구매하여 가방에 넣고 다니면서 기르는 것으로 전자기술문명의 상품이었다. 일본인들다운 아이디어였다.

이 글을 쓰고 있을 때 이 시대의 지성인 이어령 교수가 우리들과 작별했다는 신문기사를 읽었다. 그는 우리들에게 항상 시골 어머니의 치마폭에서 풍기는 냄새를 잊지 않도록 환기시켰고 지성을 넘어 영성으로 살 것을 말했다. 이러한 아날로그가 디지로그로 급변할 때 그는 아날로그와 디지털로그를 합성한 디지로그Digilog라는 새로운 개념으로 인간의 영혼을 붙잡아 보려고도 했다.

그리고 〈사피엔스〉라는 명저를 쓴 이스라엘 히브리대학의 U. N. 하라리 교수는, 인터넷이 일자리뿐만 아니라 사생활을 위시해서 정치 경제, 문화 전반을 바꾸면서 30년 후에는 오늘날의 대부분의 직업이 사라질 것이라고 예측하면서 인류는 당장 3가지의 위기 즉, 핵전쟁과 지구온난화에 따른 각종 질병과 자연재난 그리고 과학기술에 의한 실존적 위기에 점점 다가가고 있다고 했다.

독일의 철학자 포이어바흐에서 시작하여 마르크스가 인용하여 발전시킨 개념인 '유적존재類的存在'라는 관점에서는, 노동을 통한 인간과 인간의 유대감이 인간이 인간다워지는 본질이며 자기정체성이요 유일한 행복의 조건이라고 한 것은 뛰어난 관점으로서 평가해야 할 것이다. 쉽게 설명하면 포이어바흐는 유적존재라는 개념을 기독교와 관련시켜 인간의 위상을 규정하였다면 그 이후 마르크스는 인간과 노동의 관계로 변형시킨 것이다. 즉 노동을 곧 인간의 본질이며 자기존재감과 정체성의 근거로 보았다.

마르크스가 그의 변증법적 유물사관에서 구상한 이른바 '유토피아세계', 즉 '아침에는 산보하고 낮에는 사냥이나 낚시를 하고 밤에는 벽난로 앞에 앉아 정담을 나누면서도……' '능력에 따라 일하고 필요에 따라 소비하는……' 유토피아 세계를, 노동자계급사회가 아닌 AI정보기계문명이 가져다줄지도 모르겠지만 대신에 마르크스가 그렇게도 비판한 인간성의 상실감 그리고 소외감의 사회로 변할지도 모른다.

실제로 인간에게 있어서 노동, 자발적이고 창의성을 동반한 노동을 박탈하게 되면 삶의 의미가 사라지면서 무력감과 허무로 자살에까지 이르게 되는 것이다. 감옥에서 중죄인에게 독방에 수용시켜 야외작업과 일반죄수들과의 접촉도 단절시키는 것은 죄수들과의 접촉에 따른 사고재발의 예방효과라는 목적도 있지만 삶의 근원인 노동과 사회성을 차단하는 고통을 주기 위해서이다.

가령 어떤 사람에게 평생 동안 하루에 얼마든지 돈을 써도 좋으며 아무 일도 안 하고 놀면서 무엇이든지 마음대로 해도 좋다고 한다면 누구나 좋아할 것이라고 생각하겠지만 아마 대부분이 일 년도 안 되어 싫다고 할 것이다. 삶의 본질과는 다르기 때문이다. 그래서 진정한 기업인은 일 자체가 즐겁고 성취감에 만족해서이지 돈만 벌기 위해서 노력하는 사람이 아니다. 일하는 자체가 좋지만 돈도 벌면 더 좋다는 것뿐이다.

이와 같은 관점에서 정보기술발달에 의한 미래사회가 로봇과 같은 인공기계로 우리의 노동기회를 전부 대신할 경우 과연 인간의 행복도가 비례적으로 증가할 것인가는 확신할 수 없다고 본다. 노동에 따른 성취감의 만족도와 행복감은 인공기계에 의하여 사라지기 때문이다. 인간은 그날그날에 할 일이 있을 때 삶의 활력을 느끼고 성취감과 충만감으로 행복해진다. 지속 가능한 행복이다.

따라서 인류의 미래사에서는 인공지능에 의한 정보기계의 발달로 인간의 육체적인 노동에 따르는 고통은 많이 해소해 주겠지만 정신적인 행복감은 반드시 비례하지 않을 것이다. AI가 아무리 정교한 인체를 만들고 인간적인 지식과 지성까지 갖춘다고 해도 영성까지는 불가능할 것이다.

이와 같은 전자정보 기술의 발달로 생활이 편리해지고 난치병을 고쳐 생명을 연장하고 달나라까지 여행을 갈 수 있는 미래세계가 가능해지더라도 인간은 인간적인 안락함과 행복감을 높이기가 어려울 것이다.

082. 일생의 성장과정은 어떤 특징을 가지는가?

인간은 태어나서 죽을 때까지 신체적으로나 정신적으로 몇 단계의 매듭을 거친다. 마치 대나무가 죽순으로부터 여러 매듭을 만들면서 자라는 것처럼 사람도 그러한 과정이 있다. 일반적으로 신체발달을 기준으로 영아기–유아기–아동기–청소년기–장년기–노인기 등으로 나누고 있으나 지능발달을 기준으로 구분 설명한 사람은 스위스의 아동심리학자 J. 피아제의 4단계설이 대표적이다. 그는 0~2살까지를 감각운동기, 3~6살까지를 전조작기, 7~12살까지는 구체적 조작기, 13살부터의 일생을 형식적 조작기로 나누어서 단계별의 사고특성을 설명하고 있다. 그런가 하면 독일의 유명한 정신분석학자인 S. 프로이트는 발달기준을 성(Sex)의 에너지(Libido)가 신체의 어느 부분에서 집중적으로 작용하는가를 기준으로 하여 5단계로 나누어 설명하고 있다.

프로이트는 리비도Libido라는 특이한 개념으로 개체의 발달단계를 5단계로 나누어 설명하고 있다. 1단계는 리비도가 아기의 입술에 모이는 구순기口脣期, 0~2살로서 이때는 시력이나 청력에 의하여 외부자극을 파악하지 못하므로 입술과 혀로 외부의 사물을 식별한다고 했다. 그래서 유아들은 손에 잡히는 것을 모두 입으로 가지고 가서 빨아보고 감정을 한다는 것이다. 만일 이 기간에 모유를 충분히 먹지 못하고 자란 아이는 성격이 비판적이어서 비평가나 변호사와 같은 직업을 선호하며 일생 동안 여성의 젖가슴에 대한 트라우마가 생긴다고 했다. 제2단계는 3~4세의 항문기肛門期로서 대소변의 과정에서 성감과 자기표현을 하게 되는데 대소변의 훈련이 너무 엄격하면 반사회적이고 고집스러운 성격의 소유자로 변하며, 제3단계는 남근기男根期로 리비도가 입술과 항문을 거쳐 성기에 이른다. 5~6살의 나이쯤에는 남녀의 서로 다른 성기를 구분하지만 다만 이성을 심리적으로 자각하는 시기이다. 따라서 남자아이는 최초의 이성으로 어필하는 대상이 어머니이고 여아는 아버지가 된다. 이때 소위 남아는 오이디푸스 콤플렉스Oedipus complex 여아는 엘렉트라 콤플렉스Electra complex라는 특수한 심리현상이 나타난다. 이 시기에 아버지의 권위가 너무 강하면 말괄량이나 비행청소년으로 자라기 쉽다고 보았다. 제4단계는 6살부터 12살 무렵까지로 잠복기潛伏期라고 한다. 성적 에너지리비도가 갑자기 내면화되면서 이성보다 동성 쪽에 더 친밀감을 나타낸다. 부모의 성교육이 엄격할 경우 4단계가 다음 단계로 이동하지 못하고 고착되면서 동성연애자로 변하기 쉽다고 했다. 끝으로 5단계의 13살부터는 4단계에서 안으로 움츠러들었던 리비도가 반동력을 가지면서 외부의 성기에 집중되고 분출되면서 이성과의 육체적인 성관계를 추구하게 된다는 이론이다.

이러한 프로이트의 성욕설에 기초하여 E. H. 에릭슨은 사회심리적 과제를 8단계로 나누어 설명하고 있는가 하면 A. H. 매슬로는 성장에 따른 8단계 기본목표가 무엇인가를 구체적으로 제시하고 있다.

매슬로의 8단계론에서 제1단계는, 유아기에 주로 나타나는 특징으로 부모나 타인에 의하여 성취 가능한 음식물과 물 그리고 공기와 같은 기본적인 생존요건에 대한 생리욕구이며 이것이 해결되면 제2단계인 아동기에는 신체적인 안전욕구로 옮겨간다. 이 단계에서는 공포감이나 불안으로부터의 탈피를 추구한다. 제2단계의 욕구가 충족되면 제3단계인 청년기에서는 사회적 소속감과 이성과의 애정을 추구하는 목표로 변하고 이러한 과제가 충족되면 제4단계인 타인과 사회로부터의 인정욕구로 발전되면서 다음의 제5단계로 이동한다. 5단계에서는 지적 호기심에 의한 지식과 정보를 추구하는 단계이며 다시 제6단계로 발전된다. 여기서는 문화예술과 같은 심미적인 만족을 추구하게 되고 이것은 제7단계에 이르면 자아실현이라는 정신적인 충만감을 추구하다가 마지막인 제8단계에 이르면 정상경험peak experiences이라는 달관된 인생을 바탕으로 신비의 경지로 승화한다는 이론이다.

매슬로는 반드시 하위의 단계를 완수해야만 다음 단계로 이동할 수 있다는 것을 전제조건으로 제시하고 있다. 따라서 평생을 1~2단계에서만 머물다 일생을 끝내는 경우는 동물과 같은 본능적인 삶의 부류이며 3~4단계의 삶은 보통 사람들의 일반적인 삶으로 대다수가 여기에 속하며 5~8단계부터는 삶의 의미를 물질보다는 정신세계에서 추구하는 경우라고 본다. 여기서 다시 마지막 8단계까지 올라간 사람은 극히 드물다고 보았다. 정상경험에까지 도달한 경우는 역사적으로 위대한 선각자들이나 뛰어난 문화예술인들 그리고 달관의 경지에 이른 종교지도자들 중에서 쉽게 발견되는 경우이다.

이러한 것들과는 달리 중국의 공자는 성장단계에 따른 6개의 과업과 목표를 〈논어〉의 위정 제2편에서 말하고 있다. 즉 '오십오유이지우학吾十五有而志于學, 삼십이립지三十而立志, 사십이불혹四十而不惑, 오십이지천명五十而知天命, 육십이이순六十而耳順, 칠십이종심소욕불유구七十而從心所慾不踰矩이다. 즉, 열다섯 살에 배움에 뜻을 두고, 서른 살에는 인생의 목표를 세우고, 마흔 살에는 속세의 유혹에도 흔들리지 않으며, 쉰 살이 되면 세상의 이치를 알게 되며, 육십에는 속세의 잡사도 포용할 줄 알면서 귀가 부드러워지며, 이순耳順이 되면 세상사에 원만해지고, 칠순에 이르면 내가 내 마음대로 해도 세상의 이치에 어긋남이 없는 지경에 이르게 된다는 것이다. 일생의 성장에 따른 과업과 목표를 제시하고 있다.

이러한 여러 가지 이론과 관점에서 비추어볼 때 과연 자신은 어느 단계쯤에 이르고 있는가를 판가름하는 바로미터가 되리라고 본다. 프로이트의 5단계는 자녀의 육아법에, 매슬로의 8단계는 자신의 위치를 가늠하는 것이고 공자의 6단계 과업목표는 독자들의 일생을 조망해보는 데 좋은 자료가 될 것이다.

083. 인간은 왜 절대 권력에 쉽게 몰입하는가?

인간은 숙명적으로 자신의 앞날에 대하여 한 치의 앞도 예측할 수 없는 존재이므로 항상 불안한 심리가 무의식 가운데 잠재화되어 있다. 그래서 어떤 불변의 절대적인 대상에 의존하여 마음의 안정을 추구하려는 경향을 갖게 되는 것이다. 이것이 절대자에 몰입하는 각종 종교 신앙이며 현실적으로는 정치적인 독재자를 거부하면서도 몰입하는 경향을 보여주는 것이 인간의 모습이다. 신앙의 근본적인 동기가 이러한 절대자에 의지하여 마음의 안정을 추구하는 것처럼 절대 권력자로부터도 안정과 안일을 추구하게 된다. 그래서 주권재민의 민주주의 정치이념을 인류의 보편가치로 추구하는 현대사에서도 영국이나 일본 같은 문명국들까지도 절대왕조를 그대로 유지하면서 국가와 국민들의 정서를 안정시키는 데 커다란 역할을 하고 있다고 본다.

사회심리학에서는 '아노미anomie'라는 개념이 있다. 이것은 프랑스의 사회학자 E. 뒤르켐과 미국의 사회학자 R. K. 머튼에 의하여 제기된 것으로 간단히 말하면, 어떤 사회를 오랫동안 지배해 오던 사회적인 규범이나 가치체계가 급작스럽게 붕괴될 때 나타나는 심리적인 혼란 상태로서 개인이 무력감과 자기상실감에 빠지면서 기존가치에 회귀하려는 경향까지 보이는 심리현상이다.

쉬운 예를 들자면, 36년간이라는 긴 세월 동안 일제의 식민지 하에서 억압과 통제를 받아오던 우리나라가 1945년 갑자기 해방이 되면서 자유를 갖게 되자 백성들은 상당 기간 사회적인 혼란에 정신적인 불안감마저 갖게 되었다. 그런데 사람들 가운데는 심지어 지난날을 회상하면서 '그래도 일제시대가 좋았다.'라는 말을 하기도 했다. 결코 친일파는 아니었는데도 이렇게 말하는 것은 해방정국의 사회불안과 함께 몸에 익숙했던 일상의 관행이 급작스럽게 변화하면서 심리적인 안정감을 교란시켰기 때문이다. 이것은 처녀시절 남의 집에서 오랫동안 가정부 생활을 하다가 어느 날 결혼을 하여 이제는 자신이 가정주부가 되었음에도 불구하고 오히려 불안하고 혼란스러운 마음이 드는 경우도 그렇다. 가정부였을 때는 날마다 주인아주머니가 시키는 대로 일만 하면 되었지만 이제는 스스로 자기가 결정하여 일을 해야 하는 주인의 위치로 바뀌면서 느끼는 불안감인 것이다.

이것을 실존주의사상에서는 무한한 자유에 뒤따르는 무한한 책임감에 대한 불안심리라고 말하고 있다. 이러한 심리현상을 E. 프롬은 그의 저서 〈자유로부터의 도피〉에서 잘 설명하고 있다. 그는 자유를 '~으로부터의 자유'와 '~에의 자유'로 나누고 전자가 수동적이라면 후자는 적극적이고 능동적인 것이다. 뒤르켐이나 머튼이 말한 아노미 현상은 전자이기에 불안과 갈등으로 아노미가 야기되지만 후자의 경우에는 아노미 현상이 없다고 보았다.

이러한 관점에서 인간이 절대자나 절대권력에 쉽게 몰입하게 되는 것은 자신의 불안한 미래에 대한 일종의 방어기제로 나타나는 심리현상이다. 그러나 인간사에서는 절대로 절대가치나 절대권력이 존재할 수 없으므로 개인들은 항상 불안과 초조의 심리를 무의식적으로 갖게 되는 운명에 놓여 있다고 하겠다. 그래서 인류사에서는 종교 신앙적인 절대자에 심취하거나 절대권력의 독재자들에게도 쉽게 순응하여 왔는지도 모르겠다.

인류사는 헤겔의 말처럼 '자유의 투쟁사'임에도 불구하고 아이러니컬하게도 막상 자유를 부여하면 불안해 하는 것이 인간의 심리이다. 그래서 주인 아주머니보다 가정부 노릇이 편하다고 느낀다. 의무는 있지만 책임이 없기 때문이다. 흔히 '노예근성'이라고도 하는 것이다. 의무와 책임은 다르다. 의무는 주어진 과제를 수행하면 되는 것이지만 책임은 결과에 대한 평가로 시비를 가리는 것이다. 가정부는 의무는 있지만 책임은 주인보다 적다. 책임은 권력과 비례한다. 그럼에도 오늘날의 최고 통치자나 정치인들 가운데는 책임을 버리고 권력만 추구하는 독재자와 개념없는 정치인들이 많아 백성들의 삶에 주름이 많아지게 되는 것이다.

084. 인간에게 죽음이란 과연 무엇인가?

절대적으로 단언할 수 있는 것이라면 생명을 가진 모든 것은 죽는다는 것이다. 죽음에 대하여 그동안 수많은 철학자와 사상가들이 나름대로의 정의를 하고 있지만 모두가 추측이나 가설일 뿐 정설은 없다. 왜냐하면 완전히 죽었다가 살아난 사람이 없기 때문이다. 다만 각종의 종교와 신앙의 영역에서는 사후세계를 언급하고 있으나 그것은 증명보다는 주장에 불과한 신념일 뿐 과학은 아니다. 즉 임사체험근사체험자들의 공통된 것으로는 어둠의 긴 통로를 빠져나오자 빛이 보였고 그 순간 재생했다는 것이다. 의식이 완전히 끊어지지 않았다는 뜻이다. 어느 화장장의 인부가 말했듯이 '죽음은 소멸이 아니고 이동일 뿐이다.'의 입장도 사후의 영혼세계를 전제하는 것으로 서울대 의대 정현채 교수의 죽음학 강의의 요점이기도 하다.

동양의 불교나 유교에서는 육체적인 생명은 없어지지만 영혼은 없어지지 않는다는 영혼불멸설을 말하고 있다. 즉 사람의 정신과 육체는 혼魂과 백魄으로 이루어져 있다고 보았다. 생전에는 백과 혼이 몸에 같이 깃들어 있다가 죽으면 백은 사자의 몸과 함께 죽지만 혼령은 사자의 몸으로부터 떨어져 나와 허공에 떠돌아다닌다는 것이다.

그러나 서양에서의 사후관은 초기 그리스의 범신론적인 생명관에서부터 플라톤의 〈이상국가론〉으로 이어지다가 성 오거스틴을 거쳐 19세기 독일의 심리학자 W. 분트에까지 이어진다. 성서에서는 혼과 백을 구분하지 않고 동일시하면서 영혼이라고 한다. 그리고 예수의 부활처럼 성령으로 부활하는 이야기도 있다(눅 15:32). 한편 현대 무신론적 실존주의자들의 사생관에서는 죽음을 삶과의 동반자로 규정하고 있기도 하다. 그러나 현대 과학문명에서의 사생관은 동양적인 사후세계나 성서의 부활론을 하나의 종교적인 신념으로 인식하고 있을 뿐이다.

이처럼 서양의 사생관은 종교적인 신앙 이외에는 별로 중시하고 있지 않았으나 동양문화는 인도의 불교에서부터 다양한 전통신앙으로 죽음과 사후세계에 대한 믿음이 강했다. 티베트 불교에서는 생과 사를 정면으로 연결시켜 동일시하면서 죽음을 또 다른 삶의 출발로 보았다. 삶은 여행이고 죽음은 깨달음이라고 했던 것이다. 우리의 전통사상도 불교와 유교의 영향으로 죽음을 다만 변형된 삶의 연속으로 보면서 선조에 대한 제사와 같은 의식을 극히 중시했다. 효孝의 중요개념으로 보았던 것이다.

이처럼 죽음은 엄연히 현존하는 사실임에도 인간들은 왜 죽음에 대하여 본격적인 관심과 연구를 소홀히 하는가. 그것은 죽음에 대한 어떤 불안과 공포감을 무의식적으로 느끼고 있기 때문에 경원시하고 터부시하려는 심리이며 죽음 이후의 사후세계는 인식불가능한 영역이기 때문이다. 또한 생각하기 싫다는 거부감일지도 모른다. 이것은 마치 강도가 칼을 목에 대고 있는데도 눈을 감고 모른다고 하는 반응과 같은 심리이다.

그러나 근년 들어 서구에서도 노인학Gerontology과 함께 사망학Thanatology에 대한 관심이 고조되고 있다. 그런데 노인학은 세계인구의 급격한 노령화에 따라 정치, 사회, 문화, 특히 의료분야의 모든 측면에 직간접적인 영향을 주고 있으므로 현실적인 필요에 의하여 급성장을 하고 있으나 사망학은 연구대상의 절대적인 한계성으로 별다른 진전이 없다.

그런데 미국 예일대의 S. 케이건 교수는 〈죽음이란 무엇인가?(DEATH)〉라는 저서에서 육체와 영혼의 분리설을 논하면서 육체가 소멸하면 영혼도 소멸한다는 견해를 보여주고 있는가 하면 〈개미〉라는 책으로 널리 알려진 프랑스 작가 베르나르 베르베르는 2019년에 출판된 〈죽음〉이라는 저서에서 죽음의 문제를 문학적인 표현으로 설명하고 있기도 하다. 그는 영혼의 세계를 전제한 죽음의 의미를 묘사하고 있다.

죽음은 이처럼 다양한 각도에서 다양한 관점을 보여주고 있지만 생리적이고 의학적인 규정 이외에는 아무것도 없다. 태어남은 잘 알아도 죽음은 인간의 인식능력의 밖에 있기 때문에 증명하기가 거의 불가능한 영역에 있다. 오늘날 최첨단의 정보기술과 인공위성의 발달로 아득한 우주에까지 탐사선을 보내 실체를 연구하고 있지만 바로 코앞에 있는 자신들의 죽음에 대한 명확한 정설을 못하고 있는 것은 일종의 아이러니이다. 실존주의 철학자 K. 야스퍼스는 인간이 극복할 수 없는 '한계상황'으로 죽음, 질병, 고뇌, 전쟁을 들고 있다. 매우 적확한 견해라고 본다.

이러한 죽음에 대한 의미를 학교교육에 연결시켜 삶의 의미를 강화하는 입장이 사르트르를 위시한 무신론적 실존주의자들의 주장이다. 그들은 죽음을 아이들의 교과과정에서 취급해야 된다고 했다. 시체를 손으로 만져보게 한다든지 화장터로 견학을 가서 죽음에 대한 직접적인 경험을 하게 함으로써 삶의 의미와 태도를 새롭게 느끼도록 하는 교육 프로그램이다. 밝음(삶)을 강조하려면 어둠죽음을 강화하면 더욱 밝아지는 것과 같은 원리이다. 대비효과인 것이다. 한때 우리나라에서도 '유언장 쓰기'나 '죽어보기'와 같은 프로그램으로 일부 사람들이 참가하는 이벤트도 있었다.

실제로 가까운 가족이나 친지 그리고 친구들의 죽음을 접하면 나는 살아 있다는 것을 더욱 실감하면서 죽기 전 생전에 무언가 뜻 있는 일을 성취해야겠다는 새로운 각오가 생기게 된다는 반사심리가 있다. 따라서 분명한 사실은 나도 예외 없이 언젠가는 그들처럼 죽는다는 인식을 가지는 것이 올바른 태도이다. 더러는 임종을 앞두고 분노하는 태도를 보여주기도 하지만 추태일 뿐이다. 자연의 섭리를 거역한 사람은 아무도 없다. 내가 죽은 후에는 해가 동쪽에서 떠오르지 않을 것처럼 여기지만 여전히 해는 뜨고 질 것이다. 다만 당신이 죽으면 그 순간에 지구의 어디선가에서는 새로운 생명이 하나 태어날 뿐이다.

결국 인간에게 있어 죽음이란 '불편한 진실'의 하나이다. 아무리 과학이 발달해도 영원히 극복하지 못 할 영역으로 남아 있을 것으로 본다.

085. 다신교와 일신교, 어느 것이 합리적인가?

이 세상에는 무수한 신앙형태와 종파, 교파가 존재한다. 인류문명이 현대화가 진행될수록 다신교적인 사회에서 일신교적인 사회로 변천해 왔지만 자연현상의 이치와는 역행하는 것이다. 그러나 인류문명의 발달에 따라 가치관의 다양화가 이루어졌고 신앙의 대상도 비례적으로 분화되는 특징을 보여주고 있다. 원시종교는 비교적 단순하였다. 가치관의 분화가 적었기 때문이다.

이 지구상에는 다양한 민족과 문화가 있으며 그 숫자만큼의 신앙체계가 있다. 원시토속적인 무속신앙으로부터 현대적인 신학이론과 논리적인 체계를 갖춘 종교가 있다. 이처럼 분화된 신생종교를 전통신학에서는 그냥 컬트Cult라고 규정하면서 구별하고 있다. 그래서 신자의 숫자와 역사를 기준으로 유대교, 가톨릭, 기독교, 이슬람교, 힌두교, 불교, 유교...... 등등으로 분류하고 있지만 신도의 다소에 따라 기독교, 불교, 유교, 이슬람교를 세계 4대종교라고 한다.

그런데 지구상 80억에 가까운 인구가 각각 얼굴 모양과 취미, 성격, 좋아하는 일과 싫어하는 일, 먹는 음식, 살아가는 방식이 서로 다르듯이 종교와 신앙방법도 다양하다. 이것을 하나의 공통된 신앙으로 통합한다는 것은 반자연적이기도 하다. 자연의 아름다움도 단색보다는 배색으로 되어있다. 무지개도 7가지 빛으로 이루어져 아름답다. 꽃밭도 마찬가지이다. 역사가들이 인류의 중세사를 암흑시대Dark age라고 명명한 이유도 모든 것을 오로지 한 개의 단색 종교로 한정하고 통치하여 마치 한밤중에 사방을 둘러보아도 새까만 어둠의 색깔만 보이는 것과 같았다는 뜻에서 나온 말이다. 단색인 일신교인 것이다. 문제는 유일신만을 유일한 진리라고 믿으면서 따르는 일신교도들이다.

사실 종교 신앙의 근본인 사랑과 박애 그리고 평화라는 조건만 갖추고 있다면 어떤 종교나 교파에 관계없이 모두가 형제자매이다. 그런데 불행하게도 그동안 종교 간이나 교파 간의 분쟁과 반목은 주로 일신교들이 주장하는 유일신사상에서 비롯되었다. 기독교와 이슬람교가 대표적이다. 성경에서는 하나님에 이르는 유일한 길은 오로지 예수를 통해서만이 가능하다고 밝히고 있으며(요한복음 10:1.7.9.), 이슬람교에서도 알라신 이외에는 구원의 길이 없음을 강조하고 있다.

우리나라에서도 삼국시대와 고려시대 그리고 조선시대의 역사 과정에서 국교가 있어 타 종교 신앙을 배척하였다. 국교인 불교나 유교 이외에는 박해가 심했다. 대표적인 것이 조선조 시대 외래 종교였던 가톨릭으로서 김대건 신부와 같은 순교자를 배출하기도 했다.

그러나 현대사에서부터는 헌법상 종교 신앙의 자유로 다양한 종교가 유입되어 심지어 한국이 '종교백화점'이라는 말까지 생길 정도로 다양한 종교가 공존하게 되었고 상호관용적인 태도를 보여주고 있음은 매우 자랑스러운 우리의 종교문화 풍토인 것이다. '홍익인간'이라는 범애적인 전통사상이 밑받침되어 있어서 외부로부터 유입된 다양한 종교 신앙을 포용하기 때문이라고 볼 수 있다. 할머니는 삼신할머니를 섬기고 어머니는 절에 다니고 자녀는 교회에 나가도 별다른 알력이 없는 나라인 것이다.

그러면 과연 일신교와 다신교는 어떻게 평가할 수 있을까? 자연의 섭리적인 관점에서는 다신교가 순리적인데도 상호공존의 길을 벗어나서 자신들의 신앙만이 유일한 진리의 길일 뿐 여타의 신앙을 이단으로 매도하면서 배척하게 되면 종교 간에 교파 간에 알력과 분쟁이 생기게 마련이다. 예외를 인정하지 않는 절대유일신이기 때문이다. 중세의 수많은 종교전쟁이 여기서 비롯된 것이다. 하나의 절대가치는 다른 하나의 절대가치를 용납하기 어렵다는 것이 유일신의 한계라고 본다. 이러한 논리에서는 다신교가 일신교에 비하여 보다 관용적이고 평화적이다. 13억 인구의 80%에 가까운 사람들이 추종하는 힌두교의 인도에서는 여러 종파가 혼재하지만 상호 갈등이 거의 없다. 그들은 무려 3,300만 개의 신이 있다고 믿고 있다. 불교의 범신론적 세계관과 함께 조용한 나라이다.

이러한 이치에서 통일교는 그 이름과 같이 모든 종교를 하나로 통일하자는 취지에서 출발한 신흥종교의 하나임에도 역시 전통교단으로부터 이단으로 규정되면서 심한 박해와 배척의 길을 걸어왔다. 종교통일은 종교 간의 갈등과 교파 간의 알력을 해소하는 이상적인 방법이기는 하나 목표에 도달하기에는 너무나 많은 깊은 골과 험준한 절벽들이 가로놓여있다. 실제로 일신교든 다신교든 그 종착점은 인류구원과 평화세계의 구축이라는 하나의 동일한 목표이다. 등산에 비유하면 등산의 코스는 다양하지만 산정은 하나인 것이다. 어느 길이 가장 안전하고 빠른 길인가의 차이일 뿐이다. 이러한 관점에서는 종교통일은 자연의 이치와는 상반될 것이다. 따라서 다신교는 여러 코스로 등정한다면 일신교는 오로지 이 길만이 최선이라고 주장하는 것과 같다. 이러한 일신교에 대하여 이스라엘의 예루살렘 히브리대학에서 역사학을 가르치고 있는 Y.N. 하라리 교수는 그의 저서 〈21세기를 위한 21가지 제언〉에서, '윤리적 관점에서 봤을 때 유일신 사상이야 말로 인류역사에서 최악의 사상중 하나'라고 하면서, '유일신교가 한 가지 확실하게 했던 일은, 사람들을 이전보다 훨씬 더 편협하게 만들어 종교적 처형과 성전聖殿을 확산시키는 데 기여한 것이다.'라고 단언하고 있다.

모든 종교는 박애와 인류평화구현을 공통분모로 가지고 있으면서도 종파와 교파 간의 역사는 독선으로 이어져 왔고 심지어 살인과 전쟁으로까지 발전된 종교의 역사였다. 끊임없는 중동지역의 분란이 하나의 예이다. 따라서 진정한 신앙인은 교회에 가면 기도를 드리고 절에 가면 예배를 할 수 있는 사람인 것이다.

086. 과학과 종교는 상반적인가 상보적인가?

과학과 종교, 종교와 과학은 상반적인 관계인가 아니면 동반자로서 상호보완적인 관계인가. 원리적으로는 상보적이라기보다는 상반적이다. 과학은 형이하학적 범주로 경험적이고 실험 가능하며 논리적으로 증명이 가능해야만 성립되는 것이라면 종교신앙은 형이상학적인 분야로서 모든 것을 정신적이고 초월적인 대상에 대한 믿음을 전제로 하여 성립되는 것이기 때문이다. 그런데 종교는 인간의 내적인 무지를 극복하기 위함이라면 과학은 인간의 외적인 무지를 극복하기 위한 것이므로 어떻게 보면 상반적이면서도 상보적인 성격을 지니고 있다고 하겠다.

원시종교의 초기형태는 하늘의 천둥벼락과 함께 번갯불까지도 어떤 초월자가 인간에게 벌을 주는 것이라고 생각하면서 자연에 대한 경외감과 함께 어떤 초월자에 대한 공포심을 가지면서 초월자의 분노를 잠재우려면 제물을 바치고 제사를 지낸 원주민들의 의식이 신앙의 뿌리이고 점차 그러한 신앙이 제도화되면서 발전한 것이 오늘날의 각종 종교의 원형이라고 본다.

그러나 인지가 점점 발달되자 그러한 원시적 신앙의 대상이 자연과학으로 밝혀지면서 신앙의 영역이 좁아졌지만 여전히 인간의 과학적인 지식으로는 이해하기 힘든 자연현상이 새롭게 대두되고 있다는 것과 어떤 절대자에 귀의하려는 인간의 본성 때문에 인간들은 절대적인 존재를 설정하고 신봉하는 것이 신앙과 종교의 원형이라고 본다. 따라서 적어도 인간의 인지능력으로는 이해할 수 없는 절대적인 영역이 존재하는 한 종교적인 신앙은 없어지지 않을 듯하다. 하나의 예가 사후세계이다. 그래서 대부분의 종교는 반드시 사후세계에 대한 나름대로의 논리를 가지고 있다. 존재근거이다. 세기의 천재이며 그의 일반 상대성이론으로 20세기 인류문명을 100년이나 앞당겼다고 평가되며 과학문명의 최첨단에 위치했던 A. 아인슈타인도 기독교에서 말하는 유일신과는 다르지만 사후의 영혼세계를 믿는다고 말했다. 대자연에 대한 신앙인 것이다. 미지의 불가사의를 모두 알 수 없었기 때문이다. 알수록 모르는 것이 더 많아진다는 그의 고백이 그렇다.

한편 신의 존재증명에 대한 과학과 신학에서의 대립에서 새롭게 등장한 것이 창조적 진화론과 지적 설계론이다. 개요하면 창조적 진화론은 생명의 단초는 신에 의한 것이지만 그 이후부터는 환경조건에 따라 점차 변형되었다는 것으로 창조론과 진화론을 포용하는 절충설이며 지적 설계론은 생명의 단초는 최고의 지적 설계자가 만든 것이며 자연선택이 아니라는 것으로 창조론에 근접해 있다. 다만 창조자 대신에 지적 설계자라는 표현으로 구분하고 있다. 그런데 〈만들어진 신〉의 R. 도킨스는, '그러면 지적 설계자는 누가 설계했는가?'라고 묻기도 했고, 〈코스모스〉의 저자로 천체물리학자인 C. E. 세이건은 어떤 절대자를 가정할 것 없이 우주는 그냥 스스로 생겼다고 하는 것이 옳다고도 했다. 과학자들의 눈과 신학자들의 눈은 전혀 다른 시각이다.

어느 날 이스라엘의 어느 랍비가 16살인 딸의 죽음에 슬퍼하다가 어떻게 마음의 위안을 받으면 좋으냐는 편지를 아인슈타인에게 보내자 그에 대한 회신내용이 뉴욕 타임스에 실렸다. '인간은 우주라 불리는 천체의 티끌에 불과합니다. 육신은 죽어 사라지더라도 영혼은 미립자 에너지 형태로 여전히 존재합니다. 그런데 그토록 슬퍼할 이유가 없습니다.'라는 내용이었다. 사후의 영혼설을 말하는 듯하나 영혼=미립자 에너지라는 과학적인 표현을 한 것이다. 기독교나 불교에서 말하는 사후세계를 과학적 용어로 설명하는 것이었다. 그런데 그는 유일신에 근거한 만물창조론에 대하여 그것은 인간의 약점에서 비롯된다는 것으로 단정하면서도 불교는 우주적인 종교라고 긍정적으로 보면서 동시에 범신론적 종교관을 갖고 있음을 보여 주었다.

아인슈타인이 말하는 사후세계는 일반 종교인들이 보는 것과는 달리 영혼을 물리화학적인 하나의 원소로 보았다. 그러나 그도 말년에 '종교 없는 과학은 절름발이이며 과학 없는 종교는 맹목이다.'라고 말하기도 했다. 아마 그는 우주공간을 알면 알수록 더 모르는 것이 많아지면서 어떤 초월적인 신비감을 느끼게 되자 이러한 말을 했을 것이다. 우리나라의 김수환 추기경도 '한 손에는 성경 다른 한 손에는 과학 서적을 들라.'고 했다. 그러나 오늘날 양자물리학자들 대부분은 우리들에게 발생하는 모든 것에 반드시 원인이 있을 필요는 없다고 하면서 창조설을 부정하는 입장을 나타내고 있다.

특히 〈이기적 유전자〉, 〈만들어진 신〉 등의 유명한 저서로 우리들에게 널리 알려진 R. 도킨스는, '신의 존재를 의심하라, 인간의 능력에 주목하라!'고 하면서 '신이 존재하는가, 존재하지 않는가는 단지 가설에 불과하다.'고 단언하고 있다. 그는 기독교에서 말하는 가난한 자와 약한 자에 대한 동정심과 사랑은 이미 인간의 DNA에 프로그램이 되어있는 본성이라고 주장하고 있다. 과학과 종교의 무관계나 상반성을 말하는 것이다. 이러한 도킨스의 반종교적인 시각과 주장을 독일의 신학자 A. 맥그라스와 영국의 종교심리학자인 J. C. 맥그라스는 〈도킨스의 망상〉이라는 그들의 공동 집필서에서 도킨스에게 '그러면 과학은 신이 없음을 증명했는가? 종교는 악인가?'와 같은 글로 강하게 반문하고 있다.

최근 우리나라에서도 물리학자이면서 신부이기도 한 서강대 김도현 교수는 〈과학과 신앙 사이〉라는 저서에서 '물리학의 빅뱅과 생물학의 진화론을 거슬러 올라가다 보면 최초의 빅뱅과 최초의 생명체 탄생은 우연으로만 설명이 가능하므로 과학만으로는 설명이 불가능한 공간에 신앙의 근거가 있다.'고 하면서 과학은 실존적 삶의 이유와 방법을 제시하지 못하는 한계성 때문에 신앙의 존재 이유가 있다고 설명하고 있다.

이와 같은 이분법으로 충돌하고 있는 것을, 14세기의 영국의 대표적인 스콜라철학자인 W. 오캄은 당시 영국 사회가 과학과 신학의 문제로 시끄럽게 서로 다투는 것을 보면서 '지식과 신앙, 철학과 종교는 서로 분리되어 각자의 길을 감으로써 오히려 서로의 독자적인 영역을 확보할 수 있다.'고 하는 상호 불간섭론을 제시하기도 했다.

그런데 오늘날 일반적인 지식인들의 관점은 과학과 종교는 상보적이거나 상호공존적인 관계보다는 상반적인 반비례에 가까운 관계라고 보고 있다. 원시종교에서의 신앙대상이었던 신비의 영역이 인지의 발달로 과학문명 사회에서는 종교적인 신앙대상이 아닌 일반지식의 대상으로 변하였기 때문이다. 그러나 아직도 우리들의 두뇌로는 무한한 우주공간과 지구상의 다양한 생태계의 원리와 변화를 알면 알수록 더 신비스럽고 신기한 현상을 과학적으로 이해하고 규정하는 데 한계를 느끼고 있기 때문에 종교적인 신앙의 영역을 전면적으로 부정하지 못하고 있다. 그렇다고 종교와 과학은 상보적이라고는 단정하기 어렵다고 본다. 신학에서의 신의 존재증명론이 과학에서의 하나의 진리로 결합되는 날까지는 종교와 과학은 상보적이 아닌 상반적인 영역으로 남을 듯하다. 종교는 감성적인 신념이라면 과학은 이성적인 법칙이므로 두 개의 평행선으로 이어진 기차선로일지도 모른다.

087. 상대방의 속셈을 쉽게 알아보는 법

'열 길 물속은 알아도 한 길 사람 속은 모른다.'는 말처럼 아무리 심리학이 발달되어도 타인의 심중을 헤아리기는 매우 어렵다. 요즘은 거짓말 탐지기가 있어 죄인의 심중을 측정하기도 하지만 신뢰도가 매우 높지는 않다.

그런데 다음과 같은 경우는 다소 상대방의 본심을 추측하는 데 크게 도움이 된다고 본다.

첫째, 같이 외국여행을 다니다 보면 비교적 알기 쉽다. 갑자기 환경이 바뀌면서 언어도 다르고 지리도 생소하다 보면 늘 긴장을 하는 가운데 본심이 발동하게 된다. 이러한 연유에서인지 신혼여행을 갔던 남녀가 여행 중 크게 싸워서 따로따로 귀국하는 경우도 더러 있다. 참았던 본심이 쉽게 드러나기 때문이다.

둘째, 많은 돈이 걸린 놀음을 해도 숨은 성격이나 태도가 나타난다. 그리고 돈을 거래하는 것도 그렇다. 일부러 많은 돈을 갑자기 빌려달라고 했을 때 남에게 빌려서라도 주려고 한다면 상당한 진정성을 가진 친구라고 믿을 수 있다. 사람이 어려움에 직면할수록 본심에 가까운 심성을 나타내기 때문이다.

셋째, 같이 술자리를 하면서 잔뜩 취하다 보면 자기도 모르는 가운데 평소에 안 하던 말을 쉽게 하게 된다. 알코올이라는 마취제가 이성을 마비시키면서 평소 참고 숨겨둔 감정을 드러내기 때문이다.

이러한 이치를 남녀 간의 데이트에서 적용해도 된다. 남자에게 이성을 잃을 정도로 술을 많이 먹여 잔뜩 취하게 한 다음에 평소 볼 수 없었던 말이나 행동을 관찰하면 잘못된 선택을 예방할 수 있을 것이다.

다음은 중국의 삼국시대 촉나라의 유명한 책술가인 제갈량이 간신을 판별할 수 있는 7가지 판별법이다.

1. 어떤 문제에 대한 대답을 듣고 속셈을 추측한다.
2. 말로 궁지에 몰리게 하여 임기응변을 본다.
3. 어떤 일에 대한 계책을 말하게 하여 추측한다.
4. 응급사항에 대하는 태도를 보고 알아낸다.
5. 재물로 유혹하여 반응을 보고 판별한다.
6. 술에 취하게 하여 언동을 보고 가린다.
7. 약속을 하여 그 결과를 보고 가린다.

이러한 몇 가지의 요령으로 상대방의 심중을 어느 정도 추리는 가능하지만 100%의 정확도는 안 된다. '내 마음 나도 몰라.'라는 판국에 어떻게 남의 마음을 알 수 있겠는가! 그래서 최고통치자가 독재자에 가까울수록 누구보다 불안감이 크다. 그래서 항상 그림자처럼 따라다니면서 신변보호를 해주는 경호원까지도 미덥지 않아 경호원을 경호하는 비밀감시요원이 있다. 그 대표적인 예가 북한의 김일성과 김정일, 김정은이다.

1980년대 초에 어느 날 갑자기 김일성이 사망했다고 전국에 방송을 내보내고 DMZ의 대남방송 스피커에서는 조곡弔曲을 울리면서 조기弔旗까지 걸었던 일이 있었다. 남한의 군과 정보기관에서도 사실 확인으로 바쁘게 돌아갔다. 그러나 그것은 일종의 계략이었다. 당시 김일성은 최전선의 군부대와 고위 장성들에 대한 불안감이 높아지자 일부러 사망한 것처럼 꾸며 장성들의 반응을 정밀관찰하려는 목적이었던 것이었다. 간교한 계략의 하나이다.

사실 평생을 살을 섞으면서까지 같이 사는 부부도 완전무결하게 상호신용을 보장할 수가 없는 경우가 많은데 어찌 남남이 자기 몸과 마음처럼 같아질 수야 있겠는가? 고래로 인간사회는 서로 속이고 속는 관계일지도 모른다. 비교적 중국이 속임수의 전통문화가 오래된 나라이다. 중국의 손자병법에는 '싸움은 곧 속임수'라고 했다. 요즈음 시중의 서점에는 '속지 않는 지침서'가 필독서로 잘 팔리고 있다고 한다. 실제로 그동안 중국의 제품에는 가짜가 많아서 심지어 외국 관광객을 상대로 하는 '가짜백화점'까지 등장시켜 노골적으로 밝히기도 했다. 그래도 정체를 밝히고 있어 좀 나은 편이다. 그래서 신용사회가 선진문화사회의 기본척도가 되고 있다. 그런데 조물주가 남을 속이고 사기 치는 것은 쉬우나 자신의 양심까지 속이기는 어렵고 불가능하게 만든 것은 그나마 다행이라 하겠다.

088. 만물은 부처의 눈에는 부처처럼, 돼지의 눈에는 돼지처럼 보인다.

이 말은 고려시대의 이야기에서 비롯된다.

옛날의 임금들은, 오늘날 분초를 나누어 일정이 짜여 있는 대통령이나 수상들의 일정과는 달리 별로 할 일이 없었다. 그래서 대부분의 날들을 사냥을 가거나 궁궐에서 연회와 춤과 노래로 즐겼으며 아니면 후궁들과 지내는 시간이 많았다. 조금 과장된 야사이지만 백제의 마지막 임금 의자왕은 3천 궁녀를 거느렸다고 한다. 항상 수많은 여자를 거느리고 밤마다의 정사로 몸의 정기를 빼앗기면서 지내서인지 역대 왕들은 대부분이 단명을 하였다.

그리고 당시 임금의 곁에는 항상 국사國師라는 고승이 있어 나라의 중대사가 있을 때 국정자문을 했다. 고려 순종 때는 불교의 천태종을 창시한 대각국사 의천義天이 국사였다. 어느 날 임금이 '오늘은 심심하니 자네와 서로 농담을 한번 해 보세.'라고 하면서 왕이 먼저 대각국사를 보고 '자네 얼굴은 꼭 돼지처럼 생겼네.' 하자 국사는 '그렇습니까. 저는 어안御顔이 부처님처럼 보입니다.'라고 했다. 그러자 임금은 '에끼 이 사람아 그렇게 말하면 되나. 그렇게 하면 재미가 없지.'라고 말하자 국사는 '그렇습니까. 원래 돼지의 눈에는 만사가 돼지처럼 보이지만 부처님 눈에는……' 하고 말했다. 결국 임금은 돼지가 되고 국사는 부처님이라는 말이 되자 가만히 듣고 있던 임금은 '오늘은 내가 졌네.'라고 했다는 일화는 오늘날에도 좋은 교훈이 될 것이다.

대각국사는 임금의 평면적인 농담을 한 차원 높은 입체적인 농담으로 응수한 것이다. 일국의 대사 정도이면 내공이 깊을 수밖에 없으므로 당연한 결론이겠으나 여기서 임금은 새로운 깨달음을 얻었을 것이다. 이러한 지혜는 우리가 삶을 한 차원 높여 살아가는데 하나의 조건이 된다.

이러한 대화에서 우리들은 세상의 이치를 하나 알게 된다. 흔히 '아는 것만큼 보인다.'는 것처럼 자신이 가진 지식의 넓이와 깊이에 따라 사물을 이해하게 마련이다. 아무래도 미술전시관에서는 화가가, 음악회에서는 음악인이, 학문에서는 학자가, 경기에서는 운동선수가 일반인들이 보고 알지 못하는 것들을 알고 이해하게 되는 것과 같다. 강물도 가진 그릇만큼 담을 수밖에 없다.

그러나 현대문명의 지식과 정보량은 너무나 방대하고 깊게 파여 있어 한 사람의 능력으로는 감당하기 어려운 환경에 우리들은 살고 있으므로 다방면에 걸친 만물박사가 되기는 불가능하지만 어느 정도의 기본지식을 다양하게 갖춘다면 풍요로운 삶을 갖게 될 것이다.

예부터 가능하면 책을 많이 읽고 여행을 많이 하라고 하는 것도 남의 세계이지만 책 속에는 작가의 정신세계가 압축되어 있으므로 독자들은 간접적이지만 그 작가의 작품을 통해서 새로운 삶의 지혜를 얻을 수 있고 사고의 깊이와 지평을 넓힐 수 있기 때문이다.

그리고 해외여행이 좋다는 것도 외국의 다양한 삶의 모습과 문화를 직접 보고 들어서 역시 사고의 폭을 확장할 수 있어서이다. 그러면 돼지의 눈이 부처의 눈으로 바뀌는 것이다.

089. 돈은 천사도 만들고 악마도 만든다.

돈은 어떤 재화보다도 사용가치나 효용가치가 높기 때문에 누구나 돈을 많이 가지기를 바란다. '돈만 있으면 처녀불알도 살 수 있다.'는 우스갯소리도 있듯이 돈의 위력은 매우 크다. 그러나 아무리 돈이 많아도 죽음과는 바꿀 수 없다는 것 말고는 무엇이든지 할 수 있기 때문에 사람들은 돈을 좋아한다. 그러나 예수는 돈만 좇아다니는 장사꾼들을 매우 싫어했다. 성경의 마태복음(21:12)과 마가복음(11:15), 요한복음(2:15)에서도 돈의 양면성을 반복적으로 경고하고 있으며 성서에서는 '돈만을 사랑함은 일만 악의 뿌리'(딤전 6:10)라고도 했다. 예수는 돈을 믿음에서 멀어지기 쉬운 것이라고 보았기 때문이라고 본다. 심지어 '약대가 바늘귀로 들어가는 것이 부자가 하나님의 나라에 들어가는 것보다 쉽다.'(마 19:20)라고도 했다. 그러나 부를 가난한 자를 돕고 하나님을 위해 쓰면 좋다고도 했다. 중국의 맹자는 항산恒産이 항심恒心을 낳는다는 말로 재물의 가치를 중시하고 있다. 현실적으로는 특히 자본주의 사회에서는 예수보다 맹자가 맞는 말일 것이다.

그러면 이러한 무한가치의 돈을 어떻게 하면 성취할 수 있는가에 관한 것을 김승호는 〈돈의 속성〉이라는 책에서 돈은 중력의 힘을 가진다는 전제로 소위 종잣돈의 중요성과 절약정신을 강조하면서 부의 성취방법을 제시하고 있다.

현대의 자본주의적인 가치관의 사회에서는 수많은 사람들이 돈을 추구하는 활동을 하고 있지만 한쪽이 돈을 벌면 반드시 한쪽은 돈을 잃게 되는 것이다. 노름판의 돈의 흐름과 같다. 화폐의 총량은 상수常數이기 때문에 둘 다 돈을 같이 벌 수는 없다. 이것을 마르크스는 불평등의 원인으로 규정하면서 자본주의 경제 원리를 바꾸기 위하여 공산주의사회 계급혁명론을 통한 평등사회 실현을 역설했다. 그리고 19세기 영국의 공리주의자 J. 벤담은 '최대 다수의 최대행복'이라는 말로 이상사회 구현원리를 제시했지만 자본주의의 자유 시장원리하에서는 어려운 가정이다.

이처럼 부에 대한 다양한 원리와 관점에서 과연 돈의 속성은 무엇일까? 비유한다면 여자와 같다. '좋다고 쫓아가면 도망가고 싫다고 피하면 쫓아온다.'는 것이다. 너무 욕심을 부린다고 돈을 벌 수가 없다는 뜻이다. 사업가들도 오로지 돈만을 추구하면 성공하기가 어렵다. 소부小富는 될지 모르지만 대부大富는 되기 어렵다. 따라서 이상적인 사업가가 되려면 Seek Money가 아닌 Make Money를 하는 사람이어야 한다. 후자는 사업 자체가 재미가 있고 영업이익은 부수적인 것처럼 여기는 경영자의 자세이므로 돈은 저절로 뒤따라오기 때문이다. 돈은 탐욕자가 아닌 창조자를 좋아하기 때문이다.

그런데 이러한 돈은 반드시 선과 악이라는 양면성을 지니고 있다. 돈이 많아서의 행복도 있지만 돈이 많아서의 비극도 허다하다. 돈 때문에 죽어가는 사람도 살려내는 기쁨도 있지만 돈 때문에 살 수 있는 사람도 죽는 비극도 있다. 아마 세간의 민사재판의 대부분은 돈과 관련된 것이라고 본다. 그래서 돈은 벌기보다 쓰기가 더 어렵다는 말이 있는 것이다. 돈은 극약과 같아서 잘못 쓰면 죽음을 초래하지만 잘만 쓰면 병을 낫게 하는 이중성을 가지고 있다. 돈은 행복조건의 기본이 되면서도 동시에 불행의 씨앗도 되는 양면성을 가지고 있다. 돈은 천사도 되고 악마도 된다는 말이다. 그래서 돈은 많아도 걱정 없어도 걱정인 것이다. 그러나 현실은 '역시 돈이 말한다.'는 말처럼 잘만 다루면 없는 것보다는 있는 편이 좋을 것이다.

자본주의 사회에서는 결국 모든 가치기준이 돈에 의하여 결정되기 쉽다. 영어로 '돈이 말한다.(Money talks things)' 또는 '돈이 득세하면 진실은 숨는다.(When money speaks, the truth remains silent.)'는 속담은 돈의 양면적인 속성을 잘 나타내는 말이다.

090. 거짓말이 모든 죄악의 근원이다.

남과 자신까지 속이는 거짓말을 할 줄 아는 동물은 오로지 인간뿐이다. 거짓말로 법은 속일 수 있어도 자신의 양심은 속일 수 없다. 이 세상에서 비극의 대부분은 거짓말로 인하여 생겨난다. 거짓말의 대상이 크게는 국가 간의 거짓말로부터 작게는 개개인 간의 거짓말과 자신을 속이는 거짓말이 있다.

제2차 세계대전 때 히틀러는 영국과의 불가침조약을 어기고 영국을 침공한 국가간의 큰 거짓말부터 작게는 친구나 여자를 배반한다든지 부모를 속이든지 친구를 속이는 것도 있지만 속이기가 제일 어려운 대상은 자기 자신이다. 거짓말이란 자체가 그렇다. 그래서 사기꾼들은 남을 속여도 양심의 가책을 느끼지 않는다. 오히려 속이는 상대방을 가련하게 여기기까지 한다. 사기술을 자신의 능력이라고 보면서 우월감까지 가지게 된다.

그런데 때로는 아름답고 귀여운 거짓말도 있다. 발달심리학적으로 볼 때 초등학교 고학년반부터 중학생 정도의 나이가 되면 사회적 자아의식이 발달되면서 남으로부터 관심을 받기 위해 엉뚱한 거짓말을 하고 싶어 한다. 이솝 우화에 나오는 〈양치기 소년〉의 이야기도 하나의 예이다. 소년은 악의가 없고 다만 호기심만 발동했을 뿐이다. 필자가 잘 아는 이웃집 중학생이다. 어느 날 학교에서 돌아온 아들에게 어머니가 점심을 먹으라고 하자 '엄마! 오늘 학교에서 개교기념일이라고 학생들에게 통닭튀김을 한 마리씩 주어서 많이 먹었다.'고 하면서 밥을 안 먹더라는 것이다. 어머니의 반응과 관심을 보고 싶어 지어낸 거짓말인 것이다. 거짓말의 동기가 순수하므로 아름다운 거짓말이다. 이러한 아동기의 거짓말은 사춘기에서 흔히 나타나는 본능적인 애교이고 무의식적인 것이라면 성인기의 거짓말은 의도적이고 사악한 것이다.

그러나 불쌍한 친구를 돕기 위해 일부러 선한 거짓말을 하기도 하지만 그것은 결코 올바른 태도는 아니다. 인간은 본능적으로 위기를 모면하기 위하여 거짓말을 하게 된다. 이러한 거짓말은 언젠가는 결국 자신과 사회에 악으로 되살아 돌아오는 것이 세상의 이치이다. 그런데 이러한 거짓말도 자신보다는 타인, 타인보다는 사회와 국가를 위하여 행하였을 경우 합리화되면서 묵인하는 관행이 있다. 더러는 의인이나 영웅으로까지 추앙하는 경우도 있다. 거짓말에 따르는 이익이 자신으로부터 멀면 멀수록 합리화되기가 쉽기 때문이다.

2013년에 개봉된 〈더 헌트〉라는 영화가 있다. 이혼을 당한 유치원 교사 루카스는 어린 아들을 데리고 조용한 고향에 내려와 유치원 교사로 새로운 삶을 시작하게 된다. 그런데 어느 날 유치원의 한 소녀가 루카스 선생에 대한 사소한 거짓말을 마을에 퍼트리면서 비극은 시작된다. 마을 사람들은 어린 소녀가 거짓말을 할 것이라고는 생각하지 않고 선생님을 의심하면서 소문은 전염병처럼 마을로 퍼지고 결국 마을 사람들은 루카스를 불신과 폭력의 대상으로 삼게 된다. 이러한 가운데 루카스는 자신의 억울함을 호소할 길이 없이 삶을 지키기 위해 외로운 싸움을 한다는 내용이다. 마을 사람들의 이른바 확증편향적인 심리현상이 루카스의 개인과 가정을 파멸로 이끌게 된다는 뜻이기도 하다. 이러한 거짓말은 비록 악의적인 동기에서 나온 것이 아니고 한 소녀의 호기심에서 시작되었지만 그 결과가 남에게 커다란 피해를 주었기 때문에 아름다운 거짓말은 아니다.

거짓말을 허위와 위선으로서 개인을 넘어 사회와 국가, 세계의 역사에까지도 중대한 영향을 주는 최악으로 여기는 인식은 동양사회 보다는 서구문명사회에서 더 강하다. 하나의 사례라면 1973년에 있었던 닉슨 대통령이 '워터게이트 사건'에서 허위증언으로 탄핵 당한 사건이다. 재임을 위한 선거기간 중 그가 부정선거에 대하여 한 번도 인정하지 않고 워터게이트 호텔에서 꾸민 여론조작을 수사하려는 연방FBI에 중앙정보국을 이용하여 수사방해까지 시도하자 국민들은 청문회에서 대통령이 거짓말을 한다는 것으로 판단하고 그를 대통령직에서 끌어내렸던 사건이다. 거짓말을 어떤 부정부패나 스캔들보다도 더 중요시한 것이다. 실제로 1998년 클린턴 대통령은 백악관 집무실에서 인턴사원이었던 모니카 르윈스키와 난잡한 성관계를 하여 여론의 비판에 직면하자 대통령이 그녀에게 거짓 증언을 요구하면서 윤리적인 문제로 비화되었고 탄핵으로까지 번지는 여론이 비등했으나 남녀 간의 애정문제에는 너그럽게 대하는 미국의 정서 때문인지 유야무야로 넘어갔다.

거짓말을 능사로 하는 사람은 사기꾼이지만 정치인들도 그에 못지않다. 미국의 소설가 마크 트웨인은 사회풍자소설 〈왕자와 거지〉로 잘 알려진 작가이다. 그는 '정치인은 거짓말로 더러워진 기저귀와 같다.'고 하면서 '자주 갈아주지 않으면 안 된다.'고 했다. 또한 소설 〈1984〉로 미래사회를 예리한 감각으로 정확하게 예언한 인도 출생의 작가 G. 오웰은 '정치는 언어를 타락시켰고 타락한 언어는 정치를 부패하게 만들었다.'는 말로 정치인들의 허언虛言을 타락의 본질로 보았다.

이처럼 거짓말은 기만술과 결부되면서 사기꾼들의 전용물이 되었고 독재자들의 통치술로도 이용되어 왔다. 한두 개의 예를 들면 독일 나치정권하에서 선전상을 지낸 괴벨스는 '나에게 한 문장만 달라. 누구든지 범죄자로 만들 수 있다.'라고 하였다. 허언으로 선인을 악인으로 바꿀 수 있다는 뜻이다. 유대인들이 제일 저주한 장본인이었다. 위선과 허위라면 김일성부터 이어져 내려오고 있는 북한의 통치자들이다. 김일성은 허위와 위선을 장기독재의 통치술로 삼았던 것이다. 1942년의 백난아가 부른 '찔레꽃'이라는 노래의 가사에서 '찔레꽃 붉게 피는 남쪽나라 내 고향……'에서 원래 찔레꽃은 모두가 흰색인데도 김일성은 혁명의 상징인 붉은색으로 바꾸어 버렸다는 이야기도 있다.

모택동의 기만술은 더 교묘하다. 1956년 모택동은 정권수립 초기에 백화제방百花齊放과 백과쟁명百家爭鳴의 기치를 내걸면서 누구든지 표현의 자유를 가지라고 하였는데도 대부분의 지식인들이 선뜻 나서지 않자 그는 '말하는 자는 죄가 없으며 듣기만 하는 자는 반성해야 한다.'고 유도하였다. 이러한 사기술에 속은 많은 지식인들이 일당독재의 공산당을 비판하면서 양당제를 주장하였고 민주당파 지식인들은 심지어 모택동을 독재자 또는 살인마라고까지 비판하자 1957년 6월부터 모택동은 우파 지식인들의 속셈을 알아낸 다음에 그들을 가차 없이 숙청하기 시작했다. 1년 동안 무려 7,000여 명의 인사들이 살해되거나 하방下放되었던 것이다.

참말과 거짓말이 매우 중요하므로 법정에서나 국회에서 증인들에게 거짓말을 안 하겠다는 선서를 하는 것이다. 허위가 얼마나 중요한가를 말하는 것이다. 한 사람의 거짓말은 두 사람을 타락시키고 두 사람의 거짓말은 사회를 어지럽히고 어지러운 사회는 국가를 망하게 만든다. 바이블에서도 예수는 거짓말에 대한 계명을 무엇보다 많이 언급하고 있다. 한 번의 거짓말은 그 한계가 다다르면 또 다른 새로운 거짓말을 낳게 되고 그것이 또 다른 거짓말로 거듭되다가 결국 막다른 골목에 이르면 죽음과 마주하게 됨을 경고하고 있다.

그런데 인간은 본능적으로 거짓말로 남을 속여보고 싶은 욕구가 잠재해 있다. 그래서 매년 4월 1일의 '만우절'에는 평소 하고 싶던 거짓말을 해도 괜찮다고 하여 쌓인 욕구불만을 다소 해소하는 날로 정하고 있다. 이러한 만우절의 풍습은 유럽에서는 16세기부터 시작되었다고 하며 그날을 '4월의 바보 날'이라는 의미의 'April Fool's day'라고 부른다. 고려시대에는 첫눈이 내리는 날을 만우절로 정하였고 조선시대에는 이 날은 신하가 왕에게도 가벼운 거짓말로 농담을 주고받아도 좋았다고 했다.

그러나 이러한 만우절이 항상 진지하고 각종 인습과 규율생활에 얽매여 살고 있는 현실세계를 벗어나 정신적인 해방감으로 스트레스를 다소 해소하는 동기에서 생겨난 것인데, 과도한 장난이나 거짓말로 피해가 생기면 법적인 면책은 안 된다는 한계가 있었다고 했다는 기록이 있다. 어떻든 간에 허위와 위선은 결국 자신은 물론이고 사회와 국가, 세계의 역사까지 파멸로 이끄는 비극의 씨앗인 것이다.

이러한 허위와 위선을 직업으로 삼는 사람은 사기꾼만이 아니고 정치인들도 많다. 그들은 항상 유권자들로부터의 인기만을 생각하고 있기 때문에 누구에게나 듣기 좋은 말만 하다보면 자연히 거짓말을 하게 된다. 처음에는 조금 양심의 가책을 느끼지만 점차 무디어지면서 두꺼운 낯으로 변한다. 마음도 편하다. 이곳저곳에서 대접도 받다보니 얼굴에 살이 오른다. 말랐던 사람도 갑자기 신수가 훤해진다. 따라서 정치인치고 얼굴이 훤해지고 살이 찌지 않는 경우는 드물다.

091. 첫사랑의 홍역과 연애편지를 써보지 않고는 인생의 깊이를 모른다.

요즘에는 정보기기의 발달로 젊은 세대들이 이성과의 소통도 문자나 화상으로 손쉽게 하지만 1960년대까지만 해도 이성 간의 유일한 교통은 편지였다. 전화도 대도시의 일부 부잣집에만 있어 데이트 약속은 주로 편지로 했다. 시골학교에서는 심지어 연애편지를 중간에서 전달해 주는 동네 꼬마들도 있었다. 마치 춘향전에서 이 도령이 하인을 시켜 성춘향에게 보내는 형국이었다. 남녀 간의 사랑에서 가장 순수하고 강렬한 사랑은 짝사랑이다. 그녀만 생각해도 가슴이 쿵쿵거리는 사랑이다. 눈을 감고 걸어도 눈을 뜨고 걸어도 보이는 것은 ......(그대뿐)인 것이다. 첫사랑이며 풋사랑인 것이다. 얼마나 청순하고 아름다운가!

이러한 일은 사춘기에 접어드는 중학 상급생 무렵부터 고등학생 때가 심했다. 그리고 보통 머리가 좋은 학생들이 이성에 빨랐고 연애도 잘했다. 세기의 천재 아인슈타인도 연애편지를 많이 썼다고 한다. 그리고 연애편지를 잘 써야 여학생의 마음을 얻을 수 있으므로 최고의 미사여구를 동원한다. '당신 없는 세상은 불 꺼진 항구요, 오아시스 없는 사막'이라는 유행어까지 동원하였고 썼다가는 지우고 또 쓰고 밤새도록 최고의 명문을 만들려고 머리를 짜내었다. 지나놓고 보면 이러한 과정에서 엄청난 문장연습이 되었고 그래서 더러는 작가로 등단한 친구들도 있다. '태양이 바다에 미광을 비추면 나는 너를 생각한다. 희미한 달빛이 샘물가에 떠 있으면 나는 너를 생각한다.' 이 글은 독일의 최대 문학가로 알려진 〈파우스트〉의 괴테가 쓴 연애편지의 한부분이다. 그리고 셰익스피어는 '사랑에 빠진 사람은 미친 사람처럼 머리가 와글거리고 냉정한 이성으로는 이해하기 어려운 있지도 않은 것을 상상한다. 미치광이, 연인, 그리고 시인은 모두 상상력의 덩어리이다.'라는 말을 했다. 연애 예찬론자이다. 〈한여름 밤의 꿈〉, 제5막 제1장에 나오는 대사이다. 그래서 첫사랑의 경험은 창의력을 배양하는 데도 커다란 도움이 된다고 하겠다. 사랑도 짝사랑이어야 더 좋다.

연애편지, 첫사랑과 함께 누구나 잊기 어려운 아련한 추억으로 남으면서 우리들의 마음을 부드럽게 만든다. 그런데 남자는 첫사랑을 평생 잊지 못하고 기억하고 있지만 여자는 마지막 사랑을 잊지 못한다고 한다. 그 까닭은 잘 모르겠지만 사춘기의 남자는 여자보다 더 순수해서인지 모르겠다.

작가들의 최대 고민은 사물에 대한 최적의 언어를 찾아 글로 묘사하는 작업일 것이다. 어떻게 하면 자신의 느낌을 독자들에게 그대로 전달할 수 있을까에 심혈을 기울이듯이 연애편지도 어떻게 하면 자신의 애틋한 마음을 그녀에게 전해줄 수 있을까를 생각하면서 밤샘을 하는 것이므로 문장수업으로는 최고일 것이다. 감동적인 글을 쓰기 위해 온 정성을 쏟아 아름다운 말과 글씨로 문장을 만들려다 보니 이것이 바로 최고의 작가수업이 아니겠는가! 그런데 몇 번이고 고쳐써도 마음에 안 든다. 시인 한용운은 '인연'이라는 글에서, 사랑하는 사람 앞에서는 사랑한다는 말을 안 한다. 안 하는 것이 아니라 못 하는 것이다. 사랑은 진실이기 때문이다!라고 했다.

정신분석학의 대가 S. 프로이트는 '나보다 어머니의 관심을 더 받고 있던 동생 율리우스와 어머니의 젖가슴을 두고 서로 만지려고 다투었는데 그가 8개월 만에 일찍 죽게 되자 기쁨을 느꼈다'고 하였다. 그가 나이가 들어 마르타라는 여인과 사랑에 빠지면서 결혼하기까지 4년 동안 연애편지를 무려 900통이나 보내기도 했다고 하니 아마 세계신기록일 것이다. 그는 평생을 정신과 의사로서 병원을 찾는 환자가 주로 여성들이었고 그들을 상대로 진료하면서 모든 정신병의 뿌리는 성욕과 관계된다고 주장하는 이론을 만들었는지 모르겠다. 그래서 당시 사교계로부터는 외설적인 인격자라고 외면을 당하기도 했다. 그러나 그의 성욕론이 점차 인정되면서 오늘날 심리학에서 독보적인 학파를 형성하게 되었다고 본다. 그의 성욕론이 현대 경영학에도 연결되고 있다. 하나의 예로 신차新車 발표회 때 왜 날씬한 미녀를 곁에 세우는가? 소비자(주로 남성)들의 성적 자극으로 구매 충동을 유발하는 것이다. 쇼걸의 곡선미와 자동차의 곡선미 그리고 미녀와의 드라이브에 대한 상상, 이미 자동차 구매의욕의 절반은 끝난 셈이다.

연애편지, 오늘날 인간관계의 모든 교통(커뮤니케이션)이 편지는 물론이고 전화도 아닌 핸드폰에 의한 문자메시지로 이루어지고 있어 소리 없는 글자만 남아 서로의 감정이 메마르고 삭막하여 마치

앙꼬 없는 찐빵이요 김빠진 맥주이며 양념 없는 치킨처럼 되고 말았다. 이러한 문화풍토에서는 젊은이들만의 축복이고 특권인 로맨틱한 정신적인 윤활유를 만들기가 매우 어렵다고 본다. 기계문명의 편리함이 주는 긍정성과 함께 부정적인 현상이다.

092. 철학이 없는 개인이나 국가는 쉽게 망한다.

철학哲學, Philosophy이라는 말은 한문으로는 만물의 이치를 밝힌다는 뜻으로 고대 그리스어의 Philein사랑한다와 Sophia지식, 지혜에서 유래된 말이다. 그리고 철학을 '모든 학문의 어머니'라고도 한다. 실제로 고대사회에서는 철학으로 모든 학문을 설명했다. 그래서 기원전 그리스 철학자 소크라테스를 '철학의 아버지'라고 부른다. 그러나 인지가 발달되면서 논리학, 심리학, 수학과 같은 분야로 분파되고 또한 사회과학과 자연과학으로 분화되면서 철학의 포괄성이 사라지게 되었지만 아직도 학문의 기본은 철학이 자리하고 있다. 마치 어머니가 여러 자식들을 많이 낳아도 그 뿌리는 어머니인 것과 같다.

철학은 자연과 인간의 근본을 천착하는 학문이기 때문에 철학이 없는 학문은 영혼이 없는 학문이며 노른자위가 없는 계란과 같은 것으로 철학이 없는 개인이나 사회, 국가는 영혼과 생명이 없는 생물과 같아서 쉽게 사라지거나 쉽게 망하게 된다. 마치 집안의 기둥과 같다.

가령 커다란 기업은 물론이고 골목길 구멍가게를 해도, 시골에서 농사를 지어도 철학이 있는 것과 없는 것은 다르다. 여기서 말하는 철학이란 고고한 이론이나 지식을 의미하기보다는 나름대로의 인생과 삶의 목표이며 일상행동에서도 남다른 가치관을 말한다. 이러한 관점은 정치, 경제, 사회, 문화예술 등 모든 분야에도 연결된다. 작가, 화가는 물론이고 대중음악의 가수도 마찬가지이다. 다 같은 대중가수라도 대부분이 그렇듯이 출연료만 생각하는 가수와 나름대로의 출연기준을 가진 가수(예: 나훈아)는 다르다. 자기 직업에 대한 철학의 유무이다. 특히 문화예술 분야에서는 직종에 도道 자가 붙은 것들은 기본철학이 있다. 다도茶道, 서도書道, 유도柔道, 검도劍道, 궁도弓道 등등이 그렇다. 특히 신체운동 관련해 도가 많은 것은 신체단련기술이 잘못하면 폭력으로 연결되기 쉬우므로 올바른 정신적인 철학을 겸비해야 된다는 이유라고 본다.

프랑스에는 대학입학 자격시험인 바칼로레아라는 논술시험제도가 있다. 한국의 대학입학 수능시험과 비슷하지만 시험문제형식은 4지 선다형이 아닌 논술형식이다. 논술문제는 철학과 심리학, 사회학과 같은 영역에서 가져온 주제가 많다. 가령 '우리 세대는 미래세대에 대한 책임이 있는가? 철학적인 사유는 삶에 어떻게 유용한가? 상호논쟁은 폭력을 포기하는 형태인가? 무의식은 모든 형태의 앎에서 벗어난 것인가?' 등등으로 자유롭게 관계문헌을 참고하여 작성하여 제출하는 방식이다. 이것은 단순히 단편지식을 외우는 것과 달리 깊은 사고력과 남다른 자기만의 견해를 요구하는 것으로 다른 차원의 문제형식이다. 여기서 프랑스의 자유정신과 개성적인 문화예술이 탄생되어 왔던 것이다.

한국의 모든 시험, 대학입시로부터 사법고시에 이르기까지 기억력만 좋으면 쉽게 합격하는 풍토에서는 교육의 기본목표인 창의력을 기대할 수는 없다고 본다. 오늘날 서구문명에서도 프랑스의 문화와 예술이 최고로 인정되고 있는 근원도 여기에 있다. 상품에서도 세계적으로 유명한 루이비통, 샤넬, 구찌와 같은 명품이 파리에서 생산되고 있다. 철학적인 사고력을 중시하는 학교교육과 사회풍조의 결과이다.

그리고 일본에는 동네 골목 안에 있는 조그마한 식당에도 몇 대를 걸쳐 한자리에서 지켜오는 철학이 있다. 바로 식당 입구에 걸려있는 그 가게만이 가진 상징표인 노렌のれん: 暖簾이라는 장식물이 그것이다. 고유의 글자나 그림으로 그려져 있는 것인데 이것이 그 가게의 전통마크로서 나름의 철학이 담겨있는 것이다. 그래서 철학은 개인의 가치관은 물론이고 가정과 사회, 국가 그리고 조그마한 구멍가게로부터 대기업과 중소기업에도 깃들어 있어야 하는 것이다. 정신적인 생명과 삶의 근원을 이루고 있는 나름대로의 철학이 없으면 부평초처럼 경박하고 허망한 일생을 보내기 쉽기 때문이다.

093. 서러운 할머니 세대와 부러운 손자손녀 세대들

지금부터 불과 70여 년 전만 해도 여자들은 솔직히 이름만 사람이었지 사람대접을 받지 못하고 살았다. 실제로 평생 이름도 없이 살기도 했다. 지금의 90대의 어머니나 할머니들이다. 아이들도 도시지역의 일부 잘살았던 집안이 아니고는 굶기를 밥 먹듯이 한 보릿고개가 있었고 어쩌다 아버지가 사다 준 운동화가 너무 좋고 아까워 맨발로 교문까지 걸어가서 학교 안에서만 신었는가 하면 등하교 길가의 가게 안 둥근 유리통 안에 들어있는 울긋불긋한 왕눈깔사탕이 먹고 싶어 한참 바라보다가 집으로 오기도 하였다.

그러나 당시의 어머니들은 더 어렵고 서러운 삶을 살았다. 식구들보다 먼저 아침에 일찍 일어나 절구통에 보리방아를 찧어 아침밥을 지어 먹으면 바로 호미나 낫을 들고 밭에 나가 김을 매다가 집에 들어와 점심준비를 하였고 다시 밭이나 논으로 나가서 어둑해질 때까지 일을 했다. 식구들에게 저녁을 먹이고 나면 또 길쌈을 밤늦게까지 하는 것이 농어촌 아낙네들의 모습이었다.

이러한 고된 일과를 해도 집안에서의 인간대접은 서양의 농노보다도 더 혹독했다. 모자라는 식량에 쌀보다 보리가 더 많은 잡곡밥을 지어 시아버지부터 남편과 올망졸망한 아이들을 먼저 주고 나면 겨우 입에 풀칠할만한 양을 그것도 그릇이 모자라 박으로 만든 물바가지에 담아 부뚜막에서 끼니를 때웠다. 이처럼 고된 노동으로 하루 종일 일하면서도 시어머니의 구박도 많았다. 1960년대 무성영화 '며느리 설움'이나 '여자의 일생' 등은 '눈물 없이는 볼 수 없는……' 변사의 구성진 목소리로 시작하면 어머니들은 정말 눈물을 흘리기도 했다. 자신의 모습 같았기 때문이다. 밭을 매면서도 일을 하면서도 어머니들은 '청천 하늘에 잔별도 많고 이내 가슴에 수심도 많다……'와 같은 노래를 부르면서 한을 달래기도 했다. 시가에서는 '귀머거리 3년, 벙어리 3년'을 지나야 했다. 이러한 우리들 할머니나 어머니들이 나이가 들면 대부분이 가슴에 맺힌 한恨에서 생긴 병인 전증癲證이라는 일종의 가슴앓이 병을 앓았다.

이러한 것들보다 더 가혹한 어머니들의 굴레는 소위 칠거지악七去之惡이라고 해서, 시부모를 잘 모시지 못하거나, 아들을 못 낳거나, 음란하거나, 질투가 많거나, 중병에 걸리거나, 말이 많거나, 도둑질을 하면 시집에서 친정으로 쫓겨나는 불문율도 있었다. 그리고 남편이 일찍 죽어도 개가하지 않고 청상과부로 죽을 때까지 노부모를 모시고 살았다. 그래서 지금도 시골 마을에는 마을 가까이 열녀비가 많이 세워져 있다.

'시어머니 심술은 하늘이 내린다.'는 말이 있다. 자신이 시집살이를 한 만큼 아들이 장가들어 새 며느리가 들어오면 역시 그렇게 했다. 내가 며느리를 보면 절대로 시어머니처럼 안 한다고 하지만 생각일 뿐 역시 그대로 답습하게 된다. 욕하면서 배운다는 옛말이 있듯이 당한 설움을 며느리에게 그대로 하는 경우가 많았다.

실제로 필자의 마을에 요즘 같으면 상상하기도 어려운 것이지만 며느리에 대한 시샘의 한 가지 실화가 있다. 동네 부잣집에 첩으로 살던 아주머니가 큰아들을 장가보내 며느리가 들어와서 아들과 잘 살고 있었는데 밤이 되면 한 달에 한두 번 말고는 며느리를 아들과 잠자리를 못 하도록 심통을 부렸다. 착한 아들은 매일 울면서 밖에 나가 일만 하였다. 결국 부부는 맨손으로 멀리 도망을 가서 객지에서 고생하고 살았던 것이다. 며느리에게 아들을 빼앗겼다고 여기면서 질투를 했던 것이다. 특히 청상과부로 외아들을 키우다 장가보내는 경우 이러한 사례가 많이 발생한다. 며느리가 아들을 빼앗아 간 여자로 보이기 때문이다.

이러한 이야기는 요즈음 젊은 세대들로서는 생각할 수 없는 원시시대의 이야기처럼 들리겠지만 불과 70~80년 전의 우리들 할머니와 어머니들이 살아온 역사의 하나이다. 그리하여 오늘날의 여성시대에 누리는 자유로움과 남녀평등은 과거 할머니와 어머니들의 질곡과 희생의 삶이 밑거름으로 되면서 새롭게 자라고 피어난 꽃이라고 하겠다. 당분간 남성들은 선조들이 여성들을 무시하면서 진 빚을 갚아야만 할 것이다.

실제로 고려시대나 조선중기까지만 해도 법적으로나 경제적으로는 요즘에 못지않게 남녀가 평등한 권리를 가졌다. 유산분배에서도 지금과 같이 성별에 관계없이 동등했다. 그런데 임진왜란 후부터 유교사상이 더욱 강화되면서 잘못된 남존여비사상이 서민생활에까지 깊게 침투하였다. 우리들 할머니와 어머니 세대들에게 질곡과 애한의 유산을 만들었던 것이다.

이러한 할머니나 어머니의 설움은 근대사에서는 동서양이 비슷했던 것 같다. 이것은 노래로 문학작품으로 연극으로 나타나고 있다. 1880년대 프랑스 작가 모파상의 〈여자의 일생〉이나 노르웨이 작가 H. 입셀의 〈인형의 집〉 등이다. 우리나라는 이미자의 노래 '여자의 일생'과 함께 연극과 영화의 제목으로도 널리 공연되었다. 따라서 오늘날 여성상위시대는 당연한 자연과 역사의 법칙인지 모른다. '여자는 약하나 어머니는 강하다.'고 한 셰익스피어의 말처럼 한국의 근현대사에서 인고의 삶을 살아온 할머니와 어머니들의 일생이 아직도 우리들의 가슴속에 남아 있다. 이처럼 서럽고 눈물겨운 할머니, 어머니의 세대가 있었기에 오늘날 우리의 아들 딸 그리고 손자 손녀들은 부모와 사회의 사랑과 보살핌을 다같이 받고 있음을 알아야 하겠다.

094. 유교의 〈논어〉에서 얻는 몇 가지의 지혜

동양고전의 하나인 〈논어〉는 공자가 그의 제자들과 나눈 이야기를 중심으로 기록된 것이다. 다양한 내용이지만 우리들의 삶에 지침이 되는 것을 제16편 '계씨季氏' 편에서 몇 가지 간추려 본다.

- 천하에 도가 행해지면 정권이 대부大夫; 큰 벼슬에게 있지 않으며 일반 백성들은 정치를 논하지 않는다. 즉, 성군일수록 조용하게 선정을 하여서 백성들이 그의 이름도 잘 모른다. 독재자들은 항상 세상을 시끄럽게 하여 누구나 알고 있을 뿐이다.
- 유익한 벗이 셋 있고 해로운 벗이 셋 있다. 정직한 벗과 신의가 높은 벗 그리고 견문이 넓은 벗이 유익하고 위선적이고 아첨꾼이며 말을 잘하는 벗은 해롭다.
- 예악禮樂을 좋아하고 남의 좋은 점을 말하기 좋아하고 현명한 벗을 가까이하는 벗이면 유익한 벗이고, 교만하고 방탕하며 주색으로 음란한 벗은 해롭다.
- 군자가 경계해야 할 세 가지는, 젊어서의 정욕情慾과 장년에서의 다툼과 노년기의 탐욕이다.
- 군자가 두려워해야 할 세 가지는, 천명天命과 위대한 성인聖人의 말씀이다. 소인은 천명을 알지 못하며 성인을 함부로 대하

며 성인의 말씀을 업신여긴다.

- 태어나면서부터 아는 사람은 최상이고 배워서 아는 사람은 그 다음이며 곤란한 지경에 처하여 배우는 사람은 또 그 다음이고 곤란한 지경에 처하여도 배우지 않는 사람은 최하이다.
- 선한 것을 보면 마치 거기에 미치지 못할 듯이 열심히 노력하고 선하지 않은 것을 보면 마치 끓는 물에 손을 넣은 듯이 재빨리 피해야 한다는데 나는 그런 사람을 보았고 그런 말도 들었다.
- 제나라 경공은 말을 사천 필이나 가지고 있었지만 그가 죽는 날에는 백성들 중에 그의 덕을 칭찬하는 사람이 없었다. 백이伯夷와 숙제叔齊는 수양산에서 굶어 죽었지만 사람들은 지금까지도 그들을 칭송하고 있다.

공자孔子: BC 551~479는 중국의 춘추전국시대 사상가로 노魯나라 사람이다. 젊은 시절 한때는 지방하급관리 생활도 했으나 국가가 쇠퇴하자 위衛, 진陳, 제蔡, 초楚 등을 돌아다니면서 이상국가정치론을 설파하였지만 여의치 않자 말년에 고국에 돌아와 제자들과 함께 예禮와 악樂을 중시하는 덕치주의 국가건설을 역설하면서 대중교화를 도모하였다. 그의 사후에 제자들이 언행록을 만든 것이 〈논어〉이며 이것이 유학, 유교의 근거와 출발점이 되었다. 그의 언행중에, 제자 자공이 정치에 대해 묻자, 공자는 식량과 군대, 왕의 신망이라고 했다. 부득이 하나씩 버린다면 어떤 것부터인지 묻자, 군대, 식량, 신망이라고 했다. 지도자의 백성에 대한 신망의 중요성을 의미한 것이다. 오늘날 우리나라의 정치지도자들이 새겨들어야 할 것이다.

095. 인간의 유일한 가치는 부끄러움을 아는 데 있다.

'부끄러움' 또는 '수치심'은 지구상의 생명체 중 유일하게 인간만이 나타내는 본성이다. 동물행동심리학자 가운데는 침팬지나 오랑우탄 같은 고등동물 가운데서도 일부 발견되는 것이라고 하지만 일반적인 현상은 아니다. 부끄러움과 수치심은 비슷한 의미이지만 상당한 차이가 있다. 영어에서도 부끄러움은 'Shy'에 가깝고 수치심은 'Shame'에 가깝다. 그래서 '부끄러움'은 마음이 약하고 조심성과 겁이 많으며 '수치심'은 창피하거나 치욕적이고 모욕감이 동반하는 것으로 심지어 사기꾼이나 야바위꾼Shammer으로도 연결되는 뜻으로 구분하고 있다.

따라서 부끄러움과 수치심은 그 뿌리는 같지만 잎과 꽃은 조금 다르다. 부끄러움은 어린애가 낯선 사람을 처음 보았을 때, 갓 시집온 색시가 신랑의 얼굴을 쳐다보려고 할 때, 남과 달리 좋은 옷을 입지 못하고 모임에 갔을 때…… 등등이라면 수치심은 공금횡령으로 파면 당하거나 강간범으로 투옥되거나 사기꾼으로 잡혔을 때와 같은 것들이다. 따라서 부끄러움은 양심의 가책이 없는 감정이라면 수치심은 양심의 가책이 수반되는 사회적인 관계에서 생기는 현상이라고 하겠다. 〈적과 흑〉의 저자 프랑스의 작가 스탕달은

'수치심은 제2의 속옷이다.'라고도 했다.

부끄러움과 수치심은 자신의 과거를 스스로 되돌아볼 줄 아는 반성적 사고력에서 생기는 것이다. 스위스의 유명한 아동발달심리학자 J. 피아제는 많은 실험을 통하여 인간의 발달단계에 따른 인지구조의 특성을 4단계로 나누고 단계별 사고특징을 연구했다. 인간의 부끄러움은 7살쯤인 제3단계의 '구체적 조작기'에서 나타나는 특징이라고 설명하고 있다. 이 단계에서는 자기중심주의적인 사고력에서 벗어나면서 사회화가 이루어지고 문장의 가설을 이해하게 되며 가역적인 사고로 자기 반성이 가능하다. 이쯤에는 자신의 잘못된 과거의 말이나 행동을 돌아보고 부끄러움과 수치심을 알게 된다고 했다.

공자는 〈논어〉에서, '선비로서 도에 뜻을 두고도 나쁜 옷과 나쁜 음식을 부끄러워한다면 더불어 논의할 상대가 못 된다.'(위정편)고 했고 또한 '옛사람들은 말을 함부로 하지 않았는데, 이는 행동이 따르지 못할 것을 부끄러워했기 때문이다.'(라인 편)라거나, '듣기 좋은 말을 꾸며 대고 보기 좋게 얼굴빛을 꾸미며 지나치게 공손한 것을 좌구명(노나라의 태사)이 부끄럽게 여겼다고 하는데, 나도 또한 부끄럽게 여긴다.'(공야 장편)고 하면서, '자신의 말에 대해 부끄러움을 가지지 않는다면, 그것을 실천하기 어렵다.'(자로편)는 말로 부끄러움의 성격을 설명하고 있으며 맹자도 '부끄러운 마음이 없으면 사람이 아니다.'(無羞惡之心非人)라는 말로 부끄러움의 중대함을 강조했다.

그리고 1940년 미국의 하버드대에서 철학을 강의했던 G. 산타

야나 교수는 '인간이 지닌 유일하고 진정한 위엄은 아마도 스스로를 부끄러워할 줄 아는 능력일 것이다.'라고 했으며 기독교의 성서에도 부끄러움과 수치심에 대한 경구가 많다. 부끄러움을 당할 자는, 강간과 간음한 자, 남을 속이는 자, 교만한 자, 부모를 구박하는 자, 거짓 예언자, 사치하는 자…… 등등으로 다양한 사례를 열거하고 있다.

생명을 가진 만물 가운데서 인간만이 자신을 객관화시키는 능력을 가지고 있어 과거 자신의 말이나 행적을 되돌아보고 잘못한 것을 스스로 부끄러워하고 수치스럽게 여긴다. 이것이 인간됨의 기본가치이고 자존감의 근거이다. 그럼에도 현실의 인간사회에서는 이러한 인간의 고유 가치를 버리고 동물처럼 행동하는 사람이 많다. 그래서 '짐승만도 못한 놈'이라는 말이 생겨난 것인지도 모르겠다. 전업 사기꾼은 말할 것도 없고 현실 정치인 가운데서 자신의 언행에 대하여 어떠한 부끄러움이나 수치심을 느끼지 않고 뻔뻔스러움을 보여주는 사람이 많다. 이들은 변명술에 능하고 달변가들이다. 얼굴에 철판을 깔고 심장에 털이 난 사람들이라고 하겠다.

096. 많이 배울수록 나쁜 짓을 많이 한다.

〈노자〉의 18장에서는 '지혜가 나옴으로써 큰 거짓이 생긴다.(慧智出 有大僞)'고 했고 더 나아가 19장에서는 '성을 끊고 지를 버리면, 백성의 이익은 백 배가 된다.(絕聖棄智, 民利百倍)'라는 경구가 있다. 일반적인 상식과는 다소 어긋나는 듯하지만 깊이 생각하면 숨은 뜻이 있다.

오늘날 우리나라를 비롯한 세계의 여러 나라 가운데는 많이 배우고 똑똑하다는 사회지도자들, 특히 정치인들은 온갖 미사여구로 무지하고 순박한 대중들을 속이면서도 권좌에 오르면 부정과 부패로 치부하거나 호사를 누리는 경우가 허다하다.

노자의 말처럼 지혜가 잘못되면 남을 속이는 방법을 더 많이 알게 되어 결국 위선자로 변하게 된다는 것이다. 그래서 위선과 사기술은 학력과 비례한다고 본다. 지금 사회의 부정부패 가운데는 배움이 모자라는 다수의 국민들이 아니라 항상 배움이 많은 사람들이 앉아 있다. 우리나라의 최고지식인들이라고 자타가 공인하고 자부하는 서울 S대의 경우 감사원의 감사결과 2021년도의 통계로 교직원 666명이 근무지 이탈부터 연구비 유용, 부당한 자문료 청구, 논문도용 등 부정과 허위에 연루되어 있다는 보고이다. 지식과 지성이 양심과 정직성과는 정비례하지 않음을 보게 된다.

오히려 평생을 논밭 갈고 비 오는 날이 공휴일인 농어촌의 백성들은 대형 사기사건이나 부정부패에 연루되는 경우는 거의 없기 때문에 좋은 머리가 나쁜 곳을 더 쉽게 찾는 듯하다. 민심이 천심이라는 말처럼 예부터 말 없는 대다수 백성들의 거짓 없는 마음은 역시 거짓 없는 하늘의 마음과 맞닿아 있다. 지식이 지혜에 이르지 못하면서 행동으로 나아가면 재인才人은 될지언정 덕인德人이 되기는 어렵다. 그래서 어느 단체나 국가의 지도자는 재인才人보다 덕인德人이 바람직하다.

그러나 현대의 과학기술의 발달로 과학적인 지식에 대한 전문가를 사회지도층에 요구하고 있는 조건에서는 전문지식의 소유자가 요구되고 있으므로 지식이 매우 중요하다. 이러한 가운데서도 역시 기술이 지혜로움과 동반하지 않으면 안 된다. 그래서 철학 없는 기술은 불법에 이용되기 쉬우며 흉기로도 변하여 인류문명을 파괴하는 길로 나아갈 수가 있다. 2022년 러시아 푸틴 대통령이 발달된 무기로 우크라이나 약소국을 침공하는 것이나 북한의 김일성 독재자가 개발하기 시작한 핵무기를 지금은 세계평화를 위협하는 수단으로 쓰고 있는 것과 같다.

배우되 철저하게 배우면 악마도 천사로 만들 수 있지만 잘 못 배우면 천사를 악마로 만들기도 쉽다. 많이 배웠다는 것은 지식만 많은 지식인일 뿐 지식에 지혜가 스며든 지성인과는 다르다. 식자우환識者憂患이라는 속담도 '너무 많이 알아서 근심걱정이 많다.'라는 뜻이지만 알아도 제대로 알지 못한다는 의미도 있다. 세계범죄사전에서도 공금횡령이나 사기사건과 같은 부정부패나 부조리에 연루된 사람들은 많이 배운 사람들이 많다는 것은 '알아야 도둑질도 한다.'는 말과도 연결된다고 하겠다. 좋은 머리를 나쁜 것에 활용하는 것이다. 실제로 사기꾼들은 보통 사람들과는 달리 머리가 비상하다.

097. '왜?'라는 질문만이 당신을 살아있게 만든다.

16세기 프랑스의 철학자 R. 데카르트는 근대철학의 아버지라고 불린다. 그는 철학자이면서 수학자였고 '해석기하학의 창시자'로서 자연과학자이기도 했다. 우리들에게 회의론자의 대표자로 알려진 그는 확실한 진리를 알기 위해서는 사고태도를 항상 '왜'라는 물음을 통하여 접근해야 한다면서 그의 대표저서인 〈방법서설〉에서 모든 존재의 근원은 알 수 없는 것이지만 '나는 생각한다, 고로 존재한다.'는 사실만은 의심할 수 없는 확실한 것이라는 유명한 말을 했다. 이처럼 존재의 근원에 대한 근본적인 회의와 사유야말로 철학의 시작이고 마지막인 것이다.

서강대 교수였던 최진석 박사는 진정한 학문과 삶의 올바른 태도는 이미 답이 주어져 있는 기존의 지식을 그대로 받아들이는 것으로는 진보와 발전에 한계가 있으므로 항상 '왜?'라는 물음을 가져야만 역사는 진보하고 당신만의 새로운 세계를 창조할 수 있다고 거듭 강조하고 있다. 그리고 영국의 사상가인 C. 핸디는 '모든 문제는 의문을 제기하지 않는 데서 시작된다.'고 했다. 또한 독일의 철학자인 F. W. 니체도 '위대한 지성인들은 회의론자懷疑論者들이다.'라는 말로 기존의 관습이나 심지어 종교적인 신념을 가진 지성인들을 부정적으로 평가했다. 최진석 교수의 주장도 이들과 같은 맥락이다.

따라서 학교교육도 이미 답이 주어져 있는 지식전달에 그치지 말고 그것을 토대로 한 걸음 더 나아가는 사고능력, 즉 '왜?'라는 단계로 이끌어 사고력과 태도를 배양해야 한다고 본다. 그런데 대다수의 사람들이 당연하게 믿고 있는 것들에 '왜'라는 질문태도를 취하면 이상하게 여기면서 소외되고 갈등과 충돌을 피하기 어렵다. 그러나 이러한 갈등으로 새로운 문화와 문명이 창조되어 온 것이 인류사이기도 하다. 뉴턴도 만유인력을 발견하기까지 왜 사과는 밑으로만 떨어지는가의 생각을 거듭하다가 새로운 중력의 물리법칙을 알았던 것이다. 범인들에게는 당연한 현상을 그는 그 이유를 거듭거듭 생각했던 것이다. 사과나무 밑에 누워서 하늘만 쳐다보고 있는 그를 한때 주변의 사람들은 머리가 좀 이상한 사람으로 대하기도 했다.

이처럼 어떤 대상이나 문제를 대할 때 이미 주어져 있는 답을 찾아내는 것도 사고훈련에 도움을 주지만 그것으로 그치면 그것으로 만족하면서 그 이상의 새로운 세계를 발견하기가 어려우므로 항상 왜? 이렇게만 되는가를 의심하고 자신에게 물어보는 것이야말로 창의력을 키우는 것이며 자신만의 새로운 지적인 영역을 가지는 것이다. 이것이 바로 자신이 살아있다는 증거이며 남다른 활력을 갖게 된다고 본다.

그런데 우리나라의 전통교육은 학생이 교사에게 질문을 자주 하면 긍정적으로 평가하지 않고 마치 자기의 권위에 도전하는 듯이 여기는 풍조였다. 서울의 어느 대학의 원로교수는 강의 중에 학생들이 질문을 하면, '네가 무얼 안다고 그래!'라고 타박을 주어서 별난 교수로 소문난 경우도 있었다. 물론 일부 특수한 경우이다. 일반적으로 실력이 없는 교수일수록 자기도 잘 모르는 말로 어렵게 가르쳐 준다. 따라서 실력이 있는 교수는 아주 쉽게 가르친다. 논문이나 저서도 마찬가지이다. 이러한 맥락에서 1960년대 대학교양과정에서 필수 교과목이었던 〈철학개론〉은 누구나 매우 어려운 과목으로 여겼다. 대부분의 철학서가 무슨 말인지 이해하기가 어려웠으나 당시 서울대 철학과 박종홍 교수의 철학서인 〈철학개론〉이 제일 알기 쉬운 것으로 알려져 오랫동안 명저로 남아 있기도 했다.

아주 오래전의 이야기로 특수한 사례이지만, 시골의 어느 고등학교의 수학교사는 너무나 실력이 모자라서인지 흑판에 문제와 답을 잔뜩 써 놓고 학생들이 미처 필기도 마치기 전에 '잘 알겠지' 하면서 지우개로 빨리 지워버리는 경우도 있었다. 혹시 어려운 질문을 할까보아 그랬던 것이다. 학생들 중에는 수학성적이 우수한 학생도 많이 있었기 때문이다. 1950년대 말경의 이야기이다. 선생은 '왜? 어떻게?'라는 학생들의 질문에 겁을 먹었던 것이다. 이처럼 '왜'라는 질문이 없는 학문은 죽은 학문이다.

오늘날 한국교육의 근본적인 문제점의 하나는 대학수능시험문제의 형식에서 비롯되고 있다. 그동안 오랜 세월에 걸쳐 4지 선다형의 문제형식으로 사고력의 깊이보다는 기억력을 테스트하는 형식이었다. 프랑스의 국가시험인 바칼로레아와 같은 논술 중심의 시험문제로 바뀌지 않고는 세계적인 석학이나 노벨상 수상자의 배출은 어렵다고 본다. 가령 '철학이 왜 현실 사회생활과 관계가 있는가?' 또는 역사과목의 문제로 '무솔리니와 히틀러의 정권수립의 특징을 비교 평가하라.'와 같은 것들이다. 이러한 주관식 논술문제는 채점자의 주관이 개입되기 쉬워 이른바 신뢰도나 객관도가 낮을 수밖에 없어 선발시험으로는 다소 문제가 있으나 일반시험에서는 가능하다고 본다.

모든 학문의 깊이는 결론적인 단답형보다는 문제풀이의 과정이 더 중요하다. 객관식 문제와 단답이 아닌 주관식 논술문제에서만이 가능한 것이다. 문제의 핵심에는 반드시 '왜'라는 문제가 내포되어 있다. 이어령 교수는 〈이어령, 80년의 생각〉에서, '물음표는 창조의 씨앗이다.'라고 요약하고 있다.

실제로 인간의 DNA에는 미지의 세계에 대한 끊임없는 호기심과 도전정신이 잠재해 있다. 그런 사유작용이 곧 학문연구의 동기이며 쌓인 결과물이 인류문화라고 본다. 이러한 호기심이 바로 '왜?'라는 것으로 나타나기 때문에 교육과정에서는 기존지식의 주입과 함께 질문하는 사고습관을 배양해야만 할 것이다. 세기의 과학자 아인슈타인도 학교교육방법의 핵심은 곧 학생들에게 호기심을 자극하는 것이며 이것은 토론과정에서 얻을 수 있다고 했다. 그리고 교육목적은 지식보다는 상상력의 배양이라고 보았다. 그는 '상상력은 지식보다 중요하다. 지식에는 한계가 있으나 상상력은 세상을 감싼다.'는 말로 상상력의 중요성을 요약하고 있다. 상상력은 항상 '왜?'라는 물음표로 이어지면서 인간의 정신세계에 활력소를 불어넣게 한다.

098. '知足不辱, 知止不殆, 可以長久'의 경고문

지지불욕, 지지불태, 가이장구(知足不辱, 知止不殆, 可以長久). 이 말은 노자의 도덕경 주해 44-2에 나오는 경고문자이다. 뜻은, 만족할 줄 알면 욕됨이 없고, 그칠 줄 알면 위태롭지 않으므로 가히 오래도록 갈 수 있다.'는 것으로 필자가 제일 좋아하는 경구의 하나이다.

자기 분수에 맞게 욕심을 부려야지 과욕하면 반드시 재앙이 따르게 마련이다. 성경에서도 '욕심이 잉태한즉 죄를 낳고 죄가 장성한즉 사망을 낳느니라.'(약 1:15)라는 경구가 있다. 과욕은 인간의 본성이다. 이성이 이러한 본능을 제어하지 못하면 과욕을 갖게 된다. 알면서도 자제하기 힘든 것이 본능이다. 자기 분수를 알면 그것으로 만족해야지 조금 더 조금 더 하다가 결국은 모두를 잃는 경우가 많다.

옛 동화에 나오는 공주와 달의 이야기에서, 왕이 공주를 너무 예뻐하여 무엇이든지 원하는 대로 해주자 공주는 달을 따서 주라고 했다는 것이나 '벼 아흔아홉 석 가진 부자가 한 석을 가진 농부에게 백석을 채우도록 한 석을 주라.'고 말했다는 것처럼 사람의 욕심은 한정이 없다. 특히 정치인들 가운데는 자리에 연연하면서 무리하게 욕심을 부리다가 끝내는 쫓겨나는 수모를 당하면서 패가 망신한 사례가 많다. 그래서 자기의 분수를 알고 적당한 때에 스스로 물러날 줄 알면 욕됨과 위태로움이 없이 가히 오랫동안 명예를 지킬 수 있다는 뜻이다. 예부터 사람은 자기 분수를 스스로 아는 사람이 되어야 한다고 했고 '박수 칠 때 떠나라.'는 말도 있다. 이른바 주제파악을 못 할 때 세상의 웃음거리가 된다는 뜻이다. 소크라테스의 '너 자신을 알라'이다.

사람은 변소에서나 인간관계에서 뒤끝이 깨끗해야 한다. 일본에서는 이것을 매듭이나 절도를 의미하는 키마리決り라고 한다. 인간관계나 일에서 끊고 맺음이 분명한 사람을 높이 평가하는 것으로 이것은 아마 그들의 사무라이시대에 생긴 듯하다. 예리한 단칼로 사물의 옳고 그름을 판단하는 문화풍습에서 나온 듯하다.

오늘날 우리의 정계에는 이러한 경구에 충실한 정치인이 별로 없어 국민들에게 실망과 분노를 사고 있다. 자기의 분수도 모르고 있기 때문이다. 선거기관 중에는 국민들의 머슴이 되겠다고 읍소하던 사람들이 일단 당선되고 나면 어제의 머슴이 오늘의 주인으로 변신하고 있다. 한국 정치의 후진성을 말해주고 있다.

099. 마르크스 유산의 빛과 그림자

K. 마르크스는 20세기의 인류사에 커다란 영향을 끼친 위대한 사상가이다. 비록 그가 역설한 공산주의 이데올로기가 인류사에 비극을 초래한 것이기는 하지만 그것은 소련의 스탈린을 위시한 일련의 공산국가의 정치지도자가 악용한 결과일 뿐 원래 마르크스 이론과 사상은 극히 인간주의적인 사상이었다. 모든 현상에는 명암이 있듯이 마르크스의 이론도 영국의 초기 산업자본주의의 비인간적이고 부조리의 현실을 분석 비판한 것으로 긍정적인 측면과 함께 그의 이론을 왜곡시켜 공산주의 독재정치에 악용한 근거를 제공했다는 점에서 부정적인 측면을 동시에 보여주었던 것이다.

다시 말해 그는 당시 영국 사회를 부유한 부르주아 계급과 빈곤한 프롤레타리아 계급으로 양분하면서 자본가계급에 의한 노동자계급의 착취에 분노하였고 이러한 계급사회를 타파하고 평등사회를 성취하려면 폭력혁명의 길밖에 없다고 역설했던 것이다. 이러한 그의 주장은 자본주의제도가 노동자들에게도 이익을 다소 배분하는 보너스제와 복지제도를 도입하는 데 크게 기여하였다. 이른바 수정자본주의제도가 점차 도입되는 결과를 갖게 하여 중산층이 생겨나는 데도 크게 이바지했던 것이다.

그러나 이러한 과정에서도 사용자와 노동자 간에 이익배분을 두고 갈등이 점증했고 이것은 결국 노동자들의 태업이나 파업의 형태로 발전되었다. 여기서 마르크스의 처방전은 노동자들의 폭력혁명도 정당화하는 이론을 제시했던 것이다.

그의 공과의 첫째로는, 유명한 〈공산당 선언문〉은 '만국의 노동자들이여 단결하라! 잃을 것은 쇠사슬이요 얻을 것은 자유이다!'라는 말로 자본가계급과의 폭력투쟁만이 노동자계급혁명을 성취할 수 있다고 단정했다는 점이다. 이처럼 마르크스는 폭력혁명만이 사회주의계급혁명의 유일한 방법이라고 역설하여 폭력의 부당성을 합리화하는 근거를 제시하여 사회의 혼란과 갈등을 낳게 하였다는 것은 하나의 과오이다.

둘째, 인간의 공동체지향성과 협동성을 너무 과대평가한 오류이다. 협동심은 원시공동체 사회에서나 초기자본주의 단계에서는 확실히 유효하고 높은 생산성과 함께 평등성이 보장되지만 인지가 발달되고 고도의 산업사회로 변할수록 개개인의 자유와 상호경쟁관계가 오히려 높은 생산력을 가지게 된다는 것을 그는 간과한 듯하다.

이러한 것은 자본주의적 생산방식을 취하는 국가들에 비하여 공산주의적 집단경제체제를 도입한 국가들이 초기에는 빠른 속도로 경제성장을 이루는 것을 보게 되지만 점차 공동체 의식이 사라지면서 노동자들의 생산력은 떨어지는 현상을 나타낸 것이다. 세계 공산주의 국가들이 한결같이 가난한 빈곤국으로 전락하다가 멸망되었던 것으로 증명되고 있다. 1913년 프랑스의 M. 링겔만 교수는 집단의 크기에 비례하여 성취의 효과가 비례하지 않는다는 것을 실험으로 증명하고 있다. 이것은 '링겔만 효과'라고 명명되고 있다.

세 번째로는 마르크스가 생산성을 제고하는 기본요인의 하나인 성취동기는 집단적인 협동심보다는 개인적인 소유욕이 더 강하게 작용하는 것을 간과했다는 점이다.

공동생산 공동분배라는 사회주의적인 경제구조에서는 산술적인 평등사회는 이루어질 수 있으나 이것은 엄연히 존재하는 개인적인 능력을 무시하는 조건이 전제되므로 성취동기의 지수가 낮아지면서 생산성이 하락한다는 것이다. 개인적인 소유욕이 집단의 소유욕보다 강하다는 인간의 기본욕구를 경시한 것이다. '성취동기체감의 법칙'을 도외시했던 마르크스는 이러한 인간의 기본심리를 무시한 바탕에서 거대담론에만 매달린 것은 커다란 과오의 하나이다. 그리고 목적이 정당하면 과정이나 수단을 경시하는 공산주의의 계급혁명론이 폭력에 호소한 견해도 하나의 커다란 과오였던 것이다. 그가 심리학을 정치경제학만큼이나 좀 더 공부했더라면 다른 현대역사가 전개되었을 것이라고 본다.

19세기 영국의 초기산업혁명의 생산현장은 마르크스가 충분히 분노할 수 있는 조건이었다. 마르크스는, 어머니의 치마폭에서 어리광을 부리고 학교에 가서 공부해야 할 어린 소년들이 하루 종일 열악한 노동환경에서 저임금으로 착취당하는 것을 보고 분노하였던 것이다. 그리고 당시 그는 4살의 연상인 아내 예나와 함께 런던의 교외에 있는 다락방에 기거하였고 식빵 한 덩어리로 일주일을 버티면서 가진 자에 대한 분노와 복수심으로 〈자본론〉을 집필하였다. 마르크스는 배고픔과 어린 노동자들에 대한 연민과 함께 가진 자들에 대한 분노와 증오심으로 원고를 쓰다 보니 몸에 등창까지 생겨서 고통으로 시달렸던 것이다.

그러나 이러한 초기의 마르크스의 순수한 휴머니즘적인 이데올로기는 20세기 초 러시아의 볼셰비키공산혁명 이후 레닌과 스탈린으로 이어지는 사이 점점 독재정치의 통치이데올로기로 대두되기 시작하면서 초기의 인간적인 마르크시즘은 사라지고 오로지 폭력혁명론만 부각되고 말았다. 오히려 마르크스의 가면을 쓰고 수백만 명의 정적을 살상하는 수단으로 변질되고 말았다. 1990년대까지의 동구 공산권 국가와 중국, 쿠바 그리고 북한 김일성의 정권이 여실하게 보여주었던 것이다.

또한 마르크스가 가장 분노한 잉여가치의 착취문제에 있어서도 실제로는 자본주의 사회가 자본가와 노동자 사이의 착취관계로 기인된 것이라면 공산주의 사회는 국가(당 간부)와 인민 간의 착취관계로 바뀌었을 뿐이다. 필자가 1990년 4월 국제세미나 관계로 모스크바에 갔을 때 우리들의 가이드로 만났던 모스크바대학 출신의 아주머니가 들려 준 이야기에서도 이러한 것을 알 수 있었다.

그녀는 공산당 고위간부들이 구 소련영토로 보석이 많이 생산되던 발틱 3국에 출장 가면 보석가공 공장에 시찰 명목으로 들어가 값비싼 보석을 주머니에 잔뜩 넣어 와서 마누라에게 준다면서 지도층의 비리를 불평했다. 공산권 국가에서의 국유재산이 곧 사유재산인 셈이다. 따라서 좌경진보주의자들은 공산주의 사회가 자본주의 사회보다 공정과 정의의 사회라고 주장하고 있으나 그것은 단순한 이론상의 주장에 불과할 뿐이다. 마르크스는 자본주의 국가를 소수의 자본가들에 의한 대다수의 노동자들에 대한 착취사회라고 규정했다면 공산주의 국가는 소수의 당 간부들에 의한 노동자들에 대한 착취사회로 바뀐 것뿐이다.

여기서 마르크스의 공산주의 계획경제론과 자본주의 시장경제론을 길게 거론하는 것은 거시적으로 볼 때는 그동안 빈곤의 공산사회와 풍요한 자본주의 사회의 전체적인 총량은 일정한 상수로 작용하고 있음을 설명하기 위함이다. 문제는 자본주의경제정책이 공산주의경제체제보다 비교우위라는 것이다. 그러면 어떠한 관점에서 미래경제의 표준모델을 만들면 영국의 J. 벤담이 제기한 '최대다수의 최대행복'한 국가와 세계를 만들 수 있을까는 어려운 경제학자들의 미래과제라고 본다.

다시 말해 마르크스는 그의 정치경제학에서의 과오는 생산성 향상에 직결되는 인간의 본성인 이기심을 자극하여 생기는 성취동기의 기능을 경시하였다는 점과 그리고 집단적인 협동심은 자유민주주의 사회의 이기적 개인주의 사회에서는 점차 그 효력이 감소된다는 것을 도외시한 과오를 안고 있다는 점이다.

다시 말해 앞서도 말했듯이 공산국가들의 집단(협동)적 생산체제에서의 노동심리는 초기에는 애국정신의 고취로 상당한 효과를 나타내지만 점차 감소하는 효용체감의 법칙이 작동하는 현상으로 변한다는 것이다. 그래서 대부분의 공산국들의 초기 경제성장률은 놀라울 정도이지만 점점 쇠퇴의 길을 걸었던 것이다. 초기 공산권 국가들의 빠른 성장속도와는 달리 1990년대 구소련을 위시한 공산권 국가들의 말로가 공통적인 빈곤국으로 전락된 것이 이를 증명하게 된다. 가까운 남북한에서도 1970년대 초반까지는 북한의 경제력이 남한보다 앞서 있었으나 점차 남한에 뒤지는 것도 하나의 예이다. 인간의 소유욕은 모두 다 같이 많이 가지기보다는 내가 남보다 더 많이 가지려고 한다는 점을 경시한 결과라고 본다. 부의 편중은 국가가 개입하는 제도이다.

한편 공산주의 사회가 자본주의 사회보다 공정과 정의의 사회라고 보는 시각도 있으나 그것은 단순한 이론상의 주장에 불과할 뿐이고 현실에서는 전체이익보다 개인이익이 항상 우선된다. 공산주의 국가에서는 '전체는 하나를 위하여, 하나는 전체를 위하여!' 라는 근사한 구호가 있으나 현실적으로는 '하나는 전체를 위하여, 전체는 전체를 위하여!'일 뿐이다. 허위와 위선인 것이다.

그러나 마르크스가 육체적인 생산노동자들의 가치를 비생산적인 정신노동자들의 가치보다 중시한 관점은 평가할 일이다. 미국의 경제전문기자인 R. 포루하와 공화당 하원의원인 P. 라이언이 현대사회를 만드는 자(노동자)와 가져가는 자(납세액보다 정부에서 받는 액수가 많은 투자자)로 구분하면서 복지국가의 불평등성과 불공정성을 비판하고 있는 것은 마르크스의 노동가치설을 중시하는 관점으로 앞으로 자본주의경제 국가들이 유념해야 할 과제라고 본다. 그러나 그는 인류사에 빛보다 그늘을 많이 남기고 간 사람이다.

100. 인류의 미래는 어디로 가고 있으며 어디로 가야 하는가?

인류학자들은 인류의 기원을 지금부터 약 4~5백만 년 전에 아프리카의 동부해안이라고 보고 있다. 그로부터 250만 년이 지나자 도구를 사용할 줄 아는 호모 하빌리스Homo habilis로 변했고 다시 100만 년이 지나면서 두 발로 걷고 뛰어다닐 줄 아는 호모 에렉투스Homo erectus가 되면서 유럽과 중동, 아시아로 퍼져 나갔으며 오늘날과 같은 지능과 기술을 갖추고 전 세계로 확산되어 현대인간으로 변모한 호모 사피엔스Homo sapiens로 변한 역사는 겨우 4~5만 년 전에 불과하다고 보고 있다. 그러나 이러한 단기간에 사피엔스의 인류는 놀라운 기계기술과 전자문명을 개발하여 오늘날에는 우주탐험의 경지에까지 이르고 있다.

그러나 이러한 인류의 물질문명의 발전은 대자연의 생태계를 교란하고 파괴하는 부작용을 초래함으로써 인류의 미래는 어떠한 형태로 변할지 예측하기 어려운 지점에 와 있다. 역사적으로 보면 원시공동체 수렵 중심 사회에서 농경사회를 거쳐 기계 산업사회 그리고 대량생산과 대량소비의 자본주의사회와 함께 정보과학기술문명의 단계에 접어들고 있다. 그동안 세계의 수많은 미래학자들은 인류의 미래상을 다양한 관점에서 다양하게 예측하고 있다.

문제는 대부분의 미래학자들이 인류의 미래를 긍정보다는 부정적으로 예측하고 있다는 점이다.

예루살렘의 히브리대학교에서 역사학 교수로 재직 중인 유발 N. 하라리는 그의 유명한 〈사피에스〉라는 저서에서 인류가 걸어온 400년 간의 역사과정에서 인지혁명사피엔스과 농업혁명반자연적 유전자 조작 그리고 과학혁명AI의 인간화으로 변천되고 있지만 향후 30년 안에 인류는 생명체의 조직과 기능을 새롭게 바꾸어야만 생존할 수 있는 무서운 미래가 도래할 것이라고 예측하고 있다. 심지어 AI의 발달로 '학살로봇'까지 등장하는 공포의 미래까지 가능하다고 우려하고 있다.

2021년에 미국서 개봉한 영화 '매트릭스'는 미래세계의 어느 날부터는 오늘날 인간이 동물을 사육하여 잡아먹듯이 기계가 인간을 잡아먹을 수도 있다는 가상현실을 리얼하게 연출하여 많은 관객을 동원했다. 얼마든지 있을 수 있는 가정이다. 필자는, 만일 AI 로봇 가정부가 감성을 갖게 되는 단계에 이르면 평소 주인의 못마땅한 태도에 불만을 품고 있다가 밤에 주인이 잠자는 침대에 다가와서 목을 졸라 죽이는 사건도 가능하리라고 본다.

그런데 현대사의 주류를 이루고 있는 자유자본주의사회의 발달사는 반드시 3단계의 과정을 거치면서 단계별에 따른 특징적인 사회현상이 나타나는 것을 볼 수 있다. 제1단계에서는 기본욕구인 식욕의 단계로 배불리 먹는 문제에 집중하면서 질보다 양을 추구하는 물질 중심 사회이고 이것이 어느 정도 해결되어 배가 부르면 나타나는 것이 제2단계의 성욕문제가 대두된다. 성은 매춘으로까지 발전한다. 그래서 매춘이 가장 오래된 직업이라고 한다. 그러나 이러한 성의 육체적인 욕망도 점차 시들해지면서 나타나는 것이 제3단계의 환락문화이다. 도박이나 마약과 같은 자극물질에 빠지는 과정이다. 지구상의 소수민족 가운데는 아직도 제1단계에서도 벗어나지 못하고 있지만 주류는 제3단계에 이르고 있다.

오늘날에 개인적으로 보아도 쌀독에 쌀이 가득 차면 고급주택을, 살림집을 치장하고 나면 고급자동차를 구하고 다음은 관광지에 별장을 그리고 호화요트를 그 다음은 자가용 비행기로 이동하는 단계를 거치다가 이제는 우주로켓 여행의 목표로 나아가고 있다. 선진자본주의 국가들은 선후순서만 다를 뿐 예외 없이 이러한 단계를 밟아가고 있다. 이와 같은 3단계에서 지금 미국을 비롯한 몇몇 나라만이 이 단계에 이르고 있다. 그런데 아이러니컬하게도 제3단계를 지나면 사람들은 다시 제1단계를 다른 차원에서 추구하려는 본능이 발동한다. 이것이 인류의 미래이며 우리들은 그곳을 향하여 자신도 모르게 찾아가고 있다고 보아야 한다. 왜 그럴까? 자본주의적인 사회에서의 물질적 만족은 인공적인 자극에 의하기 때문에 반드시 어떤 한계점에 이르지만 정신적인 것을 대상으로 한 만족감은 대자연 속에서만 가능하기 때문에 무한하기 때문이다.

그리하여 지구에서 우주공간으로의 확산적인 현재의 가치추구 방향이 반드시 우주에서 지구로 수축하는 가치추구의 국면전환의 변곡점이 있을 것으로 본다. 유발 하라리는 인류미래의 암운은 핵전쟁과 생태계 파괴 그리고 인공지능의 잘못된 기술발달로 2100

년이면 현생인류는 지구상에서 사라지고 신인류가 다시 원시생활로 출발할 것이라고 미래예측을 하고 있기도 하다. 실제로 물질문명의 최첨단에 속한 자본주의 선진국에서는 자연 속으로 회귀하여 원시생활을 추구하는 사람들도 많다. 미국의 자연주의 작가 H.D. 소로를 비롯하여 E. 아비 등이 일찍이 〈월든〉과 〈사막의 낙원〉 등으로 원시적인 이상세계를 작품으로 남기고 있다. 현대의 발달된 물질문명이 결코 자연을 능가할 수 없다는 재미있는 글도 있다.

아프리카 콩고의 열대우림에 이투리라는 강가에 사는 피그미라는 소수 원주민들은 수렵생활을 하면서 살고 있다. 1995년 이곳을 취재한 일본 아사히신문기자의 글이다.

> "에어컨을 능가하는 상쾌한 수풀의 바람, 미식가들도 따라가지 못하는 300종 이상의 메뉴, 16비트에 이르는 다중리듬과 다중 스테레오가 들려오는 음악은 현대문명이 추구하는 기술을 훨씬 앞지르고 있다.
>
> 굶는 것도 모두가 함께하는 평등과 경쟁이 없는 즐거운 사회는 선진국으로서는 벼랑 끝에 높게 달려있는 꽃과 같다. 그들이 선택한 자연의 풍요로움, 공동체 마음가짐은 '미개'라는 개념을 깨고도 남는다." (일본, 아사히신문 칼럼, 1995. 4. 10)

이와는 달리 다른 각도에서 인류의 미래가 어떻게 되어야 하는가라는 시각이 아닌 어떻게 될 것인가를 예측한다면, 미시적인 측면과 거시적인 측면이 있다. 미시적인 것으로는 인공지능AI의 발달로 인간의 질병과 수명연장문제에 커다란 변화가 예측된다. 인공지능에 의한 의료기술의 발달로 유전자조작까지 가능하게 되면서 소위 유전자가위로 DNA에서 질병인자를 제거할 수 있을 것이며 동시에 날로 발전하는 유전학, 나노기술, 생명공학기술로 인간은 늙지도 죽지도 않는 생명체로 변모한다는 예측이다. 더구나 미국의 컴퓨터과학자인 R. 커즈와일은 2006년의 그의 저서 〈특이점이 온다.〉에서 2020년대 말에는 컴퓨터 지능이 인간지능의 수준까지 같아지다가 2040년경에는 드디어 인간지능을 능가하는 AI시대가 도래한다는 것이다. 모든 것을 스마트폰이나 메타버스Meta-verse로 해결하는 시대의 인간을 포노사피에스Phono sapiens라고 부르는 학자도 있다. 자율주행, 블록체인, 하이브리드, 암호화폐, 하이브리드 제조 등으로 모든 것을 해결하는 시대로 진입하면서 인류사는 특이점Singularity에 이르러 문명의 대전환paradigm shift이 도래하게 된다고 했다. 신인류의 탄생이다. 무서운 현상의 출현이다.

인공지능 기술의 발달이 가져오는 무서운 현상의 또 다른 하나는 현대기술과 정치의 결합이다. 기술의 발달이 선행의 정치지도자와의 결합이면 순기능으로 작용하지만 독재자와 결합되면 국민들의 사생활에 침투하면서 독재정치의 수단으로 악용되기 때문이다. 마치 조지 오웰의 소설 〈1984〉와 같은 공포사회로 변한다고 하겠다.

한편 서울대 조순 교수는 인류의 미래사는 패권국가가 사라질 것이라고 보았다. 이것은 인종과 민족 중심의 국가에서 점차 다문화 중심의 지구촌으로 변하기 때문이며, 이어령 교수는 인류문화가 과거의 장소에 대한 사랑topophilia에서 현재의 생명에 대한 사랑

biophilia으로 그리고 미래의 신문화창조인 네오필리아neophilia로 이동할 것으로 보았고 한승헌 변호사는 인간의 존엄과 법치주의가 강조되는 밝은 미래상을 예측하고 있다.

또한 대표적인 몇 사람의 미래예측에서는, 이스라엘의 역사학자인 유발 N. 하라리 교수는 〈사피엔스: 유인원에서 사이보그까지〉라는 신간에서, 현대 첨단과학 기술이 민주주의를 병들게 한다면서 향후 수십 년 안에 인류는 핵전쟁과 지구온난화 그리고 과학기술에 의하여 실존적 위기에 직면할 것이라고 경고하면서 수렵시대의 생태 중심의 문화가치를 중시해야 한다는 발상을 하고 있다.

한편 〈총. 균. 쇠〉의 저자로 우리들에게 친숙한 J. 다이아몬드 교수는, 노령화와 국가 간의 빈부격차의 문제를 지적하면서 농경사회와 같은 전통문화가 요청된다고 하였다. 또한 현재 미국의 스탠퍼드 대학교 '전략적 인공지능 연구 센터' 소장인 N. 보스트롤과 프랑스의 〈르몽드〉의 편집장인 D. 코엔은, AI의 기술이 인간의 가치나 의지에 부합할 수 있는지의 여부가 미래세계의 중요과제라고 했으며 클린턴 행정부의 국방부장관을 역임한 W. J. 페리는 핵무기문제가 미래세계의 중심과제로서 특히 북한의 핵폭탄 개발의 위험성을 중시해야 한다고 보았다.

실제로 정치경제적인 미래의 국제환경은 국내적으로는 한반도의 통일문제가 가장 커다란 변수로 작용할 것이지만 국제적으로는 세계의 장래가 중국과 미국의 대치가 인류미래사를 결정할 가장 큰 변인으로 작동할 것이라고 본다. 미국의 정치경제적인 중심세력이 환태평양 지역으로 이동하면서 급부상하는 중국대륙의 팽

창세력과 충돌하려는 흐름으로 변하고 있다. 21세기에 들어 실크로드를 모방한 중국의 이른바 일대일로一帶一路 정책으로 동남아와 중동 그리고 아프리카 대륙으로까지 뻗어나가고 있는 정치경제적인 팽창정책은 미국의 민주주의와 자유시장경제 중심의 세계질서 구축과 정면으로 대치하기 때문이며 과거 중동에서의 정치경제적인 미국의 외교축이 아시아 대륙으로 이동하면서 이제는 미중 간의 충돌로 미래사를 만들고 있다.

한편 거시적인 현상으로는 우주개발 경쟁이다. 미국을 위시한 우주개발은 날로 발전하고 있다. 달에 거주할 수 있는 인간기지가 건설되고 점차 화성과 목성에도 지구촌이 만들어진다면 기존의 공간개념이 크게 달라질 것이다.

그러면 과연 인간은 더 행복해질까? 물론 행복의 기준과 조건도 달라질 것이고 이러한 과학문명은 인간에게 새로운 기쁨을 가져다주겠지만 그것은 인공적인 것으로 자연의 섭리와는 점점 멀어지기 때문에 결코 행복해질 것이라고 단언하기 어렵다고 본다. 어쩌면 인류의 시원始原인 아프리카 대초원의 미개문명을 더 그리워할지도 모른다. 그러나 분명한 것은 한 치 앞을 모르고 사는 인간이 먼 미래에 대하여 확실하게 말할 수 있는 것은 국제적인 다양한 변수로 인하여 예측하기가 어렵다는 것이다.

이와 같은 인류미래 학자들의 예측과는 달리 어떻게 되어야 한다는 당위론적인 논의를 해보자.

당위론은 필자의 견해이다. 지금까지의 보편가치는 개개인의 자유와 인권, 평등 그리고 사회전체적인 공정과 평등이다. 그러나 실제로는 자유와 평등은 공존이 어려운 가치이며 공정과 평등도 보편적인 기준을 세우기가 어려운 개념이다. 개개인의 자유를 강조하면 전체적인 평등사회를 성립시키기는 어렵다. 다만 법 앞에서의 평등이라고 하지만 현실적으로 아직 초보수준일 뿐이다. 그래서 영국의 공리주의자 W. 벤담이 말한 '최대 다수의 최대 행복론'에 의한 도덕적인 인간성의 회복이 요구된다. 그러면 어떻게 이러한 사회를 만들 수 있을까 하는 문제가 생기게 된다. 마르크스는 계급혁명론으로 평등사회를 구현하는 것으로 성취할 수 있다고 했으나 이것은 개인의 자유를 상당히 양보하거나 포기해야 한다는 전제조건이 수반될 뿐만 아니라 마르크스적인 평등은 폭력까지 개입해야만 가능한 전제이므로 한계점이 많다.

여기서 개개인의 자유와 사회정의 그리고 공정성을 최대화하면서 최대다수의 최대행복을 구현하려면 자유민주주의 정치와 자유시장경제 원칙을 유지하는 것이 지금까지의 최선책으로 보고 있다. 그러면 이러한 목표를 지향하면서 정치경제의 길을 걷고 있는 선진국들의 현실은 이상세계의 모습과는 가까운 거리에 있는가? 그렇지 않다. 아직도 인종차별로 인권을 위협하고 있는가 하면 정경유착으로 공정과 정의가 침해당하고 있는 선진국들이 많이 있기 때문이다.

개선의 방법은 있는가? 상식적인 견해이지만 엄격한 의회주의 제도와 법치주의 사회의 구축이다. 최고통치자를 위시한 선량(選良)들과 국가공무원들의 부정과 부패 그리고 부당한 상행위를 가차 없이 법으로 엄격하게 적용하여 척결하는 것이다. 이것이 공정과 사회정의를 구현하는 기본이다.

이러한 탈법과 부정에 대한 제도적 장치는 대부분의 나라에는 마련되어 있으나 그대로 실천되고 있지 않은 이유 중의 하나는 정경유착이라는 것과 민도民度의 문제이다. 일반 국민들이 늘 깨어있어야 한다. 1960년대에 이미 '깨어 있는 백성이라야 산다.'라고 역설한 함석헌 선생님의 말씀과 같다. 부정부패에 연루된 자본가나 정치인을 예외 없이 극형까지 적용하는 엄격한 법치주의 실현이 필수적이다. 따라서 법이 살아 있어야 한다. 그러면 개인의 자유와 사회적 공정과 사회정의가 구현되면서 동시에 지속 가능한 자유민주주의적인 정치제도와 자본주의적 이상사회가 인류의 미래 역사를 창조해 나갈 것이라고 본다.

그러나 최근 들어 코로나 팬데믹은 인간의 기본욕구인 사회성과 사회의 기본질서를 근본적으로 파괴하면서 인간사회에 대국면 전환Paradigm shift의 압박을 가하고 있다. 그렇지 않아도 파편화되어 가는 현대인들에게 코로나로 인한 대인기피증은 전통적인 가치관을 파괴하고 있다. 그리고 잘못된 가치관이 결혼문화에도 스며들어 인구감소문제가 심각해지고 있다. 여기서 재미있는 현상의 하나로서 요즘 일본에서는 여자들 사이에서 '홀로 결혼식solo wedding 올리기'라는 기이한 현상까지 등장했다. 마치 결혼식 당일처럼 신부화장을 하고 드레스를 입고 기념사진도 찍으면서 신랑이나 하객도 없는 혼자만의 결혼식이다. 물론 극히 일부만의 변칙현상이지만 인류의 미래를 암시하는 듯 여겨진다.

그리고 미래사를 알파벳 순서를 따라 세계사의 변천과정과 미래의 역사관을 설명하는 특이한 관점도 있다. 즉, 중세의 A=Autocracy전제군주주의시대에서 근대의 B=Bureaucracy관료중심주의시대로 다시 현대의 C=Communism공산주의과 D=Democracy민주주의 대결시대를 거쳐 미래사는 E=Environmentalism환경중심주의로 변천된다는 예측이다. 상당히 재미있고 시사하는 바가 있다고 하겠다.

실제로 친환경주의적인 가치관을 조기교육부터 강화하여 생태계 교란과 파괴에서 야기되는 기후변화와 그에 따른 각종 질병을 예방하고 국제기구와 감시체제를 통하여 엄격하게 실천한다면 인류의 미래는 지속 가능한 발전사로 변할 것이어서 당위론적인 미래관이라고 본다.

이러한 관점과는 달리 역사학자들 가운데는 세계문명의 중심축이 그리스의 희랍문명에서 로마로 다시 영국을 거쳐 미 대륙으로 이동하다가 미래의 세계는 태평양문명권으로 바뀔 것이라고 예측하고 있다. 〈강대국의 흥망〉이라는 저서로 유명한 예일대 역사학 교수 P. 케네디의 미래사관이다. 그는 미래세계의 중심축의 조건으로 민주주의와 도덕성 그리고 생산성을 제시하고 있는데 이것을 김동길 교수는 한반도의 한국사로 보고 있다. 일본은 천황 중심의 국가이면서도 민주주의의 수준은 높으나 과거사 반성에 인색하여 도덕성이 낮고 중국은 생산성은 높으나 비민주성임에 비하여 한반도의 한국은 이러한 3가지 요건을 그런대로 갖추고 있어 미래세계의 주축을 이룰 수 있다는 희망적인 미래의 역사관을 강조하였다.

그리고 미래사회는 도시보다는 시골, 대기업보다는 중소기업을 지향하는 지역중심의 문화와 경제구조가 지속가능한 세계를 구축

할 수 있다고 하는 것을 스웨덴 환경운동가인 H.N. 호저는 그의 저서 〈다시 오래된 미래〉에서도 역설하고 있다.

| 지은이 소개 |

김동규(金東圭)

• 1939.02.06. 경남 남해군에서 출생.
• 1957년 남해농업고등학교를 졸업하고 난령초 교사 3년을 거쳐
고려대 교육학과와 대학원을 졸업하고
1968년 일본, 와세다(早稲田)대학원과
미국, Columbia Univ. Teachers college를 수료함
• 1977 청주대, 1981 고려대 교수, 인문대학장, 인문정보대학원장.
고려대 세종캠퍼스 도서관장.
• 세계평화교수협의회(PWPA)이사. 북한연구학회 2대 회장, 선문학원이사,
남해군국제화추진협의회장
• 현재, 고려대 명예교수, (보물섬남해포럼) 고문,
독서모임(아름다운 사람들) 고문. 기파교육문화재단 이사.

저자_ E-mail: donkey@korea.ac.kr 전화: 010-5268-8815
주소_ (52436) 경남 남해군 남면 남면로 240-11

자연과 인간의 100가지 이야기

2023년 2월 1일 1판 1쇄 인쇄
2023년 2월 6일 1판 1쇄 발행

지은이: 김 동 규
펴낸이: 한 정 주
펴낸곳: 교육과학사

경기도 파주시 광인사길 71
전화: (031) 955-6956~8 팩스: (031) 955-6037
Home-page: www.kyoyookbook.co.kr
E-mail: kyoyookbook@daum.net / kyoyook@chol.com
등록: 1970년 5월 18일 제2-73호

정가 21,000원

ISBN 978-89-254-1750-9

Printed in Korea.